广视角·全方位·多品种

权威·前沿·原创

皮书系列为
"十二五"国家重点图书出版规划项目

中国社会科学院创新工程学术出版资助项目

中东黄皮书

YELLOW BOOK OF
THE MIDDLE EAST

中东发展报告 No.16
（2013~2014）

ANNUAL REPORT ON DEVELOPMENT IN THE MIDDLE EAST
No.16 (2013-2014)

盘点中东安全问题
Analyzing Middle East Security Issues

主　编／杨　光
副主编／唐志超

社会科学文献出版社
SOCIAL SCIENCES ACADEMIC PRESS (CHINA)

图书在版编目(CIP)数据

中东发展报告.16，2013~2014：盘点中东安全问题/杨光主编.—北京：社会科学文献出版社，2014.10
（中东黄皮书）
ISBN 978-7-5097-6521-0

Ⅰ.①中… Ⅱ.①杨… Ⅲ.①社会发展-研究报告-中东-2013~2014 ②中外关系-研究-中东-2013~2014 Ⅳ.①D737.069 ②D822.337

中国版本图书馆 CIP 数据核字（2014）第 216192 号

中东黄皮书
中东发展报告 No.16（2013~2014）
——盘点中东安全问题

主　　编／杨　光
副 主 编／唐志超

出 版 人／谢寿光
项目统筹／祝得彬　高明秀
责任编辑／高明秀　许玉燕

出　　版	社会科学文献出版社·全球与地区问题出版中心（010）59367004 地址：北京市北三环中路甲 29 号院华龙大厦　邮编：100029 网址：www.ssap.com.cn
发　　行	市场营销中心（010）59367081　59367090 读者服务中心（010）59367028
印　　装	北京季蜂印刷有限公司
规　　格	开　本：787mm×1092mm　1/16 印　张：22　字　数：355 千字
版　　次	2014 年 10 月第 1 版　2014 年 10 月第 1 次印刷
书　　号	ISBN 978-7-5097-6521-0
定　　价	89.00 元

皮书序列号／B-1998-004

本书如有破损、缺页、装订错误，请与本社读者服务中心联系更换

▲ 版权所有 翻印必究

中东黄皮书编委会

主　编　杨　光

编审组　（按汉语拼音排序）

安春英　成　红　唐志超　王林聪　邢厚媛
杨　光

主编简介

杨　光　先后就读于北京外国语学校、法国巴黎政治学院、中国社会科学院研究生院，研究生学历。现任中国社会科学院西亚非洲研究所所长、研究员，中国社会科学院研究生院西亚非洲研究系主任、教授、博士研究生导师，中国社会科学院海湾研究中心理事长，兼任中国中东学会会长。主要研究经济发展问题、能源安全问题、中国与西亚非洲国家关系问题。

摘　要

本年度的《中东发展报告》以"盘点中东安全问题"为研究专题，详细论述了中东地区各种传统和非传统安全问题及其发展前景，是一部全面系统研究中东安全问题的著作，对全面深入认识中东热点问题以及推动中东研究学科发展有显著的现实意义和理论意义。

本报告以中东安全问题为专题进行全面而系统的探讨，并分别论述了民族和部族问题、宗教和教派问题、边界领土争端、核扩散问题、恐怖主义问题、能源安全问题、金融安全问题、水资源安全问题、难民问题等，以及这些问题对地区安全与稳定的影响。报告指出，中东安全问题具有"复合型"和"多样性"特征，当前中东地区安全局势正呈现"动荡长期化和常态化"，安全问题急剧恶化的发展态势，并形成了"地区性安全危机"。报告认为，外来干涉、历史积怨、利益纠葛、教派冲突、族群纷争等内外因素相互作用是中东地区安全问题恶化的基本原因。报告强调，中东安全问题既对中东国家的稳定和发展构成了严峻威胁，又对地区及国际安全产生了重大挑战。树立新的安全观、加强全球和地区治理、构建中东安全机制才是解决目前中东地区安全困境的根本途径。

此外，报告还回顾和分析了一年来中东政治经济形势、市场环境，并介绍了国内中东研究学科的最新发展、整理了中东地区大事记，为跟踪地区形势发展和学科研究前沿提供了全面扎实的信息。地区形势部分重点回顾了叙利亚危机、伊朗核问题、埃及局势及中东经济的最新发展。市场趋势部分分析了贸易、投资、工程承包的市场走向。

关键词： 中东安全　成因　影响　趋势

目录

ⅠY I 主报告

Y.1 中东地区安全形势分析 …………………………… 王林聪 / 001

Y Ⅱ 专题报告

Y.2 中东民族问题与地区安全 …………………………… 唐志超 / 020
Y.3 中东伊斯兰教派冲突及其影响 ……………………… 王 凤 / 038
Y.4 中东部落问题与地区安全 …………………………… 王金岩 / 050
Y.5 中东核扩散问题与地区安全 ………………………… 余国庆 / 065
Y.6 中东恐怖主义问题与地区安全 ……………………… 王 琼 / 080
Y.7 中东边界问题与地区安全 …………………………… 马文琤 / 098
Y.8 中东难民问题与地区安全 …………………………… 魏 亮 / 117
Y.9 中东能源安全问题 …………………………………… 陈 沫 / 136
Y.10 中东金融安全问题 …………………………………… 姜英梅 / 149
Y.11 中东水资源安全 ……………………………………… 仝 菲 / 165
Y.12 中东粮食进口安全问题 ……………………………… 刘 冬 / 180

Y Ⅲ 地区形势

Y.13 "化武换和平"之后叙利亚危机发展 ……………… 刘月琴 / 197

001

Y.14　伊朗核问题：外交解决的意愿、时机和行动……………陆　瑾 / 212

Y.15　埃及政局：动荡中的调整………………………………唐志超 / 227

Y.16　2013年中东地区经济发展………………………………姜明新 / 239

Y Ⅳ　市场走向

Y.17　2013年西亚国家的对外直接投资…………………………徐　强 / 264

Y.18　2013年西亚国家的工程承包………………………………金　锐 / 276

Y.19　2013年西亚国家的对外贸易………………………………周　密 / 287

Y Ⅴ　资料文献

Y.20　2013中东学科发展综述…………………………王金岩　王　琼 / 299

Y.21　2013年中东地区大事记……………………………………成　红 / 311

Abstract ……………………………………………………………………… / 328

Contents ……………………………………………………………………… / 330

主报告

General Report

中东地区安全形势分析

王林聪[*]

摘　要： 中东安全问题复杂多变，具有复合型、多样性特征。外来干涉、历史积怨、利益纠葛、教派冲突、族群纷争等内外因素导致中东地区安全问题不断恶化，进而引发地区性安全危机。中东安全局势呈现动荡长期化、常态化，安全风险快速攀升，安全问题急剧恶化，安全困境日益明显的态势。安全问题既对中东国家的稳定和发展构成严峻威胁，又对地区及国际安全产生重大影响。树立新的安全观、加强全球治理、构建中东安全机制是解决目前中东安全困境问题的根本途径。

关键词： 中东安全形势　复合型　安全困境　新安全观

---

[*] 王林聪，中国社会科学院西亚非洲研究所国际关系研究室主任，"中东热点问题跟踪研究创新项目"首席研究员，中国社会科学院海湾研究中心秘书长，主要研究领域为中东政治、国际关系和社会发展。

中东黄皮书

长期以来，中东地区安全形势可谓"热点问题层出不穷，局势持续动荡"，堪称全球安全问题最为复杂、最为尖锐、最为持久的区域之一。2010年"阿拉伯之春"爆发以来，随着一系列地区深层次矛盾的激化和各种因素的相互作用，中东安全问题日趋严峻，安全形势不断恶化，并在一定程度上形成了区域性安全危机。安全问题既对中东国家的稳定和发展构成严峻挑战，也对该地区以及全球安全产生了重大而深远的影响。

一 当前中东安全形势概述

中东安全包括地区、国家和人的安全①诸层面，中东安全问题涉及传统安全领域和非传统安全领域。众所周知，由于受外来干涉和中东内部诸矛盾的困扰，中东地区长期经受剧烈动荡乃至战乱之苦，许多中东国家面临严峻而紧迫的安全挑战。

1. 当前中东安全形势的基本判断

近年来的中东局势变化表明，目前是该地区自20世纪90年代以来安全形势最严峻和最复杂的时期。伴随着中东大变局，原有的地区矛盾和问题不断激化，在此基础上，新的问题和争端不断涌现，政局动荡、极端思潮泛起、暴力倾向扩散、恐怖主义袭击加剧等，这些对中东地区、国家和人的安全的威胁达到了空前严重的程度，其表现可以概括为以下三点。

第一，中东安全问题常态化，地区动荡长期化。这些年，不同类型和不同层面的安全问题一直是中东地区面临的现实威胁。动荡、战乱、冲突和恐怖主义袭击已经成为中东的"常态现象"，它引发了一系列安全问题，这些安全问题又加剧了冲突和动荡的烈度，这种恶性循环长期困扰着中东各国。

第二，中东安全问题尖锐化，安全风险迅速攀升。"阿拉伯之春"以来，中东国家面临的最大挑战是安全风险等级全面上升，人的安全感普遍下降。伴随着政权更迭，中东安全局势急剧恶化，部分国家尤其是叙利亚、伊

---

① "人的安全"（human security）所涉范围广泛，这里指人的生存和生活权利免受威胁或侵害。"人的安全"得不到保障既可能危及国家安定，也可能引发国际干预。

拉克、利比亚等国的安全形势呈现不可控的状态，从而加深了目前的中东安全危机。

第三，中东安全问题复杂化，安全困境日益明显。中东安全问题具有复合型和多样性特征，体现在不同领域和不同方面，但是，安全问题的解决一直缺乏有效机制和途径。与此同时，各种力量在中东的介入和较量使得中东安全问题复杂化，解决中东安全问题的难度不断增大，且充满变数和悬念，从而形成了严重的中东安全困境问题。

2. 当前中东安全问题的新变化及其特点

中东安全形势的变化与具体的安全问题密切相关。自中东变局以来，中东安全问题复杂多变，较之以往，其所涉领域及内涵等方面都有不同程度的变化。具体而言，中东安全问题的新变化集中表现在如下三个方面。

第一，中东地区传统安全问题与非传统安全问题同时恶化，相互作用，形成了最为复杂的复合型安全问题。

复合安全是指安全的多层面和多领域，既包括政治、军事安全，也包括社会、经济、环境、生态等安全。前者通常指传统安全，它强调主权国家的领土完整和主权不受侵犯，危及国家主权安全的主要威胁是军事冲突、战争；后者则指非传统安全，包括资源供给、生存和发展环境受到的威胁，危及非传统安全的主要是非军事性质的威胁。传统安全和非传统安全并非截然分开，非传统安全领域的威胁若不能得到有效及时的应对，必然会损害传统安全。英国著名国际安全理论专家巴瑞·布赞教授曾提出"区域安全复合体"（regional security complexes）概念，并用以解释中东地区安全问题。他认为，中东地区是一个典型的以政治—军事安全为主的区域安全复合体。[1] 事实上，从世界范围来看，冷战结束以来，传统安全威胁呈现日益下降趋势，相反，非传统安全威胁则有不同程度的上升。然而，对于中东地区而言，尽管阿以之间爆发大规模军事冲突的风险已大大降低（主要是反以阵线的瓦解，埃及、约旦先后同以色列签署和平条约，在一定程度上实现了"和平相处"），但是，战争的阴云仍

---

[1] Barry Buzan and Ole Waver, *Regions and Powers: The Structure of International Security*, Cambridge University Press, 2003, p. 217.

笼罩着该地区，传统安全威胁并未减弱，巴以冲突不断，传统安全问题依然困扰着中东国家。从冷战结束以来，中东地区先后爆发了6次局部战争，包括1991年的海湾战争、2006年的以色列与黎巴嫩（真主党）战争、2001年的阿富汗战争、2003年的伊拉克战争、2011年的利比亚战争、2011年的叙利亚内战，另外，还有持续多年的苏丹内战导致南北苏丹分立，等等。伴随着这些战争，许多国家政权发生变更，主权和领土完整受到损害。传统安全风险不断加大也让许多国家扩大军费开支，甚至展开又一轮的军备竞赛，一些中东国家谋求掌握大规模杀伤性武器或化学武器，以防不测。根据瑞典斯德哥尔摩国际和平研究所的统计，近年来，全球军费总额持续走低，中东地区军费开支却不断上升，其中2013年中东地区整体的国防支出达到了1500亿美元，比2012年增加4%。沙特阿拉伯2013年国防支出比2012年大增14%至670亿美元，伊拉克为维持治安增强军力军费猛增27%，阿富汗军费支出增幅高达77%，阿尔及利亚则成为非洲首个军费超100亿美元的国家，同比增加8.8%，比2004年增加176%。在中东地区，军费支出超过100亿美元的国家有沙特阿拉伯、土耳其、阿联酋、阿尔及利亚，分别为670亿、191亿、190亿、100亿美元。[①] 从这个意义上说，应对传统安全问题仍然是中东各国的首要任务。

另外，非传统领域安全问题在中东地区也异常尖锐、复杂。其中最突出的问题就是恐怖主义和极端势力的肆虐和威胁。以"基地"组织为代表的恐怖主义组织，行动不仅危及许多中东国家的安全，而且对美国等西方国家的安全构成威胁，直接导致美国发动阿富汗战争。经过长达10年的反恐战争，"基地"组织遭受重创，恐怖主义呈现衰落之势。然而，自"阿拉伯之春"以来，中东乱局为恐怖主义势力在该地区重新崛起提供了机会，"基地"组织的"圣战"目标——推翻"现政权"——恰恰与"阿拉伯之春"的目标"推翻独裁者"相呼应，从而使"基地"组织的意识形态重获吸引力，与此同时，权威政权的弱化、地区局势的急剧恶化，尤其是利比亚战争、叙利亚内战，又为恐怖主义势力的壮大开辟了空间。比较2012年与2013年恐怖主义组织对伊拉

[①] 斯德哥尔摩国际和平研究所编著《SIPRI年鉴2013：军备·裁军和国际安全》，中国军控与裁军协会译，时事出版社，2014。

克、阿富汗、叙利亚和也门四国发动袭击的次数、所造成的伤亡人数（见表1）都大幅增加，甚至几乎增长了一倍，可以明显看出恐怖袭击的猖獗程度。

表1　2012～2013年恐怖主义袭击对中东部分国家造成的伤亡情况

国　家	2012年恐怖组织发动袭击情况			2013年恐怖组织发动袭击情况		
	袭击次数	死亡人数	受伤人数	袭击次数	死亡人数	受伤人数
伊拉克	1271	2436	6641	2495	6378	14956
阿富汗	1023	2632	3715	1144	3111	3717
叙利亚	133	657	1787	212	1074	1773
也　门	203	365	427	295	291	583
总计（四国）	2630	6090	12570	4146	10854	21029

资料来源：根据美国国务院发布的 2012 Country Reports on Terrorism 和 2013 Country Reports on Terrorism 提供的数据整理而成。

恐怖主义重新崛起对中东地区安全形势产生了重大影响。一是恐怖主义组织活动的范围从中东边缘地区的阿富汗（包括巴基斯坦）、也门等地逐渐深入中东腹地——叙利亚、伊拉克、埃及（西奈半岛），安全问题随之由中东边缘地带扩散至中东腹地，并形成了恐怖主义势力在该地区"遍地开花"、"多点布局"的局面。二是恐怖主义组织利用中东乱局，谋求建立政权、改变中东版图。无论是在也门成立的"伊斯兰酋长国"，还是2014年6月29日在伊拉克北部建立的"伊斯兰国"，不仅显示了恐怖主义的强劲势头，而且表现出它们早已不满足于简单地发动数起具有震慑效应的爆炸袭击，而是要改变整个中东的面貌。由此宣告了美国十年反恐战争前功尽弃，其反恐之功几乎化为乌有。根据目前仅有的美国官方发布的全球恐怖主义情况报告的统计，2011～2013年，全球共发生的恐怖袭击次数分别为10283次、6771次和9070次，造成的死亡人数分别为12522人、11098人和17800人，受伤人数分别为25903人、21652人和32500人，另有绑架等5554人、1280人和2990人。[①] 自2013年以来，恐怖主义活动遍及近90个国家和地区，其破坏更为严重，危害更为深远，而中东地区是恐怖主义活动的重灾区。

---

① 详见美国国务院发布的 2011 Country Reports on Terrorism，2012 Country Reports on Terrorism 和 2013 Country Reports on Terrorism，http://www.state.gov。

传统安全问题与非传统安全问题交织在一起,构成了中东安全问题的复合型特征。安全问题本身在中东地区也正发生着各种各样的变化。

第二,政治安全问题凸显,成为中东变局以来地区安全形势中的难题。

政治安全是指国家主权、国家基本制度和国家意识形态等方面免于威胁。在通常情况下,政治安全也包括政府体系的稳定性和政府职能运行的有序性。政治安全是国家安全的核心,在局势瞬息万变的中东地区,政治安全是国家安全的最根本的象征。在相当长的时间里,中东各国政治安全建立在权威政权统治的基础之上,无论是传统权威政权统治,还是现代权威政权统治,都满足了政治安全乃至国家安全的最基本需求。因此,权威政权作为中东地区最为普遍的现象,其显著特征是政治强人主导国家生活乃至中东地区事务。

然而,"阿拉伯之春"爆发以来,权威政权遭受冲击,强人统治难以为继,由此形成了前所未有的政治安全危机。

一是中东变局突如其来,政治动荡加剧,导致政治安全问题普遍化。长期执政又大权在握的"政治常青树"(如突尼斯总统阿里、埃及总统穆巴拉克、利比亚领袖卡扎菲、也门总统萨利赫等)在"阿拉伯之春"大潮中轰然倒下,曾经在高压政治下以稳定著称的突尼斯、埃及、利比亚、叙利亚等国瞬间成为剧变风暴之中心地带,其直接后果是政治动荡、政权更迭此起彼伏,政治安全问题呈现爆炸态势并波及周边诸国,遂成为中东地区特别是阿拉伯国家普遍面临的问题。即使相对稳定的土耳其,也经历着政治动荡的冲击。例如,2013年夏季塔克西姆广场事件波及土耳其全境,随后,2013年12月17日曝光的执政党——正义与发展党的腐败事件,再度引发全国抗议浪潮,其后续效应持续至今,并随着2014年3月底土耳其地方选举和2014年8月总统大选不断升温,引发了人们对土耳其政局稳定的担忧。

二是中东政治安全主体建设的困难性和政治安全问题的复杂化。政治安全的主体是国家的基本制度、政治体制及主导这种制度的主体意识形态。中东变局后,各国政治安全问题涉及如何构建安全主体以及如何维护基本制度和主体意识形态。事实上,中东变局后,在政治制度设计、政治发展定位和主体意识形态的确立上,各国国内各派别分歧严重,对抗激烈,形成了宗教与世俗之见的长期对垒,同时又交织着族群、教派的利益纠葛。由于无法形成基本的政治

中东地区安全形势分析

共识,变局中的中东政治安全主体的建立缺乏赖以存在的基础。由此可知,政治安全主体尚难以构建,何谈维护政治安全。在这种背景下,中东政治安全问题遂坠入恶性循环的复杂怪圈中。

三是政治转型伴随着剧烈的政治动荡,导致政治安全问题长期化,政治安全形势空前严峻。伴随着许多强人政权的垮台,中东原有的政治秩序被抛弃,但新的政治形态、政治秩序并没有建立起来,出现了政治权力真空和政治权威缺失的窘迫状态。结果,许多国家陷入政治转型困境:一方面,各种政治力量激烈角逐,加剧了权力争夺和政治冲突的烈度,政权急剧变动;另一方面,民众街头政治或街头暴力事件频发,政治参与诉求膨胀,加剧了政治动荡,致使政治稳定局面难以形成。例如,数十年来以稳定著称的埃及自2011年以来进入政治急剧动荡的时期,以穆巴拉克政权垮台为标志,埃及政治安全问题持续激化,政坛动荡,贯穿其间的是以穆斯林兄弟会为代表的伊斯兰政治力量与以军方、自由派为代表的世俗力量之间的较量。在短短三年时间内,埃及先后经历了最高军事委员会统治时期、穆尔西总统执政时期和塞西执政时期,其间内阁更换频繁、政治动荡持续不断,在一定程度上改变了埃及共和国政治发展的轨迹。据开罗的国际发展中心(International Development Centre)的一份报告,在穆尔西执政的一年里,共爆发了9427场抗议示威活动,其中劳工抗议活动达4609场,几乎占了反政府抗议示威活动的一半。2013年上半年平均每个月达1140场,为穆巴拉克总统下台前月均176场的6倍多。① 而穆尔西总统被废黜以来,即2013年7月3日至2014年1月底,共有3143人死于各种冲突(其中死于抗议示威活动的平民高达2528人,警察和士兵约有60人),伤者高达17000人;280人死于各种形式的恐怖袭击。② 另外,恐怖袭击猖獗,仅2014年2月就发生了180多起恐怖袭击事件,其频次及导致的伤亡数量远远超过20世纪90年代埃及恐怖主义肆虐之

---

① "Egypt Protests Hit All-time High during Morsi's First Year: Report", 25 Jun. 2013, http://english.ahram.org.eg/NewsContent/1/0/74939/Egypt/0/Egypt - protests - hit - alltime - high - during - Morsis - firs.aspx.

② Michele Dunne, Scott Williamson, "Egypt's Unprecedented Instability by the Numbers", http://carnegieendowment.org/2014/03/24/egypt - s - unprecedented - instability - by - numbers/h5j3.

007

时。埃及从"阿拉伯之春"前相对稳定的国度跌入国内冲突不断、安全问题层出不穷的中东动荡的"风暴眼"。

同样，卡扎菲政权被推翻后，由于新政权缺乏权威性，利比亚迅速陷入地方势力割据状态，国家面临四分五裂的境地，利比亚政治安全问题已严重危及国家存亡。

从现阶段看，政治安全问题犹如一切安全问题的总阀门，政治安全失控必将导致一系列其他安全问题的激化和爆发。中东变局持续三年多以来，各类安全风险急剧上升，其中最重要的原因是政治安全问题难以缓解，它已成为中东安全形势最突出的变化。

第三，中东安全问题所涉领域的广泛性和安全问题多样化空前严峻。

中东安全问题几乎涵盖了中东各个层面，所涉领域之广泛、类型之繁杂、形态之多样是世界其他地区难以相比的。中东变局以来，各领域的安全问题都在不同程度上有所恶化，从而加剧了中东安全形势的严峻程度。

从安全问题所涉诸领域看，政治安全领域中的合法性问题、政府权威衰减问题尤为突出；中东变局后基本政治制度确立和维护、政府的正常运行等受到挑战；意识形态上不同价值观之间激烈冲突，尤其是教俗对立达到了前所未有的程度。经济领域中的能源安全问题、金融安全问题及粮食安全问题日益严重。社会领域中的青年问题趋向尖锐化；走私和毒品问题有增无减；族群矛盾、教派纷争激化，正常社会秩序和社会稳定受到冲击。地区安全领域中的边界争端被激活，水资源争夺日趋尖锐，大规模杀伤性武器以及化学武器扩散问题引发了对整体安全环境的担忧；难民问题因地区战乱频仍其规模急剧攀升；恐怖主义借助中东变局之乱象重新崛起，将打击矛头直接对准中东国家既有的政治秩序。生态领域中的气候问题尤其是席卷中东多国的干旱严重打击了许多国家脆弱的农业生产，中东生态安全受到越来越多的挑战。

与此同时，不同类型安全问题的交互作用加深了安全问题的复杂程度。例如，气候变化以及人力因素造成生态环境安全问题日益严峻，势必带来粮食安全问题，也将加剧水资源争夺。中东数十年来最严重的干旱冬季导致粮食减产，推动全球粮食价格上升。联合国粮农组织专家称，干旱再加上内战，叙利亚2014年的粮食收成将减少1/3。约旦降雨量降到近60年来的最低水平。伊拉克和巴勒斯坦的粮食收成将大幅下降。黎巴嫩的水源也迅速干涸，逃出叙利亚的数十万人导致其用水量增加。地区干旱会更加严重且持续时间更长，直接威胁着全球粮食价格。[1] 水资源争夺一触即发，既可能导致现实的冲突，更可能是未来冲突的根源。可以说，由水而引发的摩擦同领土和政治争端交织在一起，造成地缘地区形势不稳定，包括埃及、苏丹、埃塞俄比亚围绕尼罗河水的竞争（埃及最为关切的是埃塞俄比亚在尼罗河上游建造的"复兴大坝"可能减少尼罗河下游水量），土耳其、叙利亚、伊拉克对底格里斯河、幼发拉底河和奥龙特河水的争夺，伊朗和阿富汗对赫尔曼德河的争夺，以色列、约旦、叙利亚和黎巴嫩对约旦河、耶尔穆塔河、利塔尼河及西岸地下水的争夺，等等。

凡此种种，不同类型、不同性质的中东安全问题要么悬而难解，要么伴随着中东变局的深化而趋于激化，这在本报告的各章节中均有述及。

二 中东安全问题背后的复杂性因素

中东地区安全问题尖锐复杂是有深层原因的，外来干涉、历史积怨、地缘政治利益纠葛、教派冲突、族群纷争等内外因素相互关联、相互作用，导致中东地区安全问题不断恶化，形成了区域性安全危机，甚至引发军事冲突和战争。

首先，长期的外来干涉和争夺导致中东地区动荡不宁、安全问题异常尖锐，安全秩序无法形成。

在影响中东安全问题的诸多因素中，最为突出的就是外部势力的深度介入。众所周知，中东地区是强权政治的重灾区，长期受到大国干预和介入，这是中东地区动荡不安的根本原因。在殖民主义时代，列强肢解奥斯曼帝国，武力瓜分中东，进而对中东地区进行分而治之，埋下了当今中东地区冲突和纷争不断的种子。列强干预和争夺中东，其手段是多样的，既有赤裸裸的军事侵入，又有以各种名义策动的颠覆行动。冷战结束以来，中东地区既见证了大规

---

[1] "Middle East Drought a Threat to Global Food Prices", March 9, 2014, http：//www.hurriyetdailynews.com/middle-east-drought-a-threat-to-global-food-prices.aspx? pageID = 238&nID = 63351&NewsCatID = 344.

模式武装入侵（1991年的海湾战争、2001年美国发动的入侵阿富汗战争、2003年美国发动的入侵伊拉克战争），又目睹了所谓的"新干预主义"旗号下的政治围剿和军事干预，后者最明显的事例就是2011年的利比亚危机国际化和利比亚战争、2011年以来叙利亚危机国际化和叙利亚内战。

实际上，无论哪种形式的干预，外来强权的介入，特别是西方大国的干预，其结果往往是：中东地区或中东国家分裂的步伐不断加快，中东国家间的矛盾和积怨日益加深，并最终陷入一种恶性循环之中。最严峻的现实是，当中东地区安全问题激化、真正伤及干预者自身时，后者常常会采取"打烂了就撤"的消极办法。其结果是在中东地区留下了一个个"烂摊子"，制造了一个又一个"脆弱的政权"，并导致该地区安全局势进一步恶化。例如，英国、法国殖民者撤出中东时，留下了难以弥合的边界争端和长达半个世纪的阿以对抗；苏联撤出阿富汗后，留下了脆弱不堪的政权，随后被激进的塔利班取得；美国撤出伊拉克，留下了巨大的"烂摊子"，目前马利基政权岌岌可危，伊拉克四分五裂，正面临着解体的危险；同样，利比亚卡扎菲政权被摧毁之后，北约军事力量撤出，留下了利比亚地方割据、走向分裂的局面。可以说，在中东地区的安全建设上，西方列强一直扮演着极为负面的角色。这是中东地区安全问题的实质。

其次，中东国家间地缘政治利益的争夺是中东安全形势不断恶化的重要因素。

中东地区民族国家体系建立之后，不同国家国力强弱的变化以及国家主体所奉行的安全理念、安全战略的差异，导致该地区国家间关系的复杂化，尤其是围绕地缘政治利益的争夺异常激烈。最突出的表现是一些国家实力增强之后，就开始寻求改变既有的地缘政治格局，走上了地缘政治利益争夺之路，甚至出现了"地区霸权主义"，严重威胁着中东地区安全。

例如，以色列以超级大国美国为靠山，长期以来对外奉行绝对安全战略，推行"大以色列计划"。以色列利用几次中东战争，不仅侵害巴勒斯坦人的生存权，而且占据了周边阿拉伯国家的许多领土。以色列还以种种借口搁置"土地换和平"方案，阿以和谈陷于停滞，中东和平进程前景黯淡。因此，以色列以绝对安全观为基础，追求自身的绝对安全，其地区霸权行动一直是影响中东安全的重要因素。

与此同时，国力强弱变化以及地区霸权在其他中东国家行为中也有表现。两伊战争持续8年之久，伊朗全面推行对外伊斯兰革命输出，推动中东地区伊斯兰复兴运动，试图从根本上改变中东地缘格局，其结果，不仅加深了波斯人与阿拉伯人之间的历史积怨，强化了伊斯兰教内部什叶派与逊尼派之间的隔阂，而且对中东地缘政治安全产生了深远影响。随后，1990年伊拉克入侵科威特，更是萨达姆野心膨胀，谋求地区霸权的重大步骤，结果遭遇重挫，也成为其后伊拉克战争和萨达姆覆亡的远因。

同样，利比亚石油财富的积累也使该国地位上升，从而给了当权者"挟油自重"的机会。于是，卡扎菲当权时期就以充盈的石油美元为后盾，粗暴干涉许多阿拉伯兄弟国家内政和非洲国家事务，直接介入乍得、苏丹等国的冲突之中，等等，其目标就是称雄阿拉伯世界或者非洲地区。卡扎菲争夺地缘政治利益的行动，造成了利比亚与许多国家之间的紧张关系，也对地区安全产生了负面影响。

中东变局以来，叙利亚危机个案中展示了教派争端，成为观察中东地缘政治利益争夺的重要窗口。许多人甚至将叙利亚内战看作近年来中东最为激烈的教派战争，其背后则是以伊朗为首的什叶派联盟与以沙特阿拉伯为首的逊尼派联盟之间的历史性较量。在两大联盟争斗过程中，外部势力不断介入，进一步加剧了叙利亚危机的深度和叙利亚内战的烈度，进而牵动了几乎所有的中东国家，不仅导致叙利亚内战陷入僵局，而且使得中东安全危机逐步升级，中东安全诸问题复杂化。

再次，族群矛盾伴随着中东变局而日益凸显，正成为影响中东安全局势的重要因素。

中东地区族群矛盾由来已久，一直是影响地区局势走向的重要因素。

阿拉伯人与犹太人之间的冲突已持续半个多世纪，特别是巴勒斯坦领土上的巴以冲突，未曾间断。进入21世纪以来，巴以之间的隔阂不降反升。哈马斯控制加沙地区后，以色列在加沙地区先后实施了三次规模较大的军事行动，即2008年底至2009年初的"铸铅行动"、2012年11月的"防务之柱"行动和2014年7月的"护刃行动"。2014年7月初，以色列政府为报复3名犹太

青年遇害，回击哈马斯的火箭袭击，发动"护刃行动"，对哈马斯控制的加沙地区进行空袭和轰炸，甚至出动地面部队，力图摧毁哈马斯的火箭发射基地，清剿哈马斯力量，削弱哈马斯在加沙的影响，结果造成300多名巴勒斯坦平民死亡，伤者数以千计。巴以重新回到了以暴制暴的血腥报复的老路上，武装冲突和战争阴云再次笼罩中东，中东安全局势岌岌可危。

与此同时，族群矛盾激化下的民族分离主义已成为影响中东地区安全的重要变量。苏丹的分裂和分离就是一个活生生的例子。

实际上，对于中东一些多民族国家来说，第三次世界民族主义浪潮和"阿拉伯之春"引起的中东变局逐渐成为族群矛盾激化的催化剂，在此背景下，一些族群的离心倾向和分离意识迅速增强、蔓延，最明显的就是库尔德人的独立意识空前高涨。如果说第一次世界大战时期库尔德人欲借助西方力量寻求独立建国（库尔德斯坦），最终未能如愿，那么，百年之后的今天，库尔德人利用中东变局所展现的机遇加快分离步伐，欲再次追求其独立建国梦想。当前，伊拉克北部库尔德自治区的政治精英早已不满足于伊拉克政府赋予其的自治地位，而是寻求通过公投等方式摆脱伊拉克辖制，进而实现独立。2014年7月初，伊拉克库尔德自治区主席巴尔扎尼（Massoud Barzani）表示，由于"伊斯兰国"组织（原称"伊拉克和黎凡特伊斯兰国"，Islamic State in Iraq and the Levant，简称ISIL）在伊拉克北部和西部攻城略地，伊拉克实际上已经分裂，因此，现在是库尔德族人投票决定是否要独立的时候。① 如果伊拉克库尔德人独立公投付诸行动并达到目的，必将"一石激起千层浪"，极大地刺激生活在其周边的土耳其、叙利亚、伊朗等国的库尔德人，争相效仿在所难免。而对于这些国家而言，库尔德人分离运动是难以容忍的，由此而形成的冲突将严重威胁相关国家的稳定和发展，同时也会对中东地区安全局势造成严重损害。

最后，中东各国转型的漫长性、曲折性加剧了中东安全问题解决的难度，增加了中东安全风险。

---

① "It's Time for Kurds to Determine Their Future, Barzani Says", June 24, 2014, http://www.todayszaman.com/news‐351173‐its‐time‐is‐for‐kurds‐to‐determine‐their‐future‐barzani‐says.html.

从更广阔的视野看，整个中东地区正经历一场巨大的、痛苦而漫长的变迁。尽管不同中东国家经历变迁的时段有很大差异，但是，中东各国普遍处在这种剧烈的变迁之中。当前的中东变局就是这种变迁的一种体现。处在变迁中的中东各国，一是各种矛盾集中释放或爆发，内部安全面临全面冲击。例如，强人政权的垮塌带来的是一系列旧恨新仇的瞬间释放，造成社会失序，乱局蔓延或外溢。二是中东国家内部的动荡和发展的不确定性，外溢到其他国家，在中东地区层面上形成了具有普遍性的地区安全问题。

可以说，无论从国际层面还是中东地区、国家等层面，多种因素导致中东安全形势逐步恶化，中东地区安全问题日益凸显。中东地区局势呈现动荡长期化、常态化，安全问题急剧恶化的态势。

三　中东安全困境与安全形势走向

所谓安全困境是指所涉安全诸问题陷入错综复杂的矛盾和利益纠葛之中，尚无解决之有效途径，安全诸问题仍处在不断激化或恶化状态。如前所述，纷繁复杂的中东安全问题及其背后的多重性影响因素造成了当前的中东安全困境，各种因素的变化同时还影响并决定着中东安全形势的未来走向。

1. 中东安全困境矛盾尖锐复杂，难以扭转

中东安全困境的形成是个漫长的历史过程。一方面，中东安全困境是各种矛盾长期冲突和积累的一种反映。这些矛盾包括了外来干涉与中东国家反干涉之间的矛盾，阿以之间根深蒂固的矛盾与冲突，阿拉伯人与波斯人之间历史上的纠葛，中东地区存在已久的教派矛盾以及中东国家内部的族群冲突，等等。有些矛盾从性质上说具有不可调和性。例如，西方对中东国家的干涉与反干涉之间或者控制与反控制之间的较量，阿以冲突尤其是巴以之间的争端。有些矛盾则由国内转化为地区性，从而具有更广泛和更普遍的影响，反过来也强化了问题解决的难度，形成了安全问题上的困境。诸如近年来日趋激烈的教俗对立、民族分裂主义、恐怖主义等，已逐渐由个别国家的内部问题转变为地区性甚至国际性问题，它对安全局势的冲击也由国内扩展到中东地区乃至世界各地。

中东黄皮书

另一方面,由于各种矛盾盘根错节,根深蒂固,在不同条件和背景下,各种势力的较量导致矛盾激化,并产生了连锁效应和传导效应,从而对中东安全形势产生深远的影响,直接或间接破坏着中东地区和中东国家内部脆弱的安全平衡,造成了局部上的"安全危局"和整体上的"安全困境"。例如,2011年叙利亚危机爆发后,西方的强制干预和中东范围内逊尼派联盟与什叶派联盟之间的争夺,使得叙利亚危机逐渐国际化,叙利亚内战逐步向地区性教派战争演化,目前已迅速波及伊拉克、黎巴嫩、约旦,形成中东地区局部范围内的"安全危局",且呈现可怕的扩散之势。而国际社会的调停努力频频失败,难见其效,安全危机并没有缓解,更谈不上步出安全困境。难怪此前英国前首相布莱尔针对伊拉克局势发出了无奈之哀叹:"干预很难,局部干预很难,不干预也很难。"①

2. 中东安全危机整体上趋于恶化,安全困境的程度不断加深

当前,由于中东变局的深远影响,中东安全危机达到了前所未有的程度。实际上,伴随着中东变局,该地区长时段的动荡期才刚刚开始,中东国家面临的安全威胁和挑战尤为严峻,这些势必强化目前中东的安全困境。

中东安全困境的逐步加深主要表现在两大方面。

第一,各种安全问题呈现激化态势。①巴以僵局不仅没有突破,反而因近期的"护刃行动"再次进入血腥暴力袭击的恶性循环之中。②中东恐怖主义气焰甚为嚣张,且蔓延迅速。恐怖主义从冷战时期的边缘地位上升到20世纪90年代以来的中心位置,21世纪第一个十年的"全球反恐战争是时代巨变的标志,抑或是国际安全景观中的常态"。② 但是,中东国家打击恐怖主义的力度和能力有限,国际社会在中东地区开展的反恐合作也十分有限。③中东地区宗教极端主义思潮泛滥,各种名目的"圣战"严重歪曲伊斯兰教的和平教义,造成暴力倾向成为中东普遍存在的问题,甚至可以说,一种暴力文化正在中东

---

① Tony Blair, "We Are Not to Blame for Iraq and will Regret Inaction: This Is the West's Struggle, Whether We Like It or Not", 15 June 2014, The Sunday Times, http://www.thesundaytimes.co.uk/sto/news/focus/article1422862.ece.

② 〔英〕巴里·布赞、〔丹麦〕琳娜·汉森:《国际安全研究的演化》,余萧枫译,浙江大学出版社,2011,第246页。

地区盛行。④中东变局后一些国家的重建或转型尚处于起步阶段,民族分离主义、教俗纷争等使政权的脆弱性尤为明显,导致国内基本安全问题尤其是政治安全和人的安全问题凸显。

第二,各方对中东安全危机的调解力度正在减弱,调解能力正在下降,调解效果正在削弱。从近期的中东局势看,虽然伊朗核问题逐渐被纳入政治谈判轨道,战争风险在降低,叙利亚危机也度过了2013年9月几乎剑拔弩张、面临西方大举军事干预的最严峻时期,但是,从整体上看,中东安全困境并未从根本上得到缓解。理由有三。①美国对中东的关注正在下降,其战略重心转移速度逐步加快。可以说,以前美国在中东发动反恐战争,并实行强制干预,其惯用手法是"打异己、拉偏架",借以构筑美国的中东战略体系,但最终不仅没有达到目的,反而破坏了中东地区的安全环境,加剧了中东安全危机,因为美国的干预在一定程度上制造了新的中东安全问题。特别是中东变局中以美国为首的西方国家推行新干预主义,"它所带来的危害是难以预料的,甚至是不可控的,加剧了中东地区的动荡,导致中东地区安全变数增大,地区安全体系进一步受到破坏,因而对中东地缘格局和地区安全带来了严重后果"。① 然而,在经过阿富汗战争和伊拉克战争的挫折以及"阿拉伯之春"的冲击之后,美国在中东的战略体系遭受重创,美国开始推行战略东移政策。于是,美国对中东的态度已经逐渐从积极干预转变为"消极观望",在中东的战略由攻势转变为守势,或曰战略收缩,此举同样对当前中东安全事态产生了深远影响。正如有的学者所指出的,美国的消极态度也会将中东推向危机边缘。② 从目前看,美国的战略收缩加剧了地区动荡,打乱了地区安全格局。③ 例如,针对当前伊拉克危局,美国并没有做出实质性举动,以致恐怖主义在伊拉克一天天坐大。同样,对于此轮愈演愈烈的巴以血腥冲突,美国也表现出罕见的消极姿态,直到局势发展了近半个月之后,才宣布派其国务卿克里赴中东进行斡旋。美国对

---

① 王林聪:《新干预主义对中东地区安全及国际关系的影响》,载杨光主编《中东发展报告2012~2013》,社会科学文献出版社,2013。
② 〔美〕扎米尔·卡利扎德、伊安·Q. 莱斯:《21世纪的政治冲突》,张淑文译,江苏人民出版社,2000,第141页。
③ 唐志超:《美国从中东战略收缩及其地缘政治影响》,载刘慧主编、赵晓春副主编《中国国家安全研究报告(2014)》,社会科学文献出版社,2014,第223页。

中东关注的下降及其战略收缩，一方面，极大地刺激了极端主义和恐怖主义者的"斗志"，为后者的生存和壮大提供了空间；另一方面，还加剧了一些中东地区大国填补"真空"、争夺地缘政治利益的斗争，由此使得各种安全问题集中释放，强化了中东安全局势的不确定性。②中东地区缺乏一种有效的防范安全局势恶化的机制。除了一些次区域组织，诸如海合会在有限范围内能够发挥其维护安全的职能和作用以外，其他跨地区组织，如阿拉伯联盟、伊斯兰合作组织等，均难以对安全事务形成有效操作机制。因此，当危害安全的各种事件爆发后，这些地区性组织缺乏有效的调解机制；当各种矛盾激化或一些事件即将爆发时，又缺乏防范机制，往往听任突发事件发展、演变，以致安全局势恶化。③随着中东变局的爆发和政权更迭，原有的一些调解角色逐渐失能。例如，以前在巴以冲突中埃及一直扮演着重要的调停者角色，当冲突激化时，穆巴拉克总统利用其影响力常常不遗余力地进行斡旋。然而，此次巴以冲突，埃及的停火倡议遭到了哈马斯的拒绝。同样，土耳其也曾在以色列、叙利亚之间进行斡旋。如今，土耳其政府与叙利亚当局断绝关系，土耳其与以色列因撞船事件双边关系急转直下，尚未恢复正常化，土很难再度扮演调停者的角色。近年来，在防止中东局势逐步恶化方面，埃及、土耳其等地区大国一筹莫展，很难对安全局势的改观发挥建设性作用。

3. 中东安全形势的走向

中东安全状况是多重因素、多种力量相互作用的结果。基于各种因素及力量格局来判断中东安全形势的走向，主要在于：

一是外来干预，特别是大国干预的强弱程度；

二是中东国家之间地缘政治利益较量的方式和结果；

三是中东国家内部的稳定性及发展状况；

四是在不同安全问题上各方的合作意愿与目标及合作水平与效果。

就中东安全形势而言，一方面，战争和军事冲突的风险始终存在，安全"危局"问题如影随形。中东局势长期动荡，突发事件层出不穷，因此，对今后相当长一段时间内的安全形势进行预测是很难的。但是，作为中东安全形势最严重的问题——战争和军事冲突的风险始终是存在的。无论是当前巴以之间的军事冲突、伊拉克境内的反政府恐怖主义武装建国、利比亚国内武装袭击，还是未来地区间跨国军事冲突，在一个相当长时期里仍然难以避免。中东安全危机尚难缓解，安全"危局"始终笼罩该地区。

但是，另一方面，一些维护中东安全的建设性力量正在汇聚，这将对中东安全形势的走向产生积极影响。一是正在崛起的新兴国家——中国、印度等，从维护能源供应安全以及提升并发展与中东国家关系的愿望出发，构成了中东地区安全维护的建设性力量。二是西方大国在一系列强制干预中尝到了苦头，特别是随着其实力的下降，逐渐向以合作和竞争等方式来解决中东安全问题之路迈进。这些迹象表明，各国仍希望通过合作遏制中东安全形势继续恶化，避免中东局势失控。

四 解决中东安全危机的若干思考

关于中东安全问题的讨论以及如何解决中东安全危机已经是热门话题。2013年12月8日，中国社会科学院西亚非洲研究所举办"中东变局与地区安全"学术研讨会，专家们围绕"谁的安全"、"怎样看待安全"、"安全机制构建"等议题展开了讨论。[①] 本期中东发展报告旨在以专题研究方式，集中就中东安全问题所涉诸领域展开深入研究，如能源安全、民族问题、教派冲突、部落问题、恐怖主义与安全，以及因巴以争端、伊朗核问题、叙利亚危机及地区国家政治变局所引发的安全问题等，在此基础上，力求对中东安全局势的走向以及如何构建中东安全秩序等重大问题予以分析。

历史经验表明，安全机制的建立从来不是单方面的事情，而是需要双方的和多方的共同努力。在现代国际关系格局中，安全机制更是一种双边或多边体制，从来没有单一性安全机制。"9·11"事件表明，即使是超级大国美国也无法确保独享安全。因此，从全球的高度认识中东安全问题，以新的理念推动安全合作，凝聚共识，才能有效防止中东安全问题恶化。

1. 中东安全问题是"全球性问题"的一部分

全球性问题涵盖面非常广，包括难民、毒品、走私、核扩散、恐怖主义、

---

① 王金岩：《"中东变局与地区安全"学术研讨会》，http：//iwaas.cass.cn/xsyj/xianmu1/2013 - 12 - 11/2977. shtml。

生态危机等，这些问题在中东表现更为突出，并且日趋严重。这些问题是 21 世纪主权国家面临的共同挑战。从这个意义上说，中东安全问题关乎全球安全。更为重要的是，中东安全在世界安全中具有极端重要的地位。众所周知，从地缘政治和能源供应、通道安全等多种角度看，中东安全的重要性是任何地区不能相比的，更是任何大国包括新兴经济体不能忽视的。中东安全可谓牵一发而动全身。然而，中东仍是世界上最危险和最动荡的地区。最近，欧洲安全机构认为，我们未来最大的威胁将来自从叙利亚回国的战斗人员。真正的危险是，叙利亚已成为恐怖分子的避风港，这比 20 世纪 90 年代的阿富汗还要糟糕。[1] 因此，中东安全面临的挑战必将是全球性的、长期性的，绝非局限在中东地区范围内的、短期性的。

2. 以新安全观推动中东安全体系的建构

首先，树立新型安全观，从解决中东基本矛盾入手，以发展创造机遇，以合作增进联系，以实现共赢为目标，实现发展安全、合作安全和共同安全。所谓新的安全观是指建立在集体安全或共同安全理念基础之上的安全才是可靠的、有保障的、持久的。那种个别国家谋求的所谓绝对安全只能是暂时的、短暂的。因为在全球化时代，"一损皆损"是无法超越的现实。2014 年 5 月，中国国家主席习近平在"亚洲相互协作与信任措施会议"（简称"亚信"）第四次峰会上发表主旨讲话《积极树立亚洲安全观 共创安全合作新局面》，提出并倡导"共同、综合、合作、可持续的亚洲安全观"。[2] 这对思考构建中东安全秩序有着重要意义。建立中东地区安全机制和安全体系需要从长远着眼，以新的安全观推动安全问题的逐步解决。

其次，加强中东国家独立自主能力，提高中东国家"自主安全"水平。长期以来，中东国家安全实际上建立在一种畸形基础上，即弱小国家依靠大国的庇护，而大国强权又肆意干涉中东事务和中东国家内政。要改变这种状况，中东国家自身需要加强独立自主的意识，提升独立自主的能力，逐渐摆脱大国

---

[1] Tony Blair, "We Are Not to Blame for Iraq and Will Regret Inaction: This Is the West's Struggle, Whether We Like It or Not", 15 June 2014, *The Sunday Times*, http://www.thesundaytimes.co.uk/sto/news/focus/article1422862.ece.

[2] 习近平：《积极树立亚洲安全观 共创安全合作新局面》，《人民日报》2014 年 5 月 22 日。

的控制，以新的安全观处理并发展与地区国家间的关系，应对中东地区安全问题。

再次，通过政治途径解决各种争端，为安全问题的解决创造良好条件。中东的问题和矛盾根深蒂固，诉诸军事手段只能激化矛盾，制造新的仇恨，难以解决问题，因此，探索以政治方式解决争端，寻求共识、谋求妥协，才是避免矛盾激化和失控的正途。

最后，从次区域安全机制建设入手，推动整个地区安全机制的构建。海合会的安全维护职能尽管有局限性，但它提供了安全机制建构的思路，即次区域组织的安全框架，在此基础上，通过协调构建维护整个地区的安全体系。

专题报告

Special Report

Y.2
中东民族问题与地区安全

唐志超[*]

摘　要： 种族与文化差异、意识形态分歧、利益纠葛、外部势力干涉等导致中东地区各民族间的矛盾与冲突非常突出，并构成了影响地区安全与稳定的重要威胁源。该地区的民族问题具有普遍性、多元化、教派性、时代性和国际化等诸多特征。其中巴勒斯坦问题最为典型，是影响二战后中东战争与和平的关键因素之一。

关键词： 中东　民族问题　地区安全　影响

---

[*] 唐志超，中国社会科学院西亚非洲研究所研究员、中东研究室主任，主要研究领域为中东政治、安全与外交问题。

中东民族问题与地区安全

中东地区不仅民族众多,而且民族问题错综复杂,是全球民族问题最集中的地区之一。巴勒斯坦问题与阿以冲突、阿拉伯人与波斯人的矛盾、库尔德问题、柏柏尔人问题等是威胁该地区长期稳定与安全的主要因素。如何处理好民族间关系、实现各民族和睦相处,对中东民族国家构建和实现地区稳定意义重大。

一 全球民族问题最集中的地区之一

中东是古代人类文明发源地之一,自古就是多民族杂居地,不同种族、民族的人们长期共同生活在这里。他们之中既有原居民(如阿拉伯人、波斯人、犹太人、库尔德人、柏柏尔人等),也有后来者(如土耳其人、蒙古人等)。经过数千年的演化发展,古代中东的一些古老民族有的已消亡,如巴比伦人、米底人、阿卡德人、古埃及人、赫梯人、腓尼基人、安息人、埃兰人、迦南人、胡里特人、以东人、腓力斯人和摩押人等;有的已与其他民族融合在一起;还有一些一直存留至今,如犹太人、阿拉伯人、波斯人、亚述人、亚拉姆人(Aramean)、柏柏尔人等。据不完全统计,当代中东地区的民族仍有数十个,其中主要有阿拉伯人、波斯人、土耳其人、库尔德人、犹太人、柏柏尔人、亚美尼亚人、阿塞拜疆人、格鲁吉亚人、土库曼人、俾路支人、希腊人、埃及科普特人、阿拉维人、德鲁兹人、亚兹德人、亚述人、努尔人(Lurs)、普什图人、马耳他人、索马里人、苏丹尼格罗人、沙巴克人(Shabaks,伊拉克的一个古老民族)、曼底安人(Mandeans,伊拉克的古基督教派)、巴哈伊人(主要生活在伊朗,信奉巴哈伊教)、切尔克斯人(Circassians)、撒玛利亚人(主要生活在巴勒斯坦和以色列)、穆哈拉米人(Mhallami)和亚拉姆人。其中建立民族国家的有阿拉伯人、波斯人、土耳其人和犹太人,其他如库尔德人、柏柏尔人的影响也非常大。

在种族、语言和宗教上,中东民族具有复杂性、多元化的特性。在人种上,主要是白种人,但也有少数黑种人、黄种人。阿拉伯人、犹太人、土耳其人、波斯人和库尔德人均属高加索人种(或称欧罗巴人种),但阿拉伯人和犹太人属于闪米特人种,波斯人和库尔德人属于雅利安人种,土耳其人则属于突

厥人种。在语言上，各民族分属不同语系和语族，如波斯语、库尔德语和普什图语属于印欧语系的伊朗语族，阿拉伯语、柏柏尔语、科普特语、希伯来语和亚拉姆语等则属于闪含语系的闪米特语族、柏柏尔语族和科普特语族，土耳其语、土库曼语、阿塞拜疆语等属于阿尔泰语系的突厥语族。

而强烈的宗教性则是中东民族的主要特征之一。众所周知，中东是世界诸多宗教的发源地，如犹太教、基督教、伊斯兰教、拜火教、巴哈伊教等。不同民族，其宗教信仰有很大不同，同一民族内部也有多元化的宗教信仰。除了犹太人多信奉犹太教外，中东各主要民族如阿拉伯人、波斯人、土耳其人、库尔德人和柏柏尔人大多为伊斯兰教信徒。此外，各民族内部均有信仰不同教派的基督教徒。不同宗教是民族差异的主要表现形式，而不同宗教内部的复杂教派分野则进一步导致同一民族内部的分化。例如，中东主体居民信奉的是伊斯兰教，其中又以逊尼派为主流。阿拉伯人、土耳其人、库尔德人及柏柏尔人大多信奉伊斯兰教多数派逊尼派，但波斯人则信奉伊斯兰教少数派什叶派。大多数阿拉伯人信奉伊斯兰教，也有少数人信奉基督教，如黎巴嫩阿拉伯人。有的群体因信奉少数教派而被视为一个少数民族，如阿拉维人①、德鲁兹人②、科普特人③等。④ 因此，犹太教、基督教等其他宗教徒及非主流的伊斯兰教派构成了中东的少数民族或少数教派。在伊朗和土耳其，官方都将少数教派视为少数民族，如巴哈伊教派、犹太教徒、基督教徒等，而不将信奉伊斯兰教的库尔德人、阿塞拜疆人等视为少数民族。

多民族国家是中东国家的普遍属性。伊朗、黎巴嫩、土耳其、伊拉克和苏丹都是典型的多民族国家。在伊朗，有波斯人、阿塞拜疆人、库尔德人、努尔人、俾路支人、土库曼人、阿拉伯人、亚美尼亚人、格鲁吉亚人和亚述人等十多个民族，波斯人只占全国8000万人口的约2/3。阿塞拜疆人和库尔德人分

---

① 信奉伊斯兰教伊斯玛仪教派的一个分支阿拉维教派，主要为阿拉伯人。
② 信奉伊斯兰教伊斯玛仪教派的一个分支德鲁兹教派，被正统伊斯兰逊尼派视为异端。信徒既有阿拉伯人，也有土耳其人。
③ 信奉基督教科普特教的埃及人。
④ 对这些少数教派是否属于一个民族，目前学界还存在争议。从严格意义上讲，它们属于少数教派，但又具有作为一个民族所具备的特殊地域、语言、文化、宗教等特征，兼具民族和教派双重属性。本文将它们作为特殊的少数民族看待。

别是第二、第三大民族，分别占伊朗人口的16%和10%。在土耳其，作为昔日统治上百个民族的奥斯曼帝国的大本营，现有土耳其人、库尔德人、希腊人、犹太人、亚美尼亚人、阿尔巴尼亚人、阿拉伯人、克里米亚鞑靼人、扎扎人、保加利亚人、波马克人①、波斯尼亚人、罗马人、切尔克斯人、拉兹人（Laz）、哈姆辛人（Hamshenis）和阿布哈兹人（Abkhazians）。而在7500万土耳其人口中，土耳其人只占75%，库尔德人约占20%。在黎巴嫩，其居民除了占主体地位的阿拉伯人（分为基督教马龙派，伊斯兰什叶派、逊尼派和德鲁兹派等派别）外，还有亚美尼亚人、库尔德人、土耳其人和希腊人等，他们分属不同的宗教与教派，这增加了黎民族、宗教问题的复杂性。在"犹太国家"以色列，犹太人只占75%，阿拉伯人占20%，其他还有德鲁兹人、库尔德人、亚美尼亚人、基督教马龙教徒、科普特人、阿根廷人、亚述人、切尔克斯人、撒玛利亚人、巴哈伊人以及部分东欧人等。在伊拉克，阿拉伯人约占78%（其中什叶派约占60%，逊尼派约占18%），库尔德人约占18%，其他还有土库曼人、亚美尼亚人等诸多少数民族存在。在阿尔及利亚，全国3790万人口中约70%是阿拉伯人，柏柏尔人约占20%，其他还有少数民族姆扎布族、图阿雷格族、土耳其人、腓尼基人、古罗马人、古希腊人、犹太人、尼格罗人等。在阿拉伯世界人口最多的埃及（约8200万人），阿拉伯人占90%，其他有科普特人、土耳其人、希腊人和巴哈伊人等。在也门，人口大多数是阿拉伯人，也有不少非洲裔阿拉伯人、南亚人，以及欧洲人后裔。

  多样化的民族、多元化的宗教是中东国家和社会的重要特征。作为多民族汇集地，民族纷争的出现也是势所必然，自古有之。不过，古代中东的民族问题与现代民族问题有很大差别。古代民族间冲突更多带有利益争夺的性质，与财富、权力密切相关，不同民族间种族、文化和思想意识的冲突性质并不突出。但是，近现代以来，随着民族国家概念的提出，民族主义作为主流意识形态的传播与扩展，全球化的不断演化推进（从殖民主义到帝国主义，再到经济和文化上的全球化进程），中东民族问题日益突出，性质也发生了很多大变化。自19世纪以来，由于历史宿怨、民族利益的纠葛、经济社会发展相对滞

---

① 波马克人（Pomaks），指信仰伊斯兰教的保加利亚人。

后，加上殖民主义者分而治之的政策和外部大国的干涉，中东民族间矛盾与冲突空前激化，冲突加剧，从而使得中东民族问题变得日益严重，成为全球民族问题最集中的地区之一，并对地区政治秩序的形成以及中东安全与稳定造成重大影响。

二 中东民族问题的主要表现形式与特征

当代中东民族问题复杂多样，在表现形式上大致可以分为以下三类。

第一类是中东民族与非中东民族的矛盾与冲突。主要是中东民族与新老殖民主义、霸权主义的矛盾，主题则是殖民与反殖民、侵略与反侵略、干涉与反干涉的斗争。在20世纪50年代以前，集中表现为中东民族与欧洲殖民主义者的冲突，以中东国家获得民族独立，摆脱殖民或半殖民统治为主要标志。冷战期间，则主要表现为与以美国为首的西方以及与苏联之间的冲突，主题是侵略与反侵略、控制与反控制、干涉与反干涉的斗争。冷战结束后，伊斯兰民族与以美国为首的西方世界的矛盾空前突出，最突出的例子是两次伊拉克战争（1991年海湾战争和2003年伊拉克战争）、阿富汗战争及2003年利比亚战争。

第二类是中东不同民族之间的矛盾与冲突。突出表现在各主要民族之间，即阿拉伯人、波斯人、土耳其、犹太人、库尔德人和柏柏尔人之间错综复杂的矛盾与冲突。不同时期的主要矛盾也有所不同。比如，19世纪末20世纪初，主要体现为奥斯曼土耳其人与奥斯曼帝国治下各地的阿拉伯人之间的矛盾，最终以帝国崩溃、阿拉伯大起义和阿拉伯国家纷纷独立建国结束。二战后，随着1947年巴勒斯坦分治和1948年以色列建国，阿拉伯人与犹太人的矛盾不断加剧，并在1967年第三次阿以战争后变得更加尖锐。而到了20世纪80年代，由于伊朗伊斯兰革命导致建立伊斯兰政权，带有民族和教派冲突双重性质的波斯人与阿拉伯人的矛盾开始突出，结果是持续8年导致百万人伤亡的两伊战争（1980～1988年）。2003年伊拉克战争后，以沙特为首的阿拉伯海湾国家与伊朗在伊拉克展开激烈争夺，伊拉克的"去阿拉伯化"和"什叶派化"则是斗争的焦点。而2011年"阿拉伯之春"爆发后，阿拉伯人和波斯人的矛盾又有了新发展，争夺战场进一步扩大，并在叙利亚内战中达到白热化程度。

第三类是一个国家内部不同民族之间的矛盾。这一类型问题的存在比较普遍，几乎每个国家都有，且多表现为主体民族与非主体民族之间的矛盾，比如，伊拉克、土耳其、伊朗和叙利亚四国存在的库尔德问题；埃及的科普特问题；以色列的巴勒斯坦公民问题；伊朗的俾路支问题、阿塞拜疆问题和阿瓦士问题[①]；叙利亚的阿拉维教派问题；也门的南北问题以及胡塞部族问题；约旦的巴勒斯坦人问题；苏丹的南北问题、达尔富尔问题和东部问题；沙特的东部什叶派问题；阿尔及利亚和摩洛哥的柏柏尔人问题；等等。

中东地区民族问题的形成原因。依照马克思主义的民族理论，民族是一个历史范畴，有它自身形成、发展、消亡的客观规律，同时，民族问题从来就不是孤立存在的，它是社会发展总问题的一部分，是革命和建设总问题的一部分。[②] 有民族存在，就有民族利益存在。各民族间差异的客观存在是民族问题产生的基础和前提。有差别，就有可能引发矛盾与冲突。所谓民族问题，就是不同民族在各种交往过程中所产生的矛盾与冲突。但是，社会因素则是影响民族问题产生和发展的核心要素，包括政治、经济、思想文化等各个方面。民族的社会性存在不仅赋予各民族不同的民族利益，还带来了民族关系的复杂性和多样性。民族问题的主要表现形式有两种：一种是不同民族间的竞争关系，它既可能是政治和经济利益之争，也可能是思想文化之争；另一种是民族关系上的不平等及由此产生的矛盾。民族间的不平等又分两类：在资本主义国家，民族间的阶级压迫、政治上的不平等现象长期存在；在社会主义国家，虽消灭了阶级，实现了政治上的平等，但经济、社会和文化上的事实上的不平等长期存在。

---

① 阿瓦士地区的主要居民为阿拉伯人。两伊战争期间，该地区阿拉伯人得到萨达姆的支持，反对伊朗政府。近年来该地区偶有反政府活动。伊朗阿塞拜疆地区与阿塞拜疆共和国都是大阿塞拜疆的一部分，分属南阿塞拜疆、北阿塞拜疆。伊朗对南北阿塞拜疆统一一直很担忧。俾路支人主要分布在巴基斯坦和伊朗东南部。近年来一直存在着俾路支人武装的分裂运动。2006年，美国著名调查记者赫尔什发表文章称，美国正在利用伊朗的阿拉伯人、库尔德人、阿塞拜疆人和俾路支人制造国内矛盾，企图推翻伊朗政府。Seymour M. Hersh, "The Iran Plan", *The New Yorker*, April 2006, http://www.newyorker.com/archive/2006/04/17/060417fa_fact?currentPage=3.

② 《马克思主义民族观的基本内容》，http://cpc.people.com.cn/GB/64107/65708/66066/66078/4468632.html，访问时间：2014年4月15日。

具体到中东，每个民族问题的产生背景都不同，既有其共性，也有其特殊性。这里主要分析导致民族问题产生的共性因素。第一，狭隘的民族意识和民族主义观念。19世纪末20世纪初，随着民族主义和民族国家观念传入中东，阿拉伯民族主义、犹太复国主义、奥斯曼主义、泛突厥主义、土耳其民族主义、波斯民族主义等应运而生，一个个民族国家纷纷成立。但是，由于不少人对民族国家和民族主义的狭隘或错误的理解，错误的民族政策由此出炉。这主要突出表现在极端民族主义和大民族主义上，追求片面的民族利益和建立狭隘意义上的民族国家，导致民族间矛盾加大，国家认同出现危机。犹太复国主义就是阿以冲突的重要根源。而大民族主义则导致了库尔德问题、柏柏尔人问题、苏丹问题的出现。第二，现实利益的纠葛。利益往往是民族矛盾与冲突产生的关键。如巴勒斯坦问题本质上是领土问题，而伊朗与沙特的竞争关系背后更多的是对波斯湾和伊斯兰世界的领导权的争夺。伊朗与伊拉克大动干戈的背后是边界争端和意识形态之争。第三，推行不当或错误的民族政策。这主要表现为极端民族主义或大民族主义政策，如民族隔离政策、占领政策及同化政策等。以色列追求建立犹太国家以及对巴勒斯坦人的政策，明显具有极端民族主义倾向。美国国务卿克里就曾警告以色列不要走上建立种族隔离国家的道路。[①] 而伊拉克、土耳其、伊朗、阿尔及利亚、摩洛哥、苏丹等国普遍推行阿拉伯化、波斯化或土耳其化的政策，剥夺或忽视少数民族库尔德人、柏柏尔人及黑人的权益。柏柏尔人和库尔德人起来抗争据说是因为其正当的民族权利被剥夺，民族身份遭否定，语言文化权利得不到认可。第四，外部因素。历史上希腊人、罗马人、突厥人、蒙古人及近代以来新老殖民者的纷至沓来，强行征服与干涉，留下了很多民族和宗教问题隐患。如巴勒斯坦问题的产生就与英国殖民时期大力支持犹太复国主义运动，推动犹太人向巴勒斯坦移民以及推行分而治之政策密切相关。而巴勒斯坦问题长期拖而不决与美国对以色列的长期偏袒又有直接关系。再如库尔德问题的产生，就是由于第一次世界大战结束后英国、法国等国强行肢解奥斯曼帝国，直接导致原先居住在奥斯

---

① "Kerry's Apartheid Remark Hits Pro-Israel Nerve", CNN, Apr. 30, 2014, http://edition.cnn.com/2014/04/29/politics/kerry-apartheid-controversy/.

曼帝国疆域内的库尔德人被一分为三的结果。外部因素是苏丹南北内战以及达尔富尔问题持久化的重要原因，也是最终导致南北苏丹分裂的祸根之一。苏丹问题的产生与19世纪欧洲列强瓜分非洲和实行殖民统治时人为划定边界有关，达尔富尔地区的不少部落曾被划到不同国家，并导致该地区的部族与周围邻国有千丝万缕的联系。第五，该地区政治、经济社会发展相对滞后并且发展不平衡。民族问题的产生具有历史阶段性，并与经济社会发展程度相联系。相对而言，政治参与度高，经济社会发展水平高，民族问题就不会太尖锐；反之，则相反。中东地区民族国家形成时间普遍较短，大多形成于20世纪前期或中期，政治体制不完善，经济社会不发达，这也是民族问题产生的重要社会根源。

中东民族问题有以下几个特点。第一，普遍性和多样性。大多数国家都存在不同程度的民族问题。第二，中东地区民族问题众多，而巴勒斯坦问题是地区民族问题的核心问题，波及面最广，影响最大。第三，民族分离主义日益突出。其中苏丹、土耳其、伊拉克三国均面临较为严峻的国家分裂威胁，并导致苏丹国家分裂。第四，民族与宗教问题相互交织，异常复杂。巴勒斯坦问题不仅被视为巴勒斯坦和以色列之间的冲突，也被看作阿拉伯人和犹太人、全球穆斯林与犹太人、伊斯兰世界与犹太—基督教西方的矛盾与对抗。伊朗人与阿拉伯人上千年的矛盾也象征着伊斯兰世界少数派什叶派与主流派逊尼派之间的意识形态对抗。第五，地区性和国际化。一方面，大多数民族都具有跨界居住的特点；另一方面，中东国家间的关系错综复杂，问题丛生，致使一国内部的问题很容易地区化，从而招致邻国的干预。此外，作为全球交通战略枢纽以及全球能源中心，中东一直是外部势力争夺的对象。利用民族矛盾，挑拨民族关系，对中东进行分而治之和强行干预是殖民主义、帝国主义和霸权主义的一贯伎俩和手法。这使得中东民族问题国际化色彩非常浓厚。

三 中东主要民族问题

对中东地区影响重大的民族问题主要有巴勒斯坦问题、库尔德问题、阿拉伯人与波斯人的矛盾、柏柏尔人问题及苏丹问题等。

1. 巴勒斯坦问题

又称巴以问题、阿以问题，根植于犹太复国主义运动（又称锡安主义），实质是以色列长期占领巴勒斯坦及部分阿拉伯国家领土的问题。犹太人和阿拉伯人本同属闪族，可谓同族同源。巴勒斯坦地区[①]的原居民是迦南人。公元前13世纪，犹太人迁入巴勒斯坦，先后建立希伯来王国与以色列王国，但此后巴勒斯坦先后被亚述人、巴比伦人、波斯人、希腊人及罗马人占领和统治，犹太人被迫多次离开，四处流散。公元1世纪，罗马人占领了巴勒斯坦，大肆屠杀和驱逐犹太人，犹太人主体从此离开巴勒斯坦，流散到世界各地。公元7世纪，阿拉伯帝国崛起并占领巴勒斯坦，阿拉伯人开始大量迁入并逐步成为巴勒斯坦的主体居民，只有少数犹太人还留在巴勒斯坦。[②] 19世纪末，由于欧洲排犹主义再次泛滥，长期遭到歧视和迫害的犹太人中间兴起了犹太复国主义运动，1897年犹太复国主义组织成立并提出重返巴勒斯坦，建立"民族家园"（Nation Home）的口号。世界各地的犹太人由此开始大批移居巴勒斯坦。1917年11月，英国外交大臣贝尔福发表《贝尔福宣言》，公开支持在巴勒斯坦建立一个犹太人的民族之家。第一次世界大战后，奥斯曼帝国解体，巴勒斯坦沦为英国的"委任统治地"。从"分而治之"考虑，英国继续支持犹太复国主义运动，以平衡当地的阿拉伯人。二战期间，希特勒对犹太人的大屠杀进一步推动犹太人向巴勒斯坦大量移民，犹太人移民激增，[③]与当地阿拉伯人的矛盾开始激化，不断发生流血冲突。二战后，走向衰落的英国因难以控制巴勒斯坦，遂决定结束托管。1947年11月29日，联合国通过第181号决议，对巴勒斯坦实行分治，将总面积为2.6万多平方千米的巴勒斯坦一分为二，约1.5万平方千米划给犹太人建立以色列国，约1.1万平方千米划给阿拉伯人

---

① 1947年巴勒斯坦分治前，巴勒斯坦地区包括现今的巴勒斯坦、以色列和约旦。
② 据统计，19世纪末在巴勒斯坦的犹太人不足两万人。
③ 1918年，英国对巴勒斯坦的一次人口统计结果是，阿拉伯人约70万，犹太人约5.6万人。1922年，英国进行第一次巴勒斯坦人口普查，总人口为757182，其中78%为穆斯林（589177人），11%为犹太人（83790人），基督教徒占9.6%。到1931年第二次人口普查时，总人口为1035154人，其中穆斯林占73.6%（761922人），犹太人占16.9%（175138人），基督教徒占8.6%。到1945年，巴勒斯坦总人口达到1764520人，其中穆斯林占60%（1061270人），犹太人占31%（553600人），基督教徒占8%，其他1%。1922~1945年，犹太人口年均增长率为8.6%。

建立阿拉伯国，耶路撒冷为国际公管。巴勒斯坦人以及阿拉伯国家认为该决议存在严重不公，[①] 表示强烈反对，并采取了对抗行动。巴勒斯坦问题由此正式诞生，并成为半个多世纪以来中东地区持续动荡不宁的主要根源。

1948年5月14日，以色列国宣告成立。次日，第一次中东战争爆发，随后阿拉伯国家和以色列之间又爆发了四次大规模战争。[②] 以色列通过战争占领了包括耶路撒冷在内的全部巴勒斯坦领土，以及埃及、约旦、叙利亚和黎巴嫩部分领土，100多万巴勒斯坦阿拉伯人被逐出家园，沦为难民。[③] 长期以来，以色列在被占领领土上实施犹太移民政策，大量兴建犹太定居点，力求通过改变人口结构建立一个犹太民族国家。1979年，埃及单独与以色列签署和平条约，后以色列交还西奈半岛。1988年，巴解组织宣布放弃武装斗争，致力于通过和谈实现和平，并宣布建立以耶路撒冷为首都的巴勒斯坦国，随后得到世界上100多个国家的承认。但由于未确立自己的边界和领土，仍然处于以色列实际占领之下，巴勒斯坦国还不是一个真正意义上的国家。冷战结束后，1991年10月，马德里中东和会召开，以"以土地换和平"为基本原则的中东和平进程开始启动，以色列与巴勒斯坦、黎巴嫩、约旦、叙利亚分别开始直接谈判。1993年9月，巴以达成奥斯陆协议，允许巴勒斯坦实行自治。1994年，约旦与以色列签署合约，以方归还其所占约方380平方千米土地。2000年，以色列从黎巴嫩南部撤军。2000年夏，在美国推动下，巴以双方围绕边界、进入难民、耶路撒冷、水资源、定居点问题和安全问题等核心问题在戴维营展开最终地位谈判，但和谈失败，随即引发巴以新一轮流血冲突，和平进程陷入崩溃。近年来，巴以曾几次恢复和谈，但均未取得成果。2013年9月，在美国国务卿克里的竭力撮合下，巴以重启和谈，并拟于7个月内达成最终协议，

---

① 当时犹太人有约60.8万，占巴勒斯坦地区总人口的33%。从土地所有权上看，巴勒斯坦土地大部分也为阿拉伯人所有（94%），犹太人只拥有6%的土地。

② 五次中东战争是指：1948年第一次中东战争、1956年第二次中东战争（又称苏伊士运河战争）、1967年第三次中东战争（六日战争）、1973年第四次中东战争（赎罪日战争、十月战争）和1982年第五次中东战争（黎巴嫩战争）。

③ 在第一次中东战争中，以色列吞并了划归给巴勒斯坦的6200多平方千米的土地，并占领了西耶路撒冷。在1967年第三次中东战争中，以色列占领了约旦河西岸、加沙地带和东耶路撒冷，同时占领了埃及西奈半岛、叙利亚戈兰高地。在1982年黎巴嫩战争中，以色列占领了黎南部一条10～15千米宽的狭长地带。

但截至2014年4月底期满和谈仍未取得进展。

巴勒斯坦问题是二战以来中东地区持续时间最长、波及面最广、影响最深远的中心问题之一，一直被视为中东问题的核心。巴以冲突爆发后，很快演变成地区性的民族与宗教冲突，即阿拉伯人与犹太人、伊斯兰世界与全球犹太人及亲犹太西方世界的矛盾与冲突，地区内外各国纷纷卷入其中。巴勒斯坦问题是一个带有全局性、根本性的重大问题，是中东地区动荡与冲突的根源，关乎地区和平与稳定，二战以来中东地区一系列重大冲突和事件的背后都可以寻找到它的影子。它不仅直接导致阿拉伯国家与以色列的集体对抗，引发五次大规模中东战争和多场政治、经济和安全危机（如1973年石油危机、2006年第二次黎巴嫩战争等），是伊斯兰世界与美国及西方矛盾以及地区恐怖主义滋生蔓延的重要根源，也对该地区国家的政治与经济发展进程、与外部世界关系及中东地区秩序的塑造产生了重大而深远的影响，深刻影响着该地区的和平与稳定。进入21世纪以来，随着中东和平进程大大倒退，巴以双方重回冲突与对抗的恶性循环之中，"以土地换和平"原则开始遭到严重质疑，世人对巴以能否实现和平日益产生怀疑，同时由于其他地区重大事件频发，如伊朗核问题、伊拉克战争、恐怖主义及"阿拉伯之春"等，人们对巴以问题的关注开始下降，巴勒斯坦问题呈现日益边缘化以及对地区发展影响下降的新发展趋势。

2. 库尔德问题

库尔德人是中东地区历史与人文的重要组成部分，与阿拉伯人、波斯人、土耳其人、犹太人同为中东主要民族。目前，全球库尔德人口有约3000万，主要分布在土耳其东南部、伊朗西北部、伊拉克北部、叙利亚东北部及亚美尼亚一小部分组成的一个狭长弧形地区，俗称"库尔德斯坦"①（Kurdistan）。库尔德问题主要是指居住在中东相关国家的库尔德人要求尊重和承认民族身份，保障和扩大民族权利，平等参与国家事务和自主决定自己命运所引发的政治和社会问题，涉及四国中作为主体民族的阿拉伯人、波斯人和土耳其人与少数民族库尔德人的关系和地位问题。库尔德问题从产生至今已近百年，是中东地区持续时间最长的热点问题之一。库尔德问题的发展可分为四个阶段。第一阶段

---

① "库尔德斯坦"是一个文化地理概念，来自波斯语，字面意思是"库尔德人的土地"。

(1914~1923年),库尔德民族主义初步形成与库尔德问题的发端阶段。一战前,库尔德人主要生活在伊朗和奥斯曼帝国境内。一战后,奥斯曼帝国解体,英、法等欧洲殖民者瓜分了帝国,库尔德斯坦随之被肢解分割,库尔德人被分居四国,库尔德人争取自治或独立的斗争由此开始。第二阶段(1923~1945年),库尔德问题的成长阶段。土耳其、伊朗和伊拉克都爆发了较大规模的库尔德反抗斗争,但都归于失败;土耳其是库尔德运动的中心,起义规模大,次之为伊拉克;土耳其和伊朗开始推行土耳其化和波斯化政策。第三阶段(1946~1990年),库尔德问题深化发展和库尔德斗争全面高涨阶段。库尔德运动的中心转移到伊拉克,规模最大,斗争最激烈,爆发了内战,库尔德人获得了名义上的自治地位。土耳其库尔德运动在20世纪五六十年代开始重新活跃,并在70年代后期走向暴力化,1978年库尔德工人党(PKK)成立,1984年正式发动游击战。伊朗于20世纪70年代末80年代初爆发了大规模库尔德民族运动,库尔德人参与了推翻巴列维王朝的革命,但很快又与新生的伊斯兰政权发生激烈武装冲突,最终被镇压。第四阶段(1991年至今),库尔德民族运动高潮阶段。在伊拉克,长期对库尔德人采取压制政策的阿拉伯复兴社会党政权被美国推翻,联邦制建立,库尔德人不仅取得了真正意义上的自治地位,还在国家政治生活中取得了前所未有的地位。伊拉克库尔德人取得的地位与进步在地区产生了扩散效应,周边国家库尔德人日益效仿并对所在国政府产生重大压力。在土耳其,库尔德工人党武装斗争日益激烈,造成大规模人员伤亡,库尔德问题不仅成为最严重的政治和社会问题,也引起了国际社会的普遍关注,土开始调整库尔德政策,逐步放开库尔德语言和文化禁令,加大对库尔德地区的投资。埃尔多安政府上台后迈出更大步伐,加速政策调整。2004~2011年,以库尔德自由生命党为首的伊朗库尔德反政府武装组织在外部势力支持下,与伊朗安全部队爆发了激烈武装冲突。在叙利亚,受"阿拉伯之春"以及内战爆发的推动和影响,叙库尔德人积极起来争取权利,并取得了对叙库尔德地区的实际控制权。巴沙尔总统承认库尔德人的少数民族地位,解决了长期存在的30万库尔德人无国籍问题,以换取库尔德人在冲突中保持中立。

  新近发生的"阿拉伯之春",尤其是叙利亚危机,正在剧烈改变中东地缘政治,并推动阿拉伯人、波斯人、土耳其人、库尔德人和犹太人这几大中东主要民族的相互关系发生历史性变化，库尔德人也迎来了新的历史机遇期。库尔德人已成为这场阿拉伯剧变和地区大动荡、大转型的最大赢家之一。"库尔德人独立建国正在成为现实，奥斯曼帝国解体的最大输家如今成为叙利亚内战和'阿拉伯之春'的赢家。"① 不过，从目前情况来看，一个统一的"库尔德斯坦国"在可预见的将来不太可能出现，"库尔德斯坦"被分割、库尔德人分居四国的这一政治和地理现实不太可能发生改变。库尔德人主要居住国不会轻易答应他们建立独立的民族国家的要求。同时库尔德民族运动自身也存在巨大局限性：内部派别林立，纷争不断，不仅土耳其和伊拉克的库尔德人之间有分歧，就是伊拉克库尔德人内部也长期争斗不休，而且各国库尔德人的斗争目标也不一致，难以形成合力。建立一个独立的库尔德斯坦国家目前并未成为所有库尔德人的共同目标。此外，库尔德人的境遇虽然在西方引起了广泛同情并得到一定支持，但出于中东安全与稳定以及自身利益的考虑，西方并不愿改变中东政治版图，无意支持库尔德人独立建国。

库尔德问题的未来发展还存在很大不确定性。当前中东剧变还处于演化发展过程之中，库尔德人主要居住国的发展趋向也不明朗。未来一段时间里，伊拉克国内教派矛盾发展、叙利亚内战结果、伊朗核问题和美伊关系走向、土耳其加入欧盟进程这四大因素将成为观察库尔德问题发展的关键性指标。总之，库尔德问题的解决将是一个漫长过程。

3. 阿拉伯人与波斯人的矛盾

作为最早生活在该地区的两大主体民族，阿拉伯人与波斯人的恩怨由来已久，但总体仍保持和睦关系。在不同历史时期，双方矛盾与冲突的表现形式与激烈冲突不尽相同。在伊朗伊斯兰化以前，阿拉伯人与波斯人相互征服，总体上波斯人占上风。到公元8世纪，阿拉伯人灭掉萨珊王朝，伊朗进入伊斯兰化时期，阿拉伯人与波斯人的关系开始兼具逊尼派与什叶派两大教派对抗的性质。阿拉伯帝国崩溃后，蒙古、突厥等外来民族的入侵使得阿拉伯人与波斯人的矛盾重要性下降。直到进入20世纪后，随着阿拉伯民族主义的兴起以及阿

---

① David Hirst, "This could Be the Birth of an Independent Kurdish State", *The Guardian*, Jan. 9, 2013, http://www.guardian.co.uk/commentisfree/2013/jan/09/birth-kurdish-state-ottoman-syria-arab-spring.

拉伯国家纷纷独立，这一矛盾才重新激化，突出表现在伊朗与伊拉克以及与以沙特为首的海湾国家的关系上。

两伊战争（1980~1988年）指伊朗和伊拉克两个邻国之间进行的长达8年的战争，是阿拉伯人与波斯人当代冲突最惨烈的一章。1980年9月22日，伊拉克首先发动对伊朗的战争，直到1988年8月20日双方正式停火，接受安理会第598号决议，战争进行了长达8年。两伊战争是二战后伤亡人数最多的一场地区战争。长期战争使两国人民的生命财产和国民经济遭受了巨大损失。据不完全统计，战争共造成双方一百多万人死伤，其中伊朗死亡30万人，伤50多万人，伊拉克死20万人，伤40多万人。无家可归的难民超过300万。两伊在这场战争中至少损失9000亿美元。[1] 导致两伊战争爆发的因素很多，如边界纠纷、宗教分歧、意识形态争执，[2] 以及阿拉伯人与波斯人的宿怨。在战争中，沙特等阿拉伯国家公开支持伊拉克，并提供了大量经济援助。据统计，20世纪80年代，伊拉克共从海湾国家获得了400多亿美元的贷款援助，[3] 其中沙特提供了309亿美元，科威特提供了82亿美元，阿联酋提供了80亿美元。[4]

沙特与伊朗的关系也是一个典型例子。伊沙关系颇为复杂，双方的矛盾既有民族、教派和意识形态的冲突，也带有争夺伊斯兰世界以及中东地区领导权（尤其是海湾国家领导权）的含义。1979年伊斯兰革命前，沙特与伊朗的关系良好，都是美国在地区的战略盟友，但伊斯兰革命后，两国的矛盾与冲突开始增多。1979年11月，沙特发生伊斯兰极端分子武装占领麦加大清真寺事件，造成200多人伤亡。伊斯兰极端分子呼吁仿效伊朗伊斯兰革命，号召起义，推翻沙特王室。1981年5月，海湾合作委员会（海合会）成立，很大程度上就是为了应对来自伊朗的威胁。1987年7月，前往麦加朝觐的伊朗穆斯林在麦加

---

[1] 《两伊战争》，新华网，http://news.xinhuanet.com/ziliao/2003-03/12/content_774392.htm。
[2] 在伊拉克，1979年萨达姆上台，其领导的阿拉伯复兴社会党奉行社会主义、世俗主义路线，而在伊朗，霍梅尼领导的伊斯兰革命也在1979年取得胜利，反对社会主义和世俗主义，并积极向伊拉克、沙特等阿拉伯国家"输出伊斯兰革命"。
[3] "Annex D: Iraq Economic Data (1989-2003)", *Comprehensive Report of the Special Advisor to the DCI [Director of Central Intelligence] on Iraq's WMD*, Central Intelligence Agency, 27 April 2007.
[4] Frederick Kagan, "Iran's Win in Iraq-out of Iraq", *Los Angeles Times*, October 27, 2011.

大清真游行示威，并与沙特警察发生大规模流血冲突，造成360人死亡，448人受伤。沙特指责伊朗制造了暴乱，并中断了与伊朗的外交关系。① 20世纪90年代，双方关系一度出现缓和。但是进入21世纪以来，尤其是内贾德上台后，出于对伊朗在伊拉克影响不断扩大、伊朗核技术发展及伊朗领导的什叶派轴心兴起的担忧，双方关系重又恶化。在美国支持下，中东又形成了围堵、遏制伊朗的阿拉伯八国联盟（海合会六国以及埃及、约旦）。当前，以沙特为首的阿拉伯逊尼派与以伊朗为首的什叶派两大阵营之间的对抗正在中东各地展开，并对地区安全与稳定产生重大影响。沙特与伊朗在巴勒斯坦、黎巴嫩、伊拉克、也门及叙利亚展开了激烈斗争，尤其在叙内战问题上双方深度卷入，致使叙危机逐步升级，演变为地区性教派冲突。

4. 柏柏尔人问题

主要是指在马格里布国家尤其是阿尔及利亚、摩洛哥等国存在的柏柏尔人争取民族权益、反对大阿拉伯主义、争取民族文化权利的斗争。柏柏尔人是北非最古老的民族之一，主要分布在摩洛哥、阿尔及利亚、利比亚、突尼斯和马里等，人口大约有3000万。② 阿尔及利亚北部的卡比尔人（Kabyles）、摩洛哥北部的里夫人（Rif）和撒哈拉沙漠中的图阿雷克部落（Tuareg）都是柏柏尔人。柏柏尔人主要从事农业或畜牧业，多数人信仰伊斯兰教。在历史上，柏柏尔人曾建立过两个强大的王朝：阿尔摩拉维德王朝和阿尔摩哈德王朝。从公元7世纪开始，随着阿拉伯军队的到来，柏柏尔人开始了阿拉伯化和伊斯兰化的双重进程，但仍然有相当一部分柏柏尔人保持着自己的民族特性，包括柏柏尔人的语言与文化以及独特的生活方式。而北非的阿拉伯人身上也有柏柏尔人的血统。20世纪后半期，随着阿拉伯民族主义的兴起，阿拉伯国家纷纷确立其阿拉伯国家属性，并大力推行阿拉伯化政策，柏柏尔人面临更严峻的被同化形势，作为少数民族的柏柏尔人普遍面临民族身份被否定、语言和文化遭歧视等问题。在摩洛哥，柏柏尔人占总人口的20%，③ 但一直遭歧视。1956年独立后摩政府宣布以阿拉伯语取代法语作为唯一官方语言，却忽视、限制柏柏尔语

---

① 1991年3月，伊朗与沙特恢复外交关系。
② "North Africa's Berbers Get Boost from Arab Spring", *Fox News*, 5 May 2012.
③ 一说占40%~50%，人口数量达1200万~1500万。

的使用，新生儿不能以非阿拉伯名字登记注册，同时大大压缩摩国有广播电视频道中的柏柏尔语节目。直到2011年"阿拉伯之春"后，摩洛哥才通过新宪法，规定柏柏尔语与阿拉伯语同为国家官方语言，强调各语言都是摩洛哥文化的内在组成部分。在阿尔及利亚，情况也相似。柏柏尔人约占阿全国总人口的1/6。阿独立后的宪法规定阿拉伯语为唯一的官方语言，1976年宪法明确规定阿拉伯语是民族语言和官方语言，国家必须努力在正式场合普及使用民族语言。这一歧视柏柏尔语的政策遭到了柏柏尔人的反对。围绕该问题，柏柏尔人多次与政府爆发冲突，引发动乱。2001年4月，柏柏尔人聚居的阿东部卡比利地区爆发严重骚乱，当地民众要求在宪法中确定柏柏尔语为阿官方语言，骚乱历时3个月，造成60多人死亡，2000多人受伤。2002年3月，布特弗利卡总统公开承诺将通过修宪来满足柏柏尔人的要求。2002年4月8日，阿议会审议并通过了总统布特弗利卡提出的一项宪法修正案草案，确定柏柏尔语为被宪法承认的官方语言之一。阿尔及利亚将自己定义为"阿拉伯人和柏柏尔人的伊斯兰国家"。

5. 苏丹问题

苏丹是一个多种族、多民族、多宗教、多文化国家。全国共有19个种族，597个部落。其中黑人占52%，阿拉伯人占39%，东部黑人贝贾人占6%，其他人种占3%。阿拉伯语为官方语言。70%以上的居民信奉伊斯兰教，主要居住在北方。南方居民多信奉原始部落宗教及拜物教。约有5%的人信奉基督教，多居住在南方和首都喀土穆。苏丹民族问题非常复杂，其中主要包含两大问题，一是苏丹南部问题，二是达尔富尔问题，此外，还有东部问题。首先是苏丹南部问题。苏丹南部地区面积约65万平方千米，人口约750万，分别占全国的1/4和1/5，居民多为非洲土著黑人。苏丹南部问题本质上是南北在民族、种族、宗教、文化等方面的矛盾与冲突。1956年苏丹独立后不久，南北苏丹就爆发了内战。第一次内战始于1955年，止于1972年。20世纪80年代初，苏丹总统尼迈里在全国实行伊斯兰法，引起南方人的强烈抗议。1983年5月，以约翰·加朗为首的一些南方官兵发动兵变，成立苏丹人民解放军（SPLM），开始武装推翻政府的活动，第二次内战爆发。苏丹第二次内战是非洲大陆持续时间最长的内战之一，迄今已造成200多万人丧生，400万人流离失所。长期的武装冲突和政治动乱使苏丹经济遭受沉重打击,苏丹因此成为世界上最贫穷的国家之一。在外部的调解下,1994年南北双方开始谈判。2005年1月,苏丹政府与南方反政府武装在内罗毕签署《全面和平协议》,长达22年之久的苏丹内战宣告结束,开始进入为期6年的过渡期。2011年1月,苏丹南方就是否独立举行公投,98.83%的选民选择分离。同年7月9日,南苏丹共和国独立,苏丹随即予以承认。但是,苏丹与南苏丹两国仍然矛盾重重,双方在边界划分、石油利益分配、阿布耶伊归属等重大问题上分歧严重,并曾爆发激烈的边境冲突。

其次是达尔富尔问题。达尔富尔地区位于苏丹西部,与利比亚、乍得、中非等国毗邻,面积50多万平方千米,人口600多万,包括阿拉伯人、富尔人和黑人等80多个部族,其中信奉伊斯兰教的阿拉伯人多居住在北部,而信奉基督教的土著黑人居住在南部。达尔富尔是苏丹经济发展最落后的地区,当地居民多从事家庭畜牧业。历史上,由于经济落后和生存资源匮乏,该地区的民族和部落矛盾严重,冲突频发。到20世纪六七十年代,阿拉伯牧民大量南迁,因争夺水草资源与当地黑人部落发生严重冲突。近年来,随着达尔富尔地区的石油等矿产资源不断被开发,部族之间争夺资源的斗争日趋激烈,一些邻国也卷入其中。2003年,达尔富尔地区黑人相继组成"苏丹解放运动"(又称"苏丹解放军")和"公正与平等运动"两支武装力量,展开反政府武装活动,要求实行地区自治,冲突不断扩大,达尔富尔问题变得日益严重,导致大量人员伤亡以及严重的人道主义灾难,引起国际社会广泛关注。据统计,多年战乱已造成近30万人死亡,200多万人流离失所。苏丹政府也因此遭到西方严厉制裁。在国际社会的积极斡旋下,苏丹政府与达尔富尔反政府武装先后进行了多轮谈判,但一直未能取得重大进展。2006年5月,苏丹政府与达尔富尔反政府武装签署和平协议,为结束达尔富尔长达3年多的流血冲突迈出了关键的一步。2006年8月,联合国安理会通过第1706号决议,决定向达尔富尔地区派遣联合国维和部队。2006年11月,苏丹原则上同意在达尔富尔地区部署联合国和非盟混合维和部队。2011年7月,苏丹政府与"解放与公正运动"反政府武装在卡塔尔首都多哈签署和平协议,但该地区的另两个主要武装派别"公正与平等运动"和"苏丹解放军"未签署这一协议。近年来，达尔富尔局势有所缓和，但彻底解决问题仍遥遥无期。

四　结语

进入21世纪以来，中东民族问题出现一些新特点，全球化的发展以及地区剧变使得民族问题日益增多，呈现碎片化的特征。不过，虽然民族问题有增无减，但也出现了一些积极迹象，如中东和平进程虽然停滞不前，但阿以双方大多数民众仍视和谈为唯一出路；越来越多的地区国家开始承认国家的多民族属性以及多元化身份，并逐步改变昔日的大民族主义政策，提高少数民族的地位，如库尔德人和柏柏尔人在伊拉克、土耳其及北非国家的地位得到了大幅度提高。

尽管如此，在未来相当长一段时间内，民族问题仍将是影响中东地区安全与稳定的主要因素。当前中东国家在政治、经济、社会发展和安全等方面面临诸多严峻挑战，而民族问题既是问题的一部分，也使得该地区其他问题复杂化了。从这个意义上讲，这也决定了民族问题在中东将长期存在。

Y.3
中东伊斯兰教派冲突及其影响

王 凤[*]

摘　要： 伊朗伊斯兰革命以来，中东伊斯兰逊尼派与什叶派之间的关系经历了矛盾凸显、冲突加剧和扩大化三个阶段。两大教派之间确实存在分歧，但是分歧和矛盾并不必然导致冲突。两派关系的紧张或恶化，与政治环境的迅速变迁相关。伊斯兰极端主义或恐怖主义对教派矛盾的利用，也加剧了教派冲突。一些保守主义思潮的工具化和极端化发展，也成为引发冲突的重要因素。教派冲突与其他暴力活动交织在一起，造成无辜民众伤亡，危害了国家团结，加剧了伊斯兰世界的分裂，将给中东安全带来长期性的负面影响。

关键词： 教派冲突　权力斗争　极端主义　中东安全

伊斯兰教诞生后不久，尤其是在先知穆罕默德去世后，其内部就因教义分歧及对宗教政治领导权的争夺而分化出不同的派别，其中最主要的是逊尼派和什叶派。从那时起到现在，和平共处一直是中东地区和伊斯兰世界逊尼派与什叶派穆斯林关系的主流。和平共处并不意味着两派在宗教、政治、经济和社会等方面没有歧视，不存在不平等，双方在教义及其他方面不存在分歧或矛盾。它是指，两派能够强调对伊斯兰教的共同认同，理性对待和淡化处理彼此之间的差异，[①] 双方还可以通婚，保持密切的亲缘关系和血缘关系。但是，在一定

---

[*] 王凤，中国社会科学院西亚非洲研究所副研究员。
[①] Fanar Haddad, "Sectarian Relations in Arab Iraq: Contextualising the Civil War of 2006 – 2007", *British Journal of Middle Eastern Studies*, Vol. 40, No. 2, 2013, pp. 117 – 118.

历史时期，特别是在社会环境发生剧烈变动时，教派分歧和矛盾会被激化，两派会出现紧张状态，甚至爆发规模不等的暴力冲突。

一 教派关系紧张或恶化的三个阶段

在当代中东地区，伊斯兰教逊尼派与什叶派之间的关系曾严重恶化，甚至爆发剧烈的暴力冲突。这不仅对穆斯林个人和社团造成了伤害，而且削弱了对国家和民族的认同，同时使中东地区出现了持续的动荡。这主要表现在三个阶段，分别是：1979年伊朗伊斯兰革命后，2003年美国攻打伊拉克后，以及2011年中东大变局以来。每一阶段教派矛盾的激化或冲突都具有不同的特点。

第一个阶段，大致是在伊朗伊斯兰革命后十年。这个阶段是什叶派自我意识逐步增强，教派矛盾凸显时期。[①] 伊朗革命后，伊朗开始向中东地区和伊斯兰世界"输出革命"，以霍梅尼主义为代表的意识形态在伊朗对外政策中占据了主导地位。伊朗对外输出革命主要具有泛伊斯兰特点。它号召伊斯兰世界团结和统一，反对美帝国主义及其支持下的中东独裁政权和君主政权，并不特别具有什叶派色彩。[②] 但是，伊朗革命以其特有的、通过群众革命夺取政权的模式，对中东地区穆斯林，包括对该地区什叶派穆斯林产生了极大的激励作用。在这种背景下，许多国家的什叶派穆斯林认同意识逐步增强，而且逐步卷入具有什叶派色彩的政治运动。许多什叶派政治组织纷纷建立起来，并且得到了伊朗的政治和财政支持，如黎巴嫩的阿迈勒运动、伊拉克的"伊斯兰革命最高委员会"、阿富汗的伊斯兰统一党等。

除此之外，伊朗革命所具有的什叶派特点，还突出地表现在伊朗与叙利亚阿萨德政权开始结为联盟。这个时期，霍梅尼曾发布教令，宣布阿萨德政权所属的阿拉维派也属于伊斯兰教的范畴，从而为阿萨德政权提供了宗教合法性。阿拉维派是什叶派支派——伊斯玛仪派下属的一个分支，但是它的教义和仪式融合了许多非伊斯兰因素，因此被许多逊尼派和什叶派穆斯林视为非伊斯兰教

---

① 吴冰冰：《中东伊斯兰矛盾的新变化》，《西亚非洲》2012年第5期，第34页。
② 王宇洁：《教派主义与中东政治》，《阿拉伯世界研究》2013年第4期，第34页。

派。与此同时，霍梅尼还明确拒绝支持叙利亚穆斯林兄弟会反对阿萨德政权的政治斗争。与阿萨德政权结为联盟，有利于伊朗在两伊战争中与伊拉克及其支持者进行对抗。伊朗还通过叙利亚在黎巴嫩创建了什叶派真主党。真主党后来为伊朗反对美国和以色列，在黎巴嫩什叶派和中东地区拓展影响创造了条件。

不过截至20世纪90年代初，除与叙利亚结盟以及创建黎巴嫩真主党外，伊朗在什叶派中的政治影响大多归于失败。尽管如此，以沙特为首的阿拉伯逊尼派国家认为，伊朗的伊斯兰革命是对各国现存政权的政治挑战，也是什叶派对逊尼派的宗教挑战。

第二个阶段，是在2003年伊拉克战争后，伴随美国在伊拉克推进民主化，伊拉克的内部秩序和权力结构开始发生巨大变化，什叶派和逊尼派之间的矛盾再次被激化，结果在2006~2007年发生了具有地区性影响的教派冲突。

一是2005年伊拉克什叶派政治力量相继在地方议会和全国议会选举中获得胜利，开始主导地方政权和国家政权，打破了建国80多年来由逊尼派独掌天下的局面。伊拉克权力结构翻天覆地的变化，大大激发了中东地区什叶派穆斯林的认同意识和宗教感情。伊拉克境内许多什叶派圣地、圣墓成为什叶派穆斯林朝觐的对象。伊拉克什叶派宗教领袖西斯塔尼成为该地区什叶派穆斯林的"效仿源泉"，他提出的"一人一票"选举制也成为中东地区什叶派民众参与本国政治进程的重要指导思想。

二是伊拉克权力结构的巨大变化还在中东地区尤其是阿拉伯世界的什叶派当中产生了巨大的"外溢"效应，什叶派政治意识再次被激发出来，纷纷卷入大规模的政治动员，沙特、巴林等国先后发生了类似的政治运动。两国政府被迫采取了有限的地方政治改革，对什叶派的民主诉求做出了一定让步。黎巴嫩也是如此。2005年5月，真主党通过参加议会选举，一举成为议会当中主要的什叶派力量，其成员还首次入阁，开始全面参与全国政治。不仅如此，什叶派掌权后的伊拉克还开始与伊朗全面发展关系。现在主导伊拉克政治的什叶派政党及其重要成员，比如达瓦党、伊斯兰革命最高委员会等，都曾在伊朗长期流亡，与伊朗保持着密切联系。他们现在掌控了伊拉克的党、政、军等领域的要职，比如达瓦党领袖贾法尔和马利基先后出任总理，推动了国内亲伊朗政策的发展。也就是在这个时期，伊朗与叙利亚阿萨德政权的战略盟友关系获得了进一步发展。正因为如此,一些阿拉伯逊尼派国家领导人惊呼,一个所谓的"什叶派新月带"正在崛起。

三是在政治环境的这种剧烈变动中,伊拉克、黎巴嫩等国逊尼派的政治地位开始下降,导致该派穆斯林认同意识增强,并加剧了他们对什叶派穆斯林的敌视情绪。这一时期,一些逊尼派宗教学者尤其是保守的瓦哈比派宗教学者经常发布教令谴责什叶派,认为什叶派穆斯林是与犹太人和基督徒一样危险的敌人。① 一贯坚持走中间道路的逊尼派著名学者格尔达威也多次谴责什叶派在逊尼派国家进行宗教渗透。一些反对什叶派的诗歌、文章和书籍也纷纷出现。许多逊尼派极端势力及其成员来到伊拉克,反对美军和什叶派,结果激化了教派矛盾,导致了血腥冲突。2006年2月22日,伊拉克什叶派阿里·哈迪清真寺和布拉撒清真寺在同一天发生爆炸。同年4月6日和7日,伊拉克什叶派圣城纳杰夫和巴格达北部一座什叶派清真寺也先后发生爆炸。这些爆炸事件引发了大规模的教派冲突,造成了重大人员伤亡,致使一些地区的安全形势失控。

第三个阶段,在中东变局的冲击下,伴随各国民主化进程的发展,以及美国退出中东战略的影响,尤其是叙利亚冲突所引发的地区政治和国际政治角逐,中东地区的教派对立和冲突进一步发展。特别是中东变局推动许多国家自下而上对内部秩序进行调整,进而在中东地区引发了新一轮权力斗争。教派冲突开始从伊拉克一国向多国蔓延,逐步形成了伊拉克—叙利亚—黎巴嫩冲突带。

伊拉克又一次卷入权力斗争和教派冲突的旋涡。在中东变局的冲击下,政治地位下降的逊尼派政治力量针对由什叶派主导的政府发起了大规模的政治抗议。而什叶派政府毫不妥协的立场,以及具有宗派主义特点的政策,导致了国内教派矛盾的激化。2012年6月3日,巴格达以及其他多个城市发生炸弹袭击和枪击事件,共造成数十人死亡,数百人受伤。虽然没有组织或个人宣布对这些事件负责,但是这些袭击针对什叶派,而且是在什叶派举行宗教活动期间发生的,因此具有明显的教派冲突色彩。2013年,伊拉克再次发生大规模的

---

① 李福泉:《中东什叶派"新月"的形成及其影响》,《宁夏社会科学》2011年第1期,第78页。

报复性教派袭击事件。同年5月17日,巴格达逊尼派聚集的阿美利亚区发生炸弹袭击事件;同日,在逊尼派聚集的城市费卢杰,一家咖啡馆也遭到袭击;另外,东部城市巴古拜的一处逊尼派宗教场所也发生了爆炸。这些袭击事件共造成70多人死亡,100多人受伤。3天后,也就是2013年5月20日,在什叶派聚集的南部大城市巴士拉以及西部和北部等多个省份的什叶派聚集区发生了一系列炸弹袭击事件,共造成70多人死亡,200多人受伤。

在叙利亚,主要由逊尼派组成的下层民众掀起了针对本国巴沙尔家族统治的抗议浪潮。在遭到镇压后,这种政治斗争演化为与政府之间的暴力对抗。此后,由于沙特、伊朗等中东大国以及俄罗斯、美国等世界大国的卷入,叙利亚冲突日益升级,并转化为内战。由于对立双方及其支持者来自截然不同的什叶派和逊尼派阵营,叙利亚冲突因此也带有教派冲突的色彩。

持续发展的叙利亚冲突还产生了明显的联动作用,导致邻国黎巴嫩境内也发生了教派冲突,给黎巴嫩社会带来负面影响。2013年10月下旬,在黎巴嫩北部城市的黎波里,穆哈辛山区亲叙利亚政府的阿拉维派武装人员与该市诺巴纳门区支持叙利亚反政府势力的逊尼派武装人员之间爆发了冲突,结果造成14人死亡,80多人受伤。联合国随后支持黎巴嫩总统向各派领导人呼吁,希望各派在叙利亚冲突中奉行不介入政策,保护黎巴嫩免受叙利亚冲突的影响。

此外,在中东变局冲击下,巴林等什叶派人数居多的国家也出现了大规模的政治抗议。在巴林政府特别是以沙特为首的海合会国家的武装干涉后,巴林局势暂时得以缓和,但是,巴林的什叶派民众没有停止抗议。在和平手段无法奏效的情况下,一些民众开始选择暴力方式,与执政的逊尼派哈利法家族进行对抗。这使巴林国内的权力斗争也打上了教派冲突的烙印。

二 教派矛盾激化的一些因素

伊斯兰教逊尼派与什叶派关系的恶化与缓和,与许多内外因素相关,国内外学者在这方面做了许多探讨。一些学者指出,教派矛盾的激化是该地区政治环境剧烈变动的结果,同时与中东格局的变化、美俄在中东地区的战略竞争、地区大国的外交战略等各种因素相关。这里主要就造成教派矛盾激化的几个突出因素进行较为深入的分析。

首先，伊斯兰教逊尼派与什叶派之间确实存在分歧。伊斯兰教及其教派的关系犹如一棵大树与枝杈的关系，存在统一性和多样性两个基本特征。统一性是指伊斯兰教基本信仰和思想文化的一致性，多样性是指在统一性前提下宗教文化表现出来的差异性或个性。无论是穆斯林主体——逊尼派信徒，还是作为少数群体的什叶派信徒，都认可"五信"是伊斯兰教的基本信仰。"五信"，即信真主、信使者、信经典、信天使、信末日。但是，两派确实在信仰和教义层面存在一些分歧，并由此派生出双方在教法、礼仪、制度等方面的差异，同时还在有关宗教政治领袖的思想方面存在差异。就政治理念而言，逊尼派从"五信"出发，承认先知穆罕默德是穆斯林社团的宗教政治领袖。先知去世后，伯克尔、欧麦尔、奥斯曼和阿里这四位哈里发是他的合法继承人。逊尼派还主张，服从现世的统治者，哪怕是不义的统治者，都是穆斯林应尽的义务，因为不义的统治总比无政府状态好。

相比较而言，在信仰和教义层面，什叶派除认可"五信"外，还认为"信真主、信使者、信末日、信伊玛目、信正义"是本派独有的信仰。其中后两者决定了什叶派与逊尼派的信仰差异。基于这种差异，什叶派提出了不同于逊尼派的政治理念。虽然内部也分裂出不同支派，但是什叶派一致认为，在先知穆罕默德去世后，只有阿里是先知指定的继承人。阿里是伊玛目，是穆斯林社团的宗教政治领袖，其他三位哈里发不具备宗教合法性。什叶派还认为，伊玛目的继任者必须是阿里与法蒂玛的后裔。什叶派当中的主流支派——十二伊玛目派还强调，伊玛目必须通过"指定"原则来继承。十二伊玛目派还指出，伊玛目后来隐遁了，将要在世界末日前复临人间，建立正义的统治。在伊玛目隐遁时期，德高望重的宗教学者可以成为伊玛目的代理人，代理伊玛目的宗教政治职能。因此，十二伊玛目派认为，忠于和服从伊玛目及其代理人是信徒应尽的义务。而对于与世俗统治者的关系，十二伊玛目派通常有三种选择，即政治无为、政治合作或者武装反抗，其中前两者长期占据主流地位。

简言之，逊尼派与什叶派在教义和政治理念方面确实存在一些差异，特别是什叶派信奉的伊玛目教义，包括忠于和服从伊玛目的思想，对于大多数阿拉伯逊尼派统治者而言，确实构成了一种潜在的政治威胁。尽管如此，如果没有内外条件和政治环境的剧烈变动，这些潜在的政治威胁未必能转化为现实的挑战。

其次，应从动态而非静态的角度来探讨引发教派冲突的外部动力机制。教派关系的本质与个人如何认知自己与他人相关，教派意识的消长更主要的是由外部环境和条件所制约的。当代许多阿拉伯国家建立后，民族主义和世俗主义一直是占主导地位的意识形态。这些意识形态在地区层面强调阿拉伯团结和统一，在国家层面强调民族认同，主张逊尼派和什叶派穆斯林皆兄弟，从而超越并削弱了教派的认同意识。

但是，20世纪70年代末以来伊斯兰复兴运动的发展，以及90年代以来中东民主化进程的推进，尤其是2011年中东变局的发展，大大削弱了民族主义的政治影响，同时推动了许多国家在国内和地区两个层面重新进行政治权力的分配与竞争。在政治变动中，许多民众的政治意识和集体意识都在增强。所谓政治意识，就是希望通过革命或者和平民主的方式来实现参政、改善经济和社会地位等各种目标。而在集体意识当中，就包括在许多国家被长期抑制或忽视的教派认同意识。这种教派意识既有同一派别的认同感和归属感，又有不同派别间的区分和对立。不仅如此，政治意识还与教派意识相互结合或交织，进而使政治意识出现教派化的特点。

加之，许多国家逊尼派和什叶派人数比例与政治地位错位的客观事实，比如像伊拉克、巴林等什叶派民众居多的国家，却被人数较少的逊尼派长期统治，而像叙利亚这样逊尼派民众居多的国家，却又被人数较少、属阿拉维派（什叶派分支）的阿萨德家族统治，从而使这些国家的权力政治斗争糅合了教派斗争的成分。除此之外，诸如沙特和伊朗这样的地区大国，为了实现各自的地区战略，在主观或客观上推动了权力斗争的地区化发展以及地区政治斗争的教派化发展。

正是在这些国内外权力斗争的大背景下，教派之间的缓和关系被对立关系所取代，原有分歧与矛盾被扩大和激化，乃至恶化到对抗或冲突的地步。换言之，教派关系的政治化是造成教派冲突的一个重要外部条件。

再次，教派对立和斗争的进一步加剧也与该地区伊斯兰极端主义势力乃至恐怖主义组织的发展和利用有关。特别是在中东变局后，伊斯兰极端主义和恐怖主义势力得以在西亚、北非及世界其他地区卷土重来。这些势力的泛滥与其现行组织结构的松散化以及自下而上的作战主动权相关，也与2011年美国从伊拉克撤军有关——美国的撤军让这些组织看到了新的权力真空。但是，极端主义和恐怖主义在中东的泛滥更与变局后许多中东国家内部秩序的失衡甚至崩溃有关。

就伊拉克而言，2003年以来国内逊尼派与什叶派之间的紧张关系让极端主义组织和恐怖主义势力找到了权力真空地带，从而重新获得了影响力。在经过2006~2007年的激烈教派冲突后，伊拉克国内教派关系一度有所缓和。可是迄今为止，由什叶派主导的政府对国内的控制力仍然有限。同时，政府内部的宗派主义立场也有所发展，这让逊尼派感到在政治和社会上进一步被排挤和边缘化了。比如，在2010年3月议会选举后，由逊尼派和什叶派组建的政治联盟——"伊拉克名单"曾赢得议会中的微弱多数席位，似乎可以由它们来组建联合政府了，但是，由什叶派主导的司法机关对宪法进行了重新解释，允许什叶派政党团结起来，进而组建了由什叶派主导的现任政府，来自什叶派达瓦党的马利基担任了政府总理。马利基政府还违背承诺，没有任命属于逊尼派的阿拉伯人和库尔德人担任政府要职，并阻止逊尼派穆斯林参加伊拉克安全部队。逊尼派穆斯林与什叶派政府之间的紧张关系再次加剧。2012年，马利基政府还相继指控两名逊尼派高官，迫使他们一人流亡，一人辞职。逊尼派又一次感到被排挤到政治进程之外，从而掀起了新一轮抗议浪潮。在这种背景下，一些逊尼派穆斯林拿起武器，加入了极端主义或恐怖主义行列。他们纷纷进入叙利亚、伊拉克等动荡不定的国家，将矛头对准了这些国家的什叶派政府。

此外，持续冲突的叙利亚也出现了新的安全真空，给极端主义和恐怖主义势力提供了再生条件。叙利亚冲突致使其边界失控，任由外国武装人员涌入。一些极端主义组织开始招募武装人员参加叙利亚"圣战"，并将作战时获得的资源、人员和武器装备等转移回伊拉克，导致伊拉克的冲突升级。此外，叙利亚和伊拉克两国安全形势的失衡，使这些组织能够控制两国部分边境地区，最终使它们在这些区域建立了所谓的"伊拉克和黎凡特伊斯兰国"。

这些极端主义者或者恐怖主义势力有自己的政治目标，那就是要在伊拉克、叙利亚、黎巴嫩一带建立伊斯兰哈里发国家。它们在暴力冲突中常常打着"圣战"的旗号来反对所谓的"异教徒"，包括上述国家的什叶派政府及其支持者。极端主义组织还利用形形色色的伊斯兰保守主义或极端主义思潮，其中包括沙特的官方意识形态——瓦哈比主义，把这些国家因权力斗争所造成的冲突都说成是你死我活的"教派冲突"或"教派战争"，说成是一个教派对另一个教派的"破坏"、"践踏"甚至"根除"。它们的目的很明确，就是利用教派冲突来吸收和动员更多的追随者，利用逊尼派和什叶派之间的对立与分裂来发展自己的生存空间。一些极端主义或恐怖主义势力毫不讳言，它们就是要挑起一些国家的教派矛盾和冲突，甚至用把这些国家拖入内战的方式来实现自己的政治目标。

最后，教派矛盾激化与一些地区大国长期推行的战略有关，包括与沙特奉行的具有保守主义特点的官方意识形态——瓦哈比主义有关。瓦哈比主义兴起于近代的阿拉伯半岛，当时是一种伊斯兰改革主义思潮。自近代建国后，沙特将这种思潮作为国教而加以保护和支持，反过来这种思潮也为沙特王权提供了宗教合法性依据。作为一种伊斯兰改革主义思潮，瓦哈比主义要求正本清源，纯洁伊斯兰教，摒弃一切外来影响，重振伊斯兰社会。作为官方意识形态，瓦哈比主义一直在沙特的内外政策中占据重要地位，它已成为沙特加强政权合法性、与其他地区大国抗衡、扩大自身影响力的一种重要手段。20世纪60年代，沙特曾运用瓦哈比主义抵御各种左派思想、共产主义思想及世俗化思潮；70年代末以来，瓦哈比主义又成为沙特抵御霍梅尼主义影响的有力思想工具；冷战结束后，特别是中东变局以来，在中东地区以及世界范围内扩大瓦哈比主义的影响成为沙特抵御民主化进程和什叶派影响上升的一种重要方式。[①] 正因为如此，在很多时期，以宗教画线，尤其是以教派画线，是沙特外交政策的一个重要特征。

那么，瓦哈比主义是怎样的保守主义思潮？它与伊斯兰极端主义有何关系

---

① 涂怡超：《宗教与沙特外交：战略、机制与行动》，《阿拉伯世界研究》2013年第4期，第48～49页。

呢？在18世纪兴起之时，瓦哈比主义的一种核心观念，是强调绝对的"真主独一"（Tawhīd，"陶希德"），拒绝任何形式的"以物配主"（shirk，"什克尔"，意为"多神崇拜"或"偶像崇拜"）。[①] 这种理念的实践意义，就是界定了哪些宗教行为是应当履行的，哪些宗教行为是应当避免的。据此，瓦哈比主义禁止崇拜除真主以外的任何事物和个人，特别禁止圣徒、圣冢和圣墓崇拜。不过，瓦哈比主义的奠基人——伊本·阿卜杜拉·瓦哈布指出，"以物配主者"尽管应受到谴责，但他们还是穆斯林，对待他们最好的方式是教育和说服；他还指出，"不信者"（kuffār，或 kafir，"卡菲尔"）不属于穆斯林，不过也不能对他们进行圣战。[②] 尽管如此，进入19世纪，瓦哈比主义出现了激进化趋势。许多瓦哈比派信徒不再对"以物配主者"和"不信者"进行区别，而是将两者合而为一，创造了一个新的术语——takfīr（"塔克菲尔"）来指代上述两类人。同时，他们还提出，对"塔克菲尔"进行圣战是正当的行为。这种理念成为当代瓦哈比主义的一个基本特征，并且写进了沙特的教科书当中。[③] 在实践上，这种理念可以表现出许多形式，比如内心的憎恨和不满，再如激进的暴力对抗，从而在瓦哈比派信徒与非瓦哈比派信徒之间造成了巨大的裂痕。非瓦哈比派信徒可以是非瓦哈比—逊尼派穆斯林，也可以是什叶派穆斯林，或者是苏菲教徒，还可以是非穆斯林。当下的许多伊斯兰极端主义者，甚至类似"基地"组织的恐怖主义势力，为实现自己的政治目标，将这种理念的一些思想成分工具化和极端化，提出对西方或什叶派进行"圣战"是正当的行为。

三　教派冲突对中东安全的影响

迄今为止，中东地区的教派冲突与叙利亚内战以及其他形式的暴力冲

[①] John L. Esposito editor in chief, *The Oxford Encyclopedia of the Islamic World*, Vol. 5, Oxford University Press, 2009, p. 511.

[②] John L. Esposito editor in chief, *The Oxford Encyclopedia of the Islamic World*, Vol. 5, Oxford University Press, 2009, p. 512.

[③] John L. Esposito editor in chief, *The Oxford Encyclopedia of the Islamic World*, Vol. 5, Oxford University Press, 2009, p. 512.

突相交织，对中东和周边地区安全造成了巨大冲击。冲击表现在三个方面。

1. 中东安全形势恶化，无辜民众伤亡严重

中东变局以来，包括教派冲突在内的各种暴力冲突导致伊拉克安全局势严重恶化。2012年，自杀性炸弹袭击每月大致有5～10起，2013年每月激增至10～30起，平民伤亡人数也达到了2008年以来的最高程度。此外，延续3年的叙利亚冲突，已导致大约14万人失去生命，数百万人流离失所，可是仍然看不到结束的希望。在内战中，有些方面实施了大规模暴力行为，包括使用化学武器。中东前景也比较暗淡，该地区可能卷入更多的伊斯兰极端主义和恐怖主义势力袭击，爆发更多的饥饿、疾病等人道主义灾难。西方学者甚至开始用欧洲近代史上的"三十年战争"（1618～1648年）来比喻中东当前的动荡。他们甚至认为，中东动荡比"三十年战争"还要血腥和残酷。

2. 教派冲突加剧社会分裂，严重妨碍国家重构进程

包括伊斯兰教在内的宗教及其教派，对社会和文化具有多重功能，其中一项基本功能是认同功能。它是指，个人通过接受包含在宗教概念中的价值观和关于人类本质命运的观念，而在一些重要方面形成对自己及自己与他人关系的理解和认定，特别是当社会发生迅速变迁和大规模变动时，宗教对认同的促进作用就会大大提高。[①] 这种认同功能可以形成强大的凝聚力，可使同教者或同派者相互亲近。同时，由于这种认同的专注与执着，它也可以产生强大的排斥力，排斥其他宗教的信徒，或同教其他派别。当这种排斥或对立激化为冲突或战争时，很可能导致社会解体，造成民族隔阂与对立，危害国家的团结和统一。此外，在信仰同一宗教（伊斯兰教）的大多数中东国家，当教派认同不断强化，教派对立和冲突升级时，民众对国家的认同就会被削弱。对于内部秩序处在调整时期的许多国家而言，比如当前的伊拉克、黎巴嫩等国，教派对立和冲突会使国家重构进程面临较大障碍。

---

① 金泽：《宗教人类学导论》，宗教文化出版社，2001，第347页。

3. 教派冲突以派别画线,加剧了伊斯兰世界的分裂

当前,教派冲突及其与地区政治的结合,在客观上把伊斯兰世界的核心地带——海湾及其周边地区人为地划分为什叶派和逊尼派两大阵营,两者分别由伊朗和沙特等海合会国家为主导。两大阵营的对立或冲突破坏了伊斯兰世界的团结,伤害了穆斯林民众的宗教感情和天然联系。这在一定程度上是用对立取代了宽容,用不妥协取代了和解,用暴力取代了对话。这种深层次的心理隔阂和文化鸿沟,可能会给伊斯兰世界及其周边安全带来长期性的负面影响。

Y.4
中东部落问题与地区安全

王金岩*

摘　要： 中东变局带来地区总体安全局势恶化,尤以正处于重建和转型期的国家为最。安全治理已成为该地区的当务之急,没有稳定的安全环境,国家各方面的重建与发展难以顺利推进。部落社会结构作为中东地区的一大显著特征,对地区安全影响重大,可以说,部落问题的有效解决是地区安全治理的切入点、重点和难点。解决部落冲突应从深入了解部落特性入手,从根源上化解部落矛盾,同时国家加大对相对落后的部落聚居区域的关注和扶持,提高部落民众的物质生活水平和精神文化素质,从而提升他们的国家认同意识和文明程度。

关键词： 部落　中东地区　安全

中东地区自古至今战火不断,既有局部战争、地区冲突,也有恐怖袭击事件和外来干预,呈现错综复杂、积重难返的地缘政治景象。该地区的安全危局是多重因素共同作用的结果,其中由于当代中东社会的部落意识深重,部落冲突对地区安全影响重大,因此可以说,部落问题是中东安全的一个重要影响因素。本文将聚焦中东变局后部落问题的主要表现和特点,试析部落问题对中东国家及地区安全的影响。需要特别指出的是,长期以来国内外学术界对于"部族"与"部落"的概念莫衷一是。本文选用"部落"一词,将其视作一

---

* 王金岩,中国社会科学院西亚非洲研究所助理研究员,文学博士,主要研究领域为中东政治。

种社会组织形式，指有共同的祖先、语言、文化和历史传统且多数成员聚居在同一区域的居民集团。

一　中东部落现状概述

中东社会起源于部落社会，部落结构和体制自古至今一直伴随中东社会发展进程，并影响中东地区发展的各个方面。在政治上，部落因素与民主化是一对悖论，由此影响政治统治模式的选取；在经济上，区域经济协作受到部落因素的制约；社会文化方面，部落意识影响国家统一意识，从而弱化了国家凝聚力；在国家安全和地区形势方面，部落冲突是社会动荡的重要诱因，也给恐怖分子以可乘之机；在外交上，部落体制使国家易受外来干预，跨界部落使邻国关系复杂化。

当前中东地区部落众多，分布广泛，其中具有较大影响力的主要部落、家族有：海湾君主国的统治家族，包括沙特阿拉伯的沙特家族、科威特的萨巴赫家族、阿联酋的阿勒纳哈扬家族、阿曼的赛义德家族、巴林的哈利法家族和卡塔尔的阿勒萨尼家族；也门的四大部落联盟——哈希德、巴基尔、哈卡和穆兹哈吉；利比亚人口最多的两个阿拉伯部落联盟——瓦法拉、麦格拉，以及两个柏柏尔部落联盟——图阿雷格和塔布；苏丹两个最大的阿拉伯部落——杰希奈部落和贾阿林部落。上述国家以外的中东地区其他国家的部落体制已严重弱化，影响力极小，在此不专门提及。

二　中东变局以来部落问题的主要表现和特点

肇始于2010年末的中东变局致使该地区一些国家政权易手，一些国家战火长燃，一些国家政权的稳定性受到挑战。当前，第一类国家正经历变局后的转型、重建；第二类国家战火未断；第三类国家正积极推行改革以求长治久安。可以说，无论是地区变局，还是一些国家的战乱和重建，都与部落因素相关。其中对于此次经历政治"变天"的也门和利比亚，部落因素既是其变局发生的原因之一，又贯穿变局过程始终，并在继续影响其战后的重建与发展。

在尚处于战火中的叙利亚,以及持续动荡的黎巴嫩、伊拉克、巴勒斯坦等国家和地区,部落冲突时有发生。以沙特为代表的君主国的家族统治也受到部落因素不同程度的影响和挑战。从总体上看,地区安全局势恶化,部落问题更加凸显,并呈现出新的特点。

(一)当前中东部落问题的主要表现

部落社会结构是中东国家的一个基本特征和共同属性。现代中东国家的历史经常被描述为部落的"较量史"。一场大范围、高烈度的中东变局带给地区多国全面且深远的影响,其部落状况也随之受到影响,此后,部落问题在该地区呈现出新的变化。

1. 一些变局国家的部落问题从潜伏到凸显——以利比亚为代表

利比亚在中东变局中经历了从大规模反政府示威到内战,再到外部军事干涉下的全面战争的过程,最终政权易手,国计民生皆受重创。当前,国家处于过渡期,亟待全面重建。

由于自然地势、历史经历等原因,部落意识深重、国家统一感不强是利比亚社会自古存在的一大特征。长期以来,部落及其宗族谱系维系和规范着利比亚社会。但是利比亚独立后,尤其是卡扎菲统治下的40余年间,统治者致力于国家整合,即创造一种领土范围内的国家感,通过政治手段,利用共同的经济纽带将全国人民联系起来,打破彼此的身份差别,使国民共同认同国家,将国内各族体构建为富有凝聚力的国族,最终构建出大于部落意识的民族国家意识。应该说,战前利比亚是一个"一元的多部落"国家,各地区、部落之间虽然矛盾重重但尚能保持相对平衡和基本稳固的利益架构。然而,2011年的利比亚战争使得强人霸权崩塌后国家权威"碎片化",部落间因失去了维系的纽带而使原本的平衡被打破,部落问题凸显出来,既体现在部落冲突的频度和烈度上,也体现在部落因素对其战后重建的影响上。利比亚战后部落问题因政局动荡而凸显,部落力量随政局的变化而变化。

利比亚战后至今,部落间的利益诉求尖锐对立,冲突频仍。从历史根源看,由于不同的历史际遇,利比亚境内部落间的矛盾存在已久,主要矛盾为对卡扎菲统治的态度不同,即卡扎菲的支持部落与反对部落间的矛盾,后者将其推翻之心存在已久，这种矛盾存续至今。从现实原因看，部落间的冲突源于对战后权力和财富的争夺。一些部落为推翻前政权立下战功，要求在中央政府获得更多权力和利益；曾支持卡扎菲的部落则遭到血腥报复，要求中央政府提供保护。从地区现状看，东部地区的部落冲突多为阿拉伯部落间争夺资源，尤其是对油田和油港的控制权的冲突；西部和南部地区的部落冲突多发生在阿拉伯部落和柏柏尔部落之间，其中南部的塞卜哈区在战后成为部落混战的重灾区，冲突频繁，程度剧烈。

2. 一些部落与统治相结合国家的部落混战加剧——以也门为代表

作为部落势力极强的国家，也门拥有上千个不同规模的部落，总人口的80%以部落聚居的形式生活在农村地区。[①] 当前，部落仍然作为基本的社会成分存在，部落制度和习俗在社会生活中起着重要作用。有鉴于此，虽然也门采取民主共和制政体，但其政权基础自古至今都离不开部落势力。

2011年政权移交前政权的核心力量为以萨利赫为首的全国人民大会和以部落酋长为主的伊斯兰改革集团结成的政治同盟，前者为主，后者为辅。由于也门部落制度保存完整并持续发挥作用，以及其最大部落哈希德部落在也门历代政权建立与巩固中所扮演的重要角色，也门形成了国家与部落两个权力中心并存的政治架构，中央垂直权力体系与部落水平权力体系维持着畸形与脆弱的妥协关系，各种冲突不断，突出表现为部落制度与现代国家制度的冲突、部族冲突、城市与部落所在的乡村之间的冲突以及部落规约与现代法律制度的冲突。[②] 自2011年1月起，也门多省爆发大规模示威运动和流血冲突事件，抗议者要求时任总统萨利赫下台，此后反对派与萨利赫支持者之间爆发激烈的军事冲突，激化了国内政治危机，最后以萨利赫交权而告终。从本质上说，也门政治变局是萨利赫家族与以哈希德部落为首的反对派妥协的产物。

也门的政治统治方式实质上是国家与部落的相互妥协。当前，处于政治过渡期的也门国内总体局势稳定，但部落间冲突更胜从前。一方面，部落冲突数量激增。也门内政部发布报告指出，也门2013年发生部落治安案件966宗，

---

① 《也门人口普查情况》，商务部网站，http://www.mofcom.gov.cn/aarticle/i/jyjl/k/200602/20060201491573.html/。
② 杨鲁萍：《也门部落暴力问题初探》，《西亚非洲》2008年第10期，第53页。

较2012年的929宗增加3.98%，较2011年及之前增幅更大，且导致重大人员伤亡和物质损失。[①] 该报告同时指出，目前也门境内仅有14个省对部落案件进行记录，亚丁、塔兹、哈德拉毛、扎马尔等省份的部落治安案件未做记录，而后者中的一些省份恰好是也门近年来部落冲突、暴恐事件多发的地区。由此可得出结论：在中东变局后，也门的部落冲突、混战加剧了。

另一方面，部落冲突情况复杂。当前也门境内的部落冲突类别多样，既有部落武装与政府官员的对峙和与政府军的冲突，也有部落武装与"基地"组织间的激战，更为普遍的是部落间的冲突。这些冲突有的因经济利益而起，有的与教派矛盾相结合，原因多种多样。其中突出案例有：2011年12月20日，什叶派反政府武装——胡塞叛乱武装在北部萨达省与当地逊尼派部落武装交火，造成至少9人死亡，数十人受伤；[②] 2012年7月，一些部落武装将部分内政部工作人员扣为人质，后占领了内政部大楼，要求将他们列入国家警察部队序列；[③] 2013年5月20日，支持政府军的部落武装与"基地"组织武装分子在阿比扬省贾尔镇激战，造成近30人死亡，多人受伤。[④] 据世界粮食计划署报告，当前部落冲突带来的政治局势和安全形势的恶化使也门贫困化加剧，尤以农村地区为重。2013年，在也门农村地区，高达49%的人口粮食短缺，在城镇地区为36%。[⑤]

3. 部落问题在中东地区广泛凸显

概览中东变局后地区各国的总体局势和部落状况可得出如下结论：中东地区的部落问题与地区局势密切相关，二者相互影响。部落冲突频发加剧地区局势动荡，这一点不言而喻；反之，地区变局也会使部落问题凸显。一方面，在地区动荡过程中，部落作为冲突的主体之一必然受到影响，部落间的冲突增多

---

① EIU, *Country Report*, *Yemen*, March, 2014, p.6.
② "Houthi Armed Groups Challenge Yemen Power Structure", http://www.al-monitor.com/pulse/originals/2014/04/yemen-ahmar-tribe-houthis.html, 访问日期：2014年4月30日。
③ "Tribes Still Rule in Yemen", http://www.al-monitor.com/pulse/originals/2013/10/yemen-tribes-revolution-politics-saleh.html, 访问日期：2013年10月10日。
④ "Tribes Still Rule in Yemen", http://www.al-monitor.com/pulse/originals/2013/10/yemen-tribes-revolution-politics-saleh.html, 访问日期：2013年10月10日。
⑤ 数据来自中国驻亚丁总领馆经商室。

并加剧。中东变局后 3 年内该地区的部落冲突情况显示,无论是在部落意识浓重的也门、利比亚,还是在部落影响已大大削弱的伊拉克、黎巴嫩、约旦、巴勒斯坦等地,只要国家处于动荡之中,部落冲突就始终存在。当前中东地区的部落冲突主要有以下三种类型:部落间的暴力冲突、反政府暴力事件和涉外的恐怖暴力事件。

另一方面,中东国家的民主转型触及部落利益,引发部落问题。此次中东变局的爆发在一定程度上反映出该地区民众希望改变现状、发展经济、实现民主法制的诉求。但是,对于这些已被打下深重部落烙印的国家而言,要实现现代民主,建立起跨部落的现代政党,并非易事。如也门和利比亚,二者都在中东变局中发生政权更迭,当前处于民主改革进程中的过渡政治阶段,民主化转型带来部落力量的变化和重组,引起一些部落的不满,从而引发部落矛盾和冲突。即使是在具有一定民主基础且部落影响已被削弱的共和制国家,实现这样的转型也不是一条坦途,在此过程中部落力量必然被分化、重组,一些部落的利益可能受到触及,由此带来部落冲突和争端。如在伊拉克,当前在费卢杰、拉马迪等地,部落间的冲突、部落武装与政府军的交战都时有发生。[①] 在持续动荡的南苏丹,2013 年 10 月间的一次部落冲突就造成 40 多人死亡,60 多人受伤。[②]

(二)当前中东部落问题的特点

1. 部落问题严峻化

中东变局为地区国家带来程度不同的动荡,地区的部落问题也随之严重化。一方面,部落制国家中的部落矛盾激化。如战后利比亚由于政权软弱,人人拥武,部落冲突无论是频度还是烈度都远超战前。其中伤亡最大的一次为 2012 年 3 月发生在塞卜哈的部落冲突,造成约 150 人死亡,逾 400 人受伤,且在部落冲

[①] "Iraq's Sunni Tribal Leaders Say Fight for Fallujah Is Part of a Revolution", http://www.washingtonpost.com/world/middle_ east/iraqs - sunni - tribal - leaders - say - fight - for - fallujah - is - part - of - a - revolution/2014/03/12/cac86d7a - 9f19 - 11e3 - b8d8 - 94577ff66b28 _ story.html,访问日期:2014 年 3 月 12 日。

[②] "South Sudan President Kiir Urges End to Tribal Atrocities", http://www.reuters.com/article/2013/12/25/us - sudansouth - unrest - idUSBRE9BN0GR20131225,访问日期:2013 年 12 月 25 日。

突中使用了反坦克机枪、防空机枪等重武器。① 另一方面，在部落体制已经弱化的国家，部落问题也由于地区的动荡而有所加剧。仍然处于内战中的叙利亚及其所在的马什里克地区②本鲜有部落冲突，中东变局后，尤其随着叙利亚内战的加剧，部落冲突事件也时有发生。2012 年 8 月 15 日，黎巴嫩一个势力强大的什叶派家族绑架了近 40 名叙利亚人，声称这是对该家族一名成员在叙遭绑架的报复行动，并要求叙反对派立即释放其家族成员。③ 2012 年 3 月，伊拉克一位部落酋长承认曾派数百人进入叙利亚，与叙利亚政府军作战。④

2. 部落影响扩大化

中东变局后，整个地区处于恢复稳定的过渡期。经历了政治变天的国家尚处于政权过渡和国家重建期。在如此政权脆弱、国家动荡的情况下，部落问题对国家、地区各方面的影响更为深刻。政治上，部落因素是过渡政权构建中不可忽视的重要因素，且部落弊端迟滞民主化进程。利比亚临时政权组阁难、稳定难，难以调和和兼顾众部落的意志是主要原因之一。经济上，在部落间的冲突和利益纷争中，一些部落诉诸经济手段，利用所掌控的资源打击对方，不惜两败俱伤，甚至牺牲国家整体利益，导致经济难以恢复和发展。此外，部落冲突恶化了国家和地区的安全局势，造成社会动荡不安。

3. 部落分布散乱化

自古至今，部落冲突的结局就是败者出走胜者扩张，基于此，中东变局带来了部落分布散乱化。在通常情况下，部落成员有集中分布的特点，但战争中遭遇国破家亡使得一些民众不得不背井离乡，甚至出走国外，部落的集中分布难以保持。以经历了战争的利比亚和叙利亚为例，战争产生了大量难民，其中，利比亚战争产生了上百万的难民，他们多逃向意大利、突尼斯、埃及等邻

---

① "Scores Dead in Southern Libya Tribal Clashes"，http：//www.aljazeera.com/news/africa/2012/03/2012331142118629552.html，访问日期：2012 年 3 月 31 日。
② 马什里克地区是中东地区的一部分，西起地中海，东至伊朗高地，包括当前的叙利亚、伊拉克、黎巴嫩、约旦和巴勒斯坦。
③ "Tribalism and the Syria Crisis"，http：//www.al-monitor.com/pulse/culture/2013/01/tribalism-clans-syria.html，访问日期：2013 年 1 月 18 日。
④ "Tribalism and the Syria Crisis"，http：//www.al-monitor.com/pulse/culture/2013/01/tribalism-clans-syria.html，访问日期：2013 年 1 月 18 日。

国,或暂居于边境地带。叙利亚战争期间的难民数量多达数百万,多进入约旦、黎巴嫩等邻国。在利比亚,卡扎菲老家苏尔特、西部米苏拉塔等曾发生过激战的城市遭严重损毁,居民在战争中和战后大量迁至其他城市,尤以苏尔特为最,其在战后一度被称为死城,全城只余两三户人家。叙利亚的阿勒颇、哈马等城市也是同样情况。人员的大规模迁徙必然打破部落的集中分布,并且,接受难民的国家和城市也面临外来部落迁入和地区部落力量分化重组的压力。

4. 部落日益暴恐化

中东地区局势动荡带来的一个恶果,也是中东变局后地区出现的一个现象为:极端势力愈发肆虐。且大量事例表明,极端势力的进入和在该地区的存在与扩张多通过与部落势力相结合进行。可以说,部落已成为极端势力在中东地区肆虐的桥梁。

从中东变局期间及之后极端势力进入中东的情况看,变局带来地区持续动荡使极端势力得以更大规模地趁乱潜入。无论是"基地"组织半岛分支进入也门,还是伊斯兰激进势力进入利比亚,又或是"基地"组织北非分支进入阿尔及利亚等,都是先与某一个或多个部落势力结合,得到部落的庇护,然后从发展相对落后的部落聚居的村镇进入该国。此后,极端势力也易选择相对落后的部落聚居村镇作为"基地"和"大本营",进而竭力扩张势力,扩大影响。在中东变局中,"基地"组织阿拉伯半岛分支于2011年5月发表声明,称已占领也门南部阿比扬省省会津吉巴尔市,并宣布该市为"基地"组织在也门南部建立的"伊斯兰酋长国"的首都。利比亚临时政府于2014年3月19日在其官方网站上发表声明,称将打击该国境内的恐怖分子,并指出恐怖分子已在南部部落聚居的沙漠地区"安营扎寨"。"基地"组织北非分支在阿尔及利亚柏柏尔部落区的长期存在早已是不争的事实。

三 部落问题对地区安全的影响

部落问题对中东地区安全的影响主要体现在两个层面,即国家安全和地区安全。

部落问题对中东国家安全的影响体现在以下三个层面。

（一）部落冲突恶化国家安全局势

历史上，部落间为争夺有限的生存资源频繁地争斗仇杀，在严酷的环境中形成了弱肉强食、成王败寇的丛林生存法则与竞争机制，以及"平衡对抗"的部落组织形式，即部落不论大小，基于血亲关系，每个部落成员都有责任保护本族成员并攻击外敌，因此任何潜在对手都知道其敌人并非力量薄弱，至少是势均力敌。以上"法则"和"机制"传承至今，导致中东地区部落纷争不断，且难以通过区域性法律手段解决。中东地区部落制国家多冲突频发、持续动荡的实际情况清晰地证明，部落冲突恶化国家安全局势。

（二）部落问题威胁政权稳定

依据部落与政治统治的关系，可将中东国家分为三类，分别为部落与国家抗衡的利比亚类型、部落与国家相互妥协的也门类型和部落与国家统治相结合的阿拉伯君主国类型。无论哪种类型，部落问题都会对国家政权的稳定构成威胁。

在利比亚，卡扎菲长期偏颇的部落政策造成深刻的部落矛盾是利比亚战争爆发的深层原因。其战后重建推进艰难，一波三折，具体体现在政权难稳定、制宪难推进、经济难恢复、安全难保障上，而以上各方面都受到部落因素的严重制约。战后一些部落或地区提出的自治或独立要求更凸显出部落问题威胁利比亚临时政权的稳定性。在也门，2011年政治变天的起因也涉及部落因素，其战后政权的平稳过渡实为部落间相互妥协的结果，其当前国内局势依然受到部落势力的牵制。君主国在此次中东变局中基本保持稳定，也是由于其统治家族适时对各大部落进行安抚，并利用部落影响力以及宗教的作用稳定局势。总之，中东部落问题是地区国家维护政权稳定的重要影响因素。

（三）部落矛盾给外来干预以可乘之机

"鹬蚌相争，渔翁得利"的谚语形象地反映出部落体制导致国家结构松散从而易为外来干预所利用的现实。以利比亚为例，利比亚战争被视为西方新干涉主义的又一次践行。20世纪七八十年代，卡扎菲长期与西方大国对抗，导致利比亚内外交困，迫使其于 90 年代后期起着力改善与西方国家的关系，并获得一定成效。但其特立独行的作风及善变的个性使得中东地区他国和西方大国对其的憎恶之心与戒备之心始终存在。2011 年 2 月爆发的利比亚内战给它们提供了有利时机，使它们得以彻底铲除这个久已存在的心腹之患。内战伊始，本地区一些国家暗中支持并资助利比亚东部的"叛乱"分子，[①] 此后又在联合国提出在利比亚设禁飞区的提案，北约顺势获得联合国授权，"合法"参战，一举颠覆卡扎菲政权。但事实上，根据战争初期卡扎菲政权与反对派的力量对比，没有北约战机的帮助，反对派是难以获胜的。战后，部落混战、濒临分裂的利比亚再次成为外部势力干涉的焦点。西方多国早已觊觎利比亚丰富的能源资源，分而治之正是西方对利比亚的既定战略，因为分裂的利比亚更容易被外部势力所控制。综上所述，利比亚松散的国家结构和脆弱的国民纽带给外来干预提供了可乘之机。

而从整个地区层面看，部落问题的影响主要体现在以下三方面。

（一）部落冲突、族际矛盾造成地区动荡

上文已述，部落冲突恶化国家安全局势，同样，地区安全局势也受到部落因素的影响。另外，对族际仇恨的推崇也会为国与国之间的冲突埋下隐患，根深蒂固的荣誉、复仇等观念也使得部落冲突及其扩大后的族际矛盾对中东地区安全局势造成严重的负面影响。此方面的典型事例是存续已久且对中东地区安全影响重大的阿以冲突，阿拉伯人与犹太人的部落意识是其形成与发展的根本原因之一。

在没有深入了解阿以冲突根源的情况下，人们大都会对阿拉伯人不屈不挠地反对以色列感到震惊与费解，人们同样对阿拉伯国家努力与他国交往，却不与近邻以色列改善关系感到费解。面对这个具有血亲关系的富裕而发达的近邻，阿拉伯世界不能与其和平相处有着深刻的根源，其中阿拉伯人基于"平衡对抗"的组织原则及其荣誉观是部落意识的体现。"平衡对抗"的组织

[①] 《利比亚指责一些阿拉伯国家支持利东部"叛乱"》，http://www.chinanews.com/gj/2012/03-07/3723589.shtml，访问日期：2012 年 3 月 7 日。

原则是阿拉伯社会最基本的原则，即联合近亲抵抗外族。"对"与"错"经常与"我们"和"他们"相联系。道德标准是一个人必须为自己所属的集体而战。阿以间的对抗正是基于站在伊斯兰一方的"我们"和站在异教徒一方的"他们"之上的。正如霍普斯金大学教授福阿德·阿加米所言，"在现代的外壳下，那里还保留着种族教派和宗派的古老状况"。[1] 在这种体系下，阿拉伯国家和以色列、穆斯林和犹太人无法形成共同利益。在这种对立框架下，没有寻求或发现共同利益及其存在的可能性。荣誉观是部落文化的一个核心价值观，是与战时在抗敌斗争中取胜相联系的。在阿拉伯世界，"胜利从不与节制或同情相伴"。[2] 阿拉伯人受到的刻骨铭心的教育就是荣誉比财富、名声甚至死亡更重要。现代阿拉伯人同样满怀这种意识。持续数十年的阿以冲突中的失败挫伤了他们的尊严，荣誉观要求他们不惜一切代价地反抗、战斗。荣誉和对抗这两个部落文化因素深刻渗入阿拉伯人性格中，成为中东地区冲突的根源之一。[3]

同理，当前阿拉伯国家与伊朗等地区国家的复杂关系也与部落因素相关。总之，中东战与和都离不开对部落因素的考量。

（二）跨界部落问题成为地区不稳定因素

跨界部落，即一个部落分布在不同国家，尤多存在于邻国之间。在一些中东国家的历史上，殖民者为了自身利益和统治便利，以简单方式任意、人为地划定疆界，而不考虑当地原有的社会和民族聚集分布情况，使一些具有相同历史和文化背景的古代部落被强行分割到不同的殖民地国家中，造成当前跨界部落的存在。跨界部落的存在使得相关国家间的内政外交事务在一定程度上相互影响，发生在一国的事件可能会在邻国产生连带效应，从而成为地区不稳定因素。

以利比亚为例，利比亚境内共存在10个跨界部落，分别跨越其与埃及、尼日尔、乍得、苏丹和突尼斯的国界。2012年3月，利比亚南部的图布部落

---

[1] Fouad Ajami, *The Dream Palace of the Arabs*, Vintage, 1999, p. 155.
[2] Fouad Ajami, *The Dream Palace of the Arabs*, Vintage, 1999, p. 134.
[3] 参见蒲瑶《中东冲突的部落文化解读》，《西亚非洲》2009年第6期，第27~28页。

武装分子与赛卜哈镇的民兵和百姓发生冲突后宣称要学习南苏丹,谋求最终独立。① 这主要是受到图布部落分布在南苏丹境内部分的影响、带动与支持。爆发于 2012 年的马里内战的起因就是分布在利比亚、阿尔及利亚、尼日尔等国的图阿雷格人谋求在马里独立建国。利比亚南部是图阿雷格人的发源地,卡扎菲的军队曾大量雇用各国的图阿雷格反叛人士。卡扎菲倒台后,约上千名图阿雷格雇佣兵抢劫利比亚武器库后返回马里北方,图谋发动起义。② 马里内战与利比亚战争间的关系显而易见。以上案例足见跨界部落对地区稳定的影响。

(三)部落问题易为恐怖分子利用

中东地区的恐怖主义问题由来已久,二战后更成为国际恐怖主义恶浪中的突出部分。无论是实施恐怖活动的主体力量,还是恐怖事件多发的现状,都与地区的部落问题密切相关。

从恐怖事件的主体力量看,当前中东地区极端组织繁多,恐怖事件多发,堪称恐怖活动的重灾区和恐怖分子的聚集区。中东地区的部落民众习惯于对属于本部落的所有人给予保护,当本部落与外部落发生冲突时,"外人"即是"敌人",没有对与错,仅以内外区分。基于此,一些部落对属于本部落的恐怖分子提供保护,并拒绝政府军或反恐部队进入属地,甚至武装袭击搜捕部队,引发更大规模的武装对抗。事实证明,这一点早已为恐怖势力所利用,造成部落保护习俗带来纵容暴力行为的后果。

从恐怖事件在中东地区多发的现状看,其原因固然是多样且复杂的,而部落因素是其中一个非常重要的原因。首先,部落的复仇意识导致"冤冤相报"的恐怖事件难休止。其次,一些部落民众出于朴素的民族主义情感,对以美国为首的西方国家抱有反感和抵触情绪,因此,与政府协同美国等西方国家反恐的立场相左,为政府打击恐怖活动设置障碍。③ 最后,深重的部落意识在一定

---

① "Libya's South Scarred by Tribal Battles", http://www.aljazeera.com/news/africa/2014/01/libya-south-scarred-tribal-battles-201412461116244625.html, 访问日期:2014 年 1 月 24 日。
② "Mali's Tuareg Fighters End Ceasefire", http://www.aljazeera.com/news/africa/2013/11/mali-tuareg-fighters-end-ceasefire-2013113093234673103.html, 访问日期:2013 年 11 月 30 日。
③ 杨鲁萍:《也门部落暴力问题初探》,《西亚非洲》2008 年第 10 期,第 55 页。

程度上弱化了国家统一意识。民众对部落的归属感和服从观念根深蒂固，忠于部落胜过忠于国家，部落犹如国中之"国"，因此导致国家法律对一些部落恐怖分子和恐怖事件的管束力不足。以上各方面因素导致恐怖事件在中东地区多发，并增加了恐怖治理的难度。

四 部落因素在中东安全治理中不可忽视

中东地区至今仍有浓厚的部落色彩，部落问题与地区安全问题相互影响：部落冲突恶化国家安全局势，进而引发地区动荡；地区安全局势的恶化又会加剧部落冲突，并使部落问题的解决难度增加。因此，部落问题是中东安全治理中不可忽视的因素。

（一）中东地区部落发展趋势

部落自治是中东地区的特色，也是理解该地区的关键，[①] 它起源于游牧民族依赖大家族保护其成员安全的原生机制。虽经历史变迁，但这种"原生态"格局未能改变。在当代中东地区，部落仍然是最基本的社会细胞，并对地区及相关国家的内政外交产生重大影响。但当前部落体制对该地区不同国家的影响不尽相同，在一些国家，部落体制的影响依然重大；在另一些国家，部落因素的影响已经弱化。未来，民主大潮席卷中东已是大势所趋，中东部落社会必然受到影响，但存在已久的部落体制和根深蒂固的部落意识不会在短时间内消失，只可能发生一些形式上的转化，如部落区域化、部落政党化等，转化过程也将是复杂而漫长的。

（二）了解部落特性在地区安全治理中至关重要

人类在进入阶段社会之前经历了漫长的无阶级的以血缘为基础的部落社会阶段。"这种组织形式流行于整个古代社会，遍及于各大洲。"[②] 包括部落性格

[①] Daniel Pipes, "The Middle East's Tribal Affliction", http://www.zh-hans Daniel pipes org/article/5417.
[②] 〔美〕路易斯·亨利·摩尔根：《古代社会》（新译本），杨东莼、马雍、马巨译，中央编译出版社，2007，第62页。

与意识、习俗与规约在内的部落特性在当今中东部落社会中依然沿袭，主要包括四个方面。①崇尚自由、放荡不羁是部落民众的典型性格，与古代中东地理隔绝、地广人稀的自然环境和历史上居无定所、随遇而安的游牧生活方式有关。②部落的尚武性、扩张性，源于在恶劣生存环境中对有限领地和资源的争夺，且为此不惜诉诸武力。③部落的荣誉观、复仇观和继承性。部落民众都可无条件地为荣誉而战，为本部落复仇。解决部落间的宿怨，除了抵抗和复仇别无他法。部落的一切性格与意识、习俗与规约都世代相传，即部落的继承性，它不仅体现在财产、土地等物质财富的传承上，也包括认知、品行、心理等精神遗产的延续。中东各国部落间难休止的冤冤相报就是复仇的传承。④对内团结、对外排他性体现为部落宗派主义。一句流传甚广的中东谚语贴切地阐释了这种部落特性：我反对我兄弟，我和我兄弟反对我堂兄，我、我兄弟和我堂兄一起反对世界。历史上，部落恶劣的生活条件促进了其内部的团结，在一些时候，只有团结一致共同抵御外敌才能维持生存。在资源总体数量恒定的客观条件下，此消彼长的原理必然引发对外排他的部落利己主义。

以上部落特性即可解释当前中东地区部落冲突不断的现象，了解部落特性对于地区的安全治理至关重要。

（三）建议治理途径

部落问题的核心原则是"平衡对立"，从积极层面看，部落间的团结让它们可以完全独立于作为暴力机器的国家之外；从消极层面讲，这暗示了一场无休止的冲突。因此，部落因素对中东的安全治理是把双刃剑，善御之，则为利；不善御之，则为弊。且部落问题不是孤立的社会问题，它既反映出传统习俗与社会现代化之间的矛盾，也与国家的政治、经济和社会发展密切相关。因此，中东地区的安全治理离不开对部落因素的全面考量和综合应对。值得指出的是，政府的部落政策难以实现绝对的公平，这是引发部落间冲突，尤其是部落与政权间冲突的重要原因。对此提出以下几方面的建议。

（1）采取措施，加快部落的经济和社会发展，使部落民众摆脱贫困，并通过扩大教育和完善公共服务及健全各级行政机构，逐渐改善偏远地区部落的生活条件，提高部落民众各方面的素养，使部落民众逐步改掉不良遗风，尽快融入现代文明社会。

（2）完善国家政治和法治制度，避免偏颇的部落政策，促进传统部落和现代国家的融合。

（3）改革和完善武器管理制度。通过奖惩结合的政策逐步收缴武器，为部落创造一个相对安全的生存环境，在此前提下逐步解除部落武装，减少部落冲突。

（4）加大打击恐怖主义的力度，并致力于地区团结反恐，使部落不再成为恐怖主义的温床。

（5）深入了解并有效利用部落特性，以利于部落问题的有效解决。

Y.5
中东核扩散问题与地区安全*

余国庆

摘　要： 在全球核安全形势与防止核扩散体系中，中东地区的核扩散问题格外引人注目。以色列是一个事实上拥有核武器的国家，却游离于国际核监管体系之外。而十多年来伊朗核问题的走向一直牵动着地区局势的发展及大国与中东的关系。除了以色列之外，中东国家都加入了《不扩散核武器条约》，但中东国家的核竞赛方兴未艾。中东有关国家虽然早就提出建立"中东无核区"的概念和建议，真正要达到目标却面临着种种障碍。国际社会为阻止中东地区出现大规模杀伤性武器蔓延，以及防核扩散做了不少努力，但核扩散的阴影难除。虽然全球核安全峰会已举行三届，但中东的核扩散形势依然难以乐观，也成为影响中东乃至全球长期稳定与安全的一个不容忽视的因素。

关键词： 中东核扩散　地区安全　国际影响

一　中东地区核扩散问题的历史与现状概况

当1945年7月美国秘密实施"曼哈顿计划"首爆原子弹成功时，以色列国家还没有在中东出现。但随着阿以冲突的爆发与持续，核能的威力与原子弹的巨大破坏力很快吸引了中东国家的注意力。如今，以色列已经事实上成为中

---

* 余国庆，中国社会科学院西亚非洲研究所研究员，主要研究领域为中东地区冲突、能源安全等。

东唯一拥有核武器的国家。中东地区的核能发展与核武器问题已深深卷入中东的地缘政治冲突中,全球不扩散核武器形势严峻。

(一)中东唯一拥有核武器的国家——以色列

谈到中东地区的核扩散问题,人们往往会首先想到以色列,这不仅因为以色列是国际社会公认的中东唯一拥有核武器的国家,近年来以埃及为代表的阿拉伯国家经常在有关国际场合提出"中东无核区"建议,也被认为是针对以色列事实上拥有核武器。与此同时,近年来伊朗核问题愈演愈烈,不少阿拉伯国家在开发核能问题上也积极投入,使得中东地区的核竞赛暗潮涌动。中东地区的核竞赛使得国际社会的核不扩散体系面临严重挑战。

根据有关材料,以色列的核研究与开发始于20世纪50年代。1948年5月,以色列刚宣布建国,周国的阿拉伯国家拒绝承认,第一次中东战争爆发,国家的生存与安全面临严峻考验。为了建立战略遏制力量,以色列转而秘密研制核武器。20世纪50年代,以色列即开始秘密进行核研制活动,由国防部直接领导。1957年,以色列开始从南非进口铀矿石,用于核能研究。在法国、美国和南非等国专家的帮助下,1959年,以色列在位于内盖夫沙漠的迪莫纳建立了最初的核反应堆。1986年10月5日,曾在迪莫纳核研究中心工作的以色列工程师瓦努努在《星期日泰晤士报》上发表了题为《以色列秘密核武库揭秘》的文章,在世界上首次详细披露了以色列核基地的状况。此前,发展核武器在以色列国内也是绝对的机密,连美国最初也蒙在鼓里,美国情报部门判断,以色列在1966年就跨入了"核俱乐部",成为事实上拥有核武器国家。[①]但此后,以色列历届政府在是否拥有核武器问题上采取了一种既不承认也不否认的"模糊政策"。2006年,以色列总理奥尔默特在一次公开活动时一度失言,承认以色列拥有核武。在以色列的秘密核计划以及核能力曝光后,阿拉伯国家普遍表示反对。近年来以埃及为代表的阿拉伯国家多次强烈呼吁以色列加入《不扩散核武器条约》,并允许国际原子能机构对以核设施进行检查。

[①] 王震:《一个超级大国的核外交——冷战转型时期美国核不扩散政策(1969~1976)》,新华出版社,2013,第94页。

但是，到目前为止，以色列一直拒绝签署《不扩散核武器条约》，是联合国会员国中仅有的四个没有签署《不扩散核武器条约》的国家之一。[①] 半个多世纪以来，以色列核武器的规模和数量有了较大发展，而且大力发展了中远程导弹发射能力。据报道，以色列已经拥有射程达2000千米的杰里科地对地导弹，使得其核威慑能力进一步壮大。对于以色列的核武库到底有多大，外界评估不一。根据西方一些相关专业机构的评估，以色列不仅已成为中东唯一的核国家，而且其核武器规模排世界第六位。美国中央情报局估计，以色列可能拥有200~400枚核弹头。瑞典斯德哥尔摩国际和平研究所估计，以色列拥有大约80枚完整的核弹头，其中50枚使用弹道导弹进行投送，其余核弹头可以用飞机进行投送。美国《原子科学家公报》则称以色列可能拥有各类核弹头200枚。[②]

（二）被外界干预中止核研制活动的国家——伊拉克、利比亚与叙利亚

由于长期的战争环境和复杂的地缘政治冲突，中东一直是大规模杀伤性武器扩散的高危地带。中东不少国家都开发过或者尝试开发过包括核武器、化学武器、弹道导弹等在内的大规模杀伤性武器。

1. 伊拉克

伊拉克早期的核研究始于1959年。这一年，伊拉克与苏联签订协定，涉及建立一个小型的核反应堆，但这一计划没有取得实质性进展。1968年，伊拉克签订了《不扩散核武器条约》。由于石油收入的提高，20世纪70年代伊拉克加快了核建设步伐，开始与西方国家合作以发展自己的核技术。法国、意大利等国家向伊提供了专家援助，在与这些国家签订核合作协定时，伊拉克一再明确宣称它发展核技术是"用于和平"目的。1974年，伊拉克与法国签订

---

① 到目前为止，以色列和古巴、印度、巴基斯坦是仅有的没有签署和加入《不扩散核武器条约》的四个国家，The Emirates Centre for Strategic Studies and Research Globalization in the 21st Century, URE, 2008, p. 228.

② 王震：《一个超级大国的核外交——冷战转型时期美国核不扩散政策（1969~1976）》，新华出版社，2013，第77页。

协议，由法国帮助伊拉克在巴格达东南的塔穆兹建立一个核反应堆。法国除了提供设备和技术知识外，还派遣100多名技术人员援建伊拉克核设施。此外，当年法国还答应提供75公斤浓缩铀作为燃料。另外，1979年，伊拉克还与意大利在核技术方面建立了合作关系。伊拉克与法国、意大利的核合作引起了以色列的不满和恐慌。一直以来，以色列都把周边阿拉伯国家发展核技术的举动看作对其安全的重大威胁。1980年6月，以色列策划了"巴比伦行动"计划，出动战机，长途跋涉轰炸了伊拉克的核设施，使得伊拉克苦心经营的核设施基本报废。2003年，美国以伊拉克领导人萨达姆发展大规模杀伤性武器为由发动了伊拉克战争，但战争结束后，美国并没有发现伊拉克拥有大规模杀伤性武器，使得伊拉克战争成为一场充满争议的战争。

2. 利比亚

利比亚前领导人卡扎菲一直被认为曾经想发展与拥有核武器。据披露，20世纪70年代，利比亚领导人曾经有过企图从苏联和中国"购买"核武器的骇人之举。据西方媒体报道，利比亚整套的制造核武的计划与一名来自巴基斯坦的核武器计划专家阿卜杜勒·卡迪尔·汗的黑市交易网络相关，据称他掌握有世界上最大的核技术黑市份额。[1] 但国际社会普遍认为利比亚的核能力有限，并未跨过临界点。

2001年"9·11"事件后，美国为了防止大规模杀伤性武器落入恐怖分子手中，加大了对伊拉克、利比亚、伊朗等国的制裁。面对美国等西方国家的压力，利比亚被迫同意西方提出的一些要求。2002年10月和12月初，美英两国的专家组分别前往利比亚，参观了10处与研制大规模杀伤性武器有关的地点，利比亚专家还向美英同行介绍了"有可能与生产大规模杀伤性武器有关的物质、设备及计划"。在美国的巨大压力下，2003年初，利比亚领导人卡扎菲同意解除核武项目，并向美国和联合国核官员开放核设施，调查人员在利比亚发现了离心机设备和核弹弹头设计图纸等。美国发动伊拉克战争之前，利比亚已经开始与美英两国进行秘密谈判，以消除其对利比亚在大规模杀伤性武器问题上的忧虑。伊拉克战争爆发后，2003年12月，卡扎菲宣布，利比亚放弃

---

[1] http：//www.sinovision.net/portal.php? mod = view&aid = 162826.

包括核武计划在内的大规模杀伤性武器计划，并于第二年3月签署了《不扩散核武器条约》及其附加议定书。2004年初，利比亚移交给美国、英国和国际核查人员的关键核技术材料，数量远远超出了美国情报专家预计的水平。据披露，利比亚一度有4000多个生产浓缩铀的离心机。虽然制造核弹的蓝图中缺少一些重要部件，但足以保证开始试制。据美国中央情报局后来估计，利比亚的核计划花费了1亿～2亿美元。2011年3月，以法国、美国为代表的北约发动了利比亚战争，卡扎菲政权被推翻，卡扎菲本人也葬身沙漠，利比亚试图拥有大规模杀伤性武器的历史就此结束。

3. 叙利亚

叙利亚是中东地区又一个被美国和西方认为想发展核武器以及事实上拥有化学武器的国家。

2007年9月6日，以色列出动战机袭击了叙利亚的疑似核设施。以媒透露，以色列军方当时空袭的是一座钚处理工厂，在空袭发生前，一些专家认为叙利亚的这座核设施实际上是一座秘密的原子核能工厂。而以色列认为，叙利亚的核设施已经对自己构成了直接的安全威胁。通过以色列和美国后来公布的卫星图片可以发现，叙利亚的这座在建核设施还没有冷却塔和烟囱，而这往往是核反应堆的两大典型特征之一。西方分析人士认为，叙利亚在空袭发生后迅速用土壤填平了这些设施，说明被空袭毁坏的工厂已经遭到了明显的核污染和核辐射。以色列通过突袭行动表明，在涉及邻国发展核武器的问题上，以色列不指望通过外交手段解决问题，时刻准备用军事手段解决。

除了以色列和西方认为叙利亚偷偷研制核武器以外，叙利亚发展化学武器在近年来叙利亚政局危机发展过程中被证实。2013年9月14日，经过紧张磋商，美国国务卿克里和俄罗斯外交部部长拉夫罗夫在日内瓦就销毁叙利亚化学武器问题达成一项框架协议。根据该协议，叙利亚在未来一周内需提交一份有关其化学武器的明细，包括化学武器制剂的名称、类型和数量以及存储、制造和研发设施的所在地等细节，联合国武器核查人员必须能在当年11月之前进入叙利亚。最终目标是在2014年中之前，全部销毁或者转移叙利亚的化学武器。在包括中国在内的国际社会的共同努力下，叙利亚销毁化学武器的进展基本顺利。

（三）中东国家核能竞赛及核扩散风险评估

虽然阿拉伯国家赞成建立"中东无核区"，但是阿拉伯国家相当重视民用核能的开发。

埃及是在20世纪60年代开始核研究的，当时主要是在苏联帮助下进行的。1961年，埃及第一个1兆瓦的核研究反应堆开始运行。1997年，一个从阿根廷引进的22兆瓦的核研究反应堆建成。① 埃及政府于2007年10月宣布，将在未来数年建造数座核电站，以满足本国不断增长的能源需求。2009年5月，国际原子能机构公布了一份报告，称在开罗附近的英沙斯核设施附近的环境样本中发现了可制造核武器的浓缩铀。② 以色列当时并没有对埃及的核计划公开提出非议，但实际上以对埃及核动向一直密切关注，尤其是伊朗核问题持续发酵，以担心埃及等与伊朗展开竞争，担忧中东地区进入新的核竞赛。

土耳其是北约在中东唯一的盟国，在理论上处于北约的核保护伞之下。土耳其过去曾进行过两次核电站招标，但最后都没有启动，至今土耳其还没有建成的核电站。随着经济的快速发展，加上国内人口已经超过7000万，土耳其的能源短缺问题日益显现，发展核能也就成为土耳其政府的一个选项。土耳其能源部部长希利米在2006年2月宣称，"石油价格的飙升、能源供应来源的多样化等潜在需求，都迫使我们将发展核能列为优先考虑的手段"。土政府计划建立5座核电站，首座发电量达450亿瓦的核电站位于黑海附近的锡诺普（Sinop）。目前，俄罗斯正在建造土耳其在地中海地区的首座核电站，俄承担了全部建设资金以换取得到担保的能源价格。

2008年3月，美国副总统切尼访问土耳其。切尼这次访问的关键议题之一是希望土耳其出面帮助制止伊朗的"核野心"。美国希望伊朗的邻国土耳其在帮助建立支援制裁伊朗的国际联盟中起关键作用。由于土耳其与伊朗已经形成紧密的贸易关系，尤其是土耳其依赖从伊朗进口的大量石油及天然气，因此土耳其不会轻易同意对伊朗进行全面和更强硬的贸易制裁。但土耳其毕竟和西

---

① Ephraim kam-Zeev eytan, *The Middle East Millitary Balance*, 1994 – 1995, p. 196.
② 郭宪纲：《中东无核化：破解伊核问题的出路》，《国际问题研究》2013年第3期。

方国家有着广泛的经济联系，因此不排除在获得某种补偿的情况下站到西方国家一边的可能性。无论是从经济利益还是从地缘政治的角度考虑，土耳其在伊朗核问题上的地位和态度是比较敏感的，增加了土耳其在这一问题上的选择难度。但对美国来说，无论是强化对伊朗的经济制裁还是将来对伊朗采取军事行动，土耳其的态度和立场都是至关重要的。

2013 年 5 月，日本首相安倍晋三访问土耳其，与土耳其总理埃尔多安举行会谈，双方达成了日本援建土耳其核电站的协议。按照协议，日本三菱重工业公司和法国核工业公司将联合建设土耳其的 4 座核电站，计划在 2023 年建成。① 核电站建成后有望缓解土耳其对原油的严重依赖。目前，土耳其有 90% 的原油来自俄罗斯和伊朗，这 4 座核电站建成后，可望在未来 20 年内满足土耳其全国 10% 的能源需求。

在中东国家的核竞赛中，海湾合作委员会（简称"海合会"）国家有望后来居上。众所周知，海合会六国（沙特阿拉伯、阿联酋、科威特、阿盟、卡塔尔、巴林）具有丰富的石油资源，按理说，开发核能并不是合理的选项，但海合会国家从制定国家长期发展战略、调整经济发展结构及应对地缘政治发展变局等多种因素考虑，近年来也越来越重视开发核能。2006 年 12 月 10 日，在海合会第 27 届国家合作委员会会议上，海合会委员长阿提亚宣布，海合会六国将联合起来发展民用核能，这是海合会六国第一次在世界上公开宣布发展核能。虽然，阿提亚指出，海合会的核能开发是和平的、用于民用的，将在国际社会的监督下按照国际社会公认的相关法律和法规进行，不会对国际社会安全产生影响，但是，海合会这一动作立即引起了世界舆论的高度关注。2006 年 12 月 11 日，在海合会首脑声称准备合作开发民用核能的第二天，以色列《国土报》称，这是海湾国家对伊朗核计划表示担忧的结果，它们在发出一个强烈的信号，即不再对伊朗的潜在威胁置之不理，而是将联合应对地区挑战。可见，在国际社会看来，海合会六国民用核能的开发和利用并非一个简单的解决能源、资源短缺的问题，已经上升为国际政治问题，对中东地区的政治、军事、外交，甚至对国际政治都会产生重要影响。

---

① http://news.hexun.com/2013 - 05 - 04/153780484.html.

自2006年公开宣布开发核能政策以来,海合会六国民用核能的开发和利用虽然时间不长,但是发展迅速。西方国家纷纷介入,通过开展合作提供技术、管理、人员等全方位的支持。海合会重要国家沙特阿拉伯早在20世纪70年代就曾对核技术表现出浓厚的兴趣,曾于20世纪70年代建造了一个用于科学研究的小反应堆。2005年,沙特与联合国有关方面进行谈判,以便沙特可合法拥有一定量的核物质。同时,沙特拒绝了国际原子能机构对其进行核查的要求。2011年6月,沙特民用核机构协调员马里巴里表示,沙特计划在未来20年内建成16座民用核电站。2011年3月的日本核泄漏危机似乎并没有阻止海合会六国合作开发核能的决心。作为世界上石油和天然气最重要的产地,海合会六国能源结构的调整将对世界能源结构的调整产生巨大影响。同时,海合会民用核能的开发和利用开始引起国际社会对"中东无核化"的担忧,中东地区是否会因此走上"核竞赛"道路成为国际社会关注的焦点。

二 "中东无核区"——步履艰难的中东国家防核扩散努力

自1970年《不扩散核武器条约》(Treaty on the Non-Proliferation of Nuclear Weapons,NPT,又称《防止核扩散条约》或《核不扩散条约》)正式生效以来,目前世界上已建立东南亚、中亚、拉美、非洲、南太平洋和蒙古6个无核区,加入的国家达92个。"中东无核区"概念虽然早就提出来了,却迟迟没有实现,原因错综复杂。

(一)"中东无核区"概念的提出

埃及是最早倡议建立中东无核区的阿拉伯国家之一。1973年,以色列与阿拉伯国家之间爆发了第四次中东战争。以埃和解后,以色列可能拥有的核打击能力使阿拉伯国家感到忧虑,埃及等阿拉伯国家因此提出了建立"中东无核区"的主张。在1974年第29届联合国大会上,根据伊朗、埃及等国家的要求,中东无核区问题第一次列入联合国大会工作日程。1974年12月9日,联合国大会通过了第3263号决议,呼吁这一地区有关各方表明自己的决心,在对等的基础上不生产或以其他任何方式拥有核武器，并呼吁中东所有国家加入《不扩散核武器条约》。联合国大会在1975~1979年间的第30~34届大会上继续审查这一项目，并通过了一些相应的决议。在1978年第10次裁军问题非常会议上，联合国认为，在中东建立无核区将加强国际和平与安全。在中东无核区建立之前，这一地区各国应宣布在对等的基础上不生产和拥有核武器，不进行核爆炸或将第三方的核武器置于自己的国土上，并同意将现有核设施置于国际原子能机构的担保之下。联合国大会自第35届大会到第48届大会根据一致意见就此通过了若干决议。

1995年5月，在联合国总部召开的《不扩散核武器条约》的审议和延长大会上，首次提出了由埃及等国家提议的要求在2012年实现"中东无核区"的目标。在2005年5月开幕的第七次《不扩散核武器条约》缔约国审议大会上，埃及等一些国家要求对1995年第五次大会通过的设立"中东无核区"的决议进行审议，并根据2000年第六次大会的决定，设立落实这项决议的专门机构，但该要求遭到了美国的强烈反对。2008年10月4日，在维也纳召开的国际原子能机构第52届大会通过决议，呼吁在中东地区建立无核区。在当天进行的表决中，与会成员国中有82个国家投票支持这个名为"中东地区实施保障监督问题的决议"，但以色列、美国等13个国家投了弃权票。

（二）国际社会推动"中东无核区"的努力及障碍

2010年5月，第八次《不扩散核武器条约》缔约国审议大会通过决议，要求在2012年就建立中东无核武器区召开国际会议，呼吁以色列签署核不扩散条约。以色列官方随后发表声明，指责这一决定"虚伪"。美国官员也发表谈话，批评大会文件单独"挑出"以色列核项目却没有批评伊朗。

2011年11月21、22日，国际原子能机构在其维也纳总部举行了中东无核武国际论坛。会议主要讨论非洲、南美等已经建成无核武地区的经验以及中东地区如何学习这些经验。有90多个国家派代表出席论坛，包括叙利亚等阿拉伯国家和以色列，但伊朗宣布抵制论坛，没有派代表出席。这是中东相关国家首次就核武器问题在国际场合坐在一起讨论，会议参加国在引人注目的伊朗核问题上存在较大分歧。伊朗外交部发言人拉明·迈赫曼帕拉斯事后在伊朗首都德黑兰告诉记者，只要以色列"拥有大规模杀伤性武器、核武器，没有成为《不扩散核武器条约》缔约国，不接受国际原子能机构核查，西方国家不理智地支持它，这种会议将只能流于表面，是浪费时间"。当然，对以色列来说，对伊朗在核问题上的任何动静和态度，它都不会是一个安分的看客。

以色列对建立中东无核区的理念并不刻意反对，但对其实现路径和前提条件坚持自己的要求。反对在任何场合公开讨论自己的核武器问题是以色列"核模糊"战略的体现。以色列只是强调，必须首先在这一地区实现真正、持久的和平，才能实现中东无核区前景。而阿拉伯国家认为，以色列应首先放弃发展核武器。国际原子能机构已经连续在5届大会上将"以色列的核能力与核威胁"议题列入议程，但此后联合国大会并没有形成决议。以色列官方的看法是，短期内中东和海湾地区形势发生的变化还不足以让以色列改变其在核问题上的一贯立场。

值得一提的是中国在"中东无核区"问题上的立场。作为《不扩散核武器条约》的缔约国，中国一贯支持建立"中东无核区"的努力。2012年1月，时任中国国务院总理温家宝访问卡塔尔并与卡塔尔首相兼外交大臣哈马德举行会谈，在谈到中东无核区问题时表示，中国主张维护核不扩散体系，反对伊朗研发和拥有核武器，支持阿拉伯国家要求的建立"中东无核区"的主张。

三 中东核扩散问题的焦点——伊朗核问题

（一）伊朗早期的核研制活动

在20世纪60年代中期以色列成为事实上拥有核武器的国家之后，阿拉伯国家一方面在国际社会积极活动，企图借助国际防核扩散体系抑制或消除以色列的核能力，另一方面阿拉伯国家也加快提高自己的核研能力。在21世纪初伊朗核计划曝光后，伊朗核问题逐步取代以色列核问题，成为中东和国际社会关注的焦点。

伊朗的核计划始于20世纪50年代，当时巴列维王朝与美国及其他西方国家关系密切。美国、联邦德国等先后为伊朗建造核反应堆。1958年，伊朗加入国际原子能机构，1970年2月2日加入《不扩散核武器条约》，1974年5月14日，伊朗与国际原子能机构签订NPT全面保障监督协定并生效。此后，由于伊朗爆发伊斯兰革命及两伊战争，伊朗的核计划处于暂停状态。但美国等西方国家一直怀疑伊朗没有完全停止核研制活动："尽管该国签署了《不扩散核武器条约》，但仍在利用来自西方的两用技术，并在俄罗斯的某种支持下发展秘密的核能力。"[1]

1995年，伊朗与俄罗斯签订协议建造布什尔核电站。2002年12月，伊与俄签署和平利用核能议定书，俄政府决定10年内帮伊朗建造5个新核电机组。但因美担心伊朗获得核技术，该计划从一开始就遭到了美国的反对。

2002年，伊朗一个流亡海外的反政府组织"全国抵抗委员会"爆料说，纳坦兹有个神秘的地下核工厂。2003年，国际原子能机构总干事巴拉迪参观了纳坦兹核基地，并发表报告称发现了浓缩铀的痕迹。

（二）伊朗秘密核研制计划的曝光及国际社会的反应

2003年2月9日，伊朗总统哈塔米发表电视讲话，宣布伊朗已在雅兹德地区发现铀矿并已成功提炼出低浓度的铀，伊朗将开采铀矿，并将建设铀转换和铀浓缩设施，以建立一个完整的核燃料循环系统。伊朗的核能开发计划遭到美国的"严重质疑"。由于铀是制造核武器的必需材料，根据《不扩散核武器条约》，铀浓缩技术是国际社会严禁扩散的敏感技术。因此美国认为，伊朗拥有巨大的能源资源，发展核项目的主要目的就是制造核武器。美国政府一方面不断向俄罗斯施压，劝其停止与伊朗的核电站项目合作；一方面警告伊朗停止与铀浓缩相关的活动，并威胁要将伊朗核问题提交联合国安理会审议。国际原子能机构也通过多项相关决议，要求伊朗与其合作，终止提炼浓缩铀试验，签署《不扩散核武器条约》附加议定书，允许国际原子能机构对其进行更为严格的突击检查。2003年12月18日，伊朗正式签署了《不扩散核武器条约》附加议定书。2004年4月，伊朗宣布暂停浓缩铀离心机的组装。

由于与国际原子能机构及西方国家的谈判出现挫折，2004年6月底，伊

---

[1] 〔美〕亨利·基辛格：《美国的全球战略》，胡利平、凌建平译，海南出版社，2012，第193页。

朗宣布在暂停提炼浓缩铀活动的同时恢复浓缩铀离心机的组装。国际原子能机构理事会在9月18日通过决议，要求伊朗在11月25日之前暂停与铀浓缩有关的一切活动，但伊朗明确表态不会终止铀浓缩活动。此后，美国、德国、法国、英国与伊朗举行了多轮会谈，但都没有取得实质性进展。2005年1月17日，美国总统布什称，如果对伊朗的核查没有取得进展，美国不会排除对伊朗动武的可能。

2005年9月17日，伊朗总统内贾德在第60届联合国大会上发言时，再次就解决伊朗核问题提出了一系列建议，其中包括邀请外国公司参加该国的铀浓缩计划等，以最大限度确保该计划的透明性等新内容。但美国、德国、法国、英国等国立即做出反应，仍然对伊朗的立场表示失望，并再次决定将伊朗核问题提交联合国安理会讨论。此后，伊朗核问题骤然升温。

（三）联合国安理会制裁伊朗的决议及"6+1"谈判机制

从2006年初开始，在伊朗核问题的国际谈判过程中逐步形成了"6+1"谈判机制，即联合国安理会五个常任理事国加上德国与伊朗的谈判机制。这一谈判机制是松散的，谈判的时间和地点以及参与国并不固定，有时可能是伊朗与某几个大国在谈判，内容随机而定，但主要围绕以下几个问题进行：第一，西方大国要求伊朗放弃其在国内的铀浓缩活动；第二，西方要求伊朗的核研制活动必须公开、透明，置于国际原子能机构的核查体系下；第三，伊朗的民用核能权力如何保障；第四，伊朗要求国际社会解除制裁。

2006年12月23日，联合国安理会通过了对伊朗实施制裁的第1737号决议。这是联合国安理会通过的第一个对伊朗核问题含有制裁内容的决议。从2006年底到2010年6月，联合国安理会先后通过了4个含有对伊朗进行制裁内容的决议。

关于伊朗是否曾经秘密研制过核武器，2007年12月3日，根据《美国国家情报评估报告》，伊朗曾在2003年中止了一项核武器研发计划，但继续进行浓缩铀提炼工作。[①]

---

① http://mil.news.sina.com.cn/2007-12-04/1057474849.html.

自 2006 年开始，虽然联合国安理会相继通过了 4 个含有对伊朗进行制裁内容的决议，但伊朗的核研制活动，尤其是铀浓缩活动一直没有停止。2010 年 2 月 16 日，伊朗总统艾哈迈迪-内贾德表示，伊朗完成了新一代离心机的试验，新一代离心机将在不久后投入使用。伊朗原子能组织主席萨利希 2010 年 8 月 9 日宣布，伊朗第一座核电站——布什尔核电站将于 2010 年 9 月投入运营。但实际上，布什尔核电站直到 2011 年 11 月 3 日才"并入伊朗国家电网"。因此，在经过长达 37 年的建设后，这座被称为具有里程碑意义的核电站才终于开始运转。

（四）伊朗新总统鲁哈尼上台，核问题谈判取得阶段性成果

2013 年 6 月，代表伊朗温和保守派势力的鲁哈尼在伊朗大选中获胜，为伊朗核问题谈判带来了生机。

2013 年 10 月 16 日，在日内瓦举行的伊朗与伊核问题六国谈判有了新亮点——伊朗提出了解决伊核问题的新方案，包括时间表，以换取西方取消经济制裁。双方同意当年 11 月 7~8 日在日内瓦举行后续谈判。伊朗代表表示，如果美国和欧盟取消单边制裁，德黑兰愿审议停止纯度为 20% 的铀浓缩活动的可能性。伊朗首席核谈判代表还表示，新方案允许突击检查伊朗核设施，将讨论设立由六大国和伊朗成员组成的监督委员会，对方案的实施情况进行监督。

2013 年 11 月 24 日，伊朗与美国、英国、法国、中国、俄罗斯及德国在瑞士日内瓦就解决伊朗核问题达成一项阶段性协议，媒体评价称这项协议具有"历史性"意义。核心内容是伊朗承诺停止进行 5% 浓度以上的铀浓缩，不再增加离心机。2014 年 1 月 20 日，伊朗核问题第一阶段协议正式生效，标志着解决伊核问题实现了限制伊核计划、缓解对伊制裁的良性循环。国际原子能机构 2014 年 1 月发布的报告显示，伊朗已暂停部分有争议的核活动，美国和欧盟也相应放松或暂停了对伊朗的部分制裁。2014 年 2 月 20 日，伊朗核问题六国与伊朗新一轮对话会在维也纳结束，双方就伊核问题最终协议谈判框架达成一致，这是继 2013 年 11 月 24 日在日内瓦达成有关阶段性协议之后伊核谈判取得的又一重要进展。2014 年 4 月 8 日，伊朗与伊朗核问题六国第三轮日内瓦谈判在维也纳结束，据称会谈又取得了积极进展。但 2014 年 5 月举行的第四轮会谈并没有取得令各方满意的成果。

四 中东防核扩散未来形势

应该指出的是,防止核扩散问题虽然比较敏感与复杂,但并不是中东地区特有的严重威胁安全与稳定的现象,国际社会已经越来越认识到防核扩散问题需要国际社会的共同努力。事实上,首届国际核安全峰会就是在伊朗核问题越来越尖锐的背景下于 2010 年 4 月 13 日在美国首都华盛顿召开的。首届核安全峰会在结束时发表的公报中明确指出:"核恐怖主义是对国际安全最具挑战性的威胁之一,强有力的核安全措施是防止恐怖分子、犯罪分子及其他非授权行为者获取核材料的最有效途径。"公报还指出:"除了在核裁军、核不扩散及和平利用核能方面有共同目标之外,国际社会在核安全方面也有共同的目标。"与会各国"承诺加强核安全和减少核恐怖主义威胁。这方面的成功需要负责任的国家行动以及持续和有效的国际合作"。① 但令人遗憾的是,与以色列总理内塔尼亚胡在首届核安全峰会召开前夕突然爽约,缺席由美国发起的首届核安全峰会。舆论普遍认为,内塔尼亚胡缺席峰会的原因在于回避以方在核问题上受到的国际社会压力。土耳其总理埃尔多安在首届核安全峰会召开前就中东的核问题对以色列提出了指责,他在接受法国媒体采访时表示,"中东地区已有一个国家拥有核武器,却无人关注,反倒是一直坚称只发展民用核能的伊朗不时面临可能遭受新一轮制裁的威胁,这有失公允"。②

自首届核安全峰会 2010 年召开以来,核安全峰会已成为国际安全领域合作的重要平台。2014 年 3 月 25~26 日在荷兰海牙召开的第三届核安全峰会以"加强核安全、防范核恐怖主义"为主题,50 多个国家的领导人或代表以及国际组织负责人与会,峰会于 25 日下午在海牙闭幕,会议通过的《海牙公报》说,与会领导人在减少高浓缩铀核材料数量、增强放射性材料安全保障措施、增进国际信息交流和合作三方面达成共识。公报特别指出:"各国领导人认识

---

① 李学仁:《核安全峰会公报全文》,《新华每日电讯》2010 年 4 月 14 日。
② http://news.xinhuanet.com/world/2010-04/13/c_1230888.htm.

到，仍需在未来数年继续努力，防范恐怖分子获取核材料、对核设施进行破坏，保障其他放射性物质安全。"①

值得提起的是，在国际社会的共同努力下，困扰中东的伊朗核问题在伊朗总统换届后出现了缓和迹象。2013年6月，在伊朗总统选举中，温和保守派候选人、前首席核谈判代表哈桑·鲁哈尼赢得选举，成为伊朗新一任总统。鲁哈尼当选后，伊朗与西方的关系有所缓和。经过漫长和艰苦的谈判，2013年11月24日，伊朗核问题六国与伊朗在瑞士日内瓦就伊核问题达成一项阶段性协议。各方同意作为伊朗核问题全面解决过程的第一步，在6个月内采取"初步的互让措施"。俄罗斯外长拉夫罗夫表示，伊朗核问题的临时协议表明，伊朗将会真诚地与国际原子能机构开展合作，从而有利于解决很多国家都关心的问题，那就是（确定）伊朗核计划中是否存在大规模杀伤性武器扩散的风险。②

虽然国际社会对中东地区的核扩散形势予以高度重视，但未来中东防核扩散形势依然严峻，主要原因有四。①国际原子能机构和《不扩散核武器条约》框架没有能够对所有中东国家实施全方位的监管。以色列由于奉行独特的"核模糊"政策，继续游离于国际监管体系之外。伊朗核问题虽然正朝着积极的方向发展，但国际原子能机构能否不受限制地在伊朗境内进行全天候核查仍然是一个问题。②中东国家竞相开发核能的趋势和方向难以逆转。中东许多产油国为了国家的长远发展战略和产业结构调整所需，正在走能源发展多样化道路，核能是能源发展战略的一个重要选项，而核能的发展始终伴随着安全问题。③中东地区国家关系错综复杂，核问题与核威胁被用作国家政策工具的可能性依然存在。以色列国内舆论和一些政治人物不时威胁对伊朗核实施进行军事打击。海湾阿拉伯国家也一直对伊朗发展核技术心存芥蒂。④中东地区的国际恐怖主义发展趋势日趋复杂，恐怖分子获得核"脏弹"的可能不能完全排除，防止"核恐怖主义威胁"在中东这个恐怖主义重灾区的确不容忽视。

---

① 闫磊、张云龙：《第三届核安全峰会通过〈海牙公报〉》，《新华每日电讯》2014年3月26日。
② http：//gb.cri.cn/42071/2013/11/25/7291s4333292.htm.

Y.6
中东恐怖主义问题与地区安全

王 琼*

摘　要：
中东地区的恐怖主义历史根源有三个：最初是阿以矛盾和冲突，此后越来越多的是阿拉伯国家的内部矛盾，美国在中东反恐过程中的霸权主义政策则使得中东的恐怖主义形势更加复杂。进入21世纪，中东地区的恐怖主义呈现出一些新特点：恐怖组织的势力不降反增、恐怖袭击形式多样化、恐怖活动的空间扩大到网络世界、个人恐怖主义的威胁日益严重。目前，中东地区恐怖主义的发展对中东地区人的安全以及国家政治安全和外交安全已经产生重要影响。中东地区已经开展了长期的反恐斗争，但是事实证明，过去的反恐政策并未取得成功。未来的中东反恐应当从中东恐怖主义产生的背景出发，现实地解决民众的合理诉求。

关键词：
中东　恐怖主义　地区安全

中东地区的恐怖主义势力及其范围已经超越以往的恐怖主义，总结中东恐怖主义[①]的发展态势及其应对措施有利于推动当代中国和世界的反恐斗争。

---

* 王琼，中国社会科学院西亚非洲研究所中东研究室助理研究员，法学博士，主要研究领域为中东政治、法律。
① 狭义上的中东恐怖主义主要是指出现在中东地区的各类恐怖主义，广义上的中东恐怖主义还包括其扩展到世界其他地区的伊斯兰极端主义。本文将立足于中国和世界的反恐斗争，从广义上总结中东恐怖主义的发展态势。

一 中东地区恐怖主义的历史根源

自20世纪60年代起,恐怖主义开始以其新兴的当代形态起落和消长。一般认为,20世纪70年代,恐怖主义袭击主要集中在西欧地区;20世纪80年代,拉美地区成为恐怖袭击的主要战场;从20世纪90年代至今,恐怖主义开始转向亚洲和中东地区。[1] 现在,中东地区已经成为滋生恐怖主义的温床,中东恐怖主义不仅加剧了中东地区的动荡局面,还严重威胁了世界的和平与安全。

(一)阿以矛盾和冲突助长恐怖主义

巴勒斯坦和以色列的矛盾是中东恐怖主义的主要根源之一,犹太人则开了中东恐怖主义的先河。公元前63年,罗马帝国侵入耶路撒冷,犹太人自此被驱逐出巴勒斯坦而流散到世界各地。1894年,在法国参谋部工作的犹太人德莱斐斯因为被当作德国奸细而被判刑。犹太族记者赫茨尔在调查"德莱斐斯事件"后得出结论:犹太人不可能融入基督教社会,要改变犹太人的悲惨命运,必须建立一个属于自己的国家。1897年,首届世界犹太人大会在瑞士巴塞尔召开,赫茨尔当选主席,与会者最终决定把建国的地点定在巴勒斯坦。由于美国犹太人在政治、经济方面对美国政府具有举足轻重的影响,为了拉拢美国参加第一次世界大战,英国于1917年发表了支持犹太复国主义的《贝尔福宣言》,声称支持犹太人在巴勒斯坦建立一个犹太人的自治国家,美国政府在犹太人的推动下也于1922年通过了支持犹太人在巴勒斯坦复国的决议。犹太人涌入巴勒斯坦地区后给当地居民的生活造成了巨大冲击,引发了阿拉伯人的抗议和暴乱。为此,英国政府在1939年决定限制犹太移民的数量,这一限制政策又引发了犹太人的强烈不满。一些激进的犹太人组成了多个准军事组织,主要从事暗杀、袭击等恐怖活动。1947年7月22日,耶路撒冷大卫王饭店的西南侧遭炸弹袭击,爆炸造成92人死亡,45人受伤。大卫王饭店设有巴勒斯

---

[1] 廖政军、马菲:《全球恐怖主义形势依然复杂》,《人民日报》2014年3月26日,第21版。

坦政府办事处和英国陆军总部秘书处,因而成为犹太人袭击的目标。[①] 事后,被称为"伊尔贡"的犹太准军事组织声称对该袭击事件负责。

以色列在1948年宣布独立,西方支持的以色列在五次中东战争中均获得了胜利,以色列在巴勒斯坦地区获得了稳固的控制能力。极端主义者在明知无法通过正规战争打败以色列和西方国家时,就转向通过恐怖袭击来激怒以色列和西方国家,他们认为以色列和西方国家在反击过程中造成无辜平民死亡将受到世界各国的谴责,穆斯林也会因此更加团结。

在1968年的第三次中东战争中,以色列大胜,阿拉伯世界的极端势力借用"圣战"的名义成立了许多恐怖组织。1969年2月18日,4名"解放巴勒斯坦人民阵线"成员持机枪和手榴弹袭击从苏黎世起飞的以航波音720客机,杀死2人。1970年9月6日,该组织成员同时劫持了4架前往纽约的客机,一架飞往开罗后被破坏,其余3架停靠在约旦道森机场的跑道上被炸毁。自此之后,以袭击无辜生命为特征的中东恐怖主义被世界所认知。[②] 1972年9月5日,在联邦德国城市慕尼黑举行的第20届奥运会正在进行中,一伙来自巴勒斯坦"黑色九月"恐怖组织的恐怖分子将11名参加奥运会的以色列运动员劫持为人质,要求以色列官方释放此前被拘押的巴勒斯坦人。在德国警方的武装解救行动中,双方展开了血腥的枪战。激战过后,德国警察略有伤亡,巴勒斯坦恐怖分子全部被击毙,11名以色列人质也全部遇难,史称"慕尼黑惨案"。以色列为了应对暴力威胁,采取了以暴制暴的军事策略。例如,1982年,以色列进入黎巴嫩,黎巴嫩的恐怖事件激增,一时成为恐怖主义活动的重要舞台。

总而言之,阿以冲突滋生了极端主义势力,极端主义在发展过程中又演化出了各式各样的恐怖主义。

(二)阿拉伯和伊斯兰世界内部矛盾与危机滋生的恐怖主义

阿拉伯国家内部的矛盾以及面临的内外危机也是中东极端主义和恐怖主义

[①] 参见钱学文《中东恐怖主义研究》,时事出版社,2013,第4~26页。
[②] Mark Ensalaco, *Middle Eastern Terrorism: From Black September to September 11*, University of Pennsylvania Press, 2008, Introduction 1.

的主要根源之一。中东地区的阿拉伯民族本来是一个有机的整体，18~20世纪，中东地区的许多统治者为了融入西方的现代化，不断革除一些阿拉伯和伊斯兰传统。这些"西方化"的政策在短期内促进了中东地区经济的发展，然而也造成了政治腐败、道德缺失、民族凝聚力下降及资源分配不平等、不民主等问题。例如，2008年，埃及被世界银行评为经济改革的领导者；至2010年，埃及已经连续四年被评为排名前十的经济改革国家。然而，经济改革带来的收益被少数人攫取，大多数人依然没有从国家的整体经济发展中获益。① 自20世纪70年代末开始，伊斯兰复兴运动不断出现，阿拉伯国家内部也出现了矛盾。20世纪80年代末90年代初，冷战结束、苏联解体被中东地区的一些宗教组织看作宗教本身的胜利，苏东剧变所产生的意识形态真空为中东的宗教复兴提供了广阔的空间。以前受到抑制的宗教组织和宗教活动得以迅速发展，在这个过程中也形成了各式各样的宗教极端主义，它们对新型恐怖主义活动的发展产生了巨大的推动作用。

在当前的内部矛盾中，最主要的是宗派对立。逊尼派长期在阿拉伯国家的政权中占据主导地位，即使在什叶派人数居多的伊拉克、黎巴嫩也是如此。逊尼派与什叶派的斗争日益激化，虽然伊朗试图消解两个宗派之间的矛盾，但是尚未达到预期目标。此外，在逊尼派内部，派系冲突也非常突出，最主要的两派就是瓦哈比教派和穆斯林兄弟会，从穆斯林兄弟会中也分离出了赛义德·库特布派（Sayid Qutb）。② 新的伊斯兰团体更加强调的是阿拉伯民族主义传统，而非现代化因素。同时，掌握政权的军方势力或总统势力推行极权政策也在客观上刺激了恐怖主义的产生，例如埃及的穆斯林兄弟会的产生。③

2010年，"阿拉伯之春"曾让西方人以为中东将掀开新的一页，然而，埃

---

① Eckart Woertz, "Poor Gulf: Growing Inequality", no data, a previous version of this opinion piece was published as a *Gulf Research Center Analysis*, Barcelona Centre for International Affairs, 11 April 2013, p. 1.
② Samuel Helfont, *The Sunni Divide: Understanding Politics and Terrorism in the Arab Middle East*, Center on Terrorism and Counterterrorism at the Foreign Policy Research Institute, November 2009, p. 25.
③ 王琼：《政治变革中新旧埃及宪法的比较分析》，《亚非纵横》2014年第2期，第13~25页。

及、伊拉克、黎巴嫩、叙利亚等地的局势依然动荡不安，恐怖袭击事件有增无减。

（三）美国的霸权政策引发的恐怖主义

二战后，美国凭借强大的经济和军事实力在全球范围内确立了霸权地位，中东由于险要的地理位置和丰富的石油资源成为美国全球战略中的重要一环。为了取代英国控制中东，美国首先默许犹太复国主义者们通过制造恐怖活动迫使英国退出巴勒斯坦，其后，在美国的支持下，以色列最终建国，美国的中东霸主地位也进一步加强，此后美国又不断在中东推行霸权主义和强权政治。1957年1月5日，美国总统艾森豪威尔向美国国会提交了关于中东政策的特别咨文，要求国会授权总统为"抵抗共产主义侵略"向中东提供军事援助并寻找合作机会。具体内容是两年内每年向中东及其外围地区提供2亿美元的额外援助，这一特别咨文实际上就是美国对中东进行全面渗透和控制的计划，被称为"艾森豪威尔计划"。

美国凭借强大的经济和政治地位插手中东内部事务引起了一些受欺侮民族的抵制和反抗，它们甚至不惜祭起恐怖主义的大旗，以求一搏。例如，2012年9月11日晚，美国驻利比亚大使和领事馆3名外交人员遭恐怖袭击身亡。多年来，美国常常成为恐怖分子首要的攻击目标，完全可以说与其在世界范围内推行西式民主，将利益触角伸到世界各地有关，特别是其在推广"民主"过程中所表现出的单边主义和霸权政治更是中东恐怖活动频繁发生的原因之一。[1]

总体而言，美国在中东反恐中所发挥的作用是矛盾的。美国可在中东的整体和平与稳定中发挥积极作用，但同时又会使一些国际冲突长期化。[2] 从中东国家的角度来看，由于美国是世界上最强大的国家，反恐需要美国的支持和参与；但同时，美国的干预也是诱发恐怖主义的主要根源之一，美国的霸权主义和强权政治使得滋生中东恐怖主义的土壤非但没有被清除，反而有继续增加的趋势。

---

[1] 钱学文：《中东恐怖主义研究》，时事出版社，2013，第40页。
[2] 张家栋：《中东恐怖主义和国际反恐合作现状》，《阿拉伯世界研究》2008年第6期，第28页。

二 中东恐怖主义在21世纪的发展特点

21世纪的恐怖主义出现了许多新特点,其袭击目标经常是纯粹的平民,甚至不具有任何政治、军事色彩,不受任何限制。中东恐怖主义的新近发展态势表现在以下几个方面。

(一)恐怖组织的势力不降反增

联合国官方认定的恐怖组织主要就是"基地"组织(Al-Qaida)。对于"基地"组织,联合国安理会反恐委员会(United Nations Security Council Counter-Terrorism Committee)列出了一份"基地"组织制裁名单(Al-Qaida Sanctions List),其中不仅罗列了许多恐怖分子的具体信息,还列出了大量"基地"组织分支或相关的恐怖组织名单,截至2014年4月15日,该名单上的恐怖组织的数目已经达到61个,它们几乎全部位于中东地区。[1] "基地"组织的沙特阿拉伯分支和也门分支曾经是其在中东地区非常有影响力的两大分支,沙特阿拉伯和也门政府为此都实施了严厉的反恐政策。然而,强大的反恐措施也激发了恐怖组织的联合。2009年,"基地"组织沙特阿拉伯分支和也门分支合并为"基地"组织阿拉伯半岛分支。根据《华盛顿邮报》2010年8月25日的报道,美国中央情报局认为,"基地"组织阿拉伯半岛分支的力量已经超过本·拉登领导的"基地"组织本部力量。[2] 2014年4月16日,美国有线电视新闻网(CNN)报道,一份"基地"组织发出的视频显示,"基地"组织阿拉伯半岛分支(Al-Qaida in the Arabian Peninsula)最近在也门召开了近年来规模最大的一次集会,该集会参与人数众多,不少专家据此分析"基地"组织阿拉伯半岛分支的力量依然在壮大。2014年4月30日,美国政府发布的《2013年度恐怖主义国别报告》显示,在中东地区,激进、分散的"基地"组织分支正在增加。[3]

---

[1] http://www.un.org/sc/committees/1267/pdf/AQList.pdf.
[2] "Al-Qaeda in the Arabian Peninsula", *Inspire*, June 2010.
[3] *Country Reports on Terrorism 2013*, http://www.state.gov/j/ct/rls/crt/2013/224823.htm,访问日期:2014年5月3日。

在利比亚战争过程中，卡扎菲政权散发了大量武器，这也有力地充实了北非的恐怖组织，"基地"组织伊斯兰马格里布分支起源于20世纪90年代的阿尔及利亚内战，在利比亚战争中进一步壮大。[①] 此外，在叙利亚危机期间，叙利亚成为极端势力的沃土，有大量的恐怖势力进入叙利亚。自2011年11月以来，叙利亚"救国阵线"（Jabhat al-Nusr）在叙利亚境内制造了上千起恐怖袭击，造成大量无辜平民伤亡。2012年12月11日，叙利亚"救国阵线"因被美国列为"'基地'组织伊拉克分支"的别称而被划入恐怖组织名单，2013年6月1日又在叙利亚政府的申请下被联合国认定为恐怖组织。此外，叙利亚的多个反对派组织也被沙特阿拉伯列为恐怖组织。

与此同时，恐怖主义袭击频率及其导致的死亡人数更是不断攀升。美国国务院在2013年5月发布的《2012年度恐怖主义国别报告》指出，2012年全球共有85个国家和地区发生恐怖袭击，一半以上的恐怖袭击发生在巴基斯坦、伊拉克和阿富汗三国。[②] 美国国务院近两年新采用的计算方式显示，2013年全球发生了大约9707起恐怖袭击，造成超过17800人死亡，大多数袭击发生在阿富汗、印度、伊拉克、尼日利亚等国家。澳大利亚经济与和平研究所在2013年底公布的"全球恐怖主义指数"显示，自伊拉克战争爆发至今，全球恐怖袭击数量增加了4倍。根据联合国伊拉克援助团发表的公报，2013年，伊拉克境内发生的各种恐怖袭击和暴力冲突共导致8868人死亡，其中7818人是平民，另有超过1.8万人受伤，为近年来最多。2014年1月，伊拉克境内的恐怖袭击和暴力冲突导致733人丧生，1229人受伤。

（二）恐怖袭击形式日益多样化

中东地区的传统恐怖袭击形式主要有武装袭击、连环式爆炸袭击、自杀

[①] Roula Khalaf, "Middle East: Extremism Finds New Opening in Climate of Discord and Chaos", http://www.ft.com/cms/s/2/c0738c02 - 7786 - 11e3 - afc5 - 00144feabdc0.html, 访问日期：2014年4月25日。

[②] *Country Reports on Terrorism 2012*, http://www.state.gov/documents/organization/210204.pdf, 访问日期：2014年4月25日。

式爆炸袭击、路边炸弹袭击等。① 现在，"基地"组织阿拉伯半岛分支常常鼓励各地恐怖分子使用技术含量低、影响大的恐怖手段，例如通过灰烬炸弹（ember bombs）制造森林火灾。② 从中东恐怖组织的最新发展情况看，获取核材料也已经成为它们的重要发展方向，如果没有有效的预防措施，恐怖组织很可能得手。③ 拥有核武器就可以用微量的材料制造巨大的灾难，仅仅宣布拥有核材料就足以产生巨大的社会恐慌，恐怖组织掌握核材料已经成为新时期最让人担忧的事情。恐怖组织获得核材料的方式主要有三种：从核扩散国家购买或转入、盗窃核材料、直接制造核材料。核材料是一些高新行业的重要原料，核材料在流通和储存等环节存在的漏洞很容易被恐怖分子利用。

此外，中东地区的恐怖袭击已经不限于造成人员伤亡，一些劫财或破坏文物的恐怖组织和个人也开始出现，例如，利用国家的政治动荡和经济困难，以恐怖主义方式袭击和掠夺文物。2014 年 2 月，埃及的伊斯兰艺术博物馆遭到炸弹袭击。叙利亚反对派也公开承认，其创造了所谓的考古小组（archaeological teams），通过买卖文物获取资金，进而购买武器，在叙利亚危机持续的 3 年时间里，共有价值逾 20 亿美元的文物被盗。④ 中东是世界海上交通要道，其海上恐怖主义也日益受到国际社会的关注。红海、亚丁湾、索马里沿海活跃着"基地"组织阿拉伯半岛分支、阿卜杜拉·阿扎姆旅、青年党等恐怖组织。⑤ 2010 年 6 月，阿卜杜拉·阿扎姆旅在霍尔木兹海峡对一艘日

---

① Jacques Roussellier, "Terrorism in North Africa and the Sahel: Al-Qaida's Franchise or Freelance?", *Middle East Institute Policy Brief*, No. 34, Washington: The Middle East Institute, August 2011, p. 5.

② Joseph W. Pfeifer, "Fire as a Weapon in Terrorist Attacks", *CTC Sentinel*, July 2013, Volume 6, Issue 7, p. 6.

③ John R. Haines, "The Perfect Storm Ahead? A Exploration of the Risk of Nuclear Terrorism", *The Philadelphia Papers*, No. 5, Forigen Policy Research Institue, April 2014, p. 5.

④ Deborah Lehr & Eric Cline, "Cultural Terrorism Has Swept the Middle East", http://www.usnews.com/opinion/articles/2014/02/19/the-united-states-should-combat-cultural-terrorism-in-the-middle-east, 访问日期：2014 年 4 月 25 日。

⑤ Lutz Feldt, Dr. Peter Roell, Ralph D. Thiele, "Maritime Security-Perspectives for a Comprehensive Approach", *ISPSW Strategy Series: Focus on Defense and International Security*, No. 222, April 2013, p. 8.

本游轮制造了一起自杀式恐怖主义袭击，造成一名船员受伤、船体受到严重损坏。

（三）恐怖活动渗透到网络空间

恐怖组织的内涵不仅包括其恐怖思想，还包括其恐怖组织结构。现代恐怖组织日益分散，网络则使得恐怖组织更加容易隐藏和聚集，也使得恐怖组织的活动和影响范围更加广泛。"基地"组织和哈马斯在20世纪末就开始使用网络组织恐怖活动，不过当时主要是利用网络信息的传播效率，恐怖活动的实施方式和地点并无多少改变。①

自2005年开始，"基地"组织就开始招募和培训圣战黑客（Jihadist Hackers），但是，目前尚没有通过网络鼓动第三人进行恐怖主义活动的直接案例。② 迄今为止，中东的圣战黑客组织和个人使用的大多是不成熟的网络攻击方法，包括破解侵入电子邮件、web 服务器，使用开源黑客软件对漏洞进行扫描、预先编排利用的程序等。一些网络恐怖组织和个人也会使用拒绝服务（DDoS）攻击，偶尔可能达到攻击者的预期结果。上述网络攻击手段大多属于低端、中等级别的攻击，一般只能造成小部分的网络信息和隐私数据泄露。非常著名的一名伊斯兰激进圣战黑客名叫朱奈德·侯赛因（Junaid Hussain），其于1994年出生于英国伯明翰，在不到15岁时就创立了黑客组织 TeaMpOisoN。目前，TeaMpOisoN 已经被解散，但是其从2010年开始就演化了多个有关联性的黑客组织，这些组织成员主要由中东地区年轻的逊尼派穆斯林和非穆斯林组成。ZCompany Hacking Crew 就是2010年6月从 TeaMpOisoN 分离出来的，也被称为穆斯林解放军（Muslim Liberation Army）的分支，其主要目的也是为伊斯兰而战，网络攻击目标包括犹太复国主义等，但其网络攻击能力尚较薄弱不足以造成大的破坏。③ 除了中东网络恐怖组织的技术能力有限之外，其分散性

---

① Michele Zanini, "Middle Eastern Terrorism and Netwar", *Studies in Conflict and Terrorism*, Volume 22, Number 3, 1999, p. 252.
② Alex P. Schmid, "Terrorism & Communication: A Critical Introduction (Review)", *Perspectives on Terrorism*, Volume 7, Issue 3, 2013, p. 133.
③ Christopher Heffelfinger, "The Risks Posed by Jihadist Hackers", *CTC Sentinel*, July 2013, Volume 6, Issue 7, p. 2.

和财力不足也是制约其恐怖威力的重要因素,一些各自独立的网络恐怖组织虽然打出了"基地"组织的旗号,但是并未获得足够关注和支持。[1] 然而也必须注意到,随着中东圣战黑客组织的不断成长,一些更为复杂的网络攻击工具和方法日益出现在网络恐怖活动中。

尽管网络恐怖主义没有直接引发现实的恐怖袭击,但是中东地区的伊斯兰极端主义通过互联网得到了广泛而快速的传播,[2] 也有一些中东地区的恐怖组织通过互联网招募新成员、培训恐怖分子。为此,土耳其总理雷杰普·塔伊普·埃尔多安在2013年6月2日说,社交媒体是社会最大的威胁;美国国务卿约翰·克里也在2013年指出,在21世纪通过网络袭击国家的关键设施相当于使用核武器。[3] 这种恐怖主义意识形态已经蔓延到中东以外的地区,不仅对西方国家造成了巨大威胁,也直接促进了中国恐怖主义势力与外部恐怖主义势力的勾结。

(四)个人恐怖主义威胁日益严重

个人恐怖主义主要表现为独狼恐怖主义(lone-wolf terrorism),是用暴力行为去支持一些团体、运动或意识形态,但独自策划、执行的人。此类恐怖分子独立行事。由于此种恐怖分子与其他组织间没有联络,进行各种准备活动皆独自行动,因此更加难以预防或发现。

随着反恐斗争在各国取得共识,恐怖组织已成为国际社会一致制裁的主要对象。在此背景下,"基地"组织也在20世纪90年代提出了"个人圣战"、"无领导圣战"的概念。中东地区的圣战战略家阿尔苏里(Abu Mus'ab al-Suri)首先对"个人圣战"和"小细胞恐怖行动"发表了一些著作和演讲,并在"基地"组织的培训营中对此进行了宣传。阿尔苏里认为,个人圣战者与"基地"组织的中央机构不存在联系,但是他们可以通过袭击来宣扬"基

---

[1] Christopher Heffelfinger, "The Risks Posed by Jihadist Hackers", *CTC Sentinel*, July 2013, Volume 6, Issue 7, p. 5.
[2] Charles Graham, "Terrorism. com: Classifying Online Islamic Radicalism as a Cybercrime", *Small Wars Journal*, Oct. 21, 2013, p. 3.
[3] José de Arimatéia da Cruz, "Terrorism, War, and Cyber", *Security, Small Wars Journal*, October 27, 2013, p. 3.

地"组织的全球意识形态。① 阿尔苏里并不是"基地"组织的官方成员,但是其所提出的"个人圣战"战略还是对国际社会发出了极其危险的信号,美国国务院为此在2004年11月开始对其悬赏500万美元。2011年6月3日,"基地"组织最高领导人扎瓦赫里(Ayman al-Zawahiri)对外发布了一段视频,其在视频中指出,圣战的大门不会被关闭,"基地"组织的追随者可以在其居住地发动个人圣战,无须远赴海外参加集体圣战。② 该视频标志着"个人圣战"正式获得了"基地"组织的官方认可和宣传。此外,为了鼓励"个人圣战",该视频还列举了一些"个人圣战"实例,倡导"个人圣战"的主要袭击对象是所在地的标志性建筑或者人员密集地区。

除了"基地"组织鼓励个人恐怖主义,各个地区自发成长的个人恐怖主义也在崛起。网络使得炸弹制作教程传播广泛,这使个人恐怖主义者获得爆炸物更加容易。混进所在国的常规武装部队和私人射击俱乐部,也使个人恐怖主义者的战斗能力得到提升。③ 自发成长的个人恐怖主义也被称为病理性的恐怖主义,其人格类型可分为自恋人格、妄想狂人格、反社会人格、边缘型人格、逃避型人格、表演型人格、精神分裂型人格。④ 他们用暴力来使自己快乐或者消除人格障碍,这类恐怖分子往往是独立的,他们缺乏组织性和政治、宗教动机。根据一项美国政府资助的研究报告,独狼恐怖主义的恐怖活动主要是暗杀和袭击学校,其中年轻的独狼恐怖分子更倾向于袭击学校,而年老的独狼恐怖分子更倾向于暗杀。⑤

---

① Brynjar Lia, *Architect of Global Jihad: The Life of Al-Qaeda Strategist Abu Mus'ab al-Suri*, Columbia University Press, 2008, p. 102.
② Al-Sahab Media, "You Are Held Responsible Only for Thyself", http://gtrp.haverford.edu/aqsi/aqsi/statements, 访问日期: 2014年4月25日。
③ Anne Stenersen, "Bomb-Making for Beginner: Inside al Al-Qaeda E-Learning Course", *Perspectives on Terrorism*, Volume 7, Issue 1, p. 35.
④ Farhan Hyder Sahito, Wolfgang Slany, Safdar Zaman, and Irfan Hyder Sahitoand Rana Shahzad Qaiser, "Terrorist Profiling as a Counterinsurgency Strategy: Applying the Concept to Law Enforcement", *International Journal of Innovation and Applied Studies*, Volume 4, Issue 2, October 2013, pp. 274-285.
⑤ Clark McCauley, Sophia Moskalenko and Benjamin Van Son, "Characteristics of Lone-Wolf Violent Offenders: A Comparison of Assassins and School Attackers", *Perspectives on Terrorism*, Volume 7, Issue 1, February 2013, pp. 5-20.

（五）中东恐怖主义日益由中东向全球蔓延

"基地"组织领导人扎瓦赫里在2001年出版的自传中承认，"基地"组织最重要的战略目标是在伊斯兰世界中控制一个国家或者一个国家的一部分，"没有实现这一目标，我们的行动将毫无意义"。目前以"基地"组织为特征的伊斯兰激进势力在相当广泛的"大中东"区域内已形成四大力量"中心"：以阿富汗、巴基斯坦为中心并向中亚扩展的"大呼罗珊地区"，以伊拉克、叙利亚和黎巴嫩为中心的"黎凡特地区"，以阿尔及利亚、利比亚为中心的北非"马格里布地区"和以也门南部和东南部为中心的"基地"组织阿拉伯半岛分支。在阿拉伯半岛，"基地"组织阿拉伯半岛分支自2011年也门局势陷入动荡以来占领了也门南部多座城市，并一度确立了"伊斯兰酋长国"首都。2014年初，"伊拉克和黎凡特伊斯兰国"控制了伊拉克安巴尔省重镇费卢杰并宣布建立"伊斯兰国"。[1]

从叙利亚西部的阿勒颇到伊拉克中部的费卢杰，"基地"组织目前所控制的领土还在不断扩张，据美国有线电视新闻网记者统计，"基地"组织在传统中东地区控制的面积达到了约400平方英里。截至2014年1月，在叙利亚，"基地"组织已经控制了叙利亚北部、西北部的大部分地区及叙利亚东部的一些地区，"基地"组织在这些地区已经行使政府职能，控制着当地的食品、水电、医疗、油井等。在伊拉克，逊尼派占主导的安巴尔省认为伊拉克总理马利基将逊尼派视为二等公民，"基地"组织已经实际上控制了安巴尔省，该省占伊拉克领土的约1/3。[2] 其他的中东恐怖组织、个人也同样热衷于控制某些领土，例如在北非，突尼斯、阿尔及利亚一些位于沙漠的油气厂和马里北部都存在被恐怖组织占领并控制的问题。[3]

---

[1] 刘水明、刘睿、王云松、杨迅、张梦旭：《"大中东"反恐形势更趋严峻》，《人民日报》2014年4月5日，第5版。

[2] Peter Bergen & Jennifer Rowland, "Al Qaeda Controls More Territory than Ever in Middle East", http：//www.cnn.com/2014/01/07/opinion/bergen‐al‐qaeda‐territory‐gains/? hpt = bosread，访问日期：2014年4月25日。

[3] "US, Algeria Vow to Cooperate in Fight Against Terrorism", http：//www.mei.edu/content/us‐algeria‐vow‐cooperate‐fight‐against‐terrorism，访问日期：2014年4月25日。

目前，中东恐怖组织的活动区域已经不限于中东地区，还扩大到了全球各地。除了直接在欧美制造恐怖袭击外，还培训、资助大量的恐怖分子，这些恐怖分子怀着不同的目的在全球不同区域活动。根据《纽约时报》2014年1月9日的报道，中东地区的恐怖组织还招募海外恐怖分子，在叙利亚内战的三年时间里，有至少70名美国人前往中东接受了伊斯兰极端组织的恐怖主义培训。相比较而言，通过移民进入美国的穆斯林大多属于中上阶层，进入欧洲的穆斯林则大多属于中下阶层，这些穆斯林及其子孙已经在欧洲各国定居。随着社会的发展，他们与当地主流社会日益脱节，很多身在欧洲的穆斯林滑入了社会的边缘，和当地人的矛盾不断升级，一些伊斯兰极端主义获得了在欧洲传播的机会，恐怖袭击事件也在欧洲频发。

三 中东和美国应对中东恐怖主义的现状

（一）中东地区国家反恐现状

宣示打击恐怖主义的决心是确定立场和融入国际反恐合作的第一步。中东各国的领导人近年来多次誓言消灭恐怖主义。例如，2014年4月3日，阿尔及利亚与美国共同宣布：反恐没有国界、信仰、宗教和国家目标上的差异，双方合作打击恐怖主义。2014年3月4日，巴林在恐怖主义炸弹袭击造成3名警察死亡后也誓言消灭恐怖主义。2013年6月，伊朗改革派的哈桑·鲁哈尼当选伊朗总统，其当选后宣布：我们需要给伊朗民众以信心，让他们觉得自己能参与到国家事务当中，我们也需要与极端思想保持距离。哈桑·鲁哈尼在竞选时承诺，将组建一个"充满智慧和希望"的政府，与国际社会进行"建设性互动"，与美国修复关系。

中东的恐怖组织和个人往往具有较大的流动性，中东国家为此加强了与地区内外国家的合作。1994年，第7届伊斯兰会议组织首脑会议通过了《反对国际恐怖主义行动准则》，要求成员国不以任何方式直接或间接地策划或参与、资助、煽动、支持恐怖主义行动；1998年阿拉伯国家联盟在开罗会议上通过了《打击恐怖主义的阿拉伯公约》；1999年伊斯兰会议组织通过了《打击国际恐怖主义公约》。这些反恐法律文件都是中东内部反恐合作体系的重要组成部分。近年来,中东地区国家也在开展与周边国家的合作,例如,反恐的共同利益也促进了阿富汗和巴基斯坦政府关系的改善。2012年11月,阿富汗高级和平委员会新任主席萨拉赫丁·拉巴尼(Salahuddin Rabbani)访问巴基斯坦,使得两国的合作得以继续前行。为了支持阿富汗主导的国内和解进程,巴基斯坦释放了十几名塔利班成员,并表示将在阿富汗和解进程有需要的时候释放更多的塔利班成员。[1] 中东地区资源丰富,中东也因此成为"基地"组织、塔利班主要的资金来源地。为了切断恐怖组织的资金来源,中东国家很早就开始重视反洗钱法律制度的完善。海湾阿拉伯国家合作委员会作为一个地区组织已经是金融行动专责委员会(Financial Action Task Force on Money Laundering)的成员,该委员会旨在通过反洗钱打击恐怖主义。

依法反恐在中东地区也颇为流行。埃及政府在动荡不定的局势中,多次试图通过颁布新的反恐法令来镇压反对势力。2013年12月底,埃及颁布的反恐怖主义法令将穆斯林兄弟会的成员均视为犯罪分子。[2] 2014年4月4日,埃及通过了新的反恐怖主义法,该法加强了政府打击恐怖主义的权力。2014年3月初,沙特阿拉伯也将穆斯林兄弟会认定为恐怖组织,其新颁布的法令也规定:在国外参战,必须在15日之内返回,否则将面临监禁。[3] 约旦也在2014年3月修订了反恐怖主义法,该修订法案将扰乱公共秩序、试图加入和资助境内外恐怖组织都认定为非法,旨在防止伊斯兰极端势力通过约旦进入叙利亚。此外,约旦新的反恐怖主义法增加了死刑适用的范围,将从事可能造成人员死亡或在恐怖活动中使用爆炸材料、生化材料的恐怖行为都定为死罪。

---

[1] Safdar Sial, *Pakistan's Role and Strategic Priorities in Afghanistan since 1980*, The Norwegian Peacebuilding Resource Centre, May 2013, p. 7.

[2] Dahlia Kholaif, "Egypt's 'Anti-terror' Law May Add to Violence", http://www.aljazeera.com/indepth/features/2013/12/brotherhood-confronts-egypt-anti-terror-law-20131228129127441461.html, 访问日期:2014年4月25日。

[3] "Saudi Lists Brotherhood as 'Terrorist' Group", http://www.aljazeera.com/news/middleeast/2014/03/saudi-lists-brotherhood-as-terrorist-group-20143714839487518.html, 访问日期:2014年4月25日。

相比较而言，以色列的反恐怖主义立法是比较稳定和健全的，体现了预防为主和攻防结合的国家反恐战略。① 对于中东地区阿拉伯国家现有的反恐怖主义立法，有西方学者认为立法用词含糊不清，其实质是用法律来压制示威的反对者，有侵害言论自由的嫌疑，而且可能导致和平示威者转化为恐怖分子。② 突尼斯2003年的反恐怖主义法就遭到了人权学者的攻击，为此，突尼斯在2013年底启动了反恐怖主义法的修订程序，以明确恐怖主义的定义和保障嫌疑人的人权。③

（二）美国打击中东恐怖主义的政策措施

自2001年发生"9·11"恐怖袭击后，美国的新保守派不失时机地操纵了话语权，"营造了一个充满不安全因素的国内和国际环境"。美国时任总统布什于2001年9月20日首次使用了"反恐战争"一词。如果说美国在阿富汗的反恐战争还存在联合国授权的正当性，那么美国于2003年发动的伊拉克战争则完全是反恐战争的异化，这已经被历史所证明。除了阿富汗和伊拉克，也门政府在美国的帮助下，于2001年开始大力镇压"基地"组织，此镇压过程也被视为世界反恐战争的一部分。2010年1月14日，也门政府更是公开对"基地"组织宣战，使得此反恐战争达到顶点。目前，该反恐战争依然在进行之中，但已经造成许多人死亡，还导致十余万人流离失所。也门总统阿卜杜·拉布·曼苏尔·哈迪于2013年9月25日宣布：那些在国内外从事和支持恐怖主义的人，终将付出沉重代价并被绳之以法。④ 美国通过武力等干涉中东各国内部事务，期望彻底消灭中东各个角落的恐怖主义势力，然

---

① 详见王琼《以色列反恐立法评述》，《西亚非洲》2013年第1期，第150~159页。
② "Amnesty: Egypt to Sign Controversial Anti-terrorism Laws", https://www.middleeastmonitor.com/news/africa/10849-amnesty-egypt-to-sign-controversial-anti-terrorism-laws，访问日期：2014年4月25日。
③ Mona Yahia, "Tunisia Drafts New Anti-terror Bill", http://magharebia.com/en_GB/articles/awi/features/2014/01/03/feature-02, Counterterrorism Law in Effect Despite Human Rights Concerns, http://www.tunisia-live.net/2013/05/30/counterterrorism-law-in-effect-despite-human-rights-concerns/.
④ "Yemen President Vows to Eradicate Terrorism", http://www.mei.edu/content/yemen-president-vows-eradicate-terrorism，访问日期：2014年4月25日。

而，就连一些西方学者也指出：新时期的恐怖主义是通过"说服"来使其信徒参加所谓"圣战"的，说服者往往会用西方国家掠夺中东的事实和穆斯林所遭受的不公来证明其观点，许多恐怖分子由此相信他们是在为真主安拉而战，真主会保佑他们，因此，任何形式的武力干预和强权干涉都会适得其反。①

布什政府主张，要铲除恐怖主义，必须在中东推广民主，拓展自由。布什政府认为，专制和暴政是滋生恐怖主义的土壤，也是对美国的制度和生活方式的直接威胁。②布什曾指出："从长期来看，我们寻求的和平将只可以通过消灭滋长极端主义和谋杀的意识形态的条件才能实现。假如世界上各个地区依然处于绝望和增长的仇恨之中——这将为恐怖主义征募力量创造基础，恐怖主义将继续在今后几十年中在美国和其他自由国家作祟。"而消除暴政的根本方法是推广美国的价值观。西方的许多政治家和学者都将民主化改造视为一剂良药，认为民主政治可以让异议者有畅通的意见表达渠道，这就可以避免异议者走向极端，进而形成恐怖势力。③然而，关于中东恐怖主义产生的根源，有西方学者不久前对2000～2005年在中东发生的恐怖袭击做了实证分析，最后得出结论：在政治体制差别不大时，人类发展水平高和政治权利缺乏的地区，其恐怖袭击数量较低；人均GDP、政权耐久性、地理位置、人口数量对恐怖袭击数量的影响并不大。根据这个结论，中东当前泛化的民主发展进程并不能使恐怖袭击的数量减少，例如，新闻自由的扩张反而会增加恐怖袭击的社会影响效果，这客观上鼓励了恐怖主义。然而，民主的发展是历史的必然潮流，中东的民主发展不可能停滞。为此，在民主发展过程中，必须注重完善媒体的作用，提高公民的满意度、政治参与度，增强政治效果，以优化民主国家的反恐政策。④

---

① Kayhan Barzegar, "The Middle East and the New Terrorism", *ISYP Journal on Science and World Affairs*, Volume 1, No. 2, 2005, p. 118.
② 陶文钊：《布什政府的中东政策研究》，《美国研究》2008年第4期，第14页。
③ David Cortright, "Winning Without War: Nonmilitary Strategies for Overcoming Violent Extremism", *Transnational Law & Contemporary Problems*, Volume 21, Spring 2012, p. 244.
④ Isaiah Corbin, "An Empirical Analysis of Terrorism in the Middle East and Africa", http://public.wartburg.edu/mpsurc/images/Corbin.pdf，访问日期：2014年4月25日。

当然，美国也有一些应对中东恐怖主义的其他措施，比如促进巴以和谈。此外，在美国的反恐工作中，其国内的穆斯林扮演了重要角色，他们善于利用网络和其他媒体来表达反对恐怖主义的声音，这种现象已经得到美国政府和社会团体的重视与支持。① 目前，美国政府的反恐情报工作也一直走在世界前列。截至2010年9月，美国超过30个州共冻结了"基地"组织、塔利班超过9000万美元的资产。②

尽管中东国家和西方国家在中东地区开展了许多反恐斗争，乃至发起了数次反恐战争，但是，中东恐怖主义近期的发展态势是对反恐工作成果最有效的说明：当前，恐怖组织的实际控制区域不断扩大，恐怖组织的实力不降反升，恐怖袭击有增无减，新的恐怖主义袭击形式不断出现……这些都证明，过去的反恐工作是失败的，中东地区反恐依然任重道远。

四 结语

中东恐怖主义产生的根源包括政府施政不当、社会经济、地缘政治、宗教、文化、外部势力等一系列因素。概言之，一方面，存在一些助长和刺激恐怖组织产生、发展的人为因素；另一方面，存在一些极端保守的伊斯兰势力，它们拒绝当代国际社会的政治和经济进步。③ 当前，西方在中东的反恐在很大程度上还是限于"救火"，并没有从源头深入并"断根"；短期内能够杀死一些恐怖组织的头目，但是这些组织有自我重建的能力，西方的反恐行动只是让恐怖组织分散化了，这导致中东地区的反恐任务更加艰巨；西方和中东国家在反恐过程中造成了大量平民伤亡，死难者的家属出于怨恨可能加入恐怖组织并

---

① Henry Willis, "Uncertainty and the Nature of Threats", *National Security Research Division*: *Annual Report 2012 – 2013*, RAND Corporation, 2013, p. 33.
② Paul Cochrane, "Funds Flow: Al-Qaeda and the Taliban", *Money Laundering Bulletin*, Informa Publishing Group Ltd., 2011, p. 18.
③ Steve A. Young, "A Basis for Middle East Islamic Extremism", *Professional Issues in Criminal Justice*, Volume 2, Issue 1, https://kucampus.kaplan.edu/documentstore/docs09/pdf/picj/vol2/issue1/A_Basis_for_Middle_East_Islamic_Extremism.pdf, 访问日期：2014年4月25日。

进行报复，造成恐怖主义的恶性循环。①

概言之，现在中东恐怖势力猖獗，反恐不能单靠军事行动或切断资金来源，它是一个系统工程，需要国际社会共同持久的努力。如果西方国家在中东强制推行自己的意识形态，将使中东的恐怖势力有增无减。正确的处理方法是：从中东恐怖主义产生的背景出发，现实地解决民众的合理诉求。

---

① 刘水明、刘睿、王云松、杨迅、张梦旭：《"大中东"反恐形势更趋严峻》，《人民日报》2014年4月5日，第5版。

Y.7
中东边界问题与地区安全

马文琤*

摘　要： 中东边界问题是诸多因素共同作用的结果，其不但刺激了军备竞赛、加剧了地区紧张局势、破坏了地区稳定，而且降低了国家间的政治互信、加剧了政治紧张关系、阻碍了地区的经济发展。可以说，边界问题对中东地区安全产生了较为严重的负面影响。今后中东边界问题将呈现总体维持现状的发展趋势，和平解决将成为边界争端的主流解决方式。

关键词： 中东边界　边界问题　地区安全

边界问题，亦称边界争端，是指相邻国家因边界（含水域边界）划分、边界位置、走向的主张不同而引起的争议或发生的事件。[①] 因为中东国家间围绕着边界问题而爆发的战争此起彼伏，所以边界问题既是中东地区局势持续动荡的重要根源，更是认识和理解中东地区局势的关键。有鉴于此，我们有必要对中东边界问题与地区安全的关系进行深入探究。本文拟在简要梳理中东现存边界问题的基础上，对现今中东边界问题的成因与特点以及中东边界问题对地区安全的影响展开简述，进而预估中东边界问题的发展趋势。

---

* 马文琤，中国社会科学院西亚非洲研究所助理研究员，主要研究领域为伊斯兰复兴运动、中东社会主义、中东边界问题等。
① 卓名信、厉新光、徐继昌等主编《军事大辞海·上》，长城出版社，2000，第842页。

一 中东边界问题现状

中东地区普遍存在的边界问题,除部分以不同方式获得解决外,其余边界问题不但未能解决,而且在2010年底中东地缘政治格局剧变后又出现了一些新变化。在下文中,中东地区将被划分为地中海东部沿岸地区、阿拉伯半岛地区及北非地区三大区域,通过对每一个区域内几个主要国家现存边界问题的梳理,力争将中东边界问题的全貌及现状展现在读者面前。

(一)地中海东部沿岸地区的边界问题

在地中海东部沿岸地区,除埃以边界问题得到解决外,现存边界问题主要集中在以色列和土耳其两国周边。

1. 以色列与周边国家的边界问题

以色列成立伊始便与阿拉伯国家爆发了边界冲突,经过数次战争后,以色列占领了其周边阿拉伯国家的大片领土。以色列在归还被占领土后与埃及和约旦实现了和平,"目前以色列仍占领着巴勒斯坦的约旦河大部分地区、叙利亚的戈兰高地和归属存在争议的舍巴农场"。[①]

(1)以色列与巴勒斯坦

1948年,巴方拒绝了联合国第181号决议即"巴以分治决议",第一次中东战争爆发,以色列占领了除加沙地带、约旦河西岸和东耶路撒冷以外的巴方全部领土。1967年第三次中东战争后,以色列占领了巴方的所有领土。联合国随即通过了第242号和第338号决议,要求以色列撤出巴被占领土。在美国的斡旋下,1991年10月30日召开的马德里中东和平会议标志着阿以冲突进入了政治解决阶段。1993年9月13日,巴以双方在"土地换和平"原则下,历经数轮谈判签署了著名的《临时自治安排原则宣言》(即"奥斯陆协议")。这标志着巴以问题向和平解决迈出了实质性的一步,随后双方签署了一系列落

[①] 吴传华:《中东领土与边界问题研究》,中共中央党校国际政治系博士学位论文,2009,第49页。

实奥斯陆协议的执行协议或备忘录。1996年,内塔尼亚胡上台后以"安全换和平"取代了"土地换和平"的原则,巴以谈判陷入僵局。2000年9月28日,沙龙强行参观伊斯兰教圣地阿克萨清真寺并引发大规模冲突,使得巴以谈判前功尽弃。2003年4月,美、俄、欧盟和联合国提出的和平路线图计划启动,而沙龙的单边行动计划使该路线图搁浅。2008年底的加沙战争使2007年重启的和谈再次破裂。奥巴马上台后于2010年和2013年两次推动重启中东和平进程,但均无果而终。

现今巴以间的边界问题主要集中在边界划分、犹太人定居点及约旦河西岸地区和耶路撒冷归属问题上。

边界划分问题。巴方主张将1949年第一次中东战争的停火线,即"绿线"或"1967年前边界线"作为划界的基础,而以色列则坚决不同意巴方指定撤军地区。

犹太人定居点问题。以色列在重要战略地点修建用公路连接起来的犹太人定居点,不但将约旦河西岸肢解,而且蚕食了大片巴方领土。2005年,沙龙在实施单边行动计划时曾拆除加沙地带的21个定居点和4个约旦河西岸北部的定居点,但并没有放缓定居点的修建。"2009年,约旦河西岸的犹太人定居点有120个,占约旦河西岸总面积的9.3%"。[①]

耶路撒冷问题。巴以双方均将耶路撒冷作为自己神圣而永久的首都,这使得耶路撒冷问题成为巴以冲突中最难解决和最为敏感的问题。长期以来,以方通过修建定居点实现耶路撒冷犹太化的行为使矛盾进一步激化。

约旦河西岸归属问题。中东和平进程启动后,巴以双方开始通过政治谈判解决边界问题。到2005年,以色列将约旦河西岸2350平方千米的土地和整个加沙地区移交给了巴方,但实际上,以色列是通过归还土地的方式将巴勒斯坦分割为四块飞地,即耶路撒冷以北地区、耶路撒冷以南地区、杰里科地区和加沙地区。这四块飞地之间的对外联系通道以及水资源、税收、领空等全部由以色列掌握,与此同时,以色列还通过修建定居点不断蚕食移交给巴方的土地。

---

① http://www.peacenow.org.il/site/en/peace.asp?pi=61&docid=4372.

（2）以色列与叙利亚

1941年独立后，叙利亚便拥有极具战略地位且水资源丰沛的戈兰高地。1967年第三次中东战争后，以方占领了叙利亚的戈兰高地。1974年5月31日，在联合国干预下，叙以双方达成停火协议，以方归还叙方库奈特拉城和戈兰高地东部地区，但仍控制戈兰高地1150平方千米的地区，同时，联合国派驻观察员并在叙以间设置军事隔离区。随后以色列通过修建定居点的方式意图将戈兰高地犹太化。1991年12月，在美国斡旋下，叙以双方开始进行和谈。以方坚持以1923年3月7日英法划定的叙利亚和巴勒斯坦边界线作为双方边界线，因为这条边界线距离太巴列湖边只有数十米到数百米不等；而叙方则主张以1967年6月4日双方实际控制线作为双方的最终边界，这样叙方的边界将直达太巴列湖湖边。由于双方立场差距较大，历经数次谈判，叙以和谈至今没有获得实质性进展。

叙利亚内战爆发后，叙以双方在戈兰高地的边界冲突时有发生，双方已实际处于一种低烈度边界冲突状态。

（3）以色列与黎巴嫩

以色列曾长期占领黎巴嫩南部（简称"南黎"）。1978年3月，以军发动"利塔尼行动"，首次入侵南黎。6月，以军撤出黎巴嫩，扶植"南黎自由军"。1982年，以色列再次出兵黎巴嫩。1985年1月，以军开始撤出，在黎南部建立了面积达850平方千米的"安全区"，内设22个据点，驻军1500人，加上3500人的"南黎自由军"，企图以此保障以北部的安全。2000年，以色列正式从南黎撤军，取消安全区。目前，黎以边界问题主要集中在舍巴农场。以黎间有四条边界线，除双方实际控制线外，还有1923年、1949年和1978年三条边界线。黎认为1923年英法划定的边界和1949年的停火协议边界线完全一致，是国际公认的以黎边界线，黎有当年的地图为证，以色列撤军应以此为准，以色列称已按安理会第425号决议完成撤军，黎则称以色列还应撤出属于黎的舍巴农场。舍巴农场位于戈兰高地西端，面积250平方千米，有14个农场、定居点、葡萄酒厂和2个高山滑雪场等旅游点，是重要的水源地和战略制高点。舍巴农场原为叙利亚所有，第三次中东战争后，以色列占领了戈兰高地，第四次中东战争后叙以双方签订的停火协议中便包含舍巴农场，当时黎巴嫩并未提出异议。2000年以色列从黎南部撤军，在撤军过程中，联合国为以色列撤军划出了"蓝线"，一条为1923年黎以边界线，另一条为黎以双方在戈兰高地的分界线。黎方认为1951年叙方曾以口头协议的方式将舍巴农场划给黎方，故以色列应从舍巴农场撤军，但以方认为舍巴农场为叙利亚所有，不在其撤军范围内，应在以叙和谈中解决。而叙方则态度暧昧，不想让黎以任何一方占有舍巴农场。正是叙、黎、以三方在黎南部的舍巴农场归属上各执一词，使得以黎边界始终无法得到解决。叙利亚内战爆发后，黎以在边界地区的冲突时有发生，关系日趋紧张。

2. 土耳其与周边国家的边界问题

（1）土耳其与希腊

土耳其与希腊就爱琴海的争端由来已久。"根据1923年的《洛桑条约》，土耳其在爱琴海上的领土范围被限制在3英里以内，即只有距土耳其海岸线3英里以内的岛屿才属于土耳其"，[①] 这使得土耳其只拥有爱琴海的60余个岛屿，其余的2400余个岛屿归希腊所有。双方围绕爱琴海岛屿归属、领海、领空、大陆架及专属经济区等问题的争端由此产生。20世纪70年代以后，随着《联合国海洋法公约》的生效以及石油资源的发现，土希两国的争端日益加剧。

在岛屿归属方面，土耳其主张通过谈判解决岛屿归属问题，尤其是普塞里摩斯、阿盖瑟尼西、富尔诺伊、盖维德斯、西里纳、伊米亚等岛屿的归属问题。1996年，伊米亚岛危机爆发，虽在联合国、美国和欧盟的调解下得以平息，但双方在岛屿归属问题上的争端依旧存在。

在领海和专属经济区方面，土希双方曾确定领海宽度为6海里，1994年《联合国海洋法公约》生效后，希腊作为公约成员国主张领海宽度应变更为12海里，而土耳其则认为希腊的主张违背了公约中的利益平等原则。领海争议也使得专属经济区无从划定。双方虽多次就此进行谈判，但谈判没有取得实质性进展。

在领空方面，希腊主张领空范围应为海岸线外10英里，而土耳其则认为

---

① Gabriella Blum, *Island of Agreement*, Harvard University Press, 2007, p.146.

海岸线外6英里为领空范围。"领空争议导致土耳其和希腊军用飞机经常互相拦截,给两国航空安全带来极大威胁。"①

在大陆架方面,土耳其认为爱琴海中线以东的大陆架归土所有,而希腊认为爱琴海的绝大部分大陆架为希腊所有。1976年,双方同意禁止在有争议海域勘探石油。1987年,希腊在萨索斯岛进行石油勘探,引发两国海上危机,危机虽在北约调解下平息,但大陆架方面的争议依然存在。

从2000年开始,双方关系虽有所改善,但在领土问题上双方均不让步,再加上双方在塞浦路斯、土耳其加入欧盟等问题上的矛盾,土希两国就爱琴海争端的谈判举步维艰。

(2) 土耳其与伊拉克

1922年,谢赫·马哈茂德在英国支持下夺取了苏莱曼尼亚政权,随后英国击败了谢赫·马哈茂德控制了基尔库克。1926年6月5日,土耳其、英国和伊拉克共同签订了《安卡拉条约》,确定了伊拉克和土耳其之间的边界线,"基尔库克和库尔德地区一起并入伊拉克版图"。② 土耳其虽一直对伊拉克的基尔库克和摩苏尔提出领土主权要求,但两国从未因边界划分问题爆发过武装冲突。

(3) 土耳其与叙利亚

1923年,土耳其签署《洛桑条约》,承认亚历山大勒塔地区归叙利亚所有。二战前夕,法国为拉拢土耳其在巴尔干半岛开辟新战场以牵制德军,于1936年7月23日与土耳其单方面签订了《法土协定》,将叙利亚的亚历山大勒塔地区划给了土耳其,即今土耳其的哈塔伊省。1938年9月2日,在法土军队保护下,哈塔伊省宣布独立,称"哈塔伊共和国"。随后,土耳其通过迁入土耳其人以及驱逐阿拉伯人和亚美尼亚人的方式改变了当地的民族比例和人口构成。1939年6月29日,哈塔伊共和国以全民公投方式并入土耳其,而叙利亚则拒绝承认《法土协定》和此次公投。哈塔伊省的归属问题成为影响叙土关系的重要因素。

(4) 土耳其与伊朗

土耳其与伊朗的边界划分主要依据的是1639年奥斯曼帝国与萨菲王朝签订

---

① 吴传华:《中东领土与边界问题研究》,中共中央党校国际政治系博士学位论文,2009,第104页。
② 敏敬:《石油重镇基尔库克的归属问题及其影响》,《阿拉伯世界研究》2010年第3期,第46页。

的《席林堡条约》。1930年，土耳其东部省份亚腊拉特山库尔德人起义后，土伊双方于1932年1月23日调整了部分边界，土耳其以雷扎耶以西地区的科土尔和贝齐尔干换取了伊朗亚腊拉特山东麓的土地。但双方在巴希扬山区的勘界和标界工作因受地形和库尔德武装干扰至今没有完成，双方在某些地段仍存在争议。

（二）阿拉伯半岛地区的边界问题

1. 沙特阿拉伯与周边国家的边界问题

（1）沙特阿拉伯和卡塔尔

1965年，沙特与当时统治卡塔尔的英国签订了卡沙陆地边界协议。该协议将卡塔尔的欧代德湾让予沙特，并规定增加一份双方共同签署的边界最终地图文本。1974年，独立后的卡塔尔经过与沙特的多次谈判，用一块陆地领土换取了欧代德湾。同年，阿联酋与沙特签订了边界划分的秘密协议，沙特通过该协议获得了控制连接卡塔尔与阿联酋的唯一公路的权力。1990年，阿联酋公布了该协议，引发卡塔尔不满。1992年9月30日，沙特突袭卡塔尔的胡福思边界哨所，导致两国关系恶化。1992年12月19日，在海合会和穆巴拉克的协调下，卡沙双方在麦地那签署了解决卡沙边界分歧的协议。1996年4月，两国边界联合技术委员会开始运转。1999年6月，两国边界最终地图文本绘制完成。2001年3月21日，双方就边界问题达成协议，长达35年的陆地边界分歧得到解决。2008年7月7日，两国启动海上边界谈判，后因卡沙两国在中东剧变后关系跌至冰点而陷入停滞。受此影响，卡塔尔与阿联酋计划修建的卡酋跨海大桥和卡酋天然气管道项目被无限期推迟。

（2）沙特阿拉伯与科威特

1922年12月，在英国主持下，沙特与科威特签署了《乌凯尔条约》，对沙科边界进行了划分并设立了一个面积为5770平方千米的中立区。1970年，双方就平分中立区主权及石油收益达成协议。2012年7月2日，双方就中立区淹没地区的划界问题达成协议，[1] 但沙科两国在卡鲁岛和乌姆·迈拉迪姆岛归属问题上的纠纷至今仍未解决。

---

[1] http://www.un.org/Depts/los/legislationandtreaties/pdffiles/treaties/sau-kwt2000sa.pdf.

（3）沙特阿拉伯与伊朗

1999年，"伊朗单方面在位于科威特、沙特和伊朗三国交界的海洋大陆架内的达拉油田进行勘探"，① 这促使沙科两国在次年7月1日对原中立区海上边界达成初步协议，2009年，沙科两国就中立区海上边界和底土资源达成了双边最终协议，伊朗随即以侵犯伊朗利益为由表示反对。2010年1月12日，沙特批准了其在红海、亚喀巴湾和阿拉伯湾的海区基点，② 伊朗随即表示反对。中东剧变后，沙特和伊朗在相关海域的摩擦呈现激化态势。③

（4）沙特阿拉伯与伊拉克

1922年，在英国主持下，沙特与伊拉克签署了《胡宁·沙赫尔条约》，对沙伊边界进行了划分，并设立了一个面积为7044平方千米的中立区。1975年，沙伊两国就划分中立区达成协议。按照该协议，中立区"分别由两国实施行政管理，但并不将所辖区域并入自己的版图"。④ 1991年海湾战争爆发前，伊拉克单方面废除了沙伊边界协议，中立区从法律上不复存在。现今沙伊双方在原中立区的边界仅为一条概念性边界而非确切边界。

（5）沙特阿拉伯与也门

沙特阿拉伯与也门一直在奈吉兰（面积约12万平方千米）、阿西尔（面积约8万平方千米）及吉赞（面积约1.2万平方千米）地区存在主权争议，1934年还爆发了边界战争。也门战败后，与沙特签署了有效期为20年的《塔伊夫条约》。1954年和1974年双方续签了该条约。1994年5月，也门以该条约为不平等条约为由再次挑起边境战争。在海合会的调解下，1995年2月26日，双方签署了重新划定两国边界的谅解备忘录。在该备忘录中，也门第一次承认了《塔伊夫条约》的有效性和约束力，双方也同意组成一个双边委员会

---

① http：//www.people.com.cn/GB/channel2/17/20000703/127609.html.
② 参见联合国大会第六十七届会议文件，文件编号 A/67/836，http：//www.un.org/ga/search/view_doc.asp?symbol=A/67/836&referer=http：//www.un.org/Depts/los/legislationan dtreaties/stateeiles/sau.htm&lang=c。
③ 参见联合国大会第六十七届会议文件，文件编号 A/67/762，http：//www.un.org/ga/search/view_doc.asp?symbol=A/67/762&referer=http：//www.un.org/Depts/los/legislationan dtreaties/statefiles/sau.htm&lang=c。
④ 凡熙：《阿拉伯半岛上的中立区》，《世界知识》1979年第17期，第31页。

负责划定边界。该备忘录也由此成为沙也边界问题争端解决的转折点。1998年7月19日，双方在有争议的杜维马岛发生边界冲突。随后，双方于2000年6月12日签订了《吉达条约》。该条约规定《塔伊夫条约》继续有效，争议地区中4万平方千米的土地归也门所有，沙特则在获得其余土地的同时给予也门大量社会和经济利益作为补偿。《吉达条约》明确了两国的陆上和海上边界，但《吉达条约》包含了有效期为20年的《塔伊夫条约》，因此作为划分边界的《吉达条约》也将于2020年到期，这使沙也双方的边界问题在未来充满了变数。

（6）沙特阿拉伯与阿曼、阿联酋

沙特与阿联酋、阿曼三国都声称对布赖米（Al-Buraymi）绿洲拥有主权。当地居民主要为阿联酋和阿曼人，但在宗教上尊奉沙特的瓦哈比教派。1952年，沙特派军进入该地区，并声称该绿洲是沙特东部省份的一部分，英国压制住阿曼的反攻企图，主张国际仲裁解决。1954年7月30日，国际仲裁失败。英国便支持阿曼童子军于1955年夺回了布赖米绿洲的控制权。后经多轮谈判，1974年，沙特和阿联酋签署了边界协议，沙特以该绿洲主权换取了阿联酋提供的通往波斯湾的通道和部分油田的股份。但三国围绕该绿洲的水资源分配和边界最终勘定问题的争议至今存在。沙特与阿曼的其余陆上边界在2005年7月10日通过签订双边协议的方式获得了解决。沙特与阿联酋虽在1974年签署了边界划分协议，但由于边界线全部在沙漠地区，因此至今仍未最终完成标界工作。

2. 伊拉克与周边国家的边界问题

（1）伊拉克与伊朗

伊拉克与伊朗在阿拉伯河归属问题上长期存在争议。伊朗采取支持伊拉克境内库尔德游击队的方式，迫使伊拉克在界河问题上做出让步。1975年3月，两伊签署了《阿尔及尔协议》。在该协议中，伊拉克同意将阿拉伯河主航道中心线作为两国边界，以换取伊朗停止对库尔德游击队的支持。伊朗则表示愿割让伊朗科尔曼沙赫省的300平方千米土地给伊拉克。1975年6月13日，两国签署了边界睦邻友好条约，以及陆地边界、界河划分和边界安全的三项议定书。在伊斯兰革命后，伊朗号召伊拉克境内什叶派穆斯林推翻萨达姆的统治。

伊拉克宣布《阿尔及尔协议》无效，两伊战争由此爆发。持续 8 年的两伊战争非但没有解决阿拉伯河的归属问题，反而在陆地边界、海上边界、海岸线划分等方面制造了新的问题，双方的边界问题变得更为复杂。双方一直处于敌对状态。海湾战争后，尽管伊拉克什叶派领导人马利基 2006 年 5 月上台后，两伊关系迅速改善，但 2009 年 12 月 18 日的"法卡赫油田事件"和 2010 年 5 月 15 日的交火事件均表明了双方在边界问题上绝不让步的强硬立场。

（2）伊拉克与科威特

科威特北邻伊拉克。奥斯曼帝国时期，科威特曾隶属巴士拉省。一战后，奥斯曼帝国解体，1932 年伊拉克获得独立，但为英国实际控制，其间与科威特划分了边界。1961 年 6 月，科威特摆脱英国殖民统治独立。伊拉克一直强调科威特是"伊拉克整体的一部分"，并试图与其合并。1963 年，两国政府签署了边界协议，但仍有 160 千米长的边界未划定。1990 年，伊科危机再度爆发，伊拉克指责科威特长期在伊边界领土上偷采石油，认为科威特的行动"构成了对伊拉克的军事侵略"。同年 8 月 2 日，伊拉克入侵科威特，并宣布科威特为其第 19 个省，引发了震惊世界的海湾危机。1991 年 1 月 17 日，以美国为首的多国部队出兵科威特，帮助科收复国土。海湾战争结束后，联合国安理会通过第 687 号决议，责成伊拉克遵守伊科 1963 年边界协议，并成立了伊科划界委员会。1992 年，该委员会为两国划定了边界，但遭伊反对。1993 年 5 月 27 日，安理会通过第 833 号决议，强调伊科划界委员会划定的伊科国际边界是"最后的定案"。1994 年 11 月，伊拉克正式承认科威特的主权和边界。此后，两国边界纠纷虽然大体解决，但仍有遗留问题。2005 年 7 月，科威特北部与伊拉克接壤的乌姆盖斯尔地区爆发了伊拉克边民骚乱事件，反对划分伊科边界。

3. 阿联酋与周边国家的边界问题

（1）阿联酋与伊朗

霍尔木兹海峡入口处的阿布穆萨岛、大通布岛和小通布岛简称"海湾三岛"，由于极其重要的战略位置，自古就是邻近国家和殖民主义国家争夺的对象。17 世纪，波斯人赶走葡萄牙人占领了三岛，随后卡西姆王朝控制了它们。18 世纪末至 19 世纪初，英国人以打击海盗为由开始向该地区渗透，并通过一系列不平等条约控制了三岛。① 从20世纪初至1971年,波斯(1935年更名为伊朗)一直与英国和波斯湾沿岸酋长国就三岛主权展开争夺。1971年11月30日,英国在未解决三岛主权归属问题的情况下撤出波斯湾,伊朗随后武力占领了海湾三岛。12月2日,阿联酋的独立使阿联酋与伊朗海湾三岛之争登上了历史舞台。

1992年3月,伊朗因不满海湾战争后阿拉伯国家在地区安全上的安排,武力占领了阿布穆萨岛上的阿联酋管辖区,激化了伊阿矛盾。国力弱小的阿联酋在美国和海湾合作委员会的支持下,主张通过国际仲裁解决该争端,而实际控制三岛的伊朗则主张通过谈判解决。总体来看,双方虽互有攻守但整体局势稳定。中东剧变后,伊朗总统内贾德以巡视阿布穆萨岛的方式再次挑起伊阿海湾三岛之争,伊阿两国关系由此陷入僵局。2013年伊朗总统鲁哈尼上台后双方关系有所改善,双方经贸往来增加,高层互动频繁。2014年4月22日,阿联酋内阁通过决议,同意通过国际仲裁或谈判的方式解决海湾三岛问题。这意味着阿联酋在海湾三岛问题的解决方式上做出了妥协。而伊朗则回应称海湾三岛是伊朗领土不可分割的一部分。这意味着伊朗将承认伊朗对三岛拥有主权作为双方谈判的前提条件,显示了伊朗在海湾三岛问题上的强硬立场。

(三)北非地区的边界问题

1. 摩洛哥和周边国家的边界问题

(1) 西撒哈拉问题

西撒哈拉问题是指非洲西北部面积为26万平方千米的西撒哈拉地区的地位以及归属问题。西撒哈拉地区原为西班牙殖民地,在阿尔及利亚支持下,萨基亚哈姆拉和里奥德奥罗人民解放阵线(简称"西撒人阵"或"波利萨里奥阵线")开始通过武装斗争争取西撒独立。1976年2月26日,西班牙按《马德里协议》的规定撤出西撒哈拉地区,随即摩毛两国签署了分治协议,摩洛哥占据了北部萨基亚阿姆拉地区,毛里塔尼亚则分得南部里奥德奥罗地区。阿

---

① 有关条约及相关内容参见黄振编著《列国志·阿拉伯联合酋长国》,社会科学文献出版社,2003,第43~49页。

尔及利亚强烈反对摩毛两国瓜分西撒，2月27日，西撒人阵宣布成立阿拉伯撒哈拉民主共和国。1979年，无力抵御西撒人阵的毛里塔尼亚宣布放弃对西撒哈拉的领土要求，摩洛哥趁机将南部里奥德奥罗地区吞并。西撒人阵则与摩洛哥展开武装斗争，以谋求西撒的真正独立。

1991年4月29日，联合国通过第690号决议，要求双方停火后在该地区举行全民公投以决定该地区的归属。1992年9月6日，在联合国的干预下双方实现停火。因冲突双方在有关公投的一系列问题上分歧严重，原定于1992年举行的全民公投一拖再拖，联合国西撒特派团的任期也一再延长，至今没有结束。

（2）摩洛哥与西班牙

西班牙在摩洛哥独立后，仍然占据摩洛哥的休达和梅利利亚两座城市，以及胡塞马群岛、佩雷希尔岛、舍法林群岛、阿尔沃兰岛和戈梅拉岛。双方均声称拥有上述地区的主权，且立场强硬。2002年7月摩洛哥士兵登岛事件以及2007年11月西班牙国王和王后视察休达和梅利利亚事件，均使两国关系受到严重影响。

2. 苏丹和周边国家的边界问题

（1）苏丹与南苏丹

面积为10460平方千米、水资源丰富且拥有苏丹原油探明储量80%的阿卜耶伊地区是苏丹与南苏丹争夺的焦点。2011年7月9日，原苏丹分裂，南苏丹宣布独立。阿卜耶伊地区的争端也由此演变为两国的边界冲突。阿卜耶伊地区的赫格利格（Heglig）和班布（Bamboo）两个油田的归属问题是双方冲突的焦点。

自南苏丹独立后，双方均支持对方境内的反政府武装从事渗透和破坏活动，从而达到控制阿卜耶伊地区，进而掌握石油出口及利润分配的主动权的目的。2011年12月，苏丹占领了南苏丹的重要产油区犹尼提省，双方爆发冲突。2012年2月10日，在非盟的调解下，双方在亚的斯亚贝巴签署了互不侵犯条约。同年4月18日，苏丹巴希尔在集会时对南苏丹宣战，双方随即为争夺赫格利格爆发了激烈的武装冲突。5月2日，联合国通过决议要求双方停火，双方开始边打边谈。8月4日，在非盟的调解下，双方实现停火并就石油收入分配等问题达成协议。9月27日,双方签署了8项旨在缓解边界冲突以及恢复石油出口的协议。双方在边界地区恢复了短暂的和平局面。2013年5月,主张阿卜耶伊地区并入南苏丹的丁卡—恩古克族最高酋长被害,导致阿卜耶伊地区局势再次骤然紧张。11月,苏丹轰炸了上尼罗州西部地区,意图在将来边界划分时获得更多的水资源和石油资源制造既定事实。2012年12月,南苏丹以总统基尔为首的丁卡族和以副总统马哈尔为首的努维尔族为争夺南苏丹石油控制权,爆发内战。到2014年4月,反政府武装已占据了上尼罗州西部和阿卜耶伊地区的多处油田,对苏丹的石油出口构成了威胁。苏丹则陈兵边界,趁机抢占油田的意图愈发明显,边界冲突一触即发。

(2)苏丹与埃及

苏丹与埃及的领土纠纷主要在哈拉卜伊三角区。1899年,英国以北纬22度线作为埃苏国界线,该线以南归苏丹,以北属埃及。这种划界法使生活在边界的贝沙(Beja)和阿巴伊达(Ababda)两个部落成了跨界部落。英国为解决该问题,于1902年对埃苏国界进行了调整,将苏丹的比尔泰维勒划归埃及,作为阿巴伊达部落的放牧地,同时将埃及的哈拉卜伊三角区交由苏丹管理,作为贝沙部落的放牧地。由此在哈拉卜伊地区形成了埃及拥有领土主权、苏丹行使管理权的局面。1956年苏丹独立后,主张以1902年的边界作为两国国界,而埃及则要求将1899年边界定为埃苏边界。此后埃苏两国就哈拉卜伊地区的归属问题争执不断。

2000年1月,苏丹从哈拉卜伊地区撤军,埃及自此在该地区行使管理权。2010年7月,阿巴伊达、百沙利亚(el-Basharya)和贝沙部落首领支持该地区划归埃及,并声称他们与埃及国民并无二致。2010年11月29日,哈拉卜伊议会议员穆罕默德·哈桑·奥凯代表比沙林、阿里亚布(Aliyaab)和奥拉布三个部落发表公开信,抗议埃及长期侵占苏丹领土,称他们的正常生活因此受到了严重影响。双方在该问题上针锋相对的较量至今未见停止的迹象。

二 中东地区边界问题的成因与特点

二战结束以来,中东地区因边界问题引发的战争接连不断,边界问题不但成为该地区国家间关系紧张、战争频仍的主要因素，更是影响地区安全的主要根源。探究中东边界问题的成因与特点，既是寻找边界问题解决方案的前提与基础，又是增强对中东边界问题整体认识、把握中东边界问题发展规律的必要步骤。

（一）中东地区边界问题的成因

中东边界问题的成因复杂多样，既是殖民统治遗留的恶果，又受自然地理因素、国内政治因素及意识形态对立、民族主义、外部势力干涉等因素的影响。受篇幅所限，本文只对中东边界问题的四个主要原因进行简述。

1. 殖民统治遗留的后果

殖民统治遗留的后果是中东边界问题产生的直接原因。该地区的游牧部落没有边界和主权国家的概念。西方殖民者入侵中东后，便在地图上划分出各自势力范围的边界。西方殖民者在殖民体系难以为继、中东民族独立国家相继出现的过程中，通过调整边界的方式故意埋下边界隐患。随着该地区独立国家的增多，边界问题日益泛滥并成为严重影响该地区国家间关系和整个地区稳定的重要原因。前文提及的苏埃哈拉卜伊三角区纠纷就是西方国家故意制造边界问题的典型案例。摩西两国在休达等地的边界争端，则是西方殖民者在殖民体系瓦解后拒不归还领土并使问题延续至今的边界争端"活化石"。

2. 自然地理因素

自然地理因素是该地区边界问题产生的重要原因。首先，中东地区自然资源分布严重失衡，其特点可简单概括为油多水少、矿多粮少。这使得该地区各国都意图获得更多的石油或磷酸盐等矿业资源，以及增加随着人口快速增长而日渐短缺的水资源和粮食供给，因此，向外扩张领土逐渐成为各国提高自身经济发展速度和实力地位的必由之路。其次，该地区海上存在很多未划分的地区，随着科学技术的发展，该地区各国日益重视海洋资源和大陆架矿物资源的开发与利用，这些资源对各国经济的重要性也日益凸显，这集中表现在各国对海洋岛屿和大陆架归属的争端上，土希爱琴海之争、沙特和伊朗海上划界之争等均属此列。最后，由于沙漠的阻隔，中东地区相关国家划分边界后的勘界和标界工作根本无法完成，这也为边界问题埋下了隐患。

3. 意识形态的对立

意识形态对立是中东边界问题产生的重要原因。中东地区是三大宗教和多种文明相互融合和碰撞之地，意识形态差别十分明显。2000年9月28日，沙龙强行进入伊斯兰教圣地阿克苏清真寺参观，使得巴以局势骤然恶化并引发大规模边界冲突，这说明犹太教、基督教和伊斯兰教三大宗教间的冲突、阿以两大民族间的矛盾都是引发阿以冲突的重要诱因。中东剧变后出现的什叶派和逊尼派的教派冲突，使原有的阿伊三岛之争重新浮出水面并日益激化。

4. 外部势力干涉

外部势力干涉是中东边界问题产生的重要原因。中东地区重要的战略地位和战略资源牵动着世界各国的利益，外部势力纷纷将中东边界问题作为获得该地区战略制高点和攫取战略资源，从而维护自身利益的最佳切入点。持续至今且导致中东局势持续动荡的阿以冲突，就是美苏在二战后为实现各自的战略利益而种下的恶果。中东剧变后叙利亚内战的爆发，则是这些大国争权夺利的"杰作"。从这个角度看，外部势力干涉是该地区边界问题产生的重要原因，并伴有较大且突出的消极影响。

（二）中东地区边界问题的特点

与其他地区的边界问题相比较而言，中东地区的边界问题具有宗教性、长期性、国际化的特点。

1. 宗教性

作为三大宗教和多种文明的聚集融合之地，"中东宗教问题非常复杂，其与领土边界争端密切相关"。[①] 不同宗教或教派为争夺发展空间而爆发的边界冲突往往超越国家层面，使边界问题难以解决。反之，边界问题的持续难解又进一步激化了固有的宗教或教派矛盾，最终宗教与边界争端相互影响并形成一种恶性循环。这在中东最明显的例证是耶路撒冷问题。耶路

---

① 吴传华：《中东领土与边界问题研究》，中共中央党校国际政治系博士学位论文，2009，第44页。

撒冷作为三大宗教的圣地，涉及三大宗教信徒的感情和权益，这使耶路撒冷问题远远超出巴以领土之争的范畴，而耶路撒冷问题的难解又令巴以冲突不断激化，从而形成恶性循环。可以说，宗教性是中东地区边界问题最为突出的特点。

2. 长期性

从时间跨度上看，中东边界问题都持续了较长时间。如果以一战和二战结束为时间节点对中东边界问题进行划分，可以更清楚地看到该问题的长期性。在该地区，一战前持续至今的边界争端有四个，即两伊边界问题、阿伊三岛之争、西摩边界争端和苏埃哈拉卜伊三角区争端。一战后持续至今的边界争端有四个，即1922年《胡宁·沙赫尔条约》造成的沙特与伊拉克中立区划界问题，1923年《洛桑条约》引发的土希边界争端，1926年《安卡拉条约》制造的土耳其和伊拉克划界异议，1936年《法土协议》造成的土叙边界纠纷。二战后持续至今的边界问题有五个：1948年联合国第181号决议引发的阿以冲突，沙特与卡塔尔海上边界划分问题，也门与阿曼的边界划分问题，沙特与阿联酋、阿曼和伊拉克的勘界和标界问题，以及西撒问题。通过上述划分不难看出，该地区现存边界问题中有很大一部分是从二战前就出现并延续至今的，这凸显了该地区边界问题长期性的特点。

3. 国际化

从影响范围上看，中东边界问题不仅对本地区国家和本地区局势产生影响，而且与本地区外的国家相互影响，因而具有国际化的特点。众所周知，中东地区具有重要的战略位置，并拥有占世界总储量一半的石油和磷酸盐。因此，该地区由边界问题引发的任何冲突都有可能对整个世界的经济造成极大的影响。与此同时，本地区外的各国，尤其是依赖石油资源的西方各国，利用该地区国家借外部势力维护自身安全的需要，纷纷将中东地区边界问题作为势力渗透的切入点，以"仲裁者"、"中立方"或"调解者"的身份出现，通过掌控边界问题走向的方式来实现自身利益的最大化。正是这种相互影响，使得中东边界问题不论是个案还是整体都体现出一种国际化的特点。

三 中东边界问题对地区安全的影响

中东边界问题不但对相关国家产生了影响,而且对整个地区安全的多个方面产生了广泛而深刻的影响,主要有以下几点。

(一)刺激军备竞赛,加剧地区紧张局势

处于无政府状态下的该地区各国,在长期的边界争端中往往倾向于采取确保自身安全而损害邻国利益的措施和政策,其突出表现为购买先进武器装备,发展军事力量,加强军事设施建设,这使得该地区各国普遍陷入安全困境中,军备竞赛愈演愈烈。这种军备竞赛在直接加剧地区紧张局势的同时,令边界问题更加具有爆炸性和突发性。

(二)引发冲突与战争,破坏地区稳定

因边界问题而引发军事冲突的现象在中东地区非常普遍和频繁,边界问题已成为破坏地区稳定的主要根源。"据统计,自第二次世界大战结束至20世纪90年代初,中东地区共爆发了60多次战争,由边界领土争端引发的就有近30次,占总数的46%。"[1] 这些军事冲突非但未能解决边界问题,反而使边界问题更加复杂化和长期化,并严重破坏了整个中东地区的稳定。

(三)造成国家间政治关系紧张

该地区各国在处理边界问题时受地区政治制度和意识形态多样化因素的影响,很难在国家间类属认同基础上形成相互理解与信任。这种边界问题上的认同分歧和互相猜忌,直接导致相关国家间政治互信降低,政治关系紧张,使边界问题难以通过和平谈判的方式解决,而且会使地区性组织因内部分化而难以发挥稳定地区局势的作用。因此,边界问题成为地区国家间政治关系紧张、影响地区一体化进程的重要因素,同时国家间政治关系紧张也加深了各国的认知

---

[1] 王京烈:《论中东国家的边界问题》,《西亚非洲》1994年第2期,第29页。

分歧和猜忌，并使边界问题更加复杂和难以解决。两者在中东地区形成了恶性循环。

（四）导致地缘政治格局变化

持续不断的边界争端令该地区地缘政治格局不断变化。以色列的出现使地区地缘政治格局发生了突变，并导致阿拉伯国家间出现了分化组合。不断发生的领土争端和战争令阿拉伯国家间不断地进行分化组合，进而使整个地区地缘政治格局复杂多变。

（五）阻碍地区经济发展

中东各国边界争议地区都蕴藏有丰富的自然资源，各国为争夺以土地为载体的资源频繁进行战争。该地区各国将大量资源投入军费之中，国内经济建设则因资金不足而停滞不前。"譬如第三次中东战争后，埃及的工农业生产陷于停顿军费开支却急剧上升。据统计，1965年埃及的军费开支占国内生产总值的9%，到1970财政年度上升到13%，而从1971年至1973年，这一数字攀升到占同期国内生产总值的40%。"① 而频繁爆发的战争和冲突，又使投资环境急剧恶化，导致该地区国家的区位优势和经济潜力无法得到有效发挥，从而使各国无法改变其经济结构单一和经济规模较小的现状，进而造成该地区经济一体化进程无法启动。与此同时，地区性组织则因战争频发、地缘破碎、认同分歧、资金短缺、互相排斥及奉行保护主义政策，而将更多注意力集中到了政治安全和军事安全上。最终，边界问题对地区经济发展产生了巨大阻碍作用。

综上我们可以看出，在中东边界问题对地区安全产生影响的同时，地区安全也反作用于中东边界问题，两者形成了一种互动关系。当中东边界问题得到公正和合理的解决时，边界问题会对地区安全局势的稳定产生促进作用，同时，地区安全局势的稳定又为边界问题的解决提供了良好的外部环境；反之亦然。例如，拉宾主政时期，以色列较好地解决了与周边国家的边界问题，因此

---

① 黄培昭：《中东战争与经济代价》，人民网，http://www.people.com.cn/GB/guoji/22/83/20030320/947615.html。

也是以色列周边安全环境最好的时期,而自沙龙及其继任者采取强硬政策以来,以色列的周边安全环境愈加恶化了。

四 中东边界问题发展趋势

中东地缘政治格局剧变后,中东国家间又开始了新的分化组合。这使目前局势相对缓和的两伊边界、巴以边界、叙以边界、黎以边界存在爆发边界冲突,甚至战争的可能性,而现有的叙土边界冲突和南苏丹与苏丹边界冲突将不会很快平息,但并不会因此爆发地区性的局部战争。总体来看,中东地区边界问题将呈现维持现状的特点。

中东领土、边界问题纷繁复杂,许多边界问题短期内难以解决,例如耶路撒冷问题,巴以双方几乎不可能拿出令三大宗教信徒都满意的解决方案,因此,边界问题将长期存在,并将继续成为影响该地区局势的重要因素。

随着时代的发展与进步,一方面,和平解决国际争端已成为国际社会的共识,同时,抑制地区安全局势动荡的有利因素在不断增加;另一方面,以联合国为代表的国际性组织和海合会、阿盟和非盟等地区性组织在稳定地区局势、化解边界纠纷等方面的作用将日益凸显,这使得和平解决该地区边界问题的可能性大大增加,并将使和平方式成为解决边界问题的主流。

Y.8
中东难民问题与地区安全

魏 亮*

摘　要： 中东地区是国际难民的最早产生地之一。进入21世纪以来，中东发生的一系列战争和动乱产生了大批新难民。新旧难民的救助与安置不仅给各国带来了沉重的负担和严峻的考验，也影响着地区国家的安全和地区形势的稳定。考虑到美国中东战略调整、地区力量格局的重塑与各国动乱或国家重建的不确定性，中东难民问题的前景并不乐观。而结束动乱、追求稳定与发展才是解决难民问题的根本途径。

关键词： 难民问题　中东地区　安全

中东难民数量巨大，其难民问题是20世纪以来国际难民问题最重要的组成部分，历史悠久，影响深远。在当前中东地区动荡不定、分化调整的政治大潮中，美欧与各地区大国更多地将注意力和资源投入到了解决埃及或叙利亚动乱、伊朗核危机、国际反恐等问题上，作为非传统安全重要议题的难民问题并未引起国际社会的足够关注和重视。事实上，进入21世纪以来，受制于地区局势的变动，中东难民问题现状也发生了巨大变化。本文尝试对中东难民问题进行历史和现实的梳理与研判。

一　国际难民问题的理论与现状

近代"难民"一词源于法国。1573年，法国将为躲避西班牙统治者迫害

---

* 魏亮，中国社会科学院西亚非洲研究所助理研究员，主要研究方向为中东国际关系。

而从尼德兰逃到本国的"加尔文"派教徒称为"难民"。从17世纪后半期起，源于法文的英文单词refugee开始广泛使用。1917年俄国革命以及奥斯曼土耳其帝国崩溃后，欧洲和亚洲出现了一系列新兴的民族国家，其境内少数民族也成为矛盾斗争的焦点，从而产生了规模巨大的难民群体，这其中"包括俄国难民、亚美尼亚难民、亚述难民、土耳其难民、希腊难民、西班牙难民、德国难民等等"。① 国际社会第一次认识到保护和援助难民的重要性与必要性，从此，难民问题演变为一个国际问题。为应对难民问题，国际联盟设立难民事务高级专员，挪威人弗里德约夫·南森任第一任专员，并发明了"南森护照"，国际社会处理难民问题的制度性建设日渐发展。

有关难民的定义可谓仁者见仁智者见智。1950年12月14日，联合国大会通过第429（V）号决议，决定召开联合国难民和无国籍人地位全权代表会议。1951年7月28日，联合国通过第一个关于难民地位的普遍公约《关于难民地位公约》。公约中对难民的定义为：有正当理由畏惧由于其种族、宗教、国籍、政治见解或属于某一特殊团体遭到迫害，因而逃离他或她的本国，并由于此畏惧而不能或不愿回国的人。② 1951年公约是国际难民问题的重要里程碑，它对难民的定义为诸多国际文件或者国内立法所采纳或引用。此后又产生了1967年《关于难民地位的议定书》、1969年非统组织通过的《非统组织关于非洲难民问题特定方面的公约》和1984年在哥伦比亚卡塔棘纳通过的《卡塔棘纳难民宣言》，后两者在非洲和拉美地区得到了广泛认同和使用。《辞海》对难民的解释是由于战火或者自然灾害而流离失所、生活困难的人。《现代汉语词典》的解释是由于战乱、自然灾害等原因而流离失所、生活困难的人。笔者认为，国际难民是指20世纪以来国际社会通过各种国际条约认定的，因政治、经济、文化、社会、生态等因素不能或不敢回到原来居住地或居住国家从而无家可归的人。

目前世界上最主要的难民保护和援助机构是联合国难民事务高级专员公署（United Nations High Commissioner for Refugees，UNHCR，简称"难民

---

① 梁淑英：《国际难民法》，知识产权出版社，2009，第7页。
② 联合国难民署，http：//www.unhcr.org.hk/unhcr/sc/about_us/office_of_unhcr.html。

署"），它由联合国大会和联合国经济社会理事会共同监管，负责协调全球范围内难民保护和难民问题的解决。难民署每年向联合国大会和经济社会理事会汇报工作。依据难民署的定义，难民涉及七类人群：难民、寻求庇护者、国内流离失所者（Internally Displayed Persons，简称 IDPs）、归国难民、返回的国内流离失所者、无国籍人士和其他人群。2012 年，全球各类难民总数为 3584.458 万人，难民署工作支出为 23.5771 亿美元，在全球 124 个国家和地区设有分支机构，其正式员工为 7092 人，并与 957 个非政府组织保持合作关系。①

另一个重要的国际组织是联合国难民救济工程署（UNRWA，简称"工程署"），它是依据 1949 年 12 月 8 日通过的联合国第 302（IV）号决议成立的专门负责处理巴勒斯坦难民的国际组织。鉴于巴勒斯坦难民问题始终未能解决，联合国大会授权工程署长期存在和运作下去。巴勒斯坦难民的救助与保护主要由工程署承担和管理，这也凸显了其重要地位。同时由于分工不同，490 万巴勒斯坦难民不计算在难民署统计范围内。

进入 21 世纪以来，全球民族、宗教矛盾加剧，国际恐怖主义泛滥，全球安全局势紧张，难民数量不断增长。截至 2012 年底，在全球输出难民数量最多的五个国家中，阿富汗、伊拉克和叙利亚分别列第一、第三和第四位。巴基斯坦、伊朗、叙利亚分别列全球难民接纳国的第一、第二和第五位，② 约旦和土耳其分别列第八位和第十位。③ 阿富汗和伊拉克战争，尤其是 2010 年 12 月"阿拉伯之春"爆发后，中东地区④成为全球难民问题的"重灾区"。

当前中东难民问题主要有四大特点。其一，人数规模大。按国别起源统计，1999 年全球难民总数为 2233.5 万人，中东地区难民总数为 429.6 万人，

---

① UNHCR, *UNHCR Global Report 2012*, http：//www.unhcr.org/51b1d6180.html, p. 2.
② UNHCR, *UNHCR Statistical Yearbook 2012*, http：//www.unhcr.org/52a7213b9.html, p. 8.
③ UNHCR, *UNHCR Statistical Yearbook 2012*, http：//www.unhcr.org/52a7213b9.html, p. 27.
④ 中东地区的地理范围划分有 17 国说、18 国说、西亚北非说、23 国说，本文选取西亚北非说，共包括 22 个国家：阿富汗、伊朗、伊拉克、土耳其、叙利亚、黎巴嫩、以色列、巴勒斯坦、约旦、塞浦路斯、科威特、沙特、巴林、卡塔尔、阿联酋、阿曼、也门、埃及、利比亚、阿尔及利亚、突尼斯、摩洛哥。

占19%；2011年全球难民总数为3544万人，中东地区难民总数为879.4万人，占24.8%；2012年全球难民总数为3575.42万人，中东地区的难民总数为1030.7万人，占28.8%。① 如果再加上490万名巴勒斯坦难民，2012年中东难民所占比例高达37.4%。其二，中东难民形势与地区动乱有明显联系。2001和2002年难民署发布的难民概况中东和北非部分均没有国别报告，随着伊拉克、利比亚、叙利亚等国先后出现战乱和政权更迭，它们已成为全球难民的新增长点。考虑到当前的动乱局势或缓慢的重建进程，它们仍将是未来全球难民的主要输出国。其三，难民流动情况更为复杂。这主要表现为归国难民反复出逃和各类难民的跨境活动。以阿富汗和伊拉克为例，大批归国难民和IDPs受动乱或教派冲突等影响被迫再次流向境外。而叙利亚动乱后，叙、约等国的伊拉克难民又出现归国高峰。此外，利比亚人和伊拉克人跨境返回突尼斯或伊朗寻求社会公共服务的现象也非常普遍。难民的反复迁徙和跨境活动给管理与统计工作带来许多不便。其四，难民生活状态恶劣。这主要表现在就业限制、歧视、入学困难、医疗不足等方面。在叙利亚的伊拉克难民中有50%的男性和80%的女性处于失业状态，就业者通常只能在非正式经济部门工作。黎巴嫩也出台了相应的工作限制，难民只能作为非法打工者工作，并经常受到虐待和歧视。另外，众多妇女和儿童目睹或经历战争、死亡和其他暴力事件后急需心理疏导和治疗，但大多数情况下他们都是被忽略的群体。

中国国内的国际难民问题研究尚处于起步阶段，成果数量相对较少。以优秀硕博学位论文为例，中国知网收录的国际难民问题论文共38篇，研究方向主要为国际法和地区国别案例。与国际难民相关的专著仅有甘开鹏的《欧盟难民政策研究》、邵东林的《难民危机》、李晓岗的《难民政策与美国外交》等，另有译著数本，例如塞尔斯的《解析国际迁移和难民政策：冲突和延续》。与中东难民相关的优秀论文有5篇，分别是于卫青的《巴勒斯坦难民问题的历史考察》、沙美的《巴勒斯坦难民问题在国际法中的法律分析》、姜丽丽的《中东和平进程中的巴勒斯坦难民问题》、孙毅的《中东和平的症结：巴

---

① 资料来源：UNHCR Global Report 1999，http://www.unhcr.org/3e2d4d60a.html；UNHCR Global Trend 2011，http://www.unhcr.org.hk/files/2012%20Reports/2011%20Global%20Trend.pdf；UNHCR Statistical Yearbook 2012，http://www.unhcr.org/52a7213b9.html。

勒斯坦难民问题》、常芳瑜的《安曼城市难民问题研究》。学术论文主要集中在巴勒斯坦难民问题上，少量文章涉及阿富汗和伊拉克难民问题。

二 当代中东难民问题

当前的中东地区难民问题是历史和现实的复杂产物。地区内既有难民输出国也有难民接纳国，不少国家身兼两职；难民成因具有多样性，难民流动亦具有不规律性，这给难民安置和救助工作增添了许多困难。目前该地区难民群体主要分为以下几大类。

（一）巴勒斯坦难民

巴勒斯坦难民问题是阿以冲突的直接后果，也是1948年和1967年两次中东战争造成的悲剧。第一次中东战争后，"到1949年6月，约有100万巴勒斯坦人离开家园，沦为难民，以色列境内的巴勒斯坦人口减为7万"。[①] 第三次中东战争后，加沙地带和约旦河西岸被以色列占领，又有80万左右平民沦为难民。截至1968年6月30日，在联合国登记的巴勒斯坦难民有136万人，"如果再加上20%～30%未登记的难民，1948年以后被以色列赶出的巴勒斯坦难民总数必定超过180万"。[②]

目前全球登记的巴勒斯坦难民总数约为500万，共四代人，因此它是世界第一大难民群体（见表1）。"其中三分之一，超过150万人生活在约旦、黎巴嫩、叙利亚、加沙地带、约旦河西岸以及东耶路撒冷的58个难民营中。"[③] 难民营的土地是各国的国有土地或者是政府向土地所有者租赁的，因此难民并不拥有土地以及其上的设施，只有使用权。难民营的人口密度超高，生存环境恶劣，基础设施与公共服务严重匮乏，生活质量非常低。剩余三分之二巴勒斯坦

[①] 根据联合国秘书长报告，到1949年6月联合国救济的巴勒斯坦难民有94万。参见《基辛氏当代档案（1948～1973）》（*Keesing's Contemporary Archives 1948－1973*），伦敦基辛氏出版社，1968，第10101页。转引自赵克仁：《巴勒斯坦难民问题的历史考察》，《西亚非洲》2001年第1期。

[②] 〔巴勒斯坦〕亨利·卡坦：《巴勒斯坦阿拉伯人和以色列》，西北大学伊斯兰教研究所译，北京人民出版社，1975，第200页。

[③] UNRWA, "Palestine Refugees", http：//www.unrwa.org/palestine-refugees.

难民散居在各国的大小城镇中。各国政府对就业有着严格限制，诸多行业不允许难民进入或者采取许可证制度，例如黎巴嫩有 70 多个行业禁止外国人工作。难民无法享受各国公费医疗，不得拥有不动产。合法身份的缺失使得巴勒斯坦难民在教育、出行、言论、出版等诸多经济社会权利方面得不到认可或保障。综观各国，散居难民和难民营聚居者在经济水平和社会地位方面基本相同。截至 2013 年 8 月，"超过 9 万巴勒斯坦难民从叙利亚逃往黎巴嫩，另有 8000 人逃往约旦。在很多情况下，对这些难民区别对待使他们变得更为脆弱……受（叙利亚战乱）影响难民总数达到 27.8 万人"。[1]

表 1　巴勒斯坦难民情况统计数据（2013）

单位：人

种类	约旦	黎巴嫩	叙利亚	西岸	加沙地带	合计
注册难民	2054527	444480	507904	748899	1221110	4976920
其他注册难民	79229	34260	38742	157470	63923	373624
总计	2133756	478740	546646	906369	1285033	5350544
难民营数	10	12	9	19	8	58
学校（小学、中学）	172	69	118	99	245	703
职业技术培训中心	2	2	1	2	2	9
四年制大学	1	0	0	1	0	2
初级医疗设施	24	27	23	42	22	138

资料来源：http://www.unrwa.org/sites/default/files/unrwa_in_figures_new2014_10nov2014.pdf。

（二）阿富汗难民

阿富汗难民历史久远。从 20 世纪 70 年代查希尔王朝统治时期至今，难民外逃几乎从未停止。总体而言，阿富汗先后经历了三次大的难民潮。第一次是从 1979 年苏联入侵到整个 80 年代。"1979 年底到达巴基斯坦的难民已达 40 万，而在 1980 年，又有约 100 万难民到达巴基斯坦。"[2] "1990 年，阿富汗难

---

[1] UN, *Report of the Commissioner-General of the UNRWA for Palestine Refugees in the Middle East*, http://www.unrwa.org/sites/default/files/report_of_the_comgen_of_unrwa.pdf, pp. 8-9.

[2] Office of UNHCR, *Searching for Solutions: 25 Years of UNCHR - Pakistan Cooperation on Afghan Refugees*, UNHCR, 2005, p. 5.

民峰值超过630万人"。① 第二次难民潮是20世纪90年代的内战和塔利班政权统治时期。苏联撤军后阿富汗国内军阀割据,"内战爆发后,难民遣返工作受阻。随着内战扩大,阿富汗又出现新的难民潮。逃离阿富汗的难民比回国的难民还要多"。② 1996年后,因塔利班的宗教极端主义施政措施,大批受过高等教育的社会精英加入了难民行列。第三次难民潮是21世纪的头十年。这一方面是因为1999年阿富汗出现了罕见的特大旱灾,加上流行病肆虐,"这次旱灾导致80万阿富汗人逃亡他乡,主要逃往巴基斯坦"。③ 更最主要的原因是阿富汗战争。战后的阿富汗安全局势并未明显好转。虽然美国不断增兵,建设和培训新的阿富汗安全部队,但是塔利班力量仍是威胁阿国内社会安全和稳定的最大障碍。"据联合国统计,2012年是阿富汗平民伤亡最严重的一年,共有6131人遇袭身亡。"④ 社会和解进程收效甚微,普什图人与其他少数民族政治派别之间、卡尔扎伊政府与塔利班之间均未能达成有效的政治和解。十余年来经济社会重建远远不能满足人们日常生活的需要。阿富汗人口按2820万计算,2009年阿人均国内生产总值仅为500美元,食品、水源、电力、医疗、住房等领域的供给均存在巨大缺口。

2001年上半年,阿富汗难民总数大约有350万人,主要集中在邻国伊朗与巴基斯坦境内。"9·11"事件后,"除了原先居住在巴基斯坦的120万难民外,首批逃往巴基斯坦的难民就有25万人"。⑤ 2002年,滞留在巴基斯坦的难民总数达到193.4万人。2001年上半年,伊朗成为世界上最大的难民收容国。据难民署统计,"伊朗境内阿富汗难民为148.2万人,伊拉克难民为38.6万人"。⑥ 依据"伊朗政府9月自己的统计数据,伊朗国内注册难民数为256万3872人,其中有235万5427人是阿富汗人"。⑦ 伊朗政府的基本策略是继续关

---

① UNHCR, *UNHCR Statistical Yearbook 2012*, http://www.unhcr.org/52a7213b9.html, p.30.
② 彭树智、黄杨文:《中东国家通史——阿富汗卷》,商务印书馆,2002,第317页。
③ 张胤鸿:《何处是我家——阿富汗难民问题》,《当代世界》2001年第12期,第19页。
④ UNAMA, *Afghanistan Annual Report 2012*: *Protection of Civilians in Armed Conflict*, Kabul, 2013, p.3, 转引自卢玲玲、闫伟《美国撤军后的阿富汗重建前景》,《现代国际关系》2013年11月,第42页。
⑤ UNHCR, *UNHCR Global Report 2001*: *Afghanistan*, http://www.unhcr.org/3dafdcd82.html, pp.2-3.
⑥ UNHCR, *UNHCR Global Report 2001*: *Iran*, http://www.unhcr.org/3dafdcf40.html, p.2.
⑦ UNHCR, *UNHCR Global Report 2001*: *Iran*, http://www.unhcr.org/3dafdcf40.html, p.2.

闭边境，并将经济援助物资跨境投放到阿富汗西部地区以避免难民涌入。即便如此，2002年难民署统计，伊朗境内阿富汗难民总数仍上升为197.8万人。

阿富汗难民是目前难民署统计下最大的难民群体，"在巴基斯坦境内有160万，伊朗境内有84万人。除了注册难民外，估计巴基斯坦国内未注册阿富汗难民还有100万，伊朗境内则有140万之多"。[①] IDPs亦有50.4万人。阿富汗难民问题早已成为一个重大的地区性难题。2012年5月，阿富汗、伊朗和巴基斯坦三国在日内瓦签署了"阿富汗难民多年解决方案"，旨在在难民署和其他国际组织的帮助下支持难民自愿遣返。

（三）伊拉克难民

伊拉克难民也是中东地区历史悠久的老问题。两伊战争、海湾战争及萨达姆政权针对库尔德人、土库曼人和亚述人的驱逐和迫害政策均产生过大量难民。但规模最大的难民潮则是由2003年的伊拉克战争与2006～2007年教派仇杀造成的。以反恐为名，小布什政府诬蔑萨达姆政权支持恐怖主义和拥有大规模杀伤性武器，在国际社会强烈反对的情况下，悍然发动伊拉克战争。随着萨达姆政权的垮台，伊拉克难民潮出现了两个变化。第一个是早年因战乱或政治原因出逃的难民开始返回伊拉克，当年从沙特返回的难民就达5000人。2003年和2004年归国总人数达到23万人。IDPs也在难民署的帮助下返回和重建家园。第二个是境内的外国难民生存情况恶化。萨达姆政权对巴勒斯坦、伊朗和叙利亚难民长期采取宽容和保护政策，难民在经济、社会各方面得到宽厚待遇和国民的热情接待。萨达姆政权灭亡后，原有的供给保障体系随之崩溃。苦于战乱和前途不明，伊拉克人对外国难民的态度逐渐转向排斥、敌视，袭击和驱逐外国难民的事件屡见不鲜。

伊战爆发前，周边各国的伊拉克难民共有13.4万人。[②] 随着时间的推移，伊拉克难民潮逐渐发生逆转和扩大，主要原因有三。第一是国内政局动荡。除了北部库区相对安定外，伊国内各派武装力量与多国部队在伊中、南部发生激

[①] UNHCR, *2014 UNHCR Country Operations Profile—South-West Asia*, http://www.unhcr.org/pages/49e45af26.html.

[②] UNHCR, *UNHCR Global Report 2003: Iraq*, http://www.unhcr.org/40c6d7510.html, p.1.

烈冲突。战后的伊拉克始终处于无序状态，教派矛盾日渐激化。直到2006～2007年，大规模教派仇杀爆发引起前所未有的巨大难民潮。第二，伊拉克难民工作起初由难民署、伊拉克难民移民部、联合国伊拉克援助代表团及部分非政府组织协同完成，由于2003年8月19日巴格达发生袭击联合国驻伊拉克总部的恐怖事件，联合国工作人员被迫撤出伊拉克前往约旦和科威特驻扎，伊国内难民工作转交当地雇员完成。动乱的局势和不稳定的信息通信限制了国际组织对伊拉克难民的安置、援助和保护活动。"2004年难民署仅仅帮助了1.4万自愿归国的难民，他们主要来自伊朗，少部分来自沙特、约旦、黎巴嫩和其他国家"，[1] 其数量不足归国难民的1/10。第三，由于战乱和归国人数增加，2004年底IDPs激增到100万人，超出政府资源和行政能力的处理范围。归国难民多数成为新的IDPs，大部分人滞留在损毁的公共设施中，无法得到稳定的经济、食品供应和医疗保障。还有许多人，尤其是中部地区的逊尼派难民，因与旧政权有关联而成为排挤和打击的对象。2007年底伊拉克难民总数达到最高峰，"IDPs为238.6万，出逃难民215.6万"。[2] 伊拉克政府对难民问题也是有心无力。2008年后，伊难民数量开始稳步下降。受叙利亚局势恶化和伊本国重建进展缓慢等多方面因素影响，至2013年中，伊拉克难民数量减少到40.9万人。2013年至今，以"伊拉克和黎凡特伊斯兰国"为首的逊尼派极端主义组织与政府和部落力量在西部安巴尔省展开拉锯战，造成30万IDPs。到2014年2月，"仍有110万IDPs因受2003年以来的暴力袭击影响无法重返家园"。[3]

2007年以后，约旦要求入境伊拉克人必须持有新护照，而多数难民因未在数年动乱中更新护照而被拒之门外，同时政府还禁止20～40岁的男性入境。叙利亚则给合法入境者6个月的滞留权，但是限制他们的工作权利。总体来看，虽然周边各国均加强了边境管制，但效果有限。

---

[1] UNHCR，*UNHCR Global Report 2004*：*Iraq*，http：//www.unhcr.org/42ad4da20.html，p.4.

[2] UNHCR，*UNHCR Global Report 2007*：*Iraq*，http：//www.unhcr.org/publ/PUBL/484908962.pdf，p.2.

[3] "Violence in Iraq's Anbar Province's displaces 300000"，Feb.12，2014，http：//www.bbc.com/news/world – middle – east – 26150727？utm_ source = Sailthru&utm_ medium = email&utm_ term = %2AMideast%20Brief&utm_ campaign = Mideast%20Brief%202 – 13 – 2014.

（四）叙利亚难民

随着"阿拉伯之春"在近东地区扩展，叙利亚未能逃脱"多米诺骨牌效应"的影响。自2011年3月南部德拉省首府德拉市发生动乱开始，叙利亚局势逐渐恶化，周边国家和国际社会对巴沙尔政府的态度亦出现重大调整。欧美国家，尤其是法英两国以及其后介入的美国，从前期的低调敦促改革转变为支持反对派推翻巴沙尔政权，海湾阿拉伯国家包括周边的约旦、土耳其等国也采取强硬态度，阿盟于2011年11月中止叙利亚阿盟成员国资格。从12月开始，叙利亚动荡地区扩展到包括首都在内的全国各地，政府与反对派的武装冲突接连不断。以"叙利亚全国委员会"为代表的反对派得到阿拉伯世界以及美欧的经济或军事支持，同时以"基地"组织为代表的恐怖主义组织也找到了生存和发展的空间，大量外籍恐怖分子涌入叙利亚。持续的动乱使得叙利亚成为中东地区新的难民输出国。

动乱爆发之前，叙利亚境内有伊拉克难民75万人，是其最主要的接纳国。2011年8月，叙形势恶化后，联合国要求叙境内的联合国雇员及其家属撤离。叙利亚红十字会和社会劳动部依然与剩下的难民署官员保持密切合作关系。2012年，叙利亚出现难以控制的人道主义危机，IDPs达到201.6万人，国内的伊拉克难民锐减到47万人。[1] 年底在周边国家注册的"难民超过57.5万人，大部分是妇女和儿童，他们分别逃往黎巴嫩、伊拉克、约旦和土耳其"，[2] 其中伊拉克境内为6.36万人，约旦有11.9万人，黎巴嫩有12.6万人。2012年末土耳其境内的叙利亚难民达到24万人，在欧洲接受寻求庇护者有1.8万人。[3] 战乱推动伊拉克难民的撤离，也使得难民署的主要工作对象转向叙国内流离失所者。2012年共有70万IDPs获得难民署的经济或者非食品项目资助，在国际社会的支援下，24个无家可归者营地的生活环境有所改

---

[1] UNHCR, *UNHCR Global Report 2012*: *Syrian Arab Republic*, http://www.unhcr.org/51b1d63cb.html, p.2.
[2] UNHCR, *UNHCR Global Report 2012*: *Middle East and North Afirca*, http://www.unhcr.org/51b1d6240.html, p.3.
[3] UNHCR, *UNHCR Statistical Yearbook 2012*, http://www.unhcr.org/52a7213b9.html, p.26.

善。"截至2013年底，叙利亚境内有680万人需要接受人道主义救援，其中IDPs为425万人。"①

表2 2014年3月叙利亚难民分布

单位：人

国　　家	注册难民数	政府估计难民数
土耳其	624465	700000
伊拉克	226934	230650
黎巴嫩	953420	1100000
约　旦	582080	600000
埃　及	135031	300000
北　非	19697	
总　数	2541627	2930650

资料来源：UNHCR, *Inter-agency Regional Response for Syrian Refugees—Egypt, Iraq, Jordan, Lebanon, Turkey*, http://reliefweb.int/report/lebanon/inter-agency-regional-response-syrian-refugees-egypt-iraq-jordan-lebanon-turkey-7-1-1。

周边国家应对叙利亚难民的政策有较大差别。黎巴嫩当局允许叙难民在国内自由定居，有900多个社区接纳难民。约旦政府为降低难民潮对社会的冲击采取集中管理的办法，将跨境难民直接送往难民营。进入伊拉克的叙难民主要集中在北部库区，少部分人进入安巴尔省，有9.6万人生活在12个难民营或临时中心，其他人散居城里。2013年以后，只有黎巴嫩保持边境开放，土耳其、约旦等国均加强了边境控制或阶段性关闭边境，伊拉克和埃及则禁止叙利亚难民入境。

除了以上主要难民输出国之外，突尼斯、利比亚和也门等国的难民发展趋势也值得关注。突尼斯是"阿拉伯之春"的首发地，也是第一个发生政权变更的国家。突尼斯的动乱并未产生大量难民，但它是利比亚难民的主要输入地。利比亚动乱发生后，"大约有100万人（包括突尼斯人、利比亚人和第三国人）为逃避战乱涌入突尼斯"。②突政府在边境地带设立了4个临时难民营，

---

① UNHCR, *2014 UNHCR Country Operations Profile—Middle East*, http://www.unhcr.org/pages/49e45ade6.html.

② UNHCR, *UNHCR Global Report 2011—Tunisia*, http://www.unhcr.org/4fc880ad0.html, p.1.

目前只有舒沙难民营仍在运作。为缓解难民激增造成的巨大经济社会压力，突尼斯政府号召国民接纳来自利比亚的难民，有8万难民进入突尼斯家庭避难，并可以享受社区服务。利比亚的难民潮具有明显的阶段性，夏季以后大批出逃难民或 IDPs 回国或者回到原住地，"至年末，归乡的 IDPs 为45.8万，归国难民为14.9万，国内仍有17万 IDPs"。[1] 2012年，利比亚难民减至24.5万人。

也门是中东非常重要的难民接纳国，其接纳的难民主要来自非洲之角。2011年，索马里发生60年不遇的特大旱灾与饥荒，产生了大批生态难民。截至2012年末，也门共接收难民24万人，其中当年就接收了10万人。"难民署在也门海岸沿线管控着3个接待站和4个转移中心，即刻为所有登陆难民提供生命救助。"[2] 目前大部分难民集中居住在卡拉兹难民营，并获得食物、水、住宿等支援和服务。难民署还与也门公共卫生和人口部签署了谅解备忘录，由亚丁医院向难民提供更高级别的医疗卫生服务。也门政府也向已登记的难民提

表3 2012年也门各类难民来源和总数

单位：人

类 型	来 源	数量
难民	索马里	226900
	埃塞俄比亚	5200
	伊拉克	3400
	厄立特里亚	1100
	其 他	600
寻求庇护者	埃塞俄比亚	5600
	厄立特里亚	450
	伊拉克	140
	叙利亚	130
	其 他	180
国内无家可归者	也 门	385300
返回的国内无家可归者	也 门	106900
总 数		735900

资料来源：UNHCR, *UNHCR Global Report 2012—Yemen*, http://www.unhcr.org/51b1d63d0.html。

---

[1] UNHCR, *UNHCR Global Report 2011—Libya*, http://www.unhcr.org/4fc880ac13.html, p. 2.
[2] UNHCR, *UNHCR Global Report 2012—Yemen*, http://www.unhcr.org/51b1d63d0.html, p. 2.

供为期两年的留居权。也门是"阿拉伯之春"运动中发生动乱和冲突的国家之一，萨利赫总统被迫于 2011 年 11 月移交权力。据难民署统计，处于政治转型期的也门共产生了 38.5 万 IDPs。时至今日，大约只有 10 万人返回家园。因为自身经济基础薄弱，社会发展长期停滞，加上近年来政治和解进程缓慢，半岛"基地"组织分支活动猖獗，也门在向难民提供救助和保护方面面临诸多困难。

三 中东难民问题与地区安全

随着全球化的推进和相互依赖的加深，"所有人第一次开始分享同一个历史"，[①] 人们对安全的理解和认知也逐步扩展。传统安全的主要内容——军事安全和政治安全已无法满足和涵盖现代社会所遇到的各种问题和挑战，安全的范围从国家安全向社会安全、个人安全扩展，经济、环境、生态、信息、恐怖主义等非传统安全问题进入了人们的视野和研究范围。难民问题作为非传统安全的重要议题，对国家和地区的安全与稳定提出了强有力的挑战。

毫无疑问，难民问题给周边各国的经济、社会和公共秩序带来了沉重负担。2007 年叙利亚政府宣称："政府每年要为伊拉克难民支付 10 亿美元费用……9 月 10 日以后入境的难民必须持有签证，而签证只发给具有特殊商业或者教育背景的人。"[②] 即便如此，"不管是因为被当作非法移民还是因为工作岗位不足，大部分伊拉克难民都无法就业。对资源的竞争也使得当地群众对难民的憎恨与日俱增"。[③] 与此同时，叙利亚的社会公共服务水平也因难民涌入直线下滑。在约旦，伊拉克难民引发房租、食品、交通、能源等生活成本的普遍上涨，进而导致民众对难民和政府的强烈不满。公共支出持续增长，教育、医疗、水、电力需求激增，通货膨胀的同时工资却因难民涌入而下降，黎巴嫩人也是怨声载道。叙利亚动乱导致黎巴嫩在贸易、投资、旅游业方面遭受了巨大

[①] Raymond Aron, *The Industrial Society: Three Essays on Ideology and Development*, Frederick A. Praeger, 1967, p.7.

[②] http://www.irinnews.org/report/74072/iraq - syria - confusion - over - syrian - visa - requirements - for - iraqi - refugees.

[③] Kelly O'Donnell and Kathleen Newland, *The Iraq's Refugee Crisis: The Need for Action*, Migration Policy Institute, 2008, p.6.

的经济损失,加上收留难民的支出,黎巴嫩的财政状况明显恶化,"去年政府提请的2014年国际援助总额为18.9亿美元,目前实际到位资金仅有2.4亿"。[①] 2014年4月3日,黎巴嫩境内注册难民数突破100万大关,这在仅有400万人口的黎巴嫩造成了严重的心理恐慌。在伊朗和巴基斯坦,阿富汗难民愿意承受更低的薪酬和更恶劣的工作环境,给本地居民就业带去巨大压力。不仅如此,巴基斯坦和伊朗还不得不斥资新建学校、开设教育培训机构,帮助难民解决教育和就业问题以维持社会安定。"2011~2012学年有33万适龄难民在伊朗学校注册入学并免交学费。"[②] 如表4所示,各难民接受国在经济和社会领域承受巨大压力,已显得捉襟见肘,部分国家如叙利亚、约旦等更是举步维艰。

表4 中东和世界主要国家难民承载水平

国 家	1美元人均GDP承载难民数*	每1000居民供养难民数**	国 家	1美元人均GDP承载难民数	每1000居民供养难民数
巴基斯坦	550.45	9.46	也 门	91.35	10.42
阿富汗	12.64	0.57	黎巴嫩	9.2	30.85
伊 朗	64.7	11.66	沙 特	0.02	0.02
伊拉克	12.82	3.19	阿联酋	0.02	0.07
约 旦	50.49	46.89	印 度	47.78	0.15
土耳其	17.15	3.7	中 国	33	0.22
叙利亚	95.18	22.23	英 国	3.98	2.41
埃 及	15.89	1.41	美 国	5.22	0.84

注:*1美元人均GDP承载难民数反映一国难民接纳总数与该国平均收入水平的关系,此数据可以对比反映各难民接纳国所承受经济负担的差异。承载难民数量越高,相对本国经济水平而言,其付出的经济成本越高。
**每1000居民供养难民数是各国接纳难民数与本国人口的比例。此数据以各国人口基数为基础,在单位层面上比较各国接纳难民的相对经济和社会成本与压力。
资料来源:*UNHCR Statistical Yearbook 2012*,http://www.unhcr.org/52a7213b9.html。

除了经济社会负担外,难民涌入还带来了更为复杂的社会安全问题。2005年11月,3名伊拉克人对安曼一家宾馆实施了爆炸袭击,造成60人死亡。约旦

---

① "The Unmber of Syrian Refugees in Lebanon Passes the 1 Million Mark", Apirl 3, 2014, http://www.unhcr.org/533c1d5b9.html.
② UNHCR, *UNHCR Global Report 2012*: *Iran*, http://www.unhcr.org/51b1d63eb.html, p.2.

政府不得不有选择地关闭边境和限制难民入境。利比亚动乱发生后，利突边境上的多个临时难民中心因连续不断的暴力活动多次关闭和重组。而在巴基斯坦的走私、贩毒和非法武器交易市场上，阿富汗人长期占据重要地位。北非国家还一直是亚洲和非洲难民偷渡至欧洲的重要通道。2009年卡扎菲政府与意大利签订协议拦截非法移民后，偷渡人口从2009年的3.7万锐减至2010年的400人。2011年后，大批难民、寻求庇护者和非法移民从突尼斯和利比亚跨海入境，意大利、法国、德国、奥地利、丹麦等国被迫加强或重启边境检查，最严重时法国中断与意大利的铁路交通，造成了严重的外交纠纷。而难民艰难的生存状态和面临的不友善环境为伊斯兰极端主义和恐怖主义势力的渗透提供了"温床"。阿富汗难民就一直是塔利班和"基地"组织吸收新成员的主要目标，恐怖主义和教派冲突等问题也在其他难民接纳国日渐显现。以黎巴嫩第二大城市特里波利为例，"（目前）城市十分之一的人口是叙难民，街头暴力与日俱增，教派主义达到前所未有的高度，逊尼派极端主义高度活跃——这些情况还正在向黎巴嫩的其他地方蔓延"。① 人们给特里波利起了一个新名字——"黎巴嫩的坎大哈"。

难民对输出国也会造成巨大影响。首先，难民出走是一国人力资源的重大损失。2003年以来，伊拉克有40%的专业人才出国避难，包括众多经济管理人才、医生等。教育资源流失更甚，据估计，巴格达的教师数量减少了80%。英国则成为伊拉克医生的主要聚集地，海湾产油国也在近十年吸收了大批伊拉克能源领域的专业技术人员和产业工人。"专业人士和技术工人滞留国外进一步加深了伊拉克的危机。"② 此类情况在阿富汗、叙利亚等国均十分明显。"据称拥有250万人口的阿勒颇市只剩下40名医生，而过去这里有超过2000名医生。"③ 专业技术人才和知识分子一直是包括欧美国家在内的各国优先接纳的对象，反过来，人才流失意味着难民输出国各领域的空心化，将严重影响国家

---

① Raphaël Lefèvre, "The Roots of Crisis in North Lebanon", April 15, 2014, http://carnegie-mec.org/2014/04/15/roots-of-crisis-in-northern-lebanon/h86r.
② "Failed Responsibilities: Iraqi Refugees in Syria, Jordan and Lebanon", July 31, 2008, http://carnegieendowment.org/2008/07/31/failed-responsibility-iraqi-refugees-in-syria-jordan-and-lebanon/2as6.
③ "Joint Statement by Heads of UN Humanitarian Agencies on Syria", April 23, 2014, http://www.unhcr.org/53578b749.html.

重建的水平和速度。其次,教育断层,尤其是青少年教育的中断将严重损伤各国未来经济社会重建能力。叙利亚动乱至今已经影响550万青少年的日常学习,其中包括130万青少年难民。经历3年战乱后,叙国内的各级教育机构基本处于瘫痪状态。出逃青少年中5~17岁适龄儿童共84.4万人,其中只有31.7万人注册入学。[①] 究其原因,一方面是周边难民接纳国教育资源均接近或者达到承载上限;另一方面是虽然注册难民无须缴纳学费,但大量在生存线上挣扎的家庭没有资金缴纳上学所需支付的其他费用。伊拉克的儿童难民和IDPs也遭遇了相同的情况。近来,各地难民营中出现许多帐篷式学校,但这只是教育资源极度匮乏情况下的变通之法,无法替代正规教育。教育中断、教育资源不足或者质量低下是目前中东难民群体面临的普遍现象,俗话说"十年树木百年树人",其危害不啻动摇国本。

人们通常认为非传统安全的核心是"非军事武力安全",但非传统安全与传统安全并非泾渭分明,比如越南战争时期美军使用的橙剂就对当地生态和民众造成了严重且持久的伤害,难民问题也能造成各种传统安全意义上的威胁。巴勒斯坦人谋求建立民族国家的政治、军事斗争曾经给周边国家带来传统安全威胁,而作为法塔赫和哈马斯等组织力量来源的难民与难民营则不可避免地变成被压制和打击的对象。

1967年中东战争后,巴勒斯坦难民问题在近东进一步凸显出来。聚居生活有助于他们保持固有的巴勒斯坦意识和身份认同,形成强大的凝聚力。巴解等抵抗组织成立后,它们在难民中招募战士,保留难民营的自主管理权和拥有武装力量的权力,甚至参与黎巴嫩内战并发挥重要作用。抵抗组织跨境实施的打击活动总是引来以色列的报复性打击或入侵,造成大量平民伤亡和财产损失,例如1969年以色列炸毁约旦东果尔运河水利设施。因此,难民营和以难民为基础的抵抗组织在各国境内变为"国中之国",直接威胁所在国的中央权威和国家安全,对以色列来说它们更是最大的安全隐患。1970年的约旦黑九月事件、1985年和1986年的黎巴嫩难民营战争、2007年特里波利难民营冲突

---

① UNHCR, *Inter-agency Regional Response for Syrian Refugees—Egypt, Iraq, Jordan, Lebanon, Turkey*, http://reliefweb.int/report/lebanon/inter-agency-regional-response-syrian-refugees-egypt-iraq-jordan-lebanon-turkey-7-1-1.

等皆如此。虽然同为阿拉伯人，巴勒斯坦难民仍是近东各国的梦魇。

巴勒斯坦难民问题是巴以和谈的重要内容和主要分歧点。以色列政府将与阿拉伯国家缔结和约作为难民遣返的前提条件，加上恐惧巴勒斯坦人回归后会改变以色列国的民族属性与人口结构，故而在难民返回问题上一直采取强硬和推脱态度。"阿以冲突的根源，尤其是难民问题的根源就在于犹太复国主义者要建立犹太国家这样一种概念……即建立一个不掺杂非犹太人的国家，乃是把巴勒斯坦人赶出他们自己家园的原因，也是以色列拒绝让这些巴勒斯坦人返回家园的真正原因。"[1] 以色列在难民问题上的立场可以归纳为以下几点：①不承认回归权，拖延和搁置难民回归问题；②把难民回归地限制在巴勒斯坦境内；③严格限定难民定义，减少难民数量；④以相互赔偿原则和增加国际援助的方式减轻经济负担。以方真实的立场和目标莫过于以总统佩雷斯在其《新中东》一书中所说的：就政治、经济和社会诸方面来说，巴勒斯坦难民定居在原居住的阿拉伯国家最为妥当。巴勒斯坦则坚持回归权和赔偿。时至今日，在难民问题上巴以之间仍存在难以跨越的原则性分歧。

阿拉伯国家起初将难民问题视为同以色列斗争的有效政治武器，一方面，它们认为给予巴勒斯坦难民公民权意味着对以色列和巴以现状的变相承认，是在削弱巴勒斯坦人的民族斗争和建国努力；另一方面，经济社会负担重、领土狭小、民族国家认同或教派比例等问题也限制和阻碍着各国接纳难民为本国公民。阿拉伯国家的立场至今并未发生变化，巴勒斯坦难民仍是各国领土上的特殊族群和二等公民。

以方的强硬立场与难民60多年的悲惨生活历史和现状形成鲜明对比，由于难民问题与建国问题、耶路撒冷地位问题不同，较难通过技术性方式变通解决，因此它已成为马德里和会、奥斯陆协议和"中东路线图"谈判中的"硬骨头"，也是和谈的死结。另外，它还牵涉众多阿拉伯国家的利益，各国立场态度各异，更增加了双边和多边谈判的难度。进入21世纪后，反恐战争、伊朗核危机、"阿拉伯之春"等地区热点频发，此起彼伏，巴以和谈呈现出明显

---

[1] 〔巴勒斯坦〕亨利·卡坦：《巴勒斯坦阿拉伯人和以色列》，西北大学伊斯兰研究所译，北京人民出版社，1975，第132页。

的边缘化趋势。近期，阿巴斯已签署巴勒斯坦加入15个国际组织和条约的文件，实现法塔赫与哈马斯的政治和解。以色列则拒绝继续释放俘虏，扣留巴方资金并叫停谈判。奥巴马政府推动的巴以和谈再次陷入僵局。巴以和谈只是美国压力下的"摆设"，难现曙光。作为和谈的核心难题，难民问题的前景则更为黯淡。第一次中东战争至今已有60多年，有着惨痛经历的第一代和第二代难民人数在不断减少，而第三代和第四代难民本土化情况普遍，与巴勒斯坦故土的情感渐趋疏离，与难民接纳国在情感上、血缘上更为紧密。因此在自愿原则下部分返回、部分就地安置的难民处理方式或许是最为现实和可行的，也为解决难民问题提供了一丝转机。但这不仅需要巴以双方的政治智慧和勇气，也需要各阿拉伯国家的配合。目前巴以斗争呈现"以强巴弱"和以国内右翼力量明显增强的基本态势，加之美国中东战略调整和"阿拉伯之春"背景下的地缘政治格局重组与多国局势动荡，解决巴勒斯坦难民问题的时机和条件尚不成熟。

四　前景与展望

中东是人类文明最早的发源地之一，古代王国、帝国此起彼伏，产生过灿烂辉煌的古代文明，也是民族、宗教、文化、思想交融和斗争的地方。近代以来，中东又因其独特的战略位置和丰富的油气资源，成为殖民大国争夺的战场。五次中东战争、美苏地区争霸、两伊战争、两次伊拉克战争等，还有严厉的对内民族宗教政策，使中东成为全球最大的难民输出地和集散地，深受难民问题困扰。

难民问题的处理是一项庞大的系统工程，涉及不同人群的不同需求，例如对难民的登记注册、集中或分散安置、食品与生活用品的物资供给、运输与分配、健康卫生援助等；对返回难民或IDPs原有资产的审核与归还；对寻求庇护者申请的审批。除了上述基本生活需求外，还涉及教育、法律援助、就业等诸多问题。因此，各类难民的接纳和安置工作给所在国政府带来了巨大的经济社会负担和行政压力，单靠接纳国政府投入大量人力、物力和财力，或仅仅依靠难民署和相关国际组织的经费和人员，均不能有效应对难民问题。难民问题的处理必须依靠多边合作和多方共同努力。

从难民援助和保护的角度看，当前中东难民问题的最大瓶颈是资金不足。以难民署活动经费为例，伊战后，2004年伊拉克预算为5295万美元，资金缺口为2239万美元；2011年为应对利比亚动乱，突尼斯预算为4574万美元，资金缺口为1009万；2012年伊朗预算为5300万美元，资金缺口为2220万美元。联合国估计，2014年叙利亚难民需要救援资金65亿美元，到2014年4月认捐总额仅为12亿美元。

其次是国际社会关注度不够。单凭接纳国的力量或者采取强硬手段不可能有效改善难民生存境况，亦很难缩减难民数量。通常情况下，难民署与其他国际组织、非政府组织的合作只能照顾到注册难民和他们最基本、最迫切的需求，且存在经费、物资、人力等方面的不足和限制。2008年金融危机以来，欧美迫于经济水平、就业、福利、社会安全等方面的压力，严格控制外来人口入境，减少了捐赠和援助，弱化了国际社会帮助和消化难民的能力。难民安置的程度和水平不仅关乎难民的生存状况，对接纳国的经济社会稳定和地区安全也意义重大。因此，中东难民援助和保护尚需引起国际社会的高度重视和慷慨解囊。

最后，中东难民是战争和冲突的副产品，它的产生与解决和地区局势、国家战乱、社会重建有着直接的因果关系。自2002年起，自愿返回的阿富汗难民达到570万，相当于其全国人口的1/4。萨达姆政权垮台后伊拉克也出现过难民归国高峰。因此，难民输出国政治局势稳定和经济社会重建的稳步推进是解决难民问题的根本有效途径。2014年是中东大选年，阿富汗、伊拉克、叙利亚、埃及等国都将进行大选，各国政局稳定与否将直接决定未来中东难民问题的发展情势。在这里我们也能再次清晰地认识到：稳定压倒一切，发展才是硬道理。

Y.9 中东能源安全问题

陈沫*

摘　要： 从中东能源出口国来看，能源安全问题主要包括生产安全、运输安全、市场安全和价格安全。能源安全的这些因素主要受到地缘政治和国内政治、能源进口国的能源进口来源多样化战略、美国的页岩气革命、世界经济的发展状况等方面的影响，并且面临不同程度的风险。中东能源安全的实现必须要靠加强与能源进口国之间的合作，特别是与包括中国在内的东亚和南亚能源进口国的合作。

关键词： 中东　能源　安全

研究中东安全问题首先需要厘清各方的安全利益。在利益关系错综复杂的中东地区，不同的利益攸关方对利益的关切度不同，有些利益一致，而有些利益则存在冲突。有些在短期内或表面发生冲突，从长期或深层次看却在一定程度上存在一致性。只有正确区分这些问题的性质，才能提出适当的解决方案。

就本文所探究的中东能源安全问题而言，情况也完全如此。在中东地区以外的石油进口国与本地区的石油出口国之间，所谓能源安全问题可能存在很大差异。而在能源出口国之间，由于国情的不同，其对能源出口安全的考虑也可能不尽相同。在中东这样一个多方利益交织、安全问题错综复杂的地区，受篇

---

* 陈沫，中国社会科学院西亚非洲研究所中东研究室副研究员，主要研究领域为中东经济、能源安全问题。

幅所限，本文不可能对涉及中东能源安全的问题进行面面俱到的详尽分析，仅重点关注中东石油输出国所面临的能源出口安全问题。

然而，如前所述，本文在结论部分，为避免研究中东安全问题可能出现的偏颇，必须结合能源进口国和出口国等不同利益攸关方所关注的安全问题，并对如何解决这些问题进行综合思考，以得出结论：解决中东能源安全问题，需要各方树立一种新的能源安全观，即以合作求安全。

就中东能源输出国而言，其所关注的能源安全问题主要是能源出口安全问题。由于能源出口在这些国家的经济增长、出口收入、财政收入、社会福利、社会稳定和国家安全等方面举足轻重，如何保障能源特别是石油的顺利出口和维持出口收入的水平成为这些国家最关注的安全问题。但是，近年来，中东地区的地缘政治发生了巨大的变化，中东能源输出国所面临的能源安全问题日趋复杂。"阿拉伯之春"运动造成世界石油市场对中东主要产油区能源供应稳定的担忧。进入21世纪以来，伊朗核问题的不断升级对海湾地区的油气生产和运输构成了威胁。中东地区国家如伊拉克、苏丹和利比亚等国的局势变化干扰了这些国家的能源生产和出口，霍尔木兹海峡、马六甲海峡和中国南海的争端，使中东能源的主要出口运输通道存在潜在的威胁。美国页岩气革命使美国走向了能源独立，而且美国油气产量的增加可能导致全球油气价格下降，进一步削弱了欧佩克对国际石油价格的影响力，甚至可能使国际油气市场从现在的基本平衡局面逐渐转变为对进口方有利的买方市场。中东产油国在石油生产、运输，出口市场及石油市场价格等方面面临的各种问题，对中东地区产油国的能源出口安全构成了挑战。

一 石油生产的安全问题

长期以来，有一种观点认为，世界石油生产很快会受到资源数量的影响而进入生产顶峰。但从目前的情况看，随着世界石油天然气探明储量的增加，能源生产有充足的资源保障。

从二战结束以来的长期经验来看，资源数量问题从来没有对国际石油生产的全局产生过显著影响，相反，真正影响世界石油生产，特别是影响中东石油生产的因素，几乎全部都是地缘政治因素，特别是产油国国内的政治动荡和中

表1　中东主要产油国石油储量

单位：亿桶

	1992年	2002年	2012年	2012年占世界%
伊朗	929	1307	1570	9.4
伊拉克	1000	1150	1550	9.0
科威特	965	965	1015	6.1
阿曼	47	57	55	0.3
卡塔尔	31	276	239	1.4
沙特阿拉伯	2612	2628	2659	15.9
叙利亚	30	23	25	0.1
阿联酋	981	978	978	5.9
也门	20	29	30	0.2
其他中东国家	1	1	6	—
中东	6616	7413	8077	48.4
世界	10393	13215	16689	100

资料来源：*BP Statistical Review of World Energy*, June 2013, p.6。

表2　中东主要产油国石油产量

单位：万桶/日

	2008年	2009年	2010年	2011年	2012年	2012年占世界%
伊朗	439.6	424.9	435.6	435.8	368.0	4.2
伊拉克	242.8	245.2	249.0	280.1	311.5	3.7
科威特	278.6	251.1	253.6	288.0	312.7	3.7
阿曼	75.9	81.5	86.7	89.1	92.2	1.1
卡塔尔	144.9	141.6	167.6	183.6	196.6	2.0
沙特阿拉伯	1066.3	966.3	1007.5	1114.4	1153.0	13.3
叙利亚	40.6	40.1	38.5	32.7	16.4	0.2
阿联酋	302.6	272.3	289.5	331.9	338.0	3.7
也门	31.5	30.6	29.1	22.8	18.0	0.2
其他中东国家	18.8	19.2	19.2	20.3	18.0	0.2
中东	2641.5	2472.8	2576.3	2798.8	2827.0	32.5
世界	8293.2	8126.1	8327.2	8421.0	8615.2	100

资料来源：*BP Statistical Review of World Energy*, June 2013, p.8。

东地区发生的战争与冲突。中东石油生产目前面临的真正安全威胁在于，这种地缘政治因素依然存在，旧的矛盾，例如曾经引起第二次国际石油危机的巴以冲突问题仍未解决，而新的矛盾还在不断出现。当前，影响中东石油生产的现实和潜在问题主要集中在以下几个方面。

伊朗核问题。伊朗石油资源丰富，但石油生产主要受到伊朗核问题的严重冲击，与此相关的国际制裁直接影响到伊朗的油气供应安全。

伊朗在核问题上长期坚持斗争，看到美国财政经济困难及其在中东地区的影响力下降，以及朝鲜核问题、印度核问题的结果，其地区大国情结受到鼓舞，在困难的国际环境中坚持推进核计划，而且在发展核运载工具方面也取得了显著进展。对美国来说，伊朗核计划直接威胁到美国在中东地区的军事基地的安全，也威胁到美国在中东的战略盟友以色列的安全，因此，美国对伊朗发展核计划持强硬态度。对以色列来说，在中东地区动乱的影响下，周边安全急剧恶化，最大的安全威胁就是伊朗拥有核武器。一旦伊朗拥有核武器，中东地区的战略平衡将会发生不利于以色列的重大变化，以色列将不再是中东地区迄今唯一拥有核武器的国家，其据此对阿拉伯国家形成的战略威慑将被打破。以色列对中东地区阿拉伯国家拥有核武器始终采取零容忍的态度，对于伊朗的核计划，以色列进行过多次空袭演练。鉴于伊朗较强的军事实力，以色列只能与美国保持密切联系以共同对抗伊朗的核计划。一些阿拉伯国家，特别是海湾地区的阿拉伯国家，由于与伊朗有民族、教派的矛盾和领土纠纷，也担心伊朗拥有核武器后在中东坐大，而对伊朗的核计划持反对立场。以联合国安理会的五个常任理事国和德国为代表的世界主要大国出于对中东地区稳定的考虑和对核不扩散原则的责任，也不愿意看到伊朗发展成拥有核武器的国家。在这种情况下，联合国安理会对伊朗采取了多种制裁措施，以美国为首的西方国家则对伊朗实行了更为严厉的单方面制裁。

国际制裁使伊朗的石油天然气生产受到严重影响。许多外国企业因为制裁而撤出伊朗，一些在伊朗石油上游行业投资的外国企业已停止活动，导致伊朗的外国投资减少，石油产量持续下降。2012年，伊朗石油产量仅368万桶/日，比2011年的435.8万桶/日下降了15.6%。① 由于伊朗部分油田寿命已经达到60年甚至70年，随着这些油田老龄化，如果伊朗未来继续受到制裁，这

---

① *BP Statistical Review of World Energy*, June 2013, p. 8.

一下降速度可能会更快。伊朗是世界上天然气储量最大的国家，并对帕尔斯气田的开发进行了宏伟规划。南帕尔斯天然气田位于伊朗南部，预计储量达436万亿立方英尺，是世界上最大的天然气田之一。[①] 然而，由于国际制裁，开发帕尔斯气田的计划长期无法顺利推进。为了保持石油产量不下降，伊朗希望通过向油田注入大量天然气以达到将石油"逼到"油田表面的目的。据美国能源信息署（EIA）《2011国际能源展望》统计，伊朗是中东国家中使用此方式采油消耗天然气最多的国家，2008年其天然气产量的16%消耗于此。但是，由于外国企业在伊朗石油上游行业的撤出，投资急剧减少，伊朗在南帕尔斯天然气田因资金缺乏和科技薄弱等的影响开发不顺，其石油产量复兴计划受到严重打击。

伊朗在强大的国际制裁压力下，于2013年在关于伊核问题的5+1会谈中做出重大让步，决定停止核计划并开始与相关国家展开伊核问题的最终解决方案谈判。然而，西方国家试图借此迫使伊朗放弃核计划已经取得的所有成果，伊朗是很难接受的。而在美国等西方国家看来，其制裁伊朗的目的还不止于核计划。它们认为伊朗利用其在中东地区的影响力支持叙利亚巴沙尔政权，支持黎巴嫩真主党，支持巴勒斯坦的哈马斯，以及沙特、巴林等国的伊斯兰什叶派，对美国在中东地区的利益及其盟友的安全构成了威胁。美国与伊朗关系的改善也受到阿拉伯方面的牵制。2013年，当美国对伊朗的态度有所变化的时候，这些国家则对美国表现出了失望和不信任，沙特为此甚至拒绝出任联合国安理会非常任理事国。因此，美国和伊朗的和解绝非易事，西方国家在放松对伊朗的单方面制裁问题上也没有迈出什么实质性的步伐。关于伊朗核问题最终解决方案的谈判结果目前还很难预料。由于受西方国家制裁的影响，未来伊朗缺少足够的资金维持石油产能，加上本地油田老化，石油产量还有可能继续减少，伊朗能源生产方面仍将面临巨大挑战。

伊拉克等国局势动荡。伊拉克也是中东地区重要的油气资源国，其石油产能的提升具有很大的潜力。但是伊拉克的石油供应至今仍受国内安全局势的影响，特别是阿拉伯人与库尔德人的民族矛盾，以及伊斯兰教什叶派与逊尼派教

---

① http://paper.people.com.cn/zgnyb/html/2011-10/03/content_936340.htm.

派矛盾的影响。2003年伊拉克战争后，什叶派和逊尼派的矛盾以及库尔德人和阿拉伯人之间的矛盾持续恶化，使得伊拉克的石油利益分配问题长期未能解决，以致政府提出的石油法草案长期难获批准，全国的石油生产实际上处于无法可依的状态，暴力活动的不断发生也使石油工业的恢复长期处在不安全的环境之中。尽管一些外国石油公司受利益驱使，通过不同渠道进入伊拉克进行石油开发，使伊拉克近年的石油产量上升较快，从2010年的249万桶/日上升到2011年的280万桶/日，2012年达到312万桶/日，[1]但是石油生产至今没有恢复到1990年海湾战争以前的水平。伊拉克现有的石油法草案中规定采用对外国投资具有吸引力的产量分成制度以吸引外国投资，但既然草案无法通过，其吸引外国直接投资大量流入的潜力也就无法发挥出来。伊拉克现在的石油生产水平远远没有反映该国石油生产发展的巨大潜力。伊拉克国内的民族和教派分裂局面以及由此造成的严重不安全局面短期之内难以彻底转变，这也给该国石油生产的迅速扩大前景蒙上了阴影。

国内局势动荡影响石油生产的还有叙利亚和也门。叙利亚局势动荡及化学武器问题的悬而未决导致叙利亚石油生产严重受挫，石油产量持续大幅下降，从2010年的38.5万桶/日下降到2011年的32.7万桶/日，2012年更是下降到16.4万桶/日，降幅达49.8%。[2]也门由于"基地"组织的频繁活动长期局势不稳，石油生产受到严重影响，2011年为22.8万桶/日，2012年下降到18.0万桶/日，降幅达21.1%[3]。

沙特政权的稳定性。沙特是中东地区最大的石油资源国和生产国，迄今为止沙特的政治社会发展比较稳定，但沙特的王权继承问题存在隐患。沙特缔造者阿卜杜勒·阿齐兹·伊本·沙特的儿子们自他1953年去世以后就连续统治着沙特，王位在兄弟之间传承，而不是父子相袭。但现在第二代亲王普遍年事已高，当今的国王阿卜杜拉年近90，尽管身体状况不好，但已经有两任王储先于他去世。现任王储萨勒曼的年龄也已经接近80岁。沙特政权日益紧迫地面临王位如何从第二代传到第三代的问题。依靠强大的社会福利手段，沙特避

---

[1] *BP Statistical Review of World Energy*, June 2013, p. 8.
[2] *BP Statistical Review of World Energy*, June 2013, p. 8.
[3] *BP Statistical Review of World Energy*, June 2013, p. 8.

免了"阿拉伯之春"的冲击，但其所面临的各种社会问题在不断积累，如人口过快增长带来的就业问题、新兴中产阶级的诉求得不到满足等。除此之外，沙特还有大约15%的人口信奉伊斯兰教的什叶派，与执政王族所信奉的教派不同。这些社会问题如果长期得不到解决，有可能增加社会动荡的风险，并有可能波及石油生产环境的安全。

二 石油运输的安全问题

石油输出通道畅通才能保证石油生产的持续发展。中东石油输出通道的安全对中东产油国的能源安全影响重大。

石油运输的水路安全问题。从水路看，霍尔木兹海峡的石油运输量占中东地区石油运输量的80%，占全世界石油运输量的1/3，是国际石油供应的关键水路。但是，中东石油通过霍尔木兹海峡运输面临风险。伊朗核问题以及伊朗与美国和以色列的紧张关系都对霍尔木兹海峡的石油运输安全构成威胁。美国与伊朗要实现关系缓和并不容易，尽管当前伊朗核问题引发战争的可能性减小了，但伊核问题谈判还会出现反复，伊核问题重新升级的可能性也不能完全排除。伊朗曾多次扬言，如果受到来自美国或以色列的攻击，就会采取封锁霍尔木兹海峡的报复措施。伊朗作为中东地区的一个军事大国，在封锁霍尔木兹海峡方面拥有导弹、水雷、沉船等多种手段。一旦霍尔木兹海峡被封锁，则不仅伊朗的石油生产和出口，整个海湾地区的石油生产和出口都会受到严重影响。

马六甲海峡是中东地区油气运输到亚洲市场的主要通道之一，由于该通道狭窄，很容易受到封锁或航行事故的阻断。马六甲海峡越来越猖獗的海盗袭击对通行的船舶也构成了严重威胁，全球60%的海盗袭击发生在马六甲海峡。马六甲海峡通道的风险始终是人们长期担心的中东石油出口的潜在风险。

南海也是一个重要的水路通道，是联系亚洲与世界各地的非常重要的海上通道，其每年的运输量是苏伊士运河的两倍，① 中东对亚洲的油气出口大多数

---

① http：//tech.sina.com.cn/d/2012-05-23/16517154936.shtml.

要经过这条通道。近年来南海问题也使经过其的中东油气出口的安全面临风险。

石油出口的管道安全问题。从陆路看，管道运输的安全问题主要涉及土耳其和沙特的石油运输管线。

中东地区北部石油运输通道如伊拉克—基尔库克—土耳其通道依然存在风险因素。第一次世界大战后，库尔德民族被肢解，分散到土耳其、叙利亚、伊朗和伊拉克等国，成为没有建立独立国家的民族，但它同时也是中东地区第四大民族。库尔德民族独立问题一直存在，伊拉克战争和叙利亚动乱使得伊拉克与叙利亚库尔德人获得了极大自治，有了脱离政府控制的机会。土耳其的库尔德人也人心浮动，但是，土耳其政府长久以来对库尔德民族实行同化政策，否认库尔德民族的存在，并以此掩饰土国内存在的库尔德问题。以这种方式解决库尔德问题势必引发库尔德人的反对，导致库尔德人与土耳其政府发生冲突。如果库尔德问题引发动乱，其爆发点将是伊拉克通往土耳其的输油管道经过的地区，从而使中东石油外运的陆路运输通道安全面临挑战。

沙特阿拉伯的东西输油管道是两伊战争时期修建的石油运输管道，是沙特石油运输避开当时危险的海湾水道从红海出口石油的管线。然而，由于通过该油管输出石油要通过苏伊士运河，埃及局势的变化势必对该运输通道的安全产生影响。埃及穆兄会政权倒台以后，穆斯林兄弟会受到镇压，伊斯兰教激进势力的暴力抵抗情况有所增加，处在苏伊士运河地区的石油运输管线很容易成为激进势力破坏的目标，从而给沙特的东西输油管的运输安全增添了不确定性。

三　石油市场的安全问题

石油市场需求的繁荣和稳定是中东产油国能源出口安全的重要保证。亚洲石油进口国是中东产油国力图维持的重要市场，而亚洲石油市场的变数将对中东产油国的能源安全产生重大影响。

西方国家对中东石油的进口需求逐渐减少。自20世纪90年代开始，西方国家从维护其能源安全出发，采取石油供应来源多样化的进口战略，其结果是美国和欧洲在石油供应多样化的过程中逐渐摆脱了对中东石油的依赖。2002年，美国从中东进口的石油占美国石油总进口的22.9%，欧洲从中东进口的石油占其石油总进口的32.2%；到2012年，美国从中东进口的石油占其石油总进口的比重下降到20.6%，而欧洲从中东进口的石油仅占其石油总进口的18.2%。[1] 美国和欧洲的石油供应从中东地区转移到了其周边地区。对中东地区的石油需求，更多地来自中国、日本、韩国和印度等亚洲国家，而这些国家由于地理上的因素也不得不依赖来自中东的石油。在这个意义上，中东石油出口对亚洲市场的依赖性不断增大，但中东石油在亚洲市场的地位也面临挑战。

美国页岩气革命可能冲击中东天然气出口市场。随着美国页岩气的成功开发以及页岩气持续增产带来页岩油产量的增加，这场页岩气革命不仅改变了美国国内的能源结构，也深刻影响着全球能源与地缘政治格局。页岩气革命使美国历届总统所坚持的针对中东地区的能源独立战略的实现逐步成为可能。页岩气的大规模应用大幅增加了美国本土天然气的供应，减少了天然气进口，页岩气也具有在一定程度上逐渐取代石油能源的前景。在2000年，美国页岩气产量仅占传统天然气产量的1%，2012年已经高达30%。[2] 美国还将多个LNG进口项目的一部分转变为出口项目，使得天然气价格大大低于欧洲和亚洲天然气的市场价格，中东产油国的天然气市场受到挤压。因此，中东的LNG供应只有寻求亚洲市场。另外，对中东地区最重要的产油国沙特来说，美国能源独立进程的整体推进使得沙特与美国的石油供求状况发生了变化，美国作为原来沙特石油出口的重要对象，对沙特石油的需求有可能进一步减少。

欧盟天然气市场可能发生不利于中东的变化。对欧盟国家来说，天然气供应目前主要依赖俄罗斯。2012年，俄罗斯天然气开采量为5923亿立方米，消费量为4162亿立方米，通过管道出口到欧洲的天然气为1300亿立方米，[3] 乌

---

[1] *BP Statistical Review of World Energy*, June 2010, p. 20.

[2] http://news.xinhuanet.com/world/2012-11/19/c_123971195.htm.

[3] *BP Statistical Review of World Energy*, June 2012, pp. 20–22.

克兰70%左右的天然气依赖俄罗斯的供应,乌也是俄罗斯天然气供应欧盟市场的通道。对俄罗斯来说,欧盟是一个巨大的市场。但是,俄罗斯2009年关闭通往乌克兰和欧洲的天然气管道使欧盟国家再次对天然气来源多样化进行新的思考和决策,而2014年2月爆发的乌克兰危机使得欧盟从俄罗斯进口天然气又增加了变数。如果克里米亚冲突导致欧洲天然气供应中断,欧盟国家则更加需要来自俄罗斯以外的天然气和LNG的供应。而美国自页岩气革命以来增加了1574亿立方米的天然气产量,[①] 天然气出口能力剧增,欲全面挑战俄罗斯在欧洲的天然气市场的垄断地位。美国和俄罗斯在乌克兰动乱问题上的不同立场更提升了美国通过向欧盟提供天然气来遏制俄罗斯的可能性。美国页岩气革命和亚洲市场LNG需求的快速增长,特别是乌克兰危机进一步推动了全球天然气市场格局的变化。俄罗斯为了地缘政治的需要可能控制对欧盟的天然气出口,但又要保证其天然气出口所带来的收益,因此,转向增加对亚洲市场的天然气供应或扩大对中国、日本、韩国的天然气出口不失为一种战略选择。如果这种选择得以实现,则中东产油国在亚洲天然气市场的出口将受到冲击。

四 石油价格的安全问题

石油出口价格对石油输出国的出口收入具有十分重要的意义。价格上涨与增加石油产量相比,往往更能够提高石油输出国的出口收入。因此,中东能源出口国期望国际石油价格维持在比较高的水平,并把维护石油价格水平摆在能源出口安全的核心位置。

世界石油价格基本上取决于世界石油市场供求关系,但也经常受到地缘政治因素的影响。1973年的第四次中东战争,1979~1980年的伊朗国内动乱、两伊战争爆发和苏联入侵阿富汗,1990~1991年的海湾危机和海湾战争,2001年爆发的阿富汗战争,2003年爆发的伊拉克战争等动乱和战争,都曾导致市场对石油供应中断预期的上升和石油价格的大幅上涨。在地缘政治关系紧

---

① http://bbs.tianya.cn/post-worldlook-1063976-1.shtml.

张时期，国际石油市场还会出现大量的金融炒作现象，2008年以前的国际石油价格持续高涨，就包含了在伊朗核问题逐步升级背景下投机资金大量流入石油市场进行炒作的原因。

从目前的供给方面来看，世界主要产油国的供应能力可以满足世界石油需求，但由于沙特的石油产量接近其最高生产能力，因此其可动用的剩余产能已经不多。中东主要石油资源国沙特和科威特迄今禁止外国直接投资进入石油工业上游领域，伊拉克则由于政治原因难以大规模提升生产能力，因此中东地区的石油生产能力迅速提升的前景不明朗。现有的生产能力尚可满足世界石油需求，但剩余产能数量不多。可能影响中东石油供应能力的地缘政治因素，如伊朗核问题、叙利亚问题、巴以冲突等，目前都处在可控状态，尚不至于激烈爆发，但这些问题解决的前景都不明朗，不能排除重新升级的可能性。

从需求方面看，世界经济的恢复还存在不确定性。2014年4月16日，国际货币基金组织发布的《世界经济展望报告》预测，2014年全球GDP增速为3.9%。[①] 世界经济复苏趋势正在加强，经济增长复苏的主要动力从发展中国家或者新兴经济体过渡到了发达经济体。2013年下半年世界经济复苏的势头进一步加强。但全球经济依然存在较强的下行风险，主要是地缘政治的影响，如乌克兰危机；一些经济体如欧元区和日本存在出现通缩的风险。一些新兴经济体经济增长速度减慢，也可能出现新的风险。因此，目前世界市场供求基本平衡，预计油价不会暴涨，但暴跌的可能性也不大。在世界经济没有强劲增长和地缘政治因素可控的情况下，石油市场的金融炒作时机也不成熟，因此，国际油价暂时处在一个比较平稳的阶段。但如果世界经济加快增长或地缘政治危机爆发，则现有的石油供应能力将面临考验，油价还会出现攀升。

五 以合作求安全的思考

石油生产、运输、出口市场及石油市场价格等能源安全因素是中东产油国面临的挑战，如何走出安全困境是其首先要解决的问题。中东能源安全只

---

① http://www.imf.org/external/ns/cs.aspx?id=29.

有顾及多方关注的合作才能实现。确保中东能源安全应提倡以合作求安全的新安全观。

中东能源生产和运输安全的实现，主要取决于能源产区政局的稳定和运输通道的安全。进入21世纪以来，作为中东地区霸主的美国逐渐将其对中东国家的战略从稳定转向改造，先后发动伊拉克战争和利比亚战争，对伊朗加紧单边制裁，促成南苏丹独立，在叙利亚内战中支持反对派，致使伊拉克、利比亚、伊朗、苏丹等中东主要石油输出国的政治局势长期动荡或长期遭受国际制裁，各国的石油生产在不同时期都受到严重影响。美国与伊朗关系的紧张以及美国推行"重心东移"战略或"亚太再平衡"战略，导致从霍尔木兹海峡到中国南海的石油运输通道沿线地缘政治局势紧张。事实证明，美国在中东推行的强权政治和新干涉主义难以给中东产油区和石油运输通道带来政局稳定和安全，反而增加了石油生产和运输的风险。最近10年来美国因国内经济困难和战略重心转移，掌控中东局势的能力有所下降。中国一贯主张的发挥联合国安理会在解决地区冲突中的权威作用，遵守国际法准则，倡导有关方面通过谈判解决热点问题，应当成为推动中东地区实现政局稳定的新思路。

中东国家能源出口市场的巩固和拓展，依赖加强与亚洲国家的合作。美国和其他西方国家的能源供应来源多样化是中东国家必须面对的新现实。亚洲国家特别是中国和印度的能源进口需求快速增长，为中东能源出口国开辟了重要的市场新前景。尽管亚洲地区能源进口市场会出现更多的竞争，但由于地理位置相邻和运输条件便利，与美国和俄罗斯相比，中东国家对亚洲国家的能源出口仍占有明显的竞争优势，因而备受东亚和南亚能源进口国的青睐。中东主要油气资源国如果能够加强与东亚和南亚能源进口国的合作，保持并进一步扩大这种优势，例如合作开辟克拉地峡等绕开马六甲海峡的能源运输新通道，从而使能源运输更加安全；为能源进口国企业提供更多参与油气开发的机会，从而使石油进口国直接获得更多的油气资源；扩大在石油进口国炼化产业的投资，从而提升石油进口国精炼中东高硫原油的能力；与能源进口国建立自由贸易关系，从而全面降低贸易和投资壁垒，以使未来的亚洲市场安全获得更好的保障。

中东国家确认合理的石油价格，应考虑石油进口方和出口方双方的利益。

过高的石油价格虽然可以使石油出口国在一定时期内获得高额石油出口收入，但过高的石油价格可能导致世界经济衰退，石油出口国则不得不面对石油价格长期低迷、出口收入下降和经济衰退的情况。高油价还会刺激石油替代能源的加速发展，促使世界经济尽快彻底摆脱对石油能源的依赖，这是20世纪最后30年石油输出国得到的重要教训。因此，对于石油出口国而言，合理的油价应当是达到出口和进口双方都可以接受的水平。防止石油价格暴涨暴跌，需要从多方面入手。一方面，需要防止石油生产和运输过程中爆发的冲突，并积极参与缓解冲突及相关的国际合作；另一方面，主要石油资源国需要积累一定的剩余生产能力，以便必要时对市场进行干预。而吸引石油进口国的投资是提升生产能力的重要途径，也是中东产油国确保能源安全的途径之一。

Y.10 中东金融安全问题

姜英梅*

摘　要：
　　金融安全是金融全球化的产物，是国家安全战略的重要组成部分。中东国家的金融自由化改革是一种渐进式的改革，取得了一定的成果，中东金融体系已成为国际金融体系的一部分，但仍处于边缘地带。金融全球化时代不存在经济绝缘体，2008年国际金融危机对中东金融体系同样产生了负面影响，金融安全问题已成为政策制定者的重要关切之一。未来，中东金融体系应在融入全球化的同时，关注自身特质，抵御金融风险，确保金融安全和经济安全。

关键词：
　　金融全球化　金融安全　金融危机　中东金融

　　近三十年来，为了完善金融体系，促进经济增长，中东各国政府纷纷采取措施，开启经济改革之路，金融部门逐渐开放和自由化，取得了一定的成果。因此，相比国内其他部门，中东各国金融业发展相对成熟。但是，在全球金融体系中，中东金融体系仍处于边缘地带。与此同时，在金融全球化的国际金融体系里，不存在任何经济绝缘体，金融自由化和全球化也给中东国家带来许多风险，中东金融安全已成为各国政策制定者的重要关切之一。

---

* 姜英梅，法学博士，中国社会科学院西亚非洲研究所副研究员，主要研究领域为中东经济发展、中东金融及能源安全等，著有《中东金融体系发展研究——国际政治经济学的视角》一书。

一 金融全球化与金融安全[①]

金融全球化是经济全球化的核心,与此同时,金融全球化也是风险最大、危机最频繁,最敏感和最脆弱的经济领域,现代国际金融危机的爆发和传导与金融全球化的背景有着极为密切的关系。金融全球化是金融业跨境发展而趋于全球一体化的趋势,是全球金融活动和风险发生机制日益紧密联系的一个客观历史过程。[②] 金融全球化对全球经济产生了重大影响,从整体上有力地推动了世界经济和国际金融的发展,人人提高了国际金融市场的效率,实现了资源的有效配置,有利于全球福利的增进。然而,金融全球化也是一把双刃剑,对世界经济也带来了负面影响:金融风险加大,甚至爆发金融危机;进一步拉大贫富差距。

金融安全与金融风险相对而生。在金融全球化的发展过程中,国际金融危机时有发生,因此,金融安全作为应对金融全球化的一个重要战略而被提出,已成为国家安全战略的重要组成部分。与此同时,在金融全球化的中心-外围体系中,发展中国家处于外围,处于中心的发达国家主导金融全球化,通过"剪羊毛"方式加剧了国际经济不平等格局,甚至侵蚀民族国家的经济主权。一国国家经济实力和金融体系完善程度是影响金融安全的内在因素,体系越完善,实力越强,应对金融风险的能力就越强。

没有金融安全,就没有经济安全,也就没有国家安全。1997年亚洲金融危机后,中国学者开始关注金融安全。金融风险、金融危机与金融安全密切相关,风险越小,安全程度越高;反之,风险越大,安全程度就越低。当金融风险积累到一定程度,一旦受到某种冲击,就会产生全局性的、破坏性的结果——金融危机。金融危机是金融不安全的极端表现。伴随金融风险的全球化,金融危机也出现了全球化的趋势。金融全球化的理论基础是新自由主义,然而,这一理论假说是以金融市场的信息对称完善和完全市场竞争为前提的,但在当今现实世界,这两个前提均无法得到满足。新自由主义模式非但没有成

[①] 参见姜英梅《中东阿拉伯国家金融自由化探析》,《阿拉伯世界研究》2012年第1期。
[②] 王元龙:《中国金融安全论》,中国金融出版社,2005,第35页。

功,在新自由主义推动下形成的金融全球化浪潮还导致金融危机频繁出现。20世纪80年代以来,世界上爆发了10次较大的金融危机(见表1)。频繁爆发的金融危机给世界各国的经济发展带来了巨大危害,债务危机和综合性危机的危害更大,不仅影响了危机国的宏观经济稳定和社会稳定,侵害了国家信用和经济主权,还对世界经济造成了多米诺骨牌效应。

表1　20世纪80年代以来世界上10次较大的金融危机

时　间	名　　称	性　质
1982	拉美金融危机	债务危机
1992	欧洲货币体系危机	货币危机
1994	墨西哥金融危机	综合性危机
1997	亚洲金融危机	综合性危机
1998	俄罗斯金融危机	货币危机
1999	巴西金融危机	货币危机
2000	土耳其金融危机	银行信用危机
2000	美国纳斯达克股市危机	股市危机
2001	阿根廷金融危机	债务危机
2008	国际金融危机	综合性危机

资料来源:王国刚主编《全球金融发展趋势》,社会科学文献出版社,2003,第40~43页;李若谷:《全球化中的中国金融》,社会科学文献出版社,2008,第7~8页。

从国际社会来说,金融危机爆发的原因很复杂,从表面来看,主要包括内外两方面的原因。内部原因主要是危机国宏观经济发展不协调,如经济结构失衡、外债过多、过分依赖外资及金融体系不完善等。外部原因主要包括国际投机势力冲击、国际救援不力等。2008年国际金融危机是美国长期奉行经济新自由主义的产物,宏观经济不平衡、监管缺失和过度杠杆加剧了危机的影响力和破坏力。[1] 然而,2008年国际金融危机的本质依然是资本主义的制度性危机,是资本主义基本矛盾在当代发展的必然结果,对美国和欧洲等西方发达国家的金融部门造成了重创,出现了冰岛债务危机、希腊债务危机等主权债务危

---

[1] Quarda Merrouche and Erlend Nier, *What Caused the Global Financial Crisis-Evidence on the Prices of Financial Imbalances 1999 - 2007*, IMF WP/10/265, December 2010, p. 35.

机。发展中国家由于金融创新不足和相对边缘化，金融部门所受冲击相对较小。国际金融危机再次令世人，尤其是发展中国家，对美国等西方国家的经济新自由主义提出质疑，马克思主义理论和国家干预理论再度受到热捧。

二 中东国家金融自由化改革

金融自由化浪潮最早出现于20世纪70年代欧美发达国家，此后发展中国家也在80年代开始金融自由化改革并在90年代呈现加速发展趋势。尽管20世纪末发生了亚洲金融危机，各国金融自由化进程并未中断。21世纪初，金融自由化继续发展，发展中国家逐步开放本国金融市场。

中东国家金融自由化的时间要稍晚一些，开始于20世纪80年代末。中东地区的政治经济现代化和金融自由化，是国内政治经济发展需求和全球化挑战内外因素共同作用的结果。阿拉伯国家的金融部门国有化程度极高，且存在过度管制，货币工具形同虚设。阿拉伯国家的金融自由化是一种渐进式的改革，是其宏观经济改革战略的一部分，力图通过自由化、现代化、提高透明度，及通过加强风险监管来提高金融中介效率。改革分四个阶段进行，第一阶段是利率和外汇市场的自由化，第二阶段是改革银行体系，第三阶段是改革资本市场，第四阶段是改革监管环境。2008年国际金融危机横扫全球，中东国家的金融调整和监管步伐更加坚定。

总之，过去30年来，中东国家在建立市场化金融体系方面不断进步，然而，中东金融改革还有很长的路要走，在金融效率、深度和竞争力方面与国际金融体系相比还有很大差距。

三 国际金融危机对中东金融体系的影响[①]

全球化时代，不存在经济绝缘体，金融自由化和全球化也给中东国家带来许多风险。2007年发端于美国的金融危机横扫全球，中东地区也未能幸免。

---

① 参见姜英梅《中东阿拉伯国家金融自由化探析》，《阿拉伯世界研究》2012年第1期。

（一）银行业流动性紧张，信贷紧缩

由于与国际金融体系关联性不强，以及受国内金融业务规模限制，相比世界其他地区，中东国家银行部门受到的影响相对较小。然而，石油收入锐减、国际资本链断裂导致银行部门出现流动性紧张和信贷紧缩，有的银行甚至出现亏损。2008年阿拉伯银行100强一级资本增长率从2007年的19.7%降到11.3%。[①] 为应对银行不良贷款，海湾地区银行的贷款损失准备金（预留应付坏账的款项）急剧增加，2009年平均增幅达300%以上，2010年海湾地区银行继续保持较高的贷款损失准备金额度。[②] 与此同时，国际三大权威评级机构——标准普尔、穆迪、惠誉下调海湾多家银行评级。和世界其他地区相同，银行流动性紧张导致中东信贷繁荣局面发生大逆转，出现信贷紧缩。中东地区信贷增长率从1983～2008年40%的平均水平，下降到2009年的4.1%。[③] 危机中，中东银行面临的最大难题是如何获得流动性，各国采取了各种措施抵御金融危机的影响，包括流动性支持、存款保证、资本注入、资本回购、货币政策（降息）、财政刺激等。由于与国际金融体系联系不紧密，对次贷产品的风险敞口有限，中东大多数银行较为平稳地渡过了此次危机。由于杜绝了金融衍生品，伊斯兰金融市场较好地抵御了金融危机的洗礼，资产年增长率15%左右，成为国际投资新宠。

现在，金融危机已过去6年多，然而，全球经济复苏乏力、欧债危机及中东持续动荡，都给中东国家金融安全带来负面影响，动乱国家尤甚，例如银行停业、评级下降、挤兑风潮和股市休市频现，利比亚还发生抢劫银行和绑架银行经理的恶性事件。海合会国家则由于充沛的石油收入和社会福利支出，金融安全尚未受到冲击。由于经济复苏、存款上升及流动性增强，信贷水平改善和不良贷款下降，银行抵御风险能力增强，但短期内银行贷款增速

[①] Stephen Timewell, "Arab Banks Stay Solid in Tough Conditions", *The Banker*, 5 October 2009.

[②] 据阿联酋《阿拉伯商业》杂志2010年4月21日报道，转引自《海湾地区银行将继续保持高额贷款损失准备金》，新华网，2010年4月21日，http://news.xinhuanet.com/fortune/2010-04/21/c_247646.htm。

[③] IMF, *Regional Economic Outlook*, *Middle East and Central Asia*, May 2010, p.21.

仍低于存款。2013年3月，标准普尔发布报告称，受益于高油价和经济持续增长，海湾国家银行将从经济危机中稳步复苏。报告同时也指出了海湾国家银行的政治风险和对石油收入过度单一依赖的业务风险。2013年底，穆迪、惠誉等机构上调海湾国家主权信用评级，对海湾银行业未来预期也较为乐观。

（二）项目融资市场由盛转衰

银行流动性紧张和信贷紧缩局面，导致项目融资市场萧条，许多依赖银行融资的大型项目（尤其是建筑和房地产市场项目）资金链断裂，一些项目不得不中途下马或暂时搁浅。2010年初，中东地区正在进行的项目价值5058亿美元，搁浅项目价值高达6240亿美元（见表2）。无论是正在进行的项目还是搁浅项目，阿联酋都居首位，分别占中东国家两类项目价值的42.3%和71.2%。[1] 受"阿拉伯之春"影响，2011年中东地区取消和推迟项目达到顶峰，超过1万亿美元。[2]

表2 2010年1月中东国家进行中项目和搁置项目价值

单位：10亿美元

国家	进行中项目金额	搁浅项目金额	国家	进行中项目金额	搁浅项目金额
阿联酋	213.9	444	巴林	8.7	9.1
沙特	94.6	40.1	摩洛哥	7.6	1.6
伊朗	35	4.8	阿尔及利亚	7.1	24.5
科威特	25.2	40.8	埃及	6.1	20.5
约旦	22.7	1.1	利比亚	5.2	—
卡塔尔	21.9	7.9	叙利亚	4.5	—
阿曼	21.6	6.5	也门	2.1	1
伊拉克	19.1	20.3	黎巴嫩	1.8	1.8
突尼斯	8.8	—	总计	505.8	624

资料来源：Sophie Evans, "Projects 2010: Market Begins to Recover in the Region", *MEED Yearbook 2010*。

---

[1] Sophie Evans, "Projects 2010: Market Begins to Recover in the Region", *MEED Yearbook 2010*.

[2] Middle East Economics Digest (MEED), *Project Finance: A Steady Flow of Deals Is Expected in 2014*, MEED, Vol. 58, No. 5, 31 January – 5 February 2014, p. 29.

伴随高油价、经济复苏和地区局势缓和，中东地区项目融资市场也逐渐回暖。2013年中东地区项目融资交易额达到487亿美元，而2012年仅为188亿美元。全球15个最大的项目融资交易中，中东地区就占了4个。① 根据科威特金融中心的报告，海合会六国政府致力于继续完善基础设施建设，海合会六国2013～2020年建筑项目造价将达9000亿美元。② 许多危机前停滞的项目重新启动，标志着建筑行业复苏，同时，此前许多因金融危机而从阿联酋转移至沙特和卡塔尔的商业活动，现在则开始回流至阿联酋。

（三）股市下挫，市值缩水

全球股市低迷影响了海湾国家股市的投资信心，造成股指狂跌，市值严重缩水，市场交易清淡。心理因素是海湾股市下跌的症结。迪拜股市是外国投资者在海湾国家唯一可以直接投资的股票市场，危机发生之初，大量外国资金撤出股市，使投资者产生恐慌，造成股市暴跌。从2008年9月15日到2009年3月7日，15个阿拉伯证券市场的市值从约12130亿美元狂跌至6980亿美元。此次危机使得阿拉伯证券市场市值创下自2003年底（4230亿美元）以来的最低点。地产股、金融股和钢铁建材股损失最为严重。③ 除突尼斯外，中东国家股票市场指数大幅下跌，2008年1月1日至2009年3月30日，迪拜股市跌幅超过70%（见图1），卡塔尔市值损失占GDP比例超过100%（见图2）。

自2009年4月中旬以来，全球股票市场开始回暖，原因是在2009年4月G20伦敦峰会以及美国财政部采取措施之后，人们对国际银行体系状况的信心提高了。随着油价回升和资本缓慢流入，中东股票市场同步上扬。然而，2010年底开始的中东大动荡又使中东股市陷入了水深火热之中。随着投资者对本地区股票市场恐惧心理的增加，许多投资者开始减仓，并从海湾市场和阿拉伯市

---

① Middle East Economics Digest（MEED），*Project Finance*：*A Steady Flow of Deals Is Expected in 2014*，MEED，Vol. 58，No. 5，31 January–5 February 2014，p. 30.
② 中国驻阿联酋大使馆经济商务参赞处：《海合会六国2013～2020年在建建筑项目造价将达9千亿美元》，2013年9月10日，http：//ae. mofcom. gov. cn/article/ztdy/201309/20130900296735. shtml.
③ 中国驻阿联酋大使馆经济商务参赞处：《阿拉伯证券市场投资者损失5150亿美元》，2009年3月12日，http：//ae. mofcom. gov. cn/article/ztdy/200903/20090306095627. shtml.

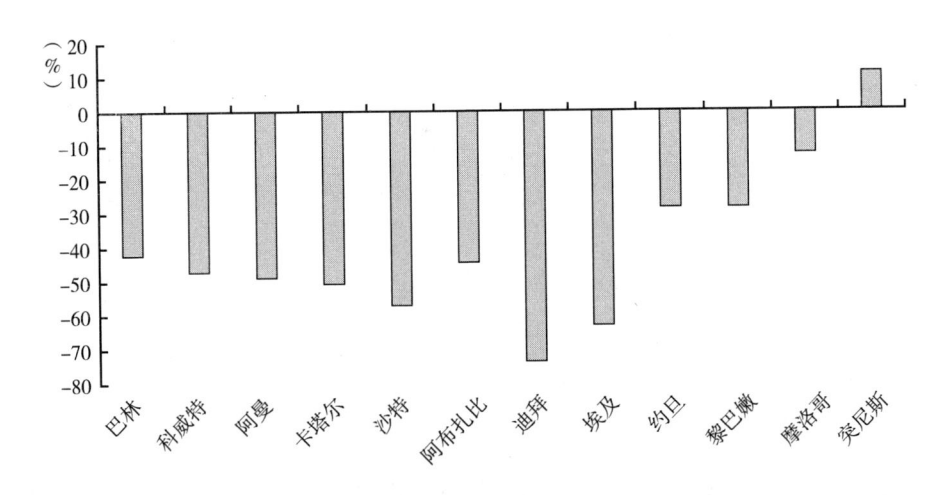

图 1　股票市场指数变化

资料来源：Juliane Brach &Markusi Loewe, "The Global Financial Crisis and the Arab World: Impact, Reactions and Consequeces", *Mediterranean Politics*, Vol. 15, No. 1, March 2010, p. 52。

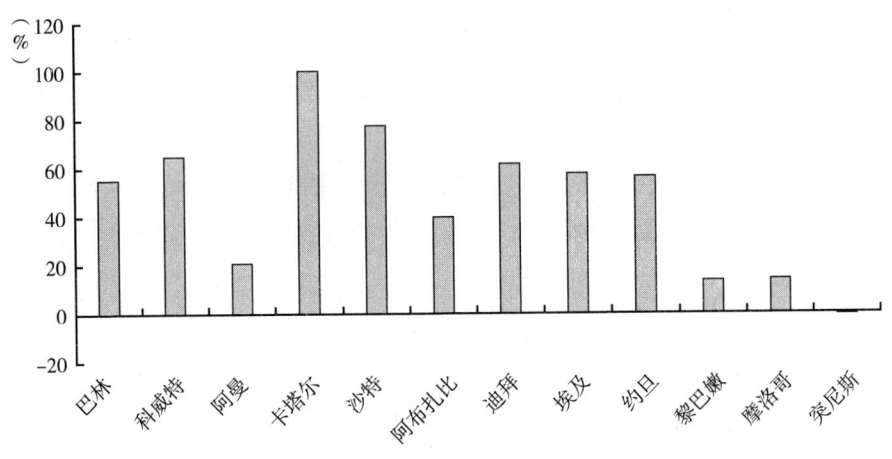

图 2　市值损失与 GDP 比例（2008 年 1 月 1 日～2009 年 3 月 30 日）

资料来源：Juliane Brach &Markusi Loewe, "The Global Financial Crisis and the Arab World: Impact, Reactions and Consequeces", *Mediterranean Politics*, Vol. 15, No. 1, March 2010, p. 52。

场抽身。因此，2011 年，除个别国家外，中东地区股市均大幅下滑。地区动乱、国际金融危机的持续负面影响，以及国际经济通货紧缩、欧洲主权债务危机等，所有这些因素都对中东市场形成了负面冲击，动乱国家尤甚。埃及股市下跌最为严重，股指暴跌 66.7%，市值缩水 42.1%，巴林股市在海湾国家中损失最惨,全年指数下降了20.1%。[1] 2012年后,随着相关国家局势相对稳定,中东股市有所反弹,但仍未恢复到2008年金融危机前的水平(见图3)。金融危机、国际环境以及政治局势对中东国家尤其是转型国家股市影响较大。

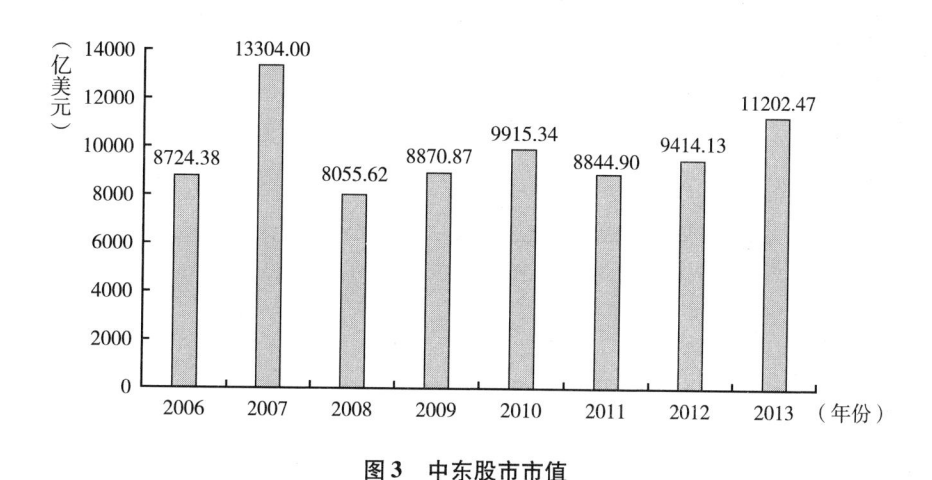

图3 中东股市市值

年份	市值(亿美元)
2006	8724.38
2007	13304.00
2008	8055.62
2009	8870.87
2010	9915.34
2011	8844.90
2012	9414.13
2013	11202.47

资料来源:阿拉伯货币基金组织网站,http://www.amf.org.ae/sites/default/files/econ/amdb/AMDB%20Performance/Yearly%20Performance/en/prv_yearly_summary.htm。

(四)石油美元和主权财富基金投资受损

石油美元是石油提价后出现的一种金融力量,为中东国家传统金融和伊斯兰金融的飞速发展插上了"翅膀"。据估计,海合会国家拥有的石油美元资产在2.4万亿~2.8万亿美元,其中政府拥有的石油美元资产(中央银行和主权财富基金)占65%,其余由政府投资公司、个人、国有企业和私营企业拥有。[2] 海湾国家的石油美元主要投放在美国和欧洲发达国家,金融和房地产业是主权财富基金最青睐的投资目标,这直接导致主权财富基金资产在2008年大幅缩水,海湾国家主权财富基金损失了3500亿美元,沙特、阿布扎比、科威特和卡塔尔的主权财富基金缩水40%(见表3)。

---

[1] AMF, *The Joint Arab Economic Report 2011*, Fourth Quarter 2011, pp. 110–111.
[2] Kito de Boer, Diana Farrell, Susan Lund, "Investing the Gulf's Oil Profits Windfall", *The McKinsey Quarterly*, May 2008.

表3 2007~2008年海湾四国主权投资机构资产额

单位：亿美元

投资机构	2007年	2008年	亏损	政府注资
阿布扎比投资局和投资委员会	4530	3280	1830	590
沙特货币委员会（SAMA）	3850	5010	460	1620
科威特投资局（KIA）	2620	2280	940	570
卡塔尔投资局	650	580	270	280
其他GCC国家	1160	840		-330
GCC	12820	12000	3500	2730
挪威	3710	3250	1110	640

资料来源：UNCTAD, *World Investment Report 2009*, July 2009。

石油美元正在深刻改变国际货币体系，反过来也易于造成石油市场波动，而石油价格下跌不仅影响石油出口国，还将影响依赖外部融资的国家。对中东国家而言，石油与美元定价机制以及中东产油国货币盯住美元的汇率机制使得石油美元回流陷入一种囚徒困境，即在美元持续贬值的情况下增加对美元资产投资不利于其资产保值，大幅减少美元资产投资又会冲击海外资产。1995~2009年全球主权财富基金对金融部门投资比例为42%，其中82.5%投向国际银行部门。[1] 国际金融危机后，海湾国家石油美元呈现多元化的投资策略，从被动型投资转向主动型投资；从以金融业投资为主转向投资组合多元化，更青睐制造业和高科技企业；尽管石油美元资产仍以美元为主，但货币构成日益多元化；投资区域也由以欧美发达国家为主，加大对亚太，尤其是中国的投资力度。2012年海合会国家的主权财富基金总额从2008年的12000亿美元增长到18990亿美元。[2]

(五) 国际资本流入减少

资源丰富的中东地区成为众多跨国公司青睐的投资目标，自2000年以来，中东吸引外资总体呈上升趋势。国际金融危机中断了这种上升趋势。国际信贷

---

[1] Steffen Kern, "Deutsche Bank Research", *Deutsche Bank Report*, July 2009.
[2] USA, Sovereign Wealth Funds Institute, Dec. 2012, http://www.swfinstitute.org/fund-rankings/.

市场紧缩和国际贸易下滑影响了对中东地区的直接投资流量，从 2008 年的 1275.4 亿美元降至 2009 年的 947.5 亿美元，此后连续三年呈下滑趋势，直到 2012 年才出现小幅增长（见图 4）。地区持续动荡带来的不确定性、全球经济复苏乏力和跨国银行资本收缩是外资流入持续下滑的主要原因。2009 年流出该区域的直接投资减少了 58.6%，降至 222.3 亿美元。[1] 这是因为饱受流动性紧张之苦的海合会国家重新将注意力集中到国内经济上。然而，2010 年底国际石油价格持续上涨导致中东产油国石油收入大增，中东直接外资流出量开始反弹，这意味着该区域的投资者（主要是海合会国家和土耳其）在一段时期的撤资之后重新开始海外收购，这主要是由制造业部门海外绿地项目的增长推动的。北非地区的外向直接投资占整个非洲对外投资的一半，然而受中东局势动荡影响，北非对外直接投资持续低迷。

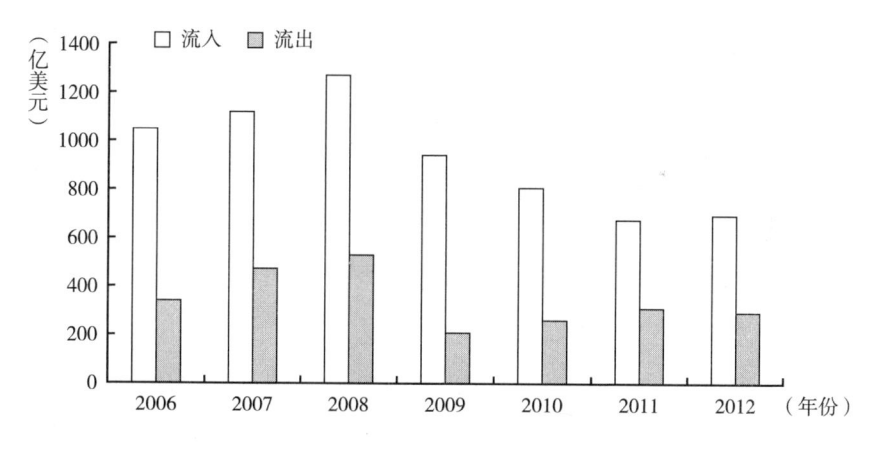

图 4　中东外国直接投资流入量和流出量

资料来源：UNCTAD, *World Investment Report 2013*, pp. 169 - 171。

国际银行贷款是中东国家另一个主要的外来融资渠道。为抵御金融危机，改善资产负债表，国际银行纷纷实行去杠杆化战略，导致跨国银行辛迪加贷款大幅缩减。2009 年全球辛迪加贷款额为 1230 亿美元，和 2008 年相比几乎下降了一半。中东地区降幅更大，从 18 亿美元降到 2 亿美元。[2] 这对中东尤其

---

[1] UNCTAD, *World Investment Report 2013*, pp. 169 - 171.
[2] World Bank, *Global Economic Prospects*, January 2010, p. 20.

是石油进口国以银行为主导的金融体系——几乎没有公司通过发行债券方式筹资——的影响不言而喻。中东动乱还导致本币贬值、通胀率上升、外汇储备减少、资本流出等。海湾国家正在进行的经济多元化进程将耗资数千亿美元,对融资、债券发行和贷款的需求日益上升。因此,高额资本正从动乱国家流入海湾国家,投资者偏好现金、房产等低风险投资,但对冲基金和股权投资也开始流行。与此同时,深陷欧债危机的欧洲银行借机扩大在海湾及中东地区的业务规模。彭博社数据显示,2013年,中东银团贷款在经历了3年的低谷后增长13.4%,达到476亿美元。[①]

总体来说,中东地区资本流入部分恢复,但相比其他新兴国家还很脆弱。为此,中东各国需要采取措施吸引外国资本,并对银行为主导的金融体系进行多元化改革。

(六)迪拜世界债务危机

2009年末,就在全球经济缓慢复苏之际,"迪拜世界"(迪拜酋长国著名公司——笔者注)债务危机震动了国际资本市场,导致全球股市下挫,金价油价下跌。

过去几年,迪拜模仿香港和新加坡模式,为打造成中东地区物流、休闲和金融枢纽推动了3000亿美元规模的建设项目。客观地说,在经济严重依赖石油出口的中东国家,缺少石油的迪拜凭借自身地理优势,实现经济飞速发展,其模式仍值得肯定,并成为其他海湾国家效仿的对象。然而,迪拜模式的"软肋"在于缺少实体经济,它没有工业和石油,85%的常住人口是匆匆来去的外籍人,通过政府及其掌控的企业在国际上大量借贷来推动经济多元化,政府与国有企业的债务像滚雪球一样不断增加。由于迪拜经济对外部依赖程度较高,国际金融危机重创迪拜旅游、贸易及金融服务业,曾经给迪拜世界带来巨额收益的房地产项目以及海外投资就成为本次债务危机的导火索。随着全球贸易萎缩,迪拜世界来自港口、物流

[①] 中国驻阿联酋大使馆经济商务参赞处:《欧洲国家银行寻求扩大在中东北非业务》,2014年1月22日,http://ae.mofcom.gov.cn/article/jmxw/201401/20140100469665.shtml。

等的稳定收益锐减,房价大幅下挫引发资金链断裂。全球范围的"去杠杆化"浪潮导致国际资本不断撤离迪拜,加剧了迪拜世界的财务紧张状况。迪拜发展模式受到质疑,海湾地区其他国家不得不重新寻求其他经济发展道路。

金融危机和迪拜世界债务危机后,阿联酋银行忙于清理不良债务、降低风险敞口、提高流动性水平以实现去杠杆化,银行贷款也因此几乎停滞,直到2012年下半年,随着银行不良贷款率下降,信贷才有所松动。2008~2012年,阿联酋对本国年均信贷增长仅为2.3%,2013年信贷增幅达到7.5%,其中个人信贷增长9.3%。[①] 2013年以来阿联酋银行和开发商纷纷提前归还金融危机时所欠的债务,充分反映了阿联酋经济增长势头向好以及投资者对当地房地产市场发展的信心,表明阿联酋商业银行和迪拜已逐步摆脱金融危机的影响。2013年10月,阿联酋副总统、迪拜酋长马克图姆宣布启动伊斯兰经济战略计划,试图将迪拜打造成伊斯兰经济首都。为进一步促进金融行业健康发展,打造地区金融中心,2013年迪拜金融服务管理局(DFSA)与欧盟的金融监管机构签订了26项监管合作协议,阿联酋央行还修订了原有的银行风险敞口法,借以提升迪拜金融中心的国际地位。

四 抵御金融风险,确保金融安全

中东金融体系的规模和特征,决定了中东金融体系在国际金融体系中的边缘化地位。2008年国际金融危机期间,尽管海合会主权财富基金的"国际救市"行为引起世人瞩目,但是,金融危机引发的金融风险和金融安全问题已成为中东政策制定者的重大关切之一。学界普遍认为,国际金融危机拉开了国际货币金融体系改革的序幕,世界经济权力逐渐向东转移,金融活动日益向东倾斜。那么,后危机时代,中东金融体系在金融自由化进程中如何抵御金融风险,确保自身金融安全?

---

① 中国驻阿联酋大使馆经济商务参赞处:《2013年底阿联酋贷款增速达到7%》,2014年3月11日,http://ae.mofcom.gov.cn/article/ztdy/201403/20140300513784.shtml。

（一）政府引导为主，市场需要为辅

从某种意义上说，金融改革就是金融制度设计和运行的过程，也就是金融制度的变迁过程。由于包括中东国家在内的发展中国家处于经济发展初级阶段，金融市场机制发育不健全，这些国家的金融改革在很大程度上是由政府或金融当局推进的，尽管许多制度创新的需求来自微观金融主体。刘易斯指出，"一个国家的金融制度越落后，一个开拓性政府的作用范围就越大"。然而，金融自由化形成了一种以市场为导向的金融思维，中东一些私营银行以及股票市场迅速发展，金融制度变迁在一定程度和特定范围内体现出市场需求的特点，这在海合会国家表现尤其突出。未来中东国家的金融改革还应该发挥政府的积极引导作用，不仅表现在制定金融政策方面，还表现在处理好政府间接调控的职能转换以及协调各种市场力量的能力以解决传统的市场失灵问题方面。国际金融危机表明了西方新自由主义的失败，主权国家作为金融体系总监管人的角色还将发挥重要作用。

（二）开放、自由与监管、保护

在全球化迅猛发展的大环境下，改革开放是发展中国家经济发展的自发选择。如何在这个过程中降低金融脆弱性，维护金融安全与稳定？笔者认为，发展中国家由于金融保护措施脆弱，更应该借鉴发达国家的经验，主动开放，适度自由，加强监管和保护。

20世纪80年代开启的渐进式金融改革提升了中东国家的金融绩效，为经济增长发挥了一定作用。由于与国际金融市场联系不紧密，2008年金融危机期间，中东金融部门所受冲击相对较小。但是与1997年东南亚金融危机时期相比，则严重许多。股市暴跌、外资抽逃、流动性紧张、房地产下滑、迪拜世界债务危机都说明中东金融体系抗风险能力减弱，暴露出较强的金融脆弱性。再加上该地区地缘政治风险大，国内冲突不断，经济发展和金融制度还很落后，更应该加强金融防火墙的建设，保护本国的金融主权和利益，不能盲目自由化，不能随意扩大外资渗入的比例。与此同时，中东各国应借鉴发达国家的监管经验，以确保金融体系的稳定安全；对国内金融机构则应适当放松管制，以免破坏市场正常的竞争秩序；加强合并监管与国际合作，尤其是推动与发展中国家在全球资本监管方面的合作。

（三）地区主义与全球主义

国际金融危机为改革不合理的国际金融秩序提供了契机。金融自主是重新构架国际货币金融体系的先决条件。这体现在区域形成、深化区域合作及建立新的跨区域合作联系上。

中东国家具有相似的地理、文化和宗教特征，经济发展政策也比较相似。中东各国之间在经济和金融资源上的互补性为地区金融整合创造了良好的客观条件。一些国家出口资本，另一些国家则进口资本；一些国家（海合会）劳动力缺乏，另一些国家（石油进口国）劳动力富裕，失业率高。2010年6月，世界银行和阿拉伯货币基金组织在阿布扎比召开会议，讨论如何便利阿拉伯国家之间的金融流动，确保经济可持续发展。与会者认为，金融地区主义有利于促进地区贸易整合、促进金融机构和金融市场的发展、提高竞争和扩展融资渠道。中东各国势单力薄，金融地区主义是中东地区抗衡国际霸权、抵御金融危机、参与重塑国际金融新秩序的重要途径。海合会国家宣布将出台统一的金融监管政策、投资基金统一规则，并实现海湾地区银行一体化，允许海合会成员国的公民和公司在所有成员国内自由开设银行账户，以简化个人和公司的金融交易流程，为建立地区贸易和经济一体化铺平道路。

国际金融危机和当前世界经济一体化趋势给阿拉伯国家经济一体化带来了机遇，但其仍面临诸多其他挑战，包括地区局势不稳定、经济发展不均衡和政府管理体制僵化等。学界普遍认为，中东大动荡是全球金融危机深化的表现。阿拉伯国家虽然都是发展中国家，但贫富差距明显，石油进口国和落后国家能否顺利融入地区经济一体化进程值得关注，在这方面可借鉴欧盟和东盟的经验教训。此外，中东金融地区主义还要充分考虑伊斯兰宗教文化的内生作用，传统金融和伊斯兰金融相互协调补充。中东最大经济体沙特是适应21世纪需求的新多边体系成员国（G20）之一，应作为阿拉伯世界和伊斯兰世界的领头羊，积极参与到国际金融体系的改革议程中，并在地区整合中发挥重要作用。

五 结语

金融全球化是一个自然的、历史的过程,尽管它在给各国带来巨大经济利益的同时也会带来极大的不安定因素,尽管它的发展历程可能存在曲折,但总体来说是一个不可逆转的过程。[①] 金融是经济的核心,伴随金融全球化的飞速发展,金融安全变得越来越重要。确保金融发展和金融安全是广大发展中国家实现经济可持续发展的关键一环。与此同时,世界经济金融权力出现东移趋势,发展中国家的整体实力上升,如何在国际货币金融体系改革中获得更多的话语权,提升自身在国际经济新秩序中的地位,是发展中国家共同面临的大问题。后危机时代,包括中东各国在内的发展中国家的金融变迁应以政府引导为主,市场需求为辅;主动开放、适度自由,加强监管和保护;以地区整合应对金融全球化的挑战和冲击,逐渐从边缘向中心靠拢,力争在国际货币金融体系中获得一席之地。

中东国家的金融政策应重点关注加强金融部门和解决中期挑战,进一步推动金融部门发展和经济多元化是首要议题。包括中东国家在内的新兴国家和发展中国家金融体系比较脆弱,金融部门甚至整体经济容易受到国际游资冲击而出现经济危机。因此,必须对本国金融体系,尤其是资本市场加以保护,以确保金融安全。

---

① 参见李扬等《金融全球化研究》,上海远东出版社,1999,第3页。

Y.11

中东水资源安全

仝 菲[*]

摘　要： 中东地区水资源极端匮乏，是世界上最干旱的地区。随着各国人口的增长、经济的发展和人民生活水平的提高，该地区对水资源的需求正在成倍增长，地区国家对有限水资源的争夺也呈现不断加剧的态势。在中东地区，水资源已成为比石油更重要的资源，影响着地区安全局势。地区国家应该采取多种措施缓解日趋紧张的水资源危机，最终实现协作共赢的目标。

关键词： 中东　水资源　安全

水资源是一个国家经济和社会赖以生存和发展的重要战略资源。受人口增长、经济和社会发展、气候变化、地下水供给减少和水质下降等因素影响，世界正面临着日益严峻的水资源危机，全世界每年有上百万人死于对水资源的使用和管理不当。对水资源不恰当的管理和使用也给相关国家的经济发展带来了数十亿美元的损失，并严重损害了这些国家的经济发展潜力。目前，全世界约有7.48亿人口无法获得安全的饮用水，某些国家每年约有4000名孩童因此死亡，年GDP增长率降幅最高可达7%。由于世界人口增长迅速，根据目前情况预测，到2030年世界范围内的水资源供需之间将有40%的缺口；到2050年，全世界90亿人口对水资源的需求大约将增加

---

[*] 仝菲，博士，中国社会科学院西亚非洲研究所副研究员，主要研究领域为中东经济和社会发展。

50%。目前，有20亿人口生活在严重缺水的国家，这一数字到2080年将增加到46亿。①中东地区国家多地处副热带高压带控制区域，处于北回归线附近，大部分地区属于热带和亚热带范围。由于所处的地理位置等原因，中东大部分地区气候炎热干燥，绝大多数国家降水稀少，大部分国土被沙漠和戈壁覆盖，水资源极端匮乏，是世界上最干旱的地区。

从游牧的阿拉伯人逐水草而居的生活方式可以看出，水源即阿拉伯游牧民族的生命之源。水源不仅决定了人们聚居的地点和生活方式，也决定了文明的兴衰。尼罗河的定期泛滥产生了灿烂的古埃及文明，幼发拉底河和底格里斯河流域孕育了悠久的苏美尔文明和古巴比伦文明。近年来，中东地区水资源受经济增长、农业发展、人口增长迅速和城市化进程加快等因素的综合影响，水资源危机形势日趋严峻。中东地区的水资源除了总量不足之外，还呈现出时空分布不均、主要水源由多个国家共享的特点。为数不多的淡水河多数为共享水源，如尼罗河、幼发拉底河、底格里斯河、约旦河等，尤其是尼罗河可以描述为"一条河流、十个国家"（现在是11个国家）。上游国家对河水的开发利用会使得下游国家的水流量受到直接影响，在多国共享同一河流时，关于上游国家必须保证下游国家供水的法律法规并不健全，下游国家则认为其享有与上游国家共享水资源的权利。该地区对水资源的争夺自古以来就从未停止，并且随着各国人口的增长、经济的发展和人民生活水平的提高，该地区对水源的需求正在成倍增长，地区国家对有限水资源的争夺也呈现不断加剧的态势。中东地区拥有世界5%的人口，却仅拥有1%的淡水资源，并且由于对水资源的管理和利用不善，一些国家出现了地下水过度开采、水资源浪费和污染严重的现象。水危机成为制约这些国家经济发展、影响地区安全的重要因素之一。

一 中东水资源现状

淡水资源的来源主要有降水和地下水。中东地区年降水量非常稀少，无流

---

① 世界银行网站，"Water Overview"，http://www.worldbank.org/en/topic/water/overview，2014年3月24日更新。

区和内流区面积广。中东地区由于气候炎热干燥，水资源的年蒸发量非常大，一些无流区由于降水量很小甚至没有降水，年蒸发量往往超过年降水量。一个国家人均水资源量若为 1000~1700 立方米，说明它已面临"水紧张"，若低于 1000 立方米说明它已存在"水匮乏"，若不到 500 立方米说明它已经出现"水危机"。1955 年中东只有约旦、巴林、科威特三国出现水危机，1995 年增加到 10 国。现在，按照这个标准，中东地区的多数国家已经属于严重缺水的国家。卡塔尔人均年淡水资源量为 91 立方米，科威特人均年淡水资源量为 95 立方米，沙特人均年淡水资源量为 249 立方米，约旦人均年淡水资源量为 318 立方米，以色列人均年淡水资源量为 389 立方米，埃及人均年淡水资源量为 936 立方米。[1] 阿拉伯国家领土总面积占世界陆地总面积的 9%，但可再生水资源总量仅占世界的 0.74%。[2] 根据德国波茨坦气候影响研究所最近的研究，到 21 世纪末，全球平均气温将升高 3.5 摄氏度，将使世界 6.68 亿人口的用水危机进一步恶化，目前有 13 亿人口生活在缺水地区。由于气候变化会导致降雨量减少，地表水资源量也会相应缩减，因此像中东地区这样的干旱地区的水资源短缺情况会更加严重。保护地下水资源已成为中东地区重要的社会和环境问题，如果不采取紧急措施，情况会更加恶化。[3] 流经中东地区的主要大河有尼罗河、约旦河、幼发拉底河和底格里斯河。

尼罗河是青、白两条尼罗河在苏丹首都喀土穆汇合后的正式称谓，它全长 6670 千米，是世界第一长河，流域面积 335 万平方千米。尼罗河发源于赤道南部的东非高原，向北流经坦桑尼亚、肯尼亚、乌干达、布隆迪、卢旺达、刚果（金）、埃塞俄比亚、厄立特里亚、苏丹、南苏丹和埃及等 11 个国家，注入地中海。受源头气候的影响，尼罗河的流量很不稳定。随着尼罗河沿岸各国人口、经济和社会的不断发展，用水需求迅速增长，沿岸主要国家都进行了大规模的水利建设，扩大了对尼罗河水资源的利用，尼罗河水资源的分配也随之

---

[1] 王晓娜：《约旦河流域水资源国际政治问题研究》，青岛大学硕士学位论文，2013。
[2] 朱和海：《中东，为水而战》，世界知识出版社，2012，第 35~36 页。
[3] "Middle East Seeks Groundwater Conservation Solutions Amid Rising Water Scarcity", http://iwsabudhabi.com/Portal/news/2/10/2013/middle-east-seeks-groundwater-conservation-solutions-amid-rising-water-scarcity.aspx。

紧张起来。截至2010年，共享尼罗河水的这些国家依然根据几十年前的协议分配尼罗河水资源。该协议是1929年由英国殖民者提议，由除埃塞俄比亚之外的9个尼罗河流域的国家达成的一项协议，该协议使埃及和苏丹对尼罗河水拥有优先使用权。后来，1959年，尼罗河流域国家部分修改了该协议，修改后埃及每年享有555亿立方米尼罗河水，苏丹每年享有185亿立方米，其他国家认为该协议有失公平。

埃及人民早在数千年前就通过在尼罗河流域修建大堤、开凿水渠、修筑水坝等方法，在利用和控制尼罗河水方面取得了重要进展。目前，在尼罗河沿岸的主要水利工程项目有两个。一是引尼罗河水入西奈半岛的"和平管道"工程。该工程于1987年正式动工，2002年竣工，总投资约14亿美元，每年引水30亿立方米，其中23亿立方米用于灌溉西奈半岛北部26.5万公顷的耕地。二是减轻尼罗河洪水泛滥时对阿斯旺高坝压力的"图什卡水渠"工程。该工程是埃及"国家开发上埃及工程"（"新河谷水渠"）工程的第一期工程，该水渠顶宽350米，长22千米，在水位上升到海拔178米时从高坝内水库引水，每年引水3.65亿立方米。"新河谷水渠"工程是一项集沙漠改造、国土整治和大规模移民在内的跨世纪工程，旨在创造一个可媲美尼罗河谷的"新河谷"。该工程包括一条长850千米的水渠，30座扬水站，引尼罗河水至新河谷省和马鲁特省的绿洲。目标是开垦142万公顷的土地，建设25个工业区、18个城市中心，把"新河谷"打造成一个有500万～700万人口定居的工农业基地。[①]

沿河筑坝是人类储存和利用地表水的一种有效方式，它可以将汛期的水储存起来，在枯水期使用。尼罗河流域大大小小的水坝有几百座，其中阿斯旺水坝不仅是尼罗河上的第一座水坝，也是世界上最大的水坝。阿斯旺水坝对扩大埃及的灌溉面积做出了贡献。另外，比较大的水库还有英国人在青尼罗河上修筑的马克沃尔水坝（后更名为散纳尔水坝），随着该水坝的建成，该水坝所在的杰齐拉地区周边农场耕地面积逐年增加，在经济上对苏丹而言是最重要的地区；乌干达在维多利亚湖口建的那卢巴阿勒水坝暨水电站；苏丹在青尼罗河上

---

① 朱和海：《中东，为水而战》，世界知识出版社，2012，第66~67页。

建的鲁赛里斯水坝；苏丹在阿特巴拉河上建的哈什姆吉尔巴水坝；埃塞俄比亚在塔纳湖口以南的青尼罗河上建的提斯埃萨特水坝；埃及在白尼罗河上建的杰贝勒奥利亚水坝也是尼罗河流域的重要水坝。埃及在阿斯旺水坝以南6.5千米处建成的阿斯旺高坝是一座集防洪、抗旱、灌溉、发电、航运、渔业和旅游业为一体的多功能水坝，是中东第三大水坝。[①] 这些水坝的建成，尤其是阿斯旺高坝的建成对充分利用地表水、调节水位和促进当地农业和经济的发展发挥了巨大作用。由于灌溉用水充足，阿斯旺高坝的农作物由一年一熟改为一年两熟或者三熟。农业的发展也使当地人口的增加成为可能。

约旦河也是中东地区重要的水资源，它发源于黎巴嫩和叙利亚之间的山地，流经叙利亚、黎巴嫩、约旦和以色列，注入死海，是全世界海拔最低的河流。约旦河是以色列、约旦、巴勒斯坦、叙利亚的主要水源，还是约以、叙以界河，也是中东争夺最激烈的水资源。约旦河全长360千米，年均水流量约14亿立方米，主要源头有达恩河、巴尼亚斯河、哈斯巴尼河等。

幼发拉底河和底格里斯河均发源于土耳其东部山地，为西亚最大水系。二者流出土耳其后经叙利亚北部流入伊拉克，再与底格里斯河汇合成阿拉伯河注入海湾。底格里斯河长1900千米，年流量223亿立方米，流域面积37.5万平方千米。[②] 幼发拉底河全长2361千米，年流量316亿立方米，是西亚最长的河流，流经土耳其、叙利亚和伊拉克，流域面积44.4万平方千米，其中土耳其境内12.5万平方千米，占28%；叙利亚境内7.6万平方千米，占17%；伊拉克境内17.7万平方千米，占40%；沙特阿拉伯境内6.6万平方千米，占15%。[③]

二 中东水资源安全

在国际河流沿岸国之间，最容易发生水资源权利、利益分配及水污染争端等矛盾，对相关国家间的外交、国际关系甚至地区安全产生影响。水资源的共

---

① 朱和海：《中东，为水而战》，世界知识出版社，2012，第71~78页。
② 赵宏图：《中东水危机》，《国际资料信息》2000年第10期，第1~2页。
③ 朱和海：《中东，为水而战》，世界知识出版社，2012，第198~199页。

有加大了水资源开发、利用和管理的难度。中东地区的约旦河、尼罗河、幼发拉底河和底格里斯河均为跨国界河流，这也是中东地区水资源长期冲突的主要原因之一。水资源问题还同该地区的民族矛盾、边界纠纷、领土争端等因素混合在一起，给该地区的政治稳定和安全带来了威胁。联合国前秘书长加利曾警告说，下一次战争将是争夺水资源的战争。水资源对于中东地区国家的重要性在不断上升，未来水资源将比石油更重要，水危机将成为地区冲突和战争的导火索，影响中东地区的安全。

1. 约旦河流域

从古至今，中东地区因水资源引发的冲突不计其数。约旦河是中东水资源争夺的焦点，约旦河水之争已经成为巴以冲突的深层根源之一，也是困扰中东和平进程的一个难题。自1948年宣布独立以来，以色列同中东国家关于约旦河水的争夺日渐尖锐，阿以之间围绕约旦河水的争端已成为常态。以色列淡水资源短缺，随着来自世界各地的犹太人不断移居以色列，更加剧了其水资源供应的紧张形势。1967年战争后以色列占领了约旦河西岸和加沙地带以及西奈半岛和戈兰高地，并将其水资源置于自己的控制之下。战争中，阿以双方都把摧毁和占领对方的水源作为首要战略目标。在叙以谈判中，以色列拒不交出戈兰高地，不仅因为戈兰高地是军事要地，而且因为戈兰高地所拥有的水资源——以色列30%的水资源来自戈兰高地。以色列先后因排干胡拉沼泽和分引约旦河水两次同叙利亚发生冲突。约旦河也是巴以谈判的难题之一，以色列坚持占有绝大部分约旦河西岸水资源。目前约旦河西岸约80%的淡水资源在以色列控制之下，巴方人均水量仅为犹太人的1/4，巴勒斯坦地区的阿拉伯人居住区水资源极度短缺。1960年，以色列完成了"国家引水渠"，抽取加利利海水输往远至内盖夫沙漠的以色列农村和城市。1967年，以色列不仅炮轰了约旦和叙利亚在雅尔穆克河上建的联合大坝，每年还从雅尔穆克河引走约1亿立方米的水。约旦和叙利亚也都严重依赖约旦河水系的水资源，由于约旦河和太巴列湖的水大量被以色列使用，叙利亚和约旦的缺水状况日益严重。第三次中东战争后，以色列奠定了其在中东地区水资源方面的战略优势地位，并使水资源谈判成为解决阿以冲突中的重要环节。以色列前总理佩雷斯说，阿以和谈首要的原则不是"以土地换和平"，而是"以土地换水源"。

2. 尼罗河流域的冲突

尼罗河是唯一贯穿埃及全境的河流，堪称埃及的生命之河，尼罗河流域的冲突最早发生在殖民地时期。奥斯曼帝国解体后，英国作为英属埃及的代言人先后同法国、比利时、意大利等西方殖民国家展开了对尼罗河水的争夺，并同这些国家签订了一系列议定书、条约和协定。这些文件本来是为了维护英国殖民者的利益的，但是最终有效地确立了埃及优先利用尼罗河水的地位，成为埃及同尼罗河流域其他国家争夺水权利时凭借的最有力的法律依据。① 后来苏丹和埃及对尼罗河水也进行了持续争夺。目前，对尼罗河水的争夺主要是在埃塞俄比亚等尼罗河上游国家和埃及之间展开的。20世纪70年代末，埃塞俄比亚在青尼罗河上修建了20座水坝，埃及政府强烈反对。尼罗河是唯一一条贯穿埃及全境的河流。1980年，萨达特总统曾说："我们的生存百分之百地依靠尼罗河，不管什么人也不管在什么时候，如果他想夺走我们赖以生存的尼罗河水的话，我们将毫不犹豫地诉诸战争。"②

经过多年谈判后，2010年5月14日，为了和平利用水资源，埃塞俄比亚、乌干达、坦桑尼亚和卢旺达签署了"尼罗河合作框架协议"，标志着尼罗河开发利用的谈判取得初步进展。随后，肯尼亚于5月19日签署了该协议。布隆迪和刚果（金）也计划加入。新协议要求在恩德培设立尼罗河流域委员会，流域内各国可以平等地利用尼罗河水，任何一方在该流域开发水资源工程都需得到流域内多数国家的同意。③ 未来随着尼罗河各国用水量的增加，沿岸各国之间的水资源之争将会愈发激烈。

3. 幼发拉底河和底格里斯河流域

幼发拉底河是土耳其、叙利亚和伊拉克的"生命之水"。三国之间围绕该流域水权利的争夺自20世纪60年代逐渐升级，起因是自1966年土耳其开始修筑凯班水坝后，土耳其就不断在该流域修筑水坝。土耳其实施"安纳托利亚东南部工程"（该工程由21个水坝组成）使幼发拉底河流域三国之间的水

---

① 朱和海：《中东，为水而战》，世界知识出版社，2012，第184页。
② 赵宏图：《中东水危机》，《国际资料信息》2000年第10期，第2页。
③ 《尼罗河水资源之争的由来》，新华网，http://news.xinhuanet.com/ziliao/2004-03/19/content_1374474.htm。

权利之争更加明朗，其第三座水坝"土耳其之父水坝"招致了叙利亚和伊拉克的强烈抗议，双方甚至一度兵戎相见。土耳其将幼发拉底河水视为其专享资源，并不断在河流的干流和支流上建筑水坝等工程项目。尤其是土耳其在安纳托利亚高原实施"安纳托利亚东南部工程"，其中的阿塔图尔克大坝号称"世界第五大坝"。这一大型水利工程一旦建成，流入叙利亚的幼发拉底河水将永久性减少40%，从而严重影响叙利亚和伊拉克的经济发展与人民生活，使土耳其同叙利亚和伊拉克关系紧张成为常态。叙利亚1976年在幼发拉底河上建塔布卡水坝，伊拉克曾威胁要炸掉该水坝，叙利亚和伊拉克之间的关系一度徘徊在战争边缘。随着土"安纳托利亚东南部工程"的进展，两河流域国家围绕水资源的矛盾还会不断加剧。[1] 在两河流域，土耳其同叙利亚的水资源之争与库尔德民族问题交织在一起，土耳其与伊拉克的水资源争夺与石油资源密切相关，叙利亚同伊拉克的水资源争夺与宗教派别有千丝万缕的联系，这进一步增加了问题解决的难度。

三 中东水资源日趋紧张的原因

首先，中东地区水资源紧张的原因是自然资源禀赋先天不足。

中东绝大多数国家缺水严重，一些地区甚至水比油贵。如果不采取适当的措施保护水资源和缓解水资源紧张状况，中东地区将出现严重的土地退化、食品安全问题及突发性的因水源问题导致的地区安全等问题。

其次，不合理的开发利用使原本短缺的水资源变得更加短缺。在整个中东地区的用水比例分配中，农业用水消耗了绝大部分水资源，比例在80%以上，工业和家庭用水占比都是个位数。由于灌溉技术落后，灌溉用水约有一半被浪费了。[2] 目前，无论是尼罗河、约旦河还是幼发拉底河和底格里斯河，它们大部分的淡水资源仍被用于农业生产，而中东地区的农业部门在吸收国内劳动力、创造国内生产总值等方面的贡献非常有限。巴斯金博士认为，把水资源使

---

[1] 赵宏图：《中东水危机》，《国际资料信息》2000年第10期，第3页。
[2] 赵宏图：《中东水危机》，《国际资料信息》2000年第10期，第4页。

用按照不同需要划分成不同类别是解决中东水资源问题的一个办法。例如，以1吨水生产1吨农产品为界限，超过此标准的低产值农业生产必须尽快全部使用淡化水、经处理的废水或循环水，而低于此标准的农业生产目前仍可以使用新鲜水，但也必须尽快采用喷灌、滴灌和塑料大棚等节水技术。采用这些措施在中东地区实现水资源的需求管理。① 此外，不经处理的工业废水的大量排放对河水、地下水造成了严重污染。

再次，中东国家的平均人口增长速度大大高于世界平均水平。在20世纪中期，绝大多数中东国家的人口出生率高达4.5%~5.0%。除塞浦路斯和以色列外，在中东国家，每名妇女平均有7个孩子。1962年以后，埃及和土耳其等中东国家开始推行计划生育。到20世纪70年代中期，采用避孕措施的已婚妇女（15~44岁）的比例，埃及为21%，叙利亚为22%，伊朗为23%，约旦为24%，南黎巴嫩为35%，土耳其为37%。② 1995~2000年，阿拉伯国家的生育指标有所下降，平均每个妇女生育4.1个孩子。2009年，世界卫生组织发布的一份报告显示，科威特在中东地区22个国家中人口年增长率为9.3%，排名第一；阿联酋为6.2%；卡塔尔为5.2%。③ 除了人口自然增长外，中东国家的外来移民数量一直居高不下。外来移民主要包括中东国家的石油经济繁荣吸引的大批劳工、移居巴勒斯坦的犹太人和因遭受战乱、灾害等前来中东避难的难民。中东国家人口数量增幅巨大，1950~2005年，大部分国家人口翻番。阿曼政府计划在6年内通过增加6个海水淡化工程，使海水淡化能力从原来的1.86亿加仑/年增加到3.1亿加仑/年，增幅67%，以满足居民不断增长的生活用水需求。这6个独立的海水淡化工程分布在不同地区，分批分期开工，总投资额数亿阿曼里亚尔。阿曼用水量激增的主要原因是人口的增加，截至2013年6月，阿曼人口比2012年增加6.4%，人口总数达385万。④

---

① 宫少朋：《中东水资源问题一瞥》，《人民日报》2001年11月2日，第7版。
② 车效梅：《中东城市化的原因、特点与发展趋势》，《西亚非洲》2006年第4期，第45~46页。
③ 《科威特在中东地区人口增长最快》，商务部网站，http：//www.mofcom.gov.cn/aarticle/i/jyjl/k/200908/20090806456761.html。
④ "Middle East Seeks Groundwater Conservation Solutions Amid Rising Water Scarcity", http：//iwsabudhabi.com/Portal/news/2/10/2013/middle-east-seeks-groundwater-conservation-solutions-amid-rising-water-scarcity.aspx。

表1 1950~2005年中东国家的人口增长

单位：千人

国别\年份	1950	1985	2005
巴林	110	427	728
科威特	152	1712	2705
阿联酋	69	1622	4112
阿曼	456	1751	2515
黎巴嫩	1443	2688	4050
约旦	1237	3509	5566
以色列	1258	4233	6725
也门	4316	11311	21156
叙利亚	3495	12348	18973
沙特阿拉伯	3201	12200	23700
伊拉克	5158	15676	28084
土耳其	20947	56098	73193
埃及	21834	46800	73256
伊朗	16913	46374	69515

资料来源：朱和海：《中东，为水而战》，世界知识出版社，2012，第23~24页。

最后，随着中东国家城市化进程的加快，人们对水资源的需求也不断提高。中东地区城市化的比例差异也很大，城市化比例最高的是海湾地区国家。2013年，根据美国中央情报局网站资料，卡塔尔全国人口204万，其中96%的人口分布在城市；沙特阿拉伯全国人口2694万，城市化比例为82%；巴林人口约128万，城市化比例为89%；科威特全国人口约270万，城市化比例为98%；阿联酋人口总数为547万，城市化比例为84%。[1] 城市化比例越高，人们的生活用水量也就越大。随着时间的推移，中东国家水短缺的压力将越来越大。各种因素导致中东国家人均水资源量正在不断减少。

---

[1] 美国中央情报局网站，2013年5月15日更新的各国情况，卡塔尔，https://www.cia.gov/library/publications/the-world-factbook/geos/qa.html；沙特阿拉伯，https://www.cia.gov/library/publications/the-world-factbook/geos/sa.html；巴林，https://www.cia.gov/library/publications/the-world-factbook/geos/ba.html；科威特，https://www.cia.gov/library/publications/the-world-factbook/geos/ku.html；阿联酋，https://www.cia.gov/library/publications/the-world-factbook/geos/ae.html。

四 中东国家维护水资源安全的措施

有些研究认为，中东并非绝对缺水，在地区国家共享水资源和技术的前提下，该地区的淡水可以满足各国的需要。鉴于中东水资源安全问题的持久性和紧迫性，我们应当从一种全新的视角，用更加理性的方式来探讨和解决这一与百姓生活和地区安全息息相关的问题，从而制定出普遍认可和切实可行的规范和制度，使未来这一地区的水资源安全落到实处。

1. 节约使用、合理利用水资源，开发和推广节水技术

在节约用水减少浪费方面，中东地区的主要做法是开展节水农业、削减农业用水和开发耐旱作物。在研发和推广节水技术方面，以色列走在了前面。以色列2/3的国土是沙漠，平均一年有7个月无雨，人均水量仅250吨，仅为世界的1/33，中国的1/8。喷灌技术是以色列农业普遍采用的技术，如果全球农业都采用以色列的节水灌溉技术，农业效率将大幅提高，地球能养活比现在多3倍的人口。[1] 在过去20年中，依靠完善的水立法、健全的水管理体制，以及喷灌、微灌等节水灌溉技术，在总用水量保持不变的情况下，以色列的农业产量翻了一番多。以色列政府已提前准备应对更严重的干旱，在开发处理城市废水用于农业方面也取得了一些成果。以色列还充分发挥滴灌、污水处理、海水淡化等技术优势来应对水资源危机，另外还通过减少农业、公园和园林等部门和场所的用水，扩大淡化海水用量，用处理过的污水进行灌溉，通过重复利用淋浴、洗衣"灰水"冲马桶及灌溉等措施减少用水量。[2]

也门在废水重新利用方面也有新思路。它正在实施一个清真寺排水复用的试点项目。也门正式登记注册的清真寺有75000座，这些清真寺是用水大户。人们每天到清真寺祈祷五次，每次祈祷之前都要举行洗礼仪式。"水基本上是不停地流着，而且是直接流入排污系统，这进一步加剧了这一本已缺水国家的供水紧张状况。通过清真寺排水复用项目，洗礼仪式所用的水将会被截流、处

---

[1] 陈克勤：《中东争夺 从土地到水源》，光明日报网站资料，http://www.gmw.cn/01gmrb/2002-05/02/19-B0D7FC33801BDAB448256BAD00070E9A.htm。
[2] 陈克勤：《以色列：1滴水当10滴水》，《粮油市场报》2010年4月29日，B4版。

理和重新配置而用于清真寺附近的农田灌溉。假设也门所有的清真寺平均每天接纳100个人,将所有这些清真寺的排水收集起来,就可以多灌溉17%的农田。""由于中东和北非地区是全世界缺水最为严重的地区,因此这一创意可以在这些地区进行复制。这一方式不仅仅可以适用于清真寺,也可以用于学校、其他政府大楼以及饭店,凡是用水量大的地方都可以适用。"[①]

另外,引入经济手段也是促进节约用水的重要途径。通过改革水价,实行阶梯水价,通过公平的水权分配、定价机制及合理的政策,使人们形成节约用水的习惯和意识。以色列已经实行配额供水,强化水电阶梯价格。

2. 对主要流域进行统一规划和综合治理,加强对水资源的保护

目前,国际上尚无法律规定国际河流的分配。中东各国解决水危机各自为政,没有切实有效的统一规划和综合治理办法,导致水危机冲突加剧。中东三大河流沿岸国至今没有达成分享水资源的全面协定,因此水资源争端持续不断。按照国际惯例,国际河流沿岸国家不能单方面擅自建造河流项目,改变河道,更不得危害别国利益。另外,中东地区共享水源的国家对河流污染的治理也非常不力,很多工业废水未加处理直接排放到河水中,污染现象严重。阿联酋为了绿化西部沙漠地区,种植了1亿棵树,但是灌溉这些树用去了大量宝贵的地下水资源。在地下水资源持续短缺的情况下,灌溉用水将不得不依靠海水淡化,而海水淡化不仅会消耗大量能源,还会制造出大量的废弃物。海水淡化后产生的大量高盐度海水又重新流回附近海域,使其附近海域的海水盐度进一步提高,最终有可能产生该地区的第二个"死海"。目前的海水淡化技术显然会降低海水质量,破坏脆弱的生态系统,使大量有毒海藻滋生,比如近年来赤潮现象更加频繁了。因此,以破坏珍贵的海洋生态系统为代价人工制造一片森林是不可行的。[②] 因此要为污染治理工作制定相关法规,本着"谁污染,谁治理"的原则,对主要流域进行统一规划和综合治理,把水资源的保护和利用

---

① 《向清真寺要水》, http://web.worldbank.org/WBSITE/EXTERNAL/EXTCHINESEHOME/EXTNEWSCHINESE/0, contentMDK: 21271680~pagePK: 64257043~piPK: 437376~theSitePK: 3196538, 00. html。

② "Middle East Seeks Groundwater Conservation Solutions Amid Rising Water Scarcity", http://iwsabudhabi.com/Portal/news/2/10/2013/middle-east-seeks-groundwater-conservation-solutions-amid-rising-water-scarcity.aspx.

合理结合起来，使人们能够享有清洁的水源。

3. 进行水资源开发和开展区域合作

在水资源的开发和利用合作方面，中东国家主要是进行流域内合作。尼罗河流域先后出现过"东非尼罗河水协调委员会"、"水文气象观测工程"、卡盖拉河流域协定组织、大湖国家经济共同体、"促进尼罗河流域开发和环境保护技术合作委员会"、"尼罗河流域国家联合会"和"尼罗河流域组织"等，先后提出过"和平管道"、"友谊管道"等建议，但受政治、经济和地理等因素的影响，中东地区的跨流域水贸易至今未取得重大进展和实质性成果。[①]

在海水淡化工程方面，中东地区尚没有出现区域合作项目。由于海水淡化工程是资金和能源密集型工程，如果同一流域的邻国之间共同投资、合作，不仅具有经济效益，还会加快海水淡化技术的更新。甚至，在不确定的未来，如果合作方发生冲突，它们由于水资源的利益而被捆绑在一起，还会使这些设施免遭破坏。

4. 增加对水资源可持续发展科技的投入和研发

最近研究者在南非、中国、北美和澳大利亚海岸附近探明了海下淡水资源的规模。这些淡水储藏地形成于几十万年前的末次冰期。科学家们之前就知晓这些储水场所的存在，但一直不知道其中究竟蕴藏了多少淡水资源。据研究者估计，该水资源总量大约有12万立方英里，每一立方英里相当于1.1万亿加仑，相当于目前美国全国9天的总用水量。研究组的首席研究员称："这些淡水资源的储量是自上个世纪以来全球获取的地下水资源总量的一百倍。"由于黏土和其他沉积物等隔层的保护，含水层得以保存完好。这些水没有海水那么咸，脱盐处理也会更加简单和经济。这些淡水资源可以供世界特定地区饮用数十年。但是此类淡水资源存在于海底之下，钻取工作费时费力。另外，此类淡水资源属于不可再生资源，完全独立于水循环之外。除非等到下次冰期海平面下降到足以将其暴露于地表，否则这些水资源无法得到任何补充。[②]

[①] 参见朱和海、邹兰芳《中东水问题成因、合作与冲突》，《世界地理研究》2008年第2期。
[②] 《海下淡水资源或能缓解世界水危机》，环球科学网站，2014年1月8日，http://www.huanqiukexue.com/html/newqqkj/newdqgs/2014/0108/23445.html。

海水淡化是解决淡水不足的方法之一，但目前由于成本过高，只在资金充足的海湾国家得到了较为广泛的利用。海合会国家计划到2022年之前在水工程项目上投资3000亿美元，以改善目前的水资源紧张状况。沙特阿拉伯为了满足对水资源不断增长的需求，计划到2020年对海水淡化工程投资约180亿美元。沙特的海水淡化工厂每天消耗30万桶石油，是沙特第二大能源消耗部门。沙特水电部、财政部还将启动一系列节能高效的水电项目。沙特的海水淡化量约占世界的20%。[1] 海水淡化工程是能源密集型产业，有研究显示，在未来几年内有可能使用太阳能和垃圾转换能源进行海水淡化，引入纳米科技后，海水淡化的成本可能会降低50%。[2]

随着科技的快速发展，这些新发现的水资源开发成本降低，被人类加以利用也并非不可能。海水淡化技术的进步会降低资金和能源消耗，该技术也可以在一些经济发展较差的缺水国家推广，以缓解其用水危机状况。因此，大力持续投入对水资源可持续发展的研发会给解决中东水资源危机带来无限可能。

5. 健全法律法规保护水资源，成立专门的中东国际或者区域水资源综合治理机构

目前在国际水法领域，一般承认主权优先原则，即各国能够根据自身利益使用本国的资源。但是水资源因其流动性和不可分割性难以被界定。虽然国际水法目前采用的是主权优先原则，并逐步承认了"公平合理"和"不对他国造成损害"等国际河流利用的原则，但是没有确定优先次序。各国都可以根据主权优先原则声称对水资源的占有和支配权。国际法在本质上不具备强制力，对违反国际法的行为也缺乏相应的机构做出制裁，因此在缺乏权力机构支持的情况下，它主要依靠行为体的自觉遵守，所以国际法常常难以付诸实施。中东水资源问题牵涉的领域宽泛，包括政治、经济、民族、历史等，所以制定国际水法更加困难。各国常常利用国际水法的漏洞为本国利益辩护，削弱了国

---

[1] "Middle East Seeks Groundwater Conservation Solutions Amid Rising Water Scarcity", http://iwsabudhabi.com/Portal/news/2/10/2013/middle-east-seeks-groundwater-conservation-solutions-amid-rising-water-scarcity.aspx.

[2] Sundeep Waslekar, *The Blue Peace Rethingking Middle East Water*, Lifon Industries, 2011, Preface XII.

际水法的有效性，加剧了水资源冲突。[①]

在中东地区，共享水资源的国家之间，尤其是阿以之间有着深刻的历史和现实矛盾，在阿拉伯国家和以色列对水资源的争夺中，以色列掠夺了绝大多数水资源。目前，除了尼罗河流域存在的几个区域性合作组织外，没有其他专门负责中东水资源安全的国际或地区组织。鉴于水资源对中东地区安全的重要性和该问题的紧迫性，成立专门的国际或地区机构/组织对中东地区的水资源和水环境进行综合管理和立法是非常必要的。采取一些有针对性的措施加强中东这一特殊地区水资源方面的合作，制定具有法律效力的条文和规章，弥补国际水法在执行过程中的漏洞，对缓解中东水危机和水安全具有非常现实的意义。

五 结论

中东水资源稀缺，自古以来水资源引发的争端不计其数。中东水资源安全问题处理不当有引发地区国家间冲突的可能，是影响地区安全的重要因素之一。目前，中东地区主要水资源势力范围的划分已经完成，主要大国一般都已占有相对充足的水源，弱势国家则无力突破。在这个沙漠广布的地区，只有实现了和平，冲突各方达成一些对土地和水资源合作开发的框架协议，然后联手治理，才能最终征服沙漠。[②] 虽然目前在水资源的分配、使用和管理方面，以色列、巴勒斯坦、约旦达成了一些谅解，但在中东多边谈判的过程中，水资源与领土、宗教、民族等问题盘根错节地交织在一起，因此距离取得突破性进展还很远。受多种条件制约，中东水资源争夺不会在短期内结束。但是在以和平与发展为主题的国际大环境下，由水资源争端引发地区高烈度战争的可能性并不大，预计争执的各方最终将通过科技研发、协商共赢、规范管理等方式实现和平共享水资源。这个过程将非常漫长，而水资源安全问题的解决将有助于中东问题向和平解决方向发展。

[①] 童珊、黄建男：《中东水资源问题的国际制度及其存在问题研究》，《辽宁科技学院学报》2013年第4期，第35页。
[②] 陈克勤：《中东争夺 从土地到水源》，http://www.gmw.cn/01gmrb/2002-05/02/19-B0D7FC33801BDAB448256BAD00070E9A.htm。

Y.12 中东粮食进口安全问题[*]

刘 冬[**]

摘　要：

中东地区是全球最为重要的粮食进口市场之一，该地区绝大多数国家所需粮食及基本食品严重依赖进口。在中东国家中，粮食进口安全问题较为突出的主要是那些基本食品进口支付能力较低的国家，特别是支付能力较低的非产油国，这些国家由于出口收入难以满足粮食进口用汇需求，很难阻止国际高粮价向国内市场的传递，而国内粮价的上涨往往又易引发严重的政治动荡。中东粮食进口安全问题的产生首先与该地区恶劣的农业生产条件有关，由于缺乏农业生产必需的土地资源和水资源，中东地区除极少数国家外，其他各国均不具备实现粮食自给能力。而与恶劣的自然条件相比，中东粮食进口安全问题更是与该地区非产油国工业制造业发展滞后、贸易账户存在巨额赤字、难以满足粮食进口用汇需求有关。由于中东粮食进口安全问题具有外生性的特点，未来国际粮价的走势将是影响中东粮食进口安全状况的首要因素。由于预计未来全球粮食价格及其他基本食品价格将会回落，中东粮食进口安全状况也会有所改善，粮食问题在该地区再次引发政治动荡的可能性将大幅降低。

关键词：

中东　粮食安全　现状　展望

---

[*] 本文所指中东国家，包括巴林、埃及、伊朗、伊拉克、以色列、约旦、科威特、黎巴嫩、阿曼、卡塔尔、沙特阿拉伯、叙利亚、阿联酋、也门、巴勒斯坦、阿尔及利亚、利比亚、摩洛哥、突尼斯、毛里塔尼亚、土耳其、苏丹、索马里。
[**] 刘冬，经济学博士，中国社会科学院西亚非洲研究所助理研究员，主要研究领域为中东经济、能源经济。

中东粮食进口安全问题

中东地区的粮食安全问题与其他地区有很大不同，中东地区并不存在绝对粮食短缺，无论从居民卡路里摄入量还是从居民营养状况来看，该地区的状况均好于世界平均水平。当前，中东粮食安全方面存在的主要问题是，该地区部分国家粮食对外依存度过高，而粮食进口支付能力又相对较低，当国际粮价大幅上涨传递到国内市场时，极易引发较为严重的社会问题，进而威胁到国家的政治稳定。因此，中东地区粮食安全问题主要存在于粮食进口方面，并且具有明显的外生性特点，国际粮食及基本食品价格的走势对中东地区的粮食安全状况有着重要的影响。

一 中东粮食进口现状

中东是世界上最为重要的粮食进口市场之一，该地区所需粮食及食油、食糖等基本食品高度依赖进口。由于对进口粮食和基本食品的高度依赖，食品进口用汇也就成为中东很多国家重要的外汇支出项目。不过，中东地区又有很多国家由于货物及服务出口能力有限，基本食品进口支付能力较低，因而存在严重的粮食进口安全隐患。

1. 中东国家高度依赖粮食进口

中东地区是世界上依赖进口粮食与基本食品最为严重的地区之一。2012年，中东各国的人口总数虽然仅占全球人口的7.34%，但该地区食品进口贸易额占全球食品进口贸易总额的10.63%，基本食品进口贸易额更是占全球基本食品进口贸易总额的11.05%。[①]

中东国家很多是粮食进口大国。2011年，位列全球前20位的小麦进口国中，中东国家就有6个，其中埃及（980.00万吨）和阿尔及利亚（745.54万吨）是全球最大的两个小麦进口国。除上述两国，中东小麦进口大国还有土耳其（第7位，475.47万吨）、摩洛哥（第14位，366.19万吨）、伊拉克（第17位，288.89万吨）和也门（第19位，268.69万吨）。

2011年，位列全球前20位的大麦进口国，中东国家也占有7席，其中，

---

① UNCTADSTAT，2014年3月2日。

沙特阿拉伯（635.16万吨）是全球最大的大麦进口国，除沙特外，中东重要的大麦进口国还有伊朗（第7位，81.17万吨）、阿尔及利亚（第10位，38.52万吨）、叙利亚（第12位，37.88万吨）、以色列（第15位，32.00万吨）、摩洛哥（第16位，29.99万吨）和突尼斯（第18位，23.72万吨）。[①]

除粮食外，中东国家所需食糖、食油等其他基本食品也依赖进口。2011年，全球前20位粗糖进口国中，中东国家占有6席，分别是阿尔及利亚（第8位，134.67万吨）、埃及（第10位，114.43万吨）、伊朗（第11位，104.51万吨）、摩洛哥（第15位，85.18万吨）、沙特（第16位，84.79万吨）和阿联酋（第18位，71.40万吨）。

2011年，全球前20位豆油进口国中，中东国家占有5席，分别是伊朗（第3位，63.28万吨）、阿尔及利亚（第4位，48.44万吨）、摩洛哥（第7位，35.07万吨）、埃及（第9位，35.01万吨）和突尼斯（第16位，16.14万吨）。[②]

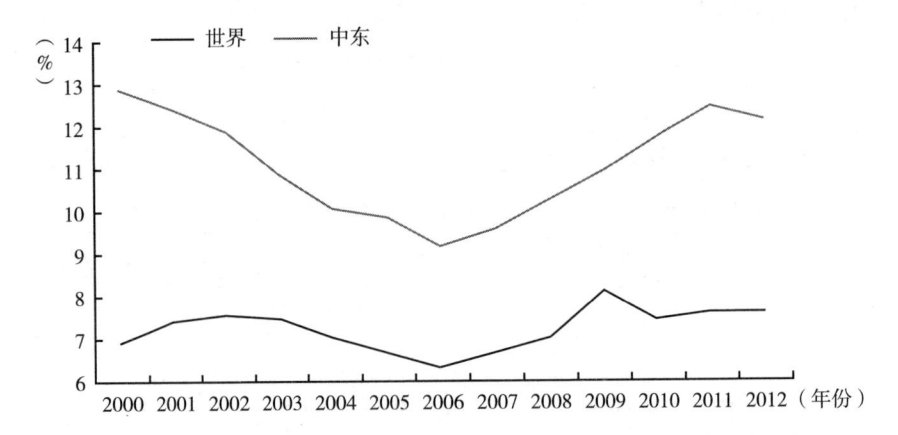

图1 2000~2012年中东、世界食品进口贸易额与货物进口贸易总额之比

资料来源：UNCTADSTAT，2013年11月2日。

由于中东国家所需粮食和其他基本食品均需依赖进口，食品在中东国家货物进口贸易中占比较高。2012年，全球食品进口贸易额占全球进口贸易总额

[①] 按进口额排名，FAOSTAT，2014年2月15日。
[②] 按进口额排名，FAOSTAT，2014年2月15日。

的 7.62%，而中东食品进口贸易额占其进口贸易总额的 12.13%，几乎是世界平均水平的 2 倍。2012 年，在中东国家中，只有土耳其（4.41%）、以色列（7.11%）、阿联酋（7.64%）、卡塔尔（7.80%）四国食品进口额占进口贸易总额的比重低于或不远离世界平均水平。

2012 年，食品进口贸易额占货物进口贸易总额的比重超过 15.00% 的中东国家却多达 11 个，分别是埃及（21.90%）、巴勒斯坦（21.73%）、阿尔及利亚（19.85%）、叙利亚（19.42%）、苏丹（18.29%）、约旦（17.95%）、利比亚（17.22%）、科威特（17.18%）、沙特（15.99%）、巴林（15.50%）和伊朗（15.45%）。[①]

2. 中东部分国家粮食进口支付能力极低

由于对外依赖程度高，粮食及其他基本食品的进口成为中东很多国家外汇支出的重要项目。在中东国家中，那些拥有较为发达工业基础的国家以及拥有丰富油气资源的油气出口国尚可凭借较强的货物出口能力满足国内粮食及基本食品的用汇需求，但对那些工业基础薄弱且油气资源较为贫瘠的中东国家来说，粮食及其他基本食品进口的用汇需求给其国民经济发展带来了沉重负担，并成为威胁其粮食安全的主要问题。

一国的粮食安全状况可用基本食品进口支付能力进行衡量，基本食品进口支付能力是货物及服务出口贸易总额与基本食品进口贸易额之比，该值越低，则表明一国基本食品进口的支付能力越低，该国存在的粮食进口安全问题就越严重。图 2 是 2012 年中东各国基本食品进口支付能力对比图。从图 2 可以看出，2012 年，世界基本食品进口支付能力为 18.07，而在中东国家中，该指数数值高于或不远离世界平均水平的国家主要是拥有较强工业基础的土耳其、以色列及中东地区重要的油气出口国。

2012 年，中东基本食品进口支付能力不足或接近世界平均水平一半的国家总共有 10 个，分别是突尼斯（9.19）、阿尔及利亚（7.93）、伊拉克（7.63）、摩洛哥（6.42）、叙利亚（4.21）、约旦（3.96）、毛里塔尼亚（3.67）、埃及（3.46）、也门（2.87）、苏丹（2.71）、巴勒斯坦（2.13）。如

---

① FAOSTAT, 2014 年 2 月 15 日。

果以基本食品进口偿付能力作为衡量标准，除以色列、土耳其及少数油气资源国外，中东大多数国家存在较为严重的粮食安全问题。并且，北非国家的粮食安全问题更为脆弱，在北非国家中，仅利比亚的基本食品进口支付能力高于世界平均水平，其他北非国家的基本粮食进口支付能力甚至不足世界平均水平的一半。而在西亚地区，叙利亚、约旦、也门、巴勒斯坦等缺少油气资源的国家以及伊拉克也存在较为严重的粮食进口安全隐患。

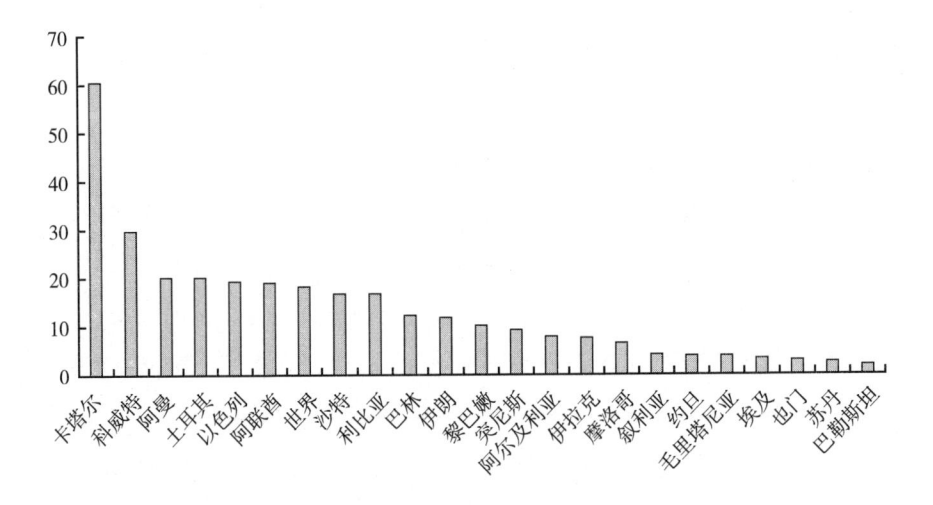

图 2　2012 年中东国家基本食品进口支付能力与世界平均水平的比较

资料来源：UNCTADSTAT，2014 年 4 月 2 日。

由于货物及服务出口能力有限，而粮食及其他基本食品的进口需求又存在刚性，国际粮价的变动就成为影响中东粮食进口安全问题的一个重要因素。对于中东那些基本食品进口支付能力较低的国家，国际粮价的上涨往往使这些国家的粮食安全问题变得更为脆弱。

图 3 是 2005 年、2012 年中东部分国家基本食品进口支付能力的对比图，该图能够很好地反映国际粮价上涨对中东地区粮食进口安全状况的影响。世界银行的资料显示，国际粮价 2005 年还较为稳定，此后便进入快速上涨期，与 2005 年相比，2012 年全球谷物价格上涨 2.44 倍，其他食品价格则上涨 1.57 倍。对比 2005 年的低粮价时期和 2012 年的高粮价时期便可发现，在高粮价时期，中东那些基本食品支付能力较低的国家的粮食进口安全问题更为突出。如

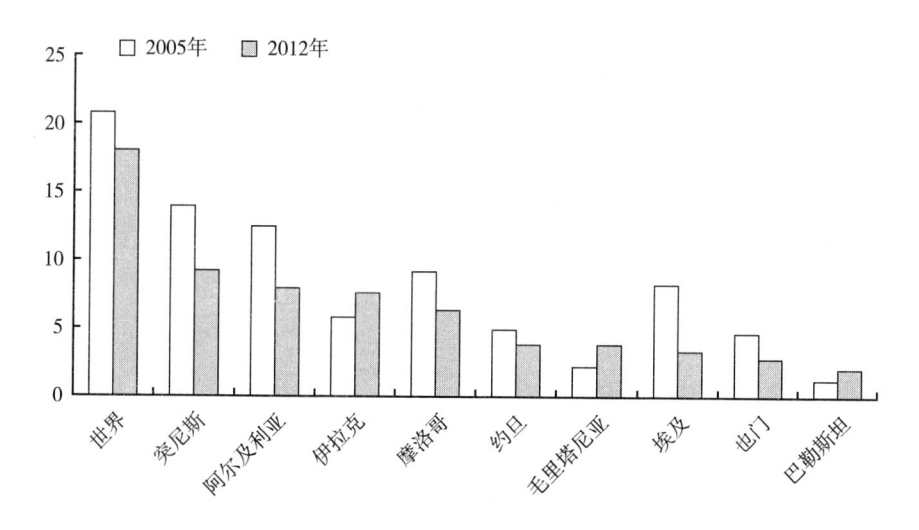

图3 2005年、2012年中东部分国家基本食品进口支付能力的变化

资料来源：UNCTADSTAT，2014年3月2日。

图3所示，与2005年低粮价时期相比，2012年，中东粮食安全问题较为突出的国家其基本食品进口支付能力都有大幅下降，其中，约旦的降幅超过20%，摩洛哥、突尼斯、阿尔及利亚、也门的降幅超过30%，而埃及的降幅甚至超过50%。

二 中东粮食进口安全问题的主要表现

中东粮食进口安全问题的主要表现是，中东地区那些基本食品进口支付能力较低的国家难以抵御国际市场的高粮价，高粮价极易冲垮这些国家实施多年的食品价格补贴制度，导致其国内粮食价格大幅上涨。而这些国家的普通家庭对粮价又极为敏感，国内粮价的上涨又往往会引发大规模游行示威，从而威胁到国家的政治稳定。

1. 高粮价极易冲垮低基本食品进口支付能力中东国家的食品价格补贴制度

实际上，中东很多基本食品进口支付能力较低的国家，如埃及、突尼斯、摩洛哥、叙利亚、约旦等一直以来都在实行食品价格补贴制度，这些国家的补贴制度对平抑国际市场冲击、维持国内粮价稳定曾经发挥过重要作用，国际粮价的一般性波动通常也不会带来这些国家国内粮价的震荡。但是，由于这些国家货物及服务出口能力较低，当国际粮价上涨超出一般波动范围时，它们便会因为粮食进口用汇不能得到满足，失去阻抑国际高粮价向本国市场传递的能力。因此，2005年以后国际粮价的迅速上涨以及2008年之后国际粮价保持高位运行状态也就不可避免地冲垮了很多中东国家实行的粮食价格补贴制度。

在中东国家中，基本食品进口支付能力较低的国家主要集中于北非地区。国际粮食市场与北非粮食市场价格变动的对比能够很好地反映国际粮价变动对低基本食品进口支付能力国家食品价格补贴制度的影响。图1是2000~2012年代表国际粮价水平的美国小麦生产者价格以及北非、埃及国内食品消费价格指数的变动情况。从图4可以看到，在2007年以前，中东低支付能力国家所实行的粮食及基本食品价格补贴制度对维护其国内粮价稳定发挥了十分重要的作用，2000~2007年，美国小麦生产者价格由96美元/吨升至238美元/吨，累计上涨147.9%，而同期北非食品消费价格指数仅上涨了41.5%，埃及食品消费价格指数累计涨幅更是低至30.6%。但是，2008年以后，当国际粮价进入高位运行状态，中东很多低支付能力国家实行的食品价格补贴制度遭受了重创。2007~2011年，美国小麦生产者价格由238美元/吨升至266美元/吨，涨幅仅为11.8%，同期北非食品消费价格指数却上涨了55.5%，而之前食品价格极为稳定的埃及，其食品消费价格指数涨幅更是高达99.2%。这也表明，国际粮价的持续走高最终击溃了中东部分国家实行的食品价格补贴制度，国际市场存在的高粮价最终传递到了这些国家的国内市场。

2. 粮价上涨是威胁中东低支付能力国家政治稳定的重要因素

在很多中东国家，粮价上涨不单是一个经济问题，还是一个会动摇执政集团执政基础的政治问题。自获得独立以后，粮价上涨引发政治动荡就是中东地区长期存在的一个问题。历史上，埃及（1977年）、摩洛哥（1981年）、突尼斯（1984年）、约旦（1996年）都曾因食品价格上涨或食品短缺引发过大规模游行示威。进入21世纪以后，粮价问题依然是影响中东国家政治稳定的重要因素。2008年中东地区出现的粮价上涨带来的"粮食暴动"几乎波及了所

中东粮食进口安全问题

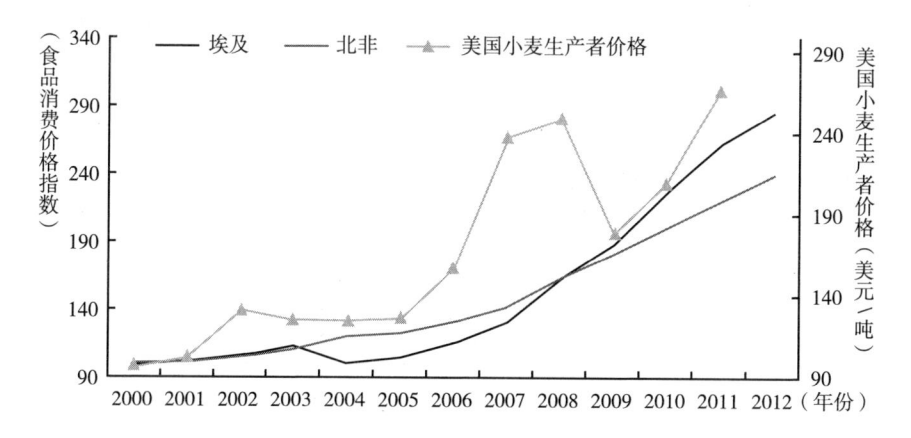

图4 2000~2012年美国小麦生产者价格及北非、埃及食品消费价格指数的变化

资料来源：FAOSTAT，2014年3月2日。

有中东低支付能力国家。直到金融危机爆发，全球大宗商品价格回落后，这些国家的国内局势才逐渐稳定下来。[①] 而在2010年底，当国际粮价再次上涨时，突尼斯、埃及政府企图削减国内粮食价格补贴的行动最终引发席卷整个地区的、被称为"阿拉伯之春"的政治动荡，而在中东地区发生的这一波政治动荡中，受到冲击最大的仍然是那些基本食品进口支付能力较低的国家。

在2008年"粮食暴动"和2010年底开始的中东地区局势动荡中，无论是从国别来看，还是从特定国家政治局势的发展来看，食品价格变动对中东低支付能力国家政治稳定的影响都十分明显。在2010年开始的中东地区局势动荡中，在中东基本食品进口支付能力较低的国家中，只有粮价始终维持稳定的摩洛哥受冲击最小，而在此前的2008年，由于没有控制住粮价上涨，摩洛哥国内亦曾爆发过大规模群众游行示威活动，其规模和程度与其邻国后来出现的同类活动并无太大差异（见表1）。

---

① Mindi Schneider,"'We are hungry!' A Summary Report of Food Riots, Government Responses, and States of Democracy in 2008", http：//www.corpethics.org/downloads/Hungry_rpt2008.pdf, December 2008; Ray Bush, "Food Riot: Poverty, Power and Protest", *Journal of Agrarian Change*, Vol. 10, No. 1, 2010, pp. 119–129.

表1　2006～2012年中东低支付能力国家食品消费价格指数（以2000年为100）

	2006年	2007年	2008年	2009年	2010年	2011年	2012年
阿尔及利亚	119.30	126.71	134.60	150.67	157.14	166.46	188.03
埃及	115.66	130.63	161.99	188.13	225.31	260.20	284.15
伊拉克	237.45	270.44	300.04	322.99	330.05	340.09	362.31
约旦	121.79	133.15	158.17	159.66	167.67	174.60	182.66
摩洛哥	163.06	168.34	179.84	—	114.69	116.32	119.09
叙利亚	138.04	150.53	181.69	182.16	190.69	205.92	283.89
突尼斯	121.43	124.84	132.60	138.27	147.22	152.64	164.11
也门	78.04	92.07	93.60	95.97	110.43	127.11	140.13

资料来源：FAOSTAT，2014年4月2日。

而且，从特定国家局势发展来看，粮价问题对中东低支付能力国家政治稳定的影响十分明显。以埃及为例，近年来，该国总共发生过四次较为严重的政治危机：2008年的"粮食暴动"，2010年底开始的以推翻前总统穆巴拉克为目标的大规模游行示威，2011年6月反对派和示威民众掀起的针对军人过渡政府的"二次革命"，以及2013年7月初爆发的"罢黜穆尔西"运动。

正如图5所示，埃及前三次政治危机爆发之时，该国都曾出现过小麦零售

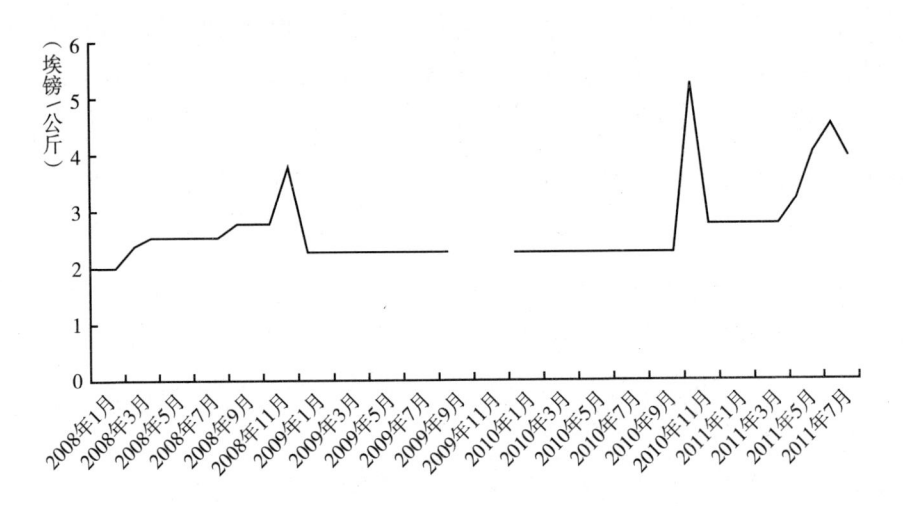

图5　下埃及*小麦零售价格的变动

注：下埃及（Lower Egypt）是埃及的政治、经济、文化中心区，习惯上指开罗以及其北的尼罗河三角洲地区；数据有缺失。

资料来源：Giews Food Price Data and Analysis Tool，2014年4月11日。

价格的大幅上涨。而根据联合国粮农组织的数据，2013年7月初，"罢黜穆尔西"事件爆发前后，该国食品消费价格指数也曾出现接近15%的同比涨幅，[①]而根据近些年埃及小麦价格与食品价格的走势，埃及小麦价格的上涨幅度应远高于同期食品消费价格的整体上涨幅度。因此，可以肯定地说，"罢黜穆尔西"事件的发生和发展也是在高粮价背景下展开的。

三 中东粮食进口安全问题的产生根源

中东粮食安全问题产生的根源有两个：首先，中东大多数国家农业生产的自然条件极为恶劣，难以实现粮食自给；其次，相对较高的工资成本造成中东一些非产油国制造业发展十分滞后，居民生活水平难有提高，因而对粮食价格的变动极为敏感。

1. 农业生产条件恶劣

中东地区较为严峻的粮食进口安全形势首先源自该地区较为恶劣的农业生产条件。耕地和水是农业生产不可缺少的自然资源，但是，在中东国家中，没有一个国家的人均可耕地面积、人均水资源占有量同时超过世界平均水平。

如图6所示，2011年，世界人均可耕地面积是0.20公顷，在中东国家中，只有苏丹（0.36公顷）、利比亚（0.29公顷）、土耳其（0.28公顷）、突尼斯（0.27公顷）、摩洛哥（0.24公顷）、伊朗（0.23公顷）、叙利亚（0.21公顷）的人均可耕地面积超过世界平均水平，此外，阿尔及利亚（0.20公顷）的人均可耕地面积也与世界平均水平较为接近。除以上国家外，中东其他国家的人均可耕地面积要远远低于世界平均水平。

与耕地资源相比，中东国家的水资源更为贫瘠。根据世界银行公布的数据，2011年，世界人均水资源占有量为6122.12立方米。而在中东国家中，也只有土耳其（3107.09立方米）的人均水资源占有量达到世界平均水平的一半。除土耳其外，2011年，人均水资源占有量超过500立方米的中东国家仅

[①] FAOSTAT，2014年3月15日。

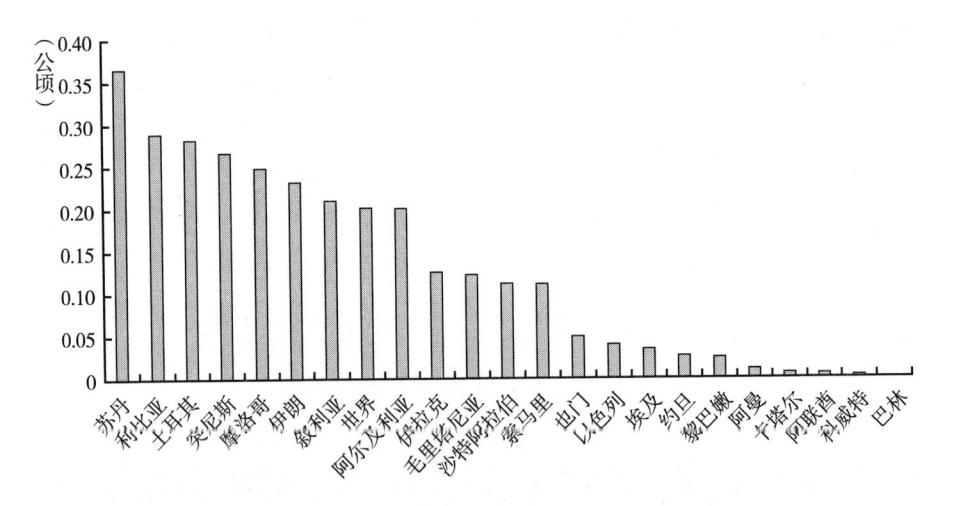

图6　2011年中东地区部分国家人均可耕地面积与世界平均水平的比较

资料来源：WDI，2014年5月2日。

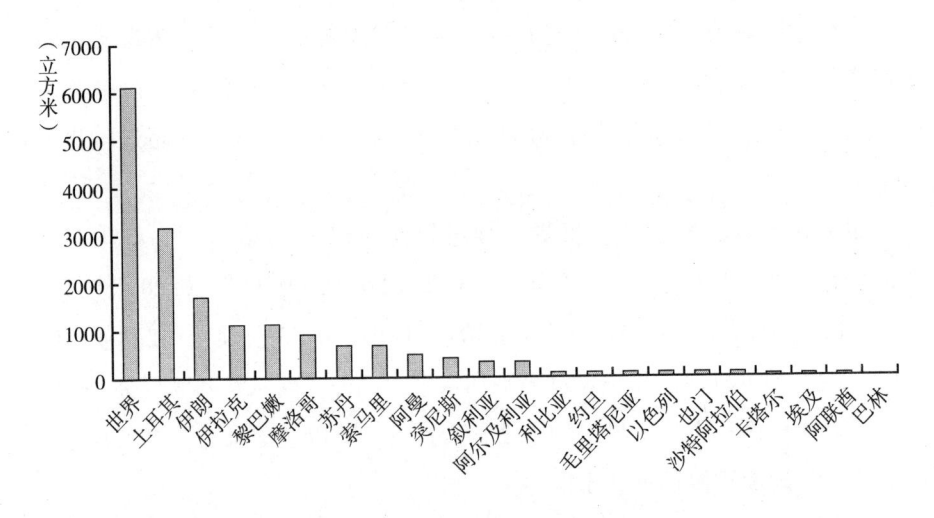

图7　2011年中东地区部分国家人均水资源占有量

注：水资源占有量是指国内人均可再生淡水资源（renewable internal freshwater resources per capita）。

资料来源：WDI，2014年5月2日。

有6个：伊朗（1793.70立方米）、伊拉克（1108.31立方米）、黎巴嫩（1095.19立方米）、摩洛哥（904.57立方米）、苏丹（640.86立方米）、索马里（605.58立方米）。

因此，从农业生产的自然禀赋来看，中东国家的农业生产条件十分恶劣。恶劣的自然条件也导致中东国家粮食及其他基本食品难以实现自给，只得依赖对外进口。历史上，包括沙特在内的海湾石油富国也曾试图借助资本和技术投入，提高本国农业生产力，实现粮食自给，但这一农业发展政策不但造成了巨大的资金浪费，也给本国脆弱的生态系统带来了严重的负面影响，经过多年尝试之后，沙特等国不得不放弃实现粮食自给的努力。因此，总体来看，在中东国家中，除了农业生产条件明显优于其他国家的土耳其以及掌握先进农业生产技术的以色列外，其他中东国家几乎不具备实现粮食自给的能力。[①]

2. 部分国家制造业不发达，经常账户逆差严重

农业生产条件恶劣，粮食及其他基本食品需依赖进口虽然是威胁中东绝大多数国家粮食安全的一个重要问题，但并不是所有严重依赖粮食进口的中东地区国家都受到粮食安全问题的困扰，如用基本食品进口支付能力进行衡量，沙特等海湾石油富国的粮食进口安全状况还要远远好于世界平均水平。在中东地区，粮食进口安全状况最为脆弱的主要是那些基本食品进口支付能力较低的国家，而在低支付能力国家中，非产油国的粮食安全状况又更差。中东非产油国存在较为严重的粮食进口安全问题的原因在于：这些国家经常账户逆差严重，外汇储备不足以满足维护粮价稳定之需求。而更为深层次的原因则是相对较高的劳动力成本限制了这些国家工业制造业的发展，从而导致大量贫困人口的存在，居民用于食品的消费支出占总支出的比例太高，对粮价变动极为敏感。

如图8所示，在中东基品食品进口支付能力较低的国家当中，阿尔及利亚、伊拉克等产油国凭借油气出口收入尚能保持贸易顺差，而那些油气资源较为匮乏的低支付能力国家，在总体贸易平衡方面存在严重的贸易赤字。2012年，埃及、突尼斯、苏丹、摩洛哥、约旦的贸易逆差占国内生产总值的

[①] FAO, http://www.fao.org/DOCREP/003/Y1860E/y1860e05.htm, last accessed on November 24, 2011.

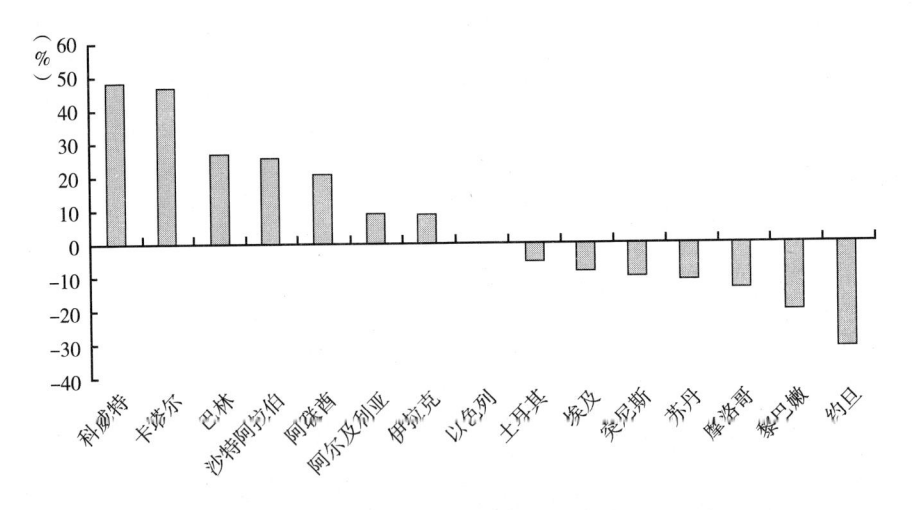

图8　2012年中东国家贸易顺差占国内生产总值的比重

资料来源：WDI，2014年5月2日。

比重分别高达8.42%、10.65%、11.58%、14.23%和30.39%。巨大的贸易逆差也意味着这些国家在高涨的国际粮价面前很难凭借自身能力维持国内粮价的稳定。

中东非产油国巨额贸易逆差的形成和相对较高的劳动力成本与其工业制造业发展受到限制有着密切关系。这里所说的劳动力成本相对较高，并不是指劳动力成本的绝对值高，而是指劳动力成本相对于单位劳动力创造的产值来说太高了。根据联合国工发组织提供的数据，纺织业是中东非产油国吸纳劳动力较多的工业部门，不过，即使在这个行业，中东国家劳动力相对成本也要远远高于其他发展中国家。在纺织品的纺纱、编织和精加工部门，中东非产油国工资回报率最高的是埃及和约旦，在这两个国家，单位美元的工资投入可以创造2.1美元的工业增加值。同样在纺织业这一部门，1美元的工资投入在中国却可以创造3.8美元的工业增加值，投资效率较埃及、约旦高出81.0%；在印度可以创造3.2美元的工业增加值，投资效率较上述两个国家高出52.4%（见表2）。而在食品加工部门，中东非产油国工资回报率较低的问题依然存在，以肉类、鱼类、水果、蔬菜及脂肪加工为例，中东非产油国工资回报率最高的是埃及，单位美元的工资投入可以创造5.8美元的工业增加值，而在同一个工业部门，中国的投资效率较埃及高 17.2%，印度较埃及高 20.7%。

表 2　中东地区部分非产油国主要制造业部门的工资回报率*

	纺织品的纺纱、编织和精加工			肉类、鱼类、水果、蔬菜、脂肪加工		
	人均增加值（美元）	人均工资（美元）	工资回报率	人均增加值（美元）	人均工资（美元）	工资回报率
埃　及	3649	1777	2.1	10560	1816	5.8
约　旦	20339	9607	2.1	29034	5498	5.3
摩洛哥	10901	6389	1.7	10633	4757	2.2
叙利亚	—	11695	—	—	9704	—
中　国	10799	2814	3.8	20702	3050	6.8
印　度	5169	1622	3.2	10103	1441	7.0

注：工资回报率是人均增加值与人均工资之比，也就是 1 美元的工资支出可以创造的增加值。联合国工业发展组织没有叙利亚制造业各部门的分类数据，不过就整个制造业来说，叙利亚的工资回报率非常低，1 美元的工资支出仅能创造 2.3 美元的财富，较埃及低 45.4%。埃及为 2006 年数据；印度、中国人均增加值为 2007 年数据；约旦、摩洛哥、叙利亚、中国人均工资为 2008 年数据。

资料来源：根据 2012 年 3 月 12 日 UNIDO 的数据整理而得。

而正是因为受制于相对较高的劳动力成本，中东非产油国工业制造业的发展才明显滞后于其他发展中国家，而这正是导致中东非产油国经济发展与民众生活水平提升脱节的重要原因。由于中东非产油国普通家庭并不富裕，普通家庭消费支出中用于食品的比例非常高，一些研究表明，摩洛哥收入最低的 25% 家庭将 60% 的收入用于购买食物；埃及家庭平均也要将 40% 左右的收入用于购买食物。① 而恰恰是因为用于购买食物的支出在居民消费总支出中占比极高，所以食品价格大幅上涨必然会导致这些国家居民生活水平的迅速下降，让居民生活变得更为困难。这样，国内粮价的上涨才更容易在中东一些国家引发民愤，进而出现大规模群众游行示威，威胁国家的政治稳定。

---

① Imed Drine,"The Food Crisis: Global Perspectives and Impact on MENA", *MPRA Paper*, No. 22245, April 21, 2010, http://mpra.ub.uni-muenchen.de/22245/1/MPRA_paper_22245.pdf, 访问日期：2012 年 5 月 1 日。

四 展望

中东粮食进口安全问题是外生性的，主要是由国际粮价异常上涨导致的，因此，未来中东粮食进口安全状况也将取决于国际粮价的走势。根据联合国粮农组织以及经济合作与发展组织（简称"经合组织"）联合发布的预测报告，2014～2023年，全球粮食价格以及基本食品价格总体将保持稳定。受其影响，中东粮食进口安全状况将会有所改善，粮食问题在该地区引发政治动荡的可能性也将有所降低。

1. 国际粮价及基本食品价格将趋于平稳

经合组织与联合国粮农组织联合发布的预测资料显示，2012/2013年度，小麦、粗粮和大米等主要粮食的价格开始回落，价格回落将会持续到2017年前后，此后进入缓慢上升阶段，但到2022/2023年度之前，小麦、粗粮、大米等主要粮食的价格都不会高于2012/2013年度的水平（见图9）。

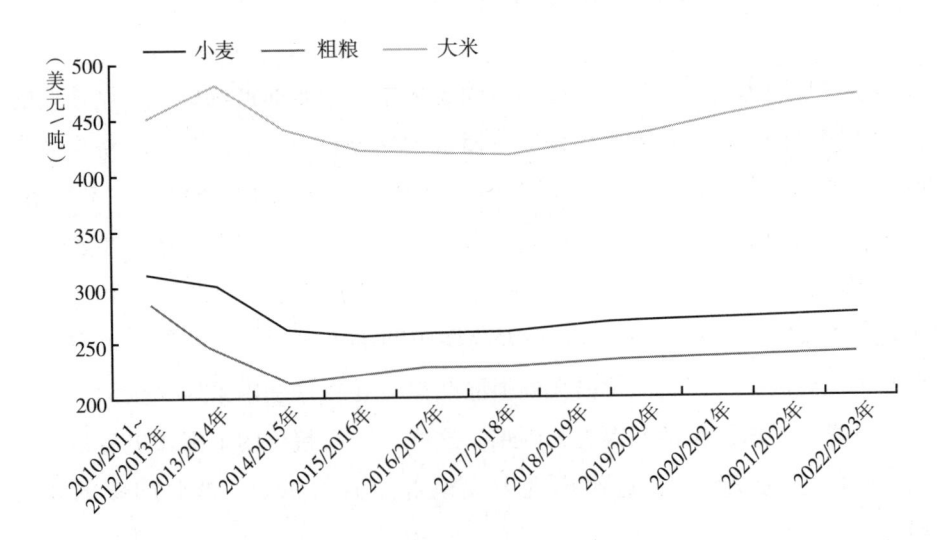

图9 2010～2023年世界粮食价格走势

资料来源：OECD – FAO, *OECD – FAO Agricultural Outlook, 2013 – 2022：Highlights*, OECD – FAO, 2013, p. 98。

中东粮食进口安全问题

在其他基本食品方面，食用油、食糖等基本食品价格在未来较长一段时间内也将保持稳定。如图10所示，据预测，2013~2015年，植物油价格将持续快速回落，此后进入缓慢上涨期，但到2023年以前，植物油价格都将低于2012/2013年度水平。与食用油相比，原糖价格的快速回落会在2013/2014年度结束，2014~2023年原糖价格将会稳定在每吨400~450美元。

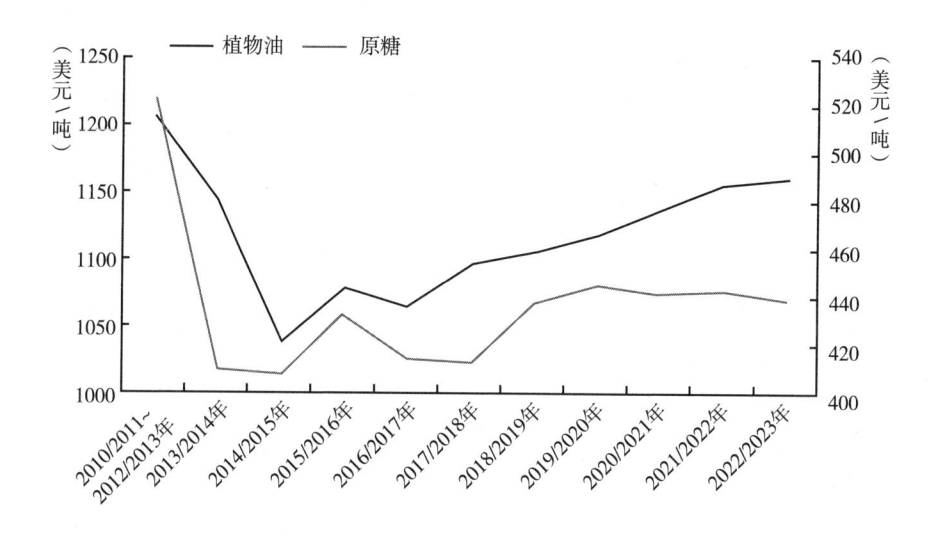

图10　2010~2023年世界植物油、原糖价格走势

资料来源：OECD - FAO，*OECD - FAO Agricultural Outlook，2013 - 2022：Highlights*，OECD - FAO，2013，p. 98。

2. 中东粮食进口安全问题有望缓解

中东粮食进口安全问题的产生虽然有着复杂的内部原因，诱导因素却是国际粮价的异常上涨。由于中东部分国家基本食品进口支付能力较低，国际粮价的快速上涨不可避免地传递至国内市场。又由于这些国家普通家庭的生活并不富裕，食品支出在居民消费支出中占有较高比例，普通民众对食品价格变动十分敏感，基本食品，特别是粮食价格的上涨也就往往会激起民怨，引发大规模游行示威，进而威胁国家的政治稳定。

2010年底开始的席卷整个西亚北非地区的"阿拉伯之春"与国际粮价暴涨有着密切关系。不过，在这次政治动荡中，中东很多基本食品进口支付能力较低的国家并未推出激进的食品价格补贴政策。尽管面对民众的抗议，2011

年1月到2013年1月，低基本食品进口支付能力国家较为集中的北非地区，其食品价格指数仍从209.87上涨至245.88，增幅高达17.2%，高于同期世界11.4%的增幅。而且从食品价格指数的绝对水平来看，北非地区食品价格的涨幅也高于世界平均水平，截至2013年1月，北非地区食品价格较2005年上涨了2.46倍，高于同期世界2.21倍的涨幅。① 这也表明，目前中东很多存在严重粮食进口安全隐患的国家，其国内粮食及其他基本食品的价格水平已与国际市场较为接近，并且经历过多年的政治动荡之后，这些国家的民众已经接受了高粮价的现实，除粮食价格未有明显上涨的摩洛哥外，中东很多低基本食品进口支付能力国家维持国内粮食以及其他基本食品价格稳定的压力已较之前有了大幅减轻。

由于高粮价目前已被中东大部分国家所消化，未来中东粮食进口安全状况将主要取决于国际粮价的走势。由于预计未来全球粮食以及食糖、食用油等基本食品的价格将会保持稳定，未来较长一段时间内，中东粮食进口安全状况很可能会得到一定程度的改善，粮价问题在一些中东国家引发政治动荡的可能性也将大幅降低。

---

① OECD – FAO Agricultural Outlook，2013年11月1日。

地区形势

Regional Situation

Y.13
"化武换和平"之后叙利亚危机发展

刘月琴*

摘　要： 2013年是叙利亚危机走向冲突、大国博弈与妥协并存的阶段，"化武换和平"是解决叙危机的一个重要转折点，也是一个标志性事件，它的重要意义在于国际社会竭尽全力避免了一场即将爆发的对叙战争，叙利亚问题进入了政治解决的轨道。之后，国际社会启动了销毁叙利亚化学武器的进程，叙利亚政府给予积极配合，继而，美国、俄罗斯和联合国推动了两轮日内瓦和谈，叙利亚危机进入了通过外交途径解决的阶段。2014年销毁叙利亚化学武器和巴沙尔是否能够继续执政两大问题已有了最终结果。由于乌克兰危机，美俄已无暇顾及推动第三轮叙利亚问题日内瓦和谈，叙利亚危机将继续拖延下去。

---

* 刘月琴，中国社会科学院西亚非洲研究所研究员，主要研究领域为中东国际关系、伊斯兰教历史、伊斯兰文化，以及伊拉克、叙利亚国别跟踪研究。

关键词：

叙利亚　化武换和平　发展前景

2013年8月21日，叙利亚首都大马士革郊区姑塔东区发生化学武器袭击事件，平民死伤惨重，尽管叙利亚政府一再否认是政府军所为，但是，美国、英国、法国及其盟国在真相未明、真凶难以确定的情况下，认定是叙利亚政府所为，指责叙政府在冲突中对反政府武装使用沙林神经毒气，威胁对叙实施军事打击，一度制造了叙利亚危机以来最为惊险的一幕。

一　"化武换和平"：一个重大标志性事件

"化武换和平"方案是叙利亚危机步入解决外交途径的重要标志。2013年8月，美、英等西方国家认定叙政府对反对派使用了化学武器，启动了军事打击叙利亚进程，美国展开军事部署，以美国国务卿克里、国防部部长哈格尔为首的鹰派人物一直以来极力敦促奥巴马总统对叙动武，他们急不可耐地宣布，美国军方已经部署完毕，只等奥巴马总统一声令下。8月31日，奥巴马就叙局势发表声明，称美国将对叙利亚发起有限范围的军事打击，但目前还没有确定时间，他将择机下令。

（一）"化武换和平"方案避免了对叙战争的爆发

美国在处理叙利亚化武危机过程中故意绕开联合国，在未得到联合国授权，也未弄清楚究竟谁是化武肇事元凶，而且，联合国调查叙化学武器问题真相小组在叙政府的配合下，正在叙境内进行调查和搜集化武证据，在这项工作尚未完成的情况下，[①] 奥巴马急不可待地启动对叙军事打击计划，显然是名不正言不顺的。其实，奥巴马清楚地知道，美俄正围绕叙利亚化武危机展开激烈

[①] 联合国调查叙利亚化武问题真相小组计划8月31日完成取证工作，并向联合国秘书长潘基文提交调查报告。

"化武换和平"之后叙利亚危机发展

的军事、外交博弈,俄针锋相对步步紧逼,决意不允许安理会授权任何针对叙利亚的军事行动,无论如何,美国都拿不到联合国支持其对叙动武的授权,这便是奥巴马绕开联合国的缘由。在国际上美国对叙动武失道寡助,它的欧洲盟友均不响应和支持,加之在美国国内有60%以上的人持反对立场,战争后果难料。因此,尽管美国已经完成了军事部署,但为避免付出高昂的军事干预代价,也出于多重因素考虑,奥巴马虽然言辞激烈,行动上却十分谨慎,直接进行军事干涉的决心迟迟难下。

9月1日,奥巴马政府高官在国会向约80名议员进行闭门"秘密情报"通报,以寻求他们对美国政府对叙动武的支持。之后,奥巴马在国内外开始上下游说,发动了一场"有限军事打击叙利亚战争"的战前外交、军事大动员,叙利亚战争呈现箭在弦上的紧张态势。

就在叙利亚化武危机即将酿成战争的危急关头,事情突然出现了国际社会意想不到的变化和转机。9月9日,俄罗斯提出免战解决方案,即"化武换和平"建议,美国态度急转直下,出人意料地在第一时间表示同意。叙利亚政府也迅速接受"化武换和平"方案,同意在国际监督下销毁化学武器。联合国秘书长潘基文立即声援,英、法、德予以认可,中国表示支持俄罗斯的提议。紧接着,美国国务卿克里与俄外长拉夫罗夫在日内瓦展开磋商,并于9月14日宣布就叙化武移交问题达成框架协议。根据协议,解决叙利亚问题分三步走:第一步,叙政府在一周内提交一份化武的详细清单;第二步,11月对叙政府提供的清单进行核实,做暂时处理,之后封存;第三步,联合国武器核查人员在11月之前进入叙利亚,在2014年6月前完成对所有化学武器原料和设备的销毁,[1] 以换取美国停止对叙动武。经过半个月的激烈博弈,美国对叙动武计划最终从剑拔弩张到偃旗息鼓。

俄罗斯推出"化武换和平"方案避免了一场对叙战争的爆发,除叙利亚反对派之外,有关各方皆有所获。一是叙利亚化险为夷,避免了迫在眉睫的军事打击。对叙政府而言,化武不但已失去"护身符"的价值,而且已成为美

---

[1] http://military.cntv.cn/2013/11/07/ARTI1383815297859885.shtml.

国进行军事打击的口实,放弃化武并参加禁化武公约,避免生灵涂炭,完全是理智的选择。二是俄罗斯在政治上获益颇丰。俄的方案得到世界高度赞许,鉴于俄对世界和平做出的贡献,普京荣获2014年度诺贝尔和平奖提名。三是化解了奥巴马必须发动一场对叙战争的尴尬。2014年5月29日,奥巴马在西点军校发表演讲时说,他虽然没有下令对叙利亚动武,但这种威胁已经促成叙利亚与国际社会达成销毁化武的协议。换言之,在美国对叙动武的强大军事威胁下,巴沙尔只能选择放弃化武,奥巴马通过外交方式迫使叙利亚交出化武实属上策。

(二)"化武换和平"方案的安全意义

2013年叙利亚危机最惊心动魄的是美国险些对叙利亚发动一场战争,这场化武危机最终以"化武换和平"方案的出台而化解,叙利亚问题迎来政治解决的重大转机。"化武换和平"方案的安全意义在于,叙利亚免除了"挨打"的命运,叙危机走上了一条外交解决的新路,为实现通过政治途径解决奠定了基础。

叙利亚化武危机从箭在弦上到偃旗息鼓,美国从策划对叙发动战争到在最后关头发生戏剧化变化,可以说,奥巴马和普京共同下了一盘多方都愿意接受的高棋。从奥巴马对叙战略分析,他还是立足通过外交途径解决叙利亚危机,不到万不得已不会动武。

叙利亚"化武换和平"是叙危机解决的一个重要转折点,也是一个重大的标志性事件,它的重要历史意义在于:一是俄、中主张世界和平的大国力量合力挫败了美国借化武问题支持叙利亚反对派实现更迭叙利亚政权的目标和阴谋;二是叙利亚同意交出化武并加以销毁,换取了美国承诺放弃军事打击计划,转危为安;三是美、俄和联合国通过推动叙政府与反对派谈判启动了第二次日内瓦和谈;四是阻止了美国发动对叙战争的企图,为叙利亚问题开启了政治解决的大门。

"化武换和平"方案具有重大转折意义,它标志着美国在中东的主导地位受到挑战,其战略空间被俄罗斯压缩,它已经不能独自决定叙利亚的命运。美俄在叙利亚危机、巴沙尔总统留任与否等问题上立场严重对立,激烈博弈,俄罗斯全程参与了解决叙利亚危机的过程,并与美国、联合国保持着密切协商,奥巴马不能忽视普京在中东地区越来越重要的地位。"化武换和平"方案标志着俄罗斯已经重返中东,在很大程度上,俄已成为解决叙利亚危机的重要"决策者"之一。

叙利亚化武危机是中东地区的重大事件,是冷战后中东地区危机解决中首次出现缓和局面,此前都是通过战争解决问题(海湾战争、阿富汗战争、伊拉克战争、利比亚战争等)的。需要指出的是,2013年叙利亚危机的走向是冲突、大国博弈与妥协并存,无论是通过和平方式或战争方式解决叙利亚问题,美国一直在起主导作用。

二 大国合作:销毁化学武器

叙利亚"化武换和平"方案实施后,以销毁叙利亚化武为转折点,叙利亚危机峰回路转,步入了大国主导的政治解决轨道。

(一)联合国通过第2118号决议:授权销毁叙利亚化学武器

"不战而屈人之兵"是《孙子兵法》的战略思想,就是力求不与敌手直接交战而获胜,这一思想被俄罗斯和美国运用到了叙利亚化武危机解决中:美国通过施加足够强大的军事压力,迫使对手无条件地接受放弃和销毁化学武器,奥巴马称"化武换和平"方案是军事压力的结果。"不战而胜"使国际社会和有关各方都受到鼓舞,这为接下来联合国讨论叙利亚问题并达成协议奠定了良好基础。

2013年9月27日,联合国安理会全票通过了涉及叙化武的第2118号决议,该决议要求叙利亚与禁止化学武器组织和联合国合作,取消其化武计划。[①] 第2118号决议要求以最快捷和最安全的方式全面启动销毁化武的特别程序,同时,对推动叙利亚问题政治解决进程做出了相应规定。该决议要求叙

---

① http://news.xinhuanet.com/mrdx/2013-09/29/c_132759609.htm.

各方予以充分合作和配合。① 美俄就销毁叙化学武器问题破天荒地达成合作框架协议，出现了美俄共同主导销毁叙化武的局面。世界大国协商解决地区冲突，对解决叙利亚和中东地区安全问题产生了重大影响。

联合国第2118号决议最终能够获得通过，一方面是美、俄、中等大国政治、军事和外交全方位博弈的结果，另一方面也是安理会有关各方积极求同存异的结果，它表达了安理会希望政治解决叙利亚危机的强烈意愿。毫无疑问，第2118号决议旨在在维护叙利亚主权的前提下，捍卫联合国的权威和尊严，以及《联合国宪章》的宗旨和原则，同时确保叙利亚问题向政治解决转向，为全面解决叙利亚危机提供了法律依据。

（二）国际社会通力合作，共同完成销毁叙利亚化学武器的工作

销毁叙利亚境内的化学武器是一项十分艰巨复杂的工作，须由国际社会合作完成。根据联合国安理会第2118号决议，叙利亚的化学武器将由叙国内转运至美国化学武器销毁船上进行销毁，中国、俄罗斯、丹麦、挪威等国将分别派出军舰为运输叙利亚化武的船只护航。在美、俄和联合国等方面的权威专家充分论证的前提下，就销毁叙化武规定了最后期限，即必须在2014年6月30日之前全部销毁叙化学武器及设施。

在销毁叙利亚化学武器问题上，美、俄、中等国家的立场高度一致，叙利亚政府也给予了积极配合。把最危险的化学品——芥子气和其他用于制造沙林、VX神经毒气的化学物质运出叙利亚，是实施联合国支持的销毁叙化武协议的第一步。叙境内的化学武器有约1300吨，而叙政府缺乏运送这些化武所需的装备，需要国际社会协助运送。据英国广播公司（BBC）2013年12月18日报道，俄罗斯提供的武装运输车将首先在叙境内12个地点收集化学武器和制作化武的原料，将其运送至叙濒临地中海的港口拉塔基亚。在此过程中，中国提供监控设施和救护车，美国将提供卫星导航服务，并提供3000件用于盛放、运输、隔离化学武器的设备。此外，芬兰和日本分别提供技术和资金支持。随后，丹麦和挪威的两艘运输船将到拉塔基亚港接收化学武

---

① http://news.xinhuanet.com/mil/2013-09/28/c_125464163.htm.

器，经由地中海运至意大利焦亚陶罗港，在这里将其转运到经过特殊改造的美国"开普雷"号货轮上，由"开普雷"号把化武运送至公海，在海上进行水解销毁工作。

围绕销毁叙利亚化武问题，国际社会全力协调、联合行动的倾向明显加强。其中，美国提供技术和负责在海上销毁，俄罗斯不仅为叙利亚港口提供安保，还协同中国提供海上护航，中国海军"盐城"号负责从叙利亚至意大利航段的护航，挪威、丹麦、俄罗斯提供舰船保障相关海域海上行动的安全。世界三强美、俄、中通力合作，联手销毁叙化学武器，叙利亚危机的解决迎来了新局面。

处理叙利亚化武分为移除和销毁两个阶段。在移除阶段，原定于2013年底将化学武器运出叙利亚的计划没有按期完成，其中既有气候、地面安全因素的原因，也有防护设备尚未到位等多方面因素的原因。叙化武原料运出叙境内的工作直到2014年1月初才真正开始。推进叙化武销毁工作需要叙政府的配合、国际组织的监督和国际社会的援助，缺一不可。

2014年4月，叙化武运出工作进入攻坚阶段，进展迅速，挪威和丹麦海军的军舰负责从拉塔基亚港口将叙政府移交的化武原料运出，其中，一些最危险的化武制剂将转交给装有特殊设备的美国军舰销毁。叙化武运出工作总体上进展顺利，不断取得阶段性成果，这离不开叙政府的积极合作以及禁止化学武器组织的监督和国际社会的支持。

2014年6月23日，叙外交部发表声明称，最后一批需要在境外销毁的叙化武原料已于当日运送出境。至此，叙政府移出化武工作已经按期完成，禁止化学武器组织对此给予了证实。

值得指出的是，禁止化学武器组织在完成全面销毁叙化武工作中做出了杰出贡献，因此它获得了2013年度诺贝尔和平奖。挪威诺贝尔和平奖委员会坦言，处理叙利亚化武问题是禁止化学武器组织得奖的重要原因，虽然并不是唯一原因。自叙利亚化武危机发生以来，禁止化学武器组织先后多次组织专家进入叙利亚，对其境内的化武使用情况做出了专业、科学的评估。[1] 他们的工作

---

[1] http://news.qq.com/a/20131012/000940.htm.

受到了国际社会的认可。叙利亚的化学武器全部运出境，消除了美国和西方国家对来自叙利亚化武威胁的担心，同时也去除了美国对叙动武的口实，这对叙利亚和中东地区安全具有积极意义。

叙利亚问题瞬息万变，干扰叙利亚危机解决的因素一直存在，就在叙利亚销毁化武工作有序展开之时，2014年1~4月叙利亚又爆出多轮可疑化武风波。对于谁是制造化武事件的元凶，叙政府将矛头直指反对派，而反对派则谴责叙政府，双方各执一词，唇枪舌剑，真伪难辨。事实上，叙化武疑云一直没有消散，化武袭击事件不时见诸媒体。客观地看，叙化武问题无论在政治上还是在军事上，对叙政府都具有极大的杀伤力，这个问题早已演变为政府与反对派之间博弈的筹码，即使化武如期全部销毁，问题恐也难以完全解决。

三　美俄和联合国推动两轮日内瓦和谈

在"化武换和平"方案付诸实施后，根据联合国安理会第2118号决议，美俄和联合国转入着力推动召开叙利亚问题国际会议，这标志着叙利亚危机被纳入了由大国主导的在联合国框架内解决的轨道。2014年1月22日，叙利亚问题第二次日内瓦国际会议终于在瑞士蒙特勒举行，此次会议为期10天，分为两个阶段：第一阶段由联合国秘书长潘基文主持，美、俄、中、英、法、德等30多个国家的外长出席；第二阶段会谈由联合国—阿盟叙利亚危机联合特别代表普拉希米主持，为期7天（1月25~31日），在叙利亚政府与"叙利亚反对派和革命力量全国联盟"（简称"全国联盟"）之间展开。

（一）第一轮谈判收效甚微

在第一轮第一阶段的会谈中，与会各方激烈交锋，立场相距甚远，核心问题谈判无果。

美国国务卿克里在开幕式发言时"先发制人"地为会议定调，他坚持解决叙利亚危机只有一条出路，即通过谈判组成过渡政府，但过渡政府中将没有巴沙尔的位置。克里的言辞激怒了叙方,叙外长穆阿利姆针锋相对地给予了抨击。俄罗斯坚持会谈不要纠缠在叙利亚领袖更迭问题上,制订消除恐怖主义威胁的措施应成为此次会议的优先议题之一。俄罗斯的立场与叙政府强调会议应讨论"反恐"的主张不谋而合。

联合国秘书长潘基文认为,这次叙利亚和会的核心议题应该是讨论如何执行2012年6月达成的日内瓦公报,在未来政治过渡进程中,应先成立一个享有充分行政权的过渡管理机构。显然,这个目标没有达到。在第一阶段的叙问题国际和会上,各方各唱各调,美国的立场干扰了和会取得成果。由于各方各持己见、互不相让,谈判未能取得成果。

2014年1月25日,和谈进入第二阶段谈判,叙政府与境外主要反对派"叙利亚反对派和革命力量全国联盟"代表从蒙特勒转战日内瓦,在联合国—阿盟叙利亚危机联合特别代表普拉希米的主持下展开直接谈判。谈判主要议题涉及局部停火、打击恐怖主义、人道主义救援、释放在押人员、落实日内瓦公报、建立具有完全行政权力的过渡管理机构等具体问题。[①] 普拉希米希望会谈双方就局部停火和人道主义援助等问题达成某些妥协。然而,尽管谈判双方坐在了一起,但在激烈交锋后,双方未能就上述问题达成任何妥协,由于分歧依然巨大,第二阶段的会谈未达成任何协议。

两个阶段的会谈均卡在巴沙尔去留这一核心问题上,陷入了僵局:叙反对派坚持成立一个没有巴沙尔的过渡政府,而叙政府一再强调巴沙尔继续担任总统是不可逾越的"红线"。另外,叙政府拒绝讨论有关过渡政府的方案,坚持"叙利亚的未来只能由民众决定"是叙政府坚持谈判的基调,这个底线不能逾越。

谈判双方还在议题设置和谈判问题的先后次序上争执不下。"全国联盟"发言人萨非表示,建立过渡管理机构应该是会谈的优先议题,这是停止暴力和冲突的前提,他要求立即建立过渡管理机构,启动叙利亚政权重组。叙政府则更关注反恐行动,称恐怖主义才是迫在眉睫的威胁,坚持将停止暴力作为首先

---

① http://news.hexun.com//2014-02-10/162015470.html.

讨论的议题。①

谈判是外交层次的较量，然而，在日内瓦和会召开前夕，各方在需要解决的核心问题上分歧严重，立场依然对立，各自坚持己见，毫不退让，根本没有商量的余地。可以说，这次和会完全是美、俄及普拉希米极力撮合推进的结果，召开和谈的时机和条件显然不成熟，叙利亚交战双方无任何妥协的迹象，谈判不具备基础。会议期间，反对派曾数次威胁要退出谈判，普拉希米费尽九牛二虎之力，穿梭于叙政府代表与反对派代表之间，生拉硬扯地把他们拢在谈判桌前，因此，会谈难以取得实质性成果并不令人意外。

尽管谈判没有取得实质性突破，但还是有微小的进展，包括叙政府愿意在日内瓦公报框架下展开讨论；亚尔穆克难民营获得了一些食物；拜尔宰实现暂时停火，救援组织可以进入；一个救援车队被允许进入阿勒颇，为1.5万人送去了物资。② 2014年1月30日，有600份包括各类生活必需品的人道主义物资送抵大马士革，每份物资可供一个五口之家享用一个月。即便取得上述微小成效，和谈也令人产生了希望。

（二）第二轮和谈目的未能达到

2014年2月10~15日，叙政府与反对派在日内瓦举行第二轮和谈，继续寻求通过政治途径解决叙利亚危机。在国际社会普遍不看好叙利亚问题谈判前景的背景下，普拉希米和潘基文秘书长依然不懈努力，极力促成叙冲突双方的会谈——能促成双方最终同意坐下来谈判已让普拉希米很有成就感，他认为这本身已经是一项成就。

第二轮和谈仍由联合国—阿盟叙利亚危机联合特别代表普拉希米主持，围绕2012年6月的日内瓦公报展开，依照会议议程，谈判讨论了停止暴力、组建过渡组织和过渡机构的议题，以及相应的解决办法。诚然，会谈是通过和平方式继续进行博弈，是把战场上的较量搬到谈判桌上，谈判双

---

① http://news.china.com.cn/world/2014-02/02/content_31363940.htm.
② http://news.xinhuanet.com/world/2014-02/01/c_119197722.htm.

方继续坚持首轮和谈的立场，主要分歧依旧存在，在核心问题上仍然不能达成共识。

叙政府与反对派较量的核心问题主要有二。一是关于叙总统巴沙尔的去留问题。双方在该问题上的立场不可调和，反对派坚持巴沙尔下台是终止冲突的唯一条件，叙政府则坚称，巴沙尔继续担任总统是不可触碰的"红线"，关于巴沙尔未来的问题不在讨论范围内。双方的诉求严重对立。二是关于建立过渡管理机构问题。"全国联盟"代表坚持组建过渡管理机构是解决叙利亚问题的前提条件，并向普拉希米提交了一份组建过渡政权的文件，该文件共包括22项内容，主要涵盖组建过渡政权、促成停火、释放战俘和被扣押人员等，过渡政权将由双方没有犯罪记录的"公允人士"组成。叙政府代表对此表示反对，他们坚持先讨论停止暴力和反恐问题，然后依照会议议程依次讨论其他议题，称颠倒谈判议题的次序或者跳出框架将导致谈判失败。[①] 在叙政府占据战场优势的情况下，巴沙尔不会放弃其在未来过渡管理机构中的地位，双方在上述两大敏感问题上坚持己见，谈判进入了"无解"的僵局。

会谈在停止暴力、组建过渡机构、打击恐怖主义和开启政治进程方面均未取得任何突破。叙反对派的诉求显然不切实际。自2012年底以来，叙国内战场局势发生了根本性变化，一度处于不利地位的政府军已经在多地取得胜利，夺回了阿勒颇重镇苏法拉等战略要地，在战场上占据上风。在日内瓦和谈期间，叙政府军在大马士革郊区、阿勒颇等地的军事行动取得了一定进展，中部省份霍姆斯的人道主义通道也一直开放，民众的信心有明显提升，在实力对比悬殊的情况下，不占优势地位的反对派要求巴沙尔下台根本不现实，也不可能得到满足。

第二轮叙利亚和谈以失败告终的重要原因还包括谈判双方缺乏诚意。任何谈判的基础是双方具有诚意，然而，就叙政府与反对派而言，两者都严重缺乏谈判诚意，整个谈判过程气氛紧张，双方相互指责，不仅缺乏互信，还充满敌

---

① 宦翔、焦翔、谢亚宏、温宪：《叙利亚危机，日内瓦谈判僵局难破》，《人民日报》2014年2月14日。

意,甚至不共戴天。普拉希米纵然有推动和谈的决心,但无奈交战双方皆无谈判诚意。不仅如此,第一轮谈判的障碍延续到第二轮谈判,老问题依旧摆在那里不能触碰,成了拦路虎。双方在关键问题上均无意做出丝毫让步。叙政府根本不打算讨论过渡政府的成员名单和规格,反对派则铁了心逼迫巴沙尔下台。这种毫无基础的谈判注定将以失败收场。

若要谈判取得成果,双方都需做出适当妥协,然而,叙政府与反对派恰恰都不愿意做出必要的妥协,在这种背景下,煞费苦心撮合第二轮和会的普拉希米必须在和会召开之前达成谈判的基础,在需要解决的关键问题上达成基本共识和妥协,才能确保会谈取得成效。在谈判双方立场尚未发生改变的情况下进行会谈有点操之过急,在尚未营造出谈判的良好氛围的情况下,仅相隔十天便展开第二轮谈判,紧锣密鼓的连续谈判不能取得成果,叙利亚问题走不出僵局亦在人们意料之中。

从表面上看,在前台主持和谈的是普拉希米,但实际上美、俄在后台坐镇的作用不可小觑,如果没有美、俄的大力推动以及向叙谈判双方施压,仅凭普拉希米的一己之力很难说服叙交战双方坐在谈判桌前。和谈进入第四天时,普拉希米与专程前来协调的美国副国务卿舍曼和俄副外长加提诺夫举行了三方闭门会谈,请美、俄出面协调。事实上,谈判的进程都在美、俄掌控之中,普拉希米与美、俄副外长之间的三方沟通十分及时,特别是在沟通谈判双方的立场方面。美、俄副外长均表示将继续为谈判提供支持,并承诺将与叙交战双方在日内瓦的谈判代表、叙国内及有关方面进行协调,以打破困局。美国期待日内瓦谈判的目标是巴沙尔出局,快速组建拥有全权的临时政府机构,① 然而,事实证明,美国对叙利亚内部力量对比情况的判断存在严重误差,叙反对派还没有打出一个让巴沙尔下台的局面。

第二轮叙利亚日内瓦和谈虽然十分艰难,但也取得了微小进展,即叙政府与反对派达成了放行叙利亚霍姆斯受困难民等共识。普拉希米恪尽职守,不放弃努力,他希望能从人道主义救援问题入手,逐步过渡到政治问题的层面。他

---

① 参见乔治·马尔布吕诺《叙利亚:如何避免日内瓦谈判再次失败》,法国《费加罗报》2014年2月5日,转引自《参考消息》2014年2月14日。

多次向媒体表示，叙政府与反对派在日内瓦进行的谈判将是一个持续的过程，不能指望举行一次或一轮谈判就终结一场已持续3年的危机。当然，叙政府与反对派能坐下来谈判无疑是一个进步，政治对话是唯一解决方式已成为国际社会的共识，从双方在谈判桌上充满火药味的言辞分析，双方在政治诉求等诸多方面存在巨大分歧，叙利亚和谈将是一个十分艰难的过程，短期内实现根本性突破以及和解的可能性不大。

四　叙利亚危机前景展望

叙利亚危机自始至终都伴随着美欧大国的强力干涉，早已被国际化。目前主导叙利亚危机解决的途径有两个：一个是美国、俄罗斯和联合国推动的日内瓦和谈；另一个是巴沙尔在国内推动的政治解决方案，包括全国和解以及采取政治改革措施等。

2014年6月3日，叙利亚如期举行总统大选，巴沙尔以88.7%的得票率胜出，迎来了他的第三个总统任期（2014～2021年）。这样的结果早在人们的预料之中。之所以在预料之中，是因为叙利亚此次总统大选是在现行政治体制下举行的，换言之，巴沙尔一直大权在握，掌握着制定大选规则的权力，他在政治上占据绝对优势地位是自然的。这就是说，叙反对派经过3年多的浴血奋战，依然没有从根本上撼动巴沙尔政权的统治基础，巴沙尔在执政党复兴党内的支持是牢固的。

此次大选结果有三个突出特点：一是巴沙尔以绝对优势当选，二是叙反对派自动出局，三是美欧及叙利亚反对派宣称不承认大选结果。面对大选结果，美国称将继续支持叙利亚的温和反对派，以对抗叙利亚政府，而且，美国已拉开架势训练叙温和反对派，以实现更迭叙利亚政权的目标，美欧与叙利亚间的新一轮博弈已经展开。巴沙尔政府赢得大选未能构成一个战略转折点，叙利亚危机没有因为大选而缓解，危机远未结束。

在军事方面，自2014年以来，叙政府军在与反对派武装的交锋中取得了显著进展，收复了叙中部大片区域，抗击"恐怖分子"的战事亦颇有成就，连续夺回多个由叙反对派武装组织控制的地区和边界重镇，切断了叙反对派武装在黎巴嫩的供给线，并确保了首都大马士革通往叙利亚中心城市霍姆斯及地中海的主要通道的安全。巴沙尔总统在2014年4月13日表示，目前正值叙利亚持续3年国内冲突的"转折点"，叙政府占据上风。尽管叙利亚政府在政治、军事、占有资源等方面占据上风，但是，叙政府无法消灭反对派武装的有生力量已成既成事实，叙利亚政府只能与反对派在冲突中"共存"。

美俄在解决叙利亚危机的调停方面发挥着主导作用，双方磋商比较频繁。2014年2月，美国向俄提出叙利亚危机的新调停模式，建议打造叙利亚问题调停补充机制，该机制主要是一个地区性机制，是叙利亚问题第二次日内瓦会议的补充，美国建议包括五方，即美国、俄罗斯、沙特、土耳其和伊朗。[①] 这一选择不难解释。美俄在2013年5月就共同提议召开叙利亚问题第二次日内瓦会议，美俄合力开启了叙化武的销毁进程。至于选择沙特和土耳其，主要因为它们是叙反对派的主要资助者，而伊朗则是叙政府的坚定盟友。当然，新机制的启动亦会相当艰难，需等待时机成熟。

2014年由于乌克兰危机爆发，美俄关系恶化，牵扯了俄罗斯的精力，美俄已无暇顾及推动第三轮叙利亚问题日内瓦和谈。

叙利亚局势与伊拉克局势密切相关，叙利亚危机的外溢令整个地区陷入了严重动荡。2014年，极端组织"伊拉克和黎凡特伊斯兰国"（简称ISIS）在伊拉克兴风作浪，搅乱了伊拉克政局。2014年1月3日，ISIS占领伊首都附近重镇费卢杰，并成立"伊拉克和叙利亚伊斯兰国"，气焰十分嚣张。伊安全部队一直在不断组织兵力反攻，试图夺回费卢杰，但半年过去了，不仅费卢杰没能收复，自6月10日以来反而接连丢失了摩苏尔、提克里特等10多座城镇，伊拉克面临的反暴恐重任越来越艰巨。

ISIS横行肆虐，在伊拉克和叙利亚攻城略地。2014年6月29日，ISIS荡平了伊叙边界线，悍然宣布在横跨叙伊边境的广大区域建立一个伊斯兰哈里发国，其头目阿布·贝克尔·巴格达迪为"哈里发"，并号召全世界的穆斯林支持并效忠。ISIS的最终奋斗目标是，不仅在伊拉克和叙利亚，而且在更大范围

---

① 《美国呼吁俄罗斯加入"日内瓦2.5版"会谈》，俄罗斯《生意人报》2014年2月4日。

内建立跨国的"伊斯兰国",昭示了其超级野心。ISIS 所制造的动荡是难以估量的。由于 ISIS 猖狂建国引起的混乱直接牵扯了美俄对解决叙利亚问题的精力,反恐上升为美国的头等大事,遏制 ISIS 的扩张势头已成为美、俄和中东各国的共识和重任,叙利亚局势仍然存在很大的不确定性,叙利亚危机的解决将继续拖延下去。

Y.14
伊朗核问题：外交解决的意愿、时机和行动

陆 瑾*

摘　要： 奥巴马总统获连任后再次把外交解决伊核争端作为优先选项，深陷经济困境的伊朗态度也出现软化。伊朗与六国（中、美、英、法、俄、德）重启新一轮伊核谈判。阿拉木图对话会无果而终，但进入了讨价还价的实质性阶段。伊朗国内外对主张"走温和路线"的鲁哈尼当选伊朗新总统反应积极。伊朗外交实现快速转型，进入"与世界建设性互动"的新时期。鲁哈尼政府在执政百日内取得美伊关系"破冰"、签订伊核问题日内瓦第一阶段协议等重大外交成果，其中新外长扎里夫功不可没。伊核问题正沿着外交解决的正确轨道快速前行，但前方还存在诸多障碍。

关键词： 伊核谈判　美伊关系　伊朗核协议

2013年，跌宕起伏的伊核谈判进入第10个年头，伊核问题主要当事国美国和伊朗把新一届政府上台执政作为各自政策调整的契机，双方外交解决伊核问题的意愿和时间紧迫感不断增强。奥巴马连任总统后，伊朗与六国重启谈判，阿拉木图对话会出现积极势头。鲁哈尼当选伊朗新总统后，美伊关系

---

* 陆瑾，文学博士，中国社会科学院西亚非洲研究所副研究员，创新工程项目"中东热点问题与中国应对之策研究"执行研究员，主要研究领域为中东国际关系及伊朗问题。

"破冰",伊核谈判快速向前推进。本文拟对一年多来伊核问题发展的背景、过程和趋势进行梳理和分析。

一 奥巴马连任后政策天平重新倾向外交解决伊核问题

奥巴马在总统第一任期之初对伊朗实施了积极接触政策,但未能奏效,之后,采取了边对话边制裁的"双轨政策"。内贾德连任和伊朗"大选风波"后,奥巴马对伊朗政策渐趋强硬,不断强化对伊朗的制裁,并以动武相威胁。奥巴马第一任期对伊朗政策的结果是,从美国方面来看,虽然制裁给伊朗经济带来了沉重打击,但未能达到约束其核计划发展的目的。伊朗的核设施和浓缩铀储备快速增长,核技术不断取得突破。伊核问题谈判虽然重启,但毫无进展。以色列为伊朗核计划设定了"红线",并要求美国认同。奥巴马政府一直不支持以色列对伊朗动武,认为仍有"相当多时间"通过外交和经济手段迫使伊朗停止铀浓缩活动。对于以色列以"红线"施压,美国无意改变"不会为伊朗核问题设置最后期限"的立场。但随着伊朗核能力的不断增强,以色列单独对伊朗核设施发动军事打击的可能性加大,美国面临被迫卷入战争的风险。与此同时,美国主导建立的美欧对伊朗制裁体系也受到挑战,现有制裁水平不足以摧毁伊朗庞大的经济体,继续加大制裁将使伊朗更加对立,甚至走向极端。受债务危机困扰的伊朗传统贸易伙伴欧洲大国开始反思制裁的效果和成本,急切盼望重回伊朗市场。欧盟法院在2013年初废止了对伊朗国民银行的制裁。中国、印度、土耳其等伊朗石油进口大国放弃美元转而以其他形式进行贸易结算。从伊朗方面来看,尽管伊朗政府一再否认西方制裁的作用,但自2012年7月1日欧盟对伊朗石油禁运正式生效后,多项制裁措施叠加对伊朗经济造成了沉重打击。2013年初,持续暴跌的伊朗本国货币里亚尔对美元逼近40000∶1大关(官方汇率12260∶1),物价像脱缰的野马失去控制。内贾德政府一连出台多项措施稳定汇率,其中包括向市场投放美元、严厉打击非法外汇买卖和对物价实施严格监管,但收效甚微。问题的关键在于,美欧金融和能源制裁导致伊朗石油出口量减少近半,国际贸易结算遇到严重障碍。国家外汇储备大幅下降一方面制约了伊朗政府向国内市场增加外汇投放量,另一方面影响了原材料和商品的进口，高涨的汇率使进口商根本无力清关和结汇，从而加剧了流通和生产渠道的紧张气氛。民众出于对外汇和物价上涨的预期，疯狂抢购美元、房产、汽车和黄金等大宗商品，不法商人则囤积居奇，或把物价与黑市美元价格直接挂钩，甚至私下用美元交易。进口药品极度短缺导致价格不断暴涨，影响到成百上千的普通家庭和那些在两伊战争中伤残的军人。伊朗民众对国家现状强烈不满，对政府的经济治理能力感到失望，对美欧进一步强化制裁深表担忧，对政府坚持核强硬政策提出质疑。伊朗现政权遭遇自成立以来最大的挑战，迫使决策层重新考虑解决伊核问题的方法。

美伊双方都认识到重启谈判才是解决问题的唯一出路。2013年初，奥巴马开始其第二任期后，重新尝试与伊朗接触政策，并把外交解决伊核争端作为优先选项。在改组政府时，奥巴马任命约翰·克里和查克·哈格尔分别担任国务卿和国防部部长，他们都公开主张与伊朗对话。伊朗官方发言人强调，将遵循最高领袖哈梅内伊关于"禁止生产、储存和动用核武器"的教法令。伊朗总统、议长、外长等政府高官都公开表示对外交解决伊核问题持乐观态度。2013年2月2日，美国副总统拜登在慕尼黑安全会议上表示，美国准备直接与伊朗举行谈判。与会的时任伊朗外长萨利希对此表达了审慎的欢迎，但要求美国用实际行动证明提议谈判是"真正的、公平的和真心希望解决问题的"。

在伊朗接受六国建议表示愿意回到谈判桌后，美伊之间开始了新一轮的博弈。2013年2月6日，美国政府宣布强化制裁措施进一步遏制伊朗石油收入，同时对伊朗伊斯兰共和国广播局等实体和个人实施制裁。[①] 次日，伊朗最高领袖哈梅内伊拒绝了美国提出的直接谈判建议，表示只要美国继续对伊朗施加制裁，就不可能有直接对话。[②] 2月8日，美国国务卿克里强调美方将继续对伊朗采取施压与接触这一双轨政策，通过外交途径解决伊朗核问题的机会之窗仍然敞开。[③] 之后，伊朗时任总统内贾德表示，如果美国放弃对伊朗的制裁，他

[①] 《美国强化对伊朗制裁措施》，新华网，http://news.xinhuanet.com/world/2013-02/07/。

[②] 《伊朗最高领袖哈梅内伊拒与美国直接谈判伊核问题》，中新网，http://www.chinanews.com/gj/2013/02-08/4558189.shtml。

[③] 《美国国务卿敦促伊朗与六国举行"实质性"会谈》，新华网，http://news.xinhuanet.com/world/2013-02/09/c_124339767.htm。

本人会考虑谈判的可能性。①

2013年2月,伊朗与六国在哈萨克斯坦首都阿拉木图重启核谈判,距上一轮谈判已时隔8个月之久。会上,六国向伊朗提出了一些新建议,要求伊朗同意限制浓缩铀的生产以换取国际社会部分解除对其的制裁。伊朗坚持要求承认其"核权利"和西方必须首先放松制裁。虽然该轮会谈仍然未获突破性进展,但出现了一些积极变化。会议气氛变好,双方就继续定期举行谈判并使之制度化达成一致。对话会不再是以往流于形式的"交谈",已进入"深水区"。此轮谈判的明显进步在于,美方不再要求伊朗完全弃核,伊朗也未坚持一步到位承认其核权利和取消制裁。伊朗方面对会谈结果做出积极评价,称"事情正在出现转机,阿拉木图的谈判是个里程碑"。3月18日,双方在伊斯坦布尔继续举行专家会议。4月5~6日,第二轮阿拉木图对话会举行。会上,伊朗并未就六国在上一轮谈判中提出的方案做出明确具体的回应,而是出人意料地向六国提交了一份自拟的行动计划。尽管谈判再次无果而终,但伊朗强烈希望就达成一个双方都可以接受的妥协方案继续谈判。美国认为,伊朗在大选之前政策上不会出现大的变动,谈判取得非实质性的进展只能成为已获得参选资格的时任伊朗首席核谈判代表贾利利的竞选资本,如果他当选,美伊关系将会更加紧张。因此,美国坚持将下一轮谈判安排在伊朗总统选举之后。

二 鲁哈尼当选伊朗新总统开启"互动外交"新时期

最近20年来,伊朗总统候选人都来自体制内主张改革或保守的两大政治阵营。党派功能缺失、派内竞争无序和选民直到最后一刻才做决定的选举文化使伊朗总统选举结果充满不确定性。哈塔米、内贾德、鲁哈尼当选总统都出乎大多数政治观察家的预料。但是,改革派、保守派和温和派轮流上台执政反映出伊朗民众对"变革"寄予厚望。

1. 伊朗国内外对鲁哈尼当选新总统反应积极

2013年6月举行的伊朗第11届总统选举是2009年伊朗"大选骚乱"后

---

① 《内贾德要求美国改变对伊朗态度》,中新网,http://www.chinanews.com/gj/2013/02-11/4561770.shtml。

的第一次总统选举，也是在伊核问题阴影笼罩下伊朗民众参与抉择国家发展道路的重要机会，候选人在外交或经济领域的才能和竞选纲领成为选民们关注的重点。在通过资格审核的8名候选人中，时任首席核谈判代表贾利利、前外长韦拉亚提和前首席核谈判代表鲁哈尼都以外交见长，其中强硬保守派的贾利利被认为是哈梅内伊眼中最理想的总统人选，也是被政治观察家们看好的赢家。他主张沿续内贾德政府的核强硬政策，通过挖掘国内潜能抵抗西方制裁。与之观点对立的是温和保守派的鲁哈尼，他主张通过缓和与西方国家特别是美国的关系解决伊核危机和制裁问题。在总统竞选电视辩论会上，两人就伊朗外交和核政策展开了激烈辩论。鲁哈尼批评内贾德政府的强硬核外交政策和僵硬的核谈判方式使伊朗陷入困境，并强调在自己担任首席核谈判代表与欧洲大国谈判时，伊核问题没有被提交到联合国安理会，始终在国际原子能机构的框架内协商和谈判，伊朗也未因核问题遭受国际制裁，时间证明这是正确的核谈判战术，其中包括同意暂停铀浓缩活动。在外交方面，贾利利主张依靠软实力和公共外交分化西方阵营和改善与地区国家的关系；鲁哈尼认为伊朗应该与世界建设性互动，避免极端主义和陷入孤立，只有改变与美国的敌对关系才能解决制裁问题。鲁哈尼的竞选团队由拉夫桑贾尼时代负责经济的部长们组成，在他的"百日计划"和"中长期计划"中经济治理内容详尽、务实，鲁哈尼"民生比离心机运转更重要"的观点更是深得民心。

在投票开始之前，鲁哈尼得到温和保守派政治家拉夫桑贾尼和改革派领袖哈塔米的公开支持，所有支持改革的力量特别是那些原本不打算参与的中产阶层民众响应号召走进投票站。选后，鲁哈尼获得50.7%的选票成功当选伊朗新总统，意味着他获得了人民的授权。鲁哈尼当选后，各主要政治力量、军队、宗教界、主流媒体及多数民众都表示愿意与之同向而行，伊朗社会形成了团结的局面。

外部世界对鲁哈尼当选新总统也做出积极反应。鲁哈尼是西方人熟悉且愿意接受的人物。他在当年的核谈判中给西方人留下了温和、理性和寻求互动的良好印象。西方有理由认为，鲁哈尼担任新总统将使伊朗与西方关系缓和并使解决伊核问题变得容易。英国、法国、德国等欧洲国家向鲁哈尼表示了祝贺和希望合作的意愿，伊核谈判相关方中国、俄罗斯、欧盟、美国和国际原子能机构纷纷表示愿意共同寻求政治解决伊核问题的途径。来自55个国家和地区的10位总统、8位总理和议长、11位外长和一些部长级高官应邀出席了鲁哈尼的总统就职典礼。

2. 伊朗外交转型和"与世界建设性互动"

鲁哈尼在当选之初就明确了伊朗外交政策的新方向：其"路径是缓和、建立互信和进行建设性的互动"，并"温和务实、基于国家实力行事"，"独立和民族尊严仍是伊朗的底线"。鲁哈尼还对外交进行重新布局，把加强和改善与周边国家和阿拉伯国家的关系作为伊朗外交政策的优先考虑，其中，重点是海湾阿拉伯国家尤其是沙特，并采取"向西靠"和"向东看"并举的全方位外交战略，在保持与中俄友好合作关系的同时，努力修复与西方国家的关系和改善同美国的关系。① 鲁哈尼外交新政的突出特点是实现从"强硬路线"到"温和路线"、从"理想主义"到"现实主义"的根本性转变。鲁哈尼强调，"这绝不是什么战术行为或者口号"。"既不被动挨打，也不对抗，放弃激进、极端、狂热喊口号的做法，与世界建立有效的建设性互动"是鲁哈尼"温和主义"外交理念的核心内容，被认为是"开启许多国际难题之锁的钥匙，并能够开创一个消除误解和创建新机遇的外交新时代"。②

2004年伊朗伊斯兰议会通过的国家《20年远景规划》规定，"伊朗要在20年的时间内转变成一个在政治、经济、科学技术和国防领域超过中东地区其他强国的国家"，并在此基础上阐述了伊朗外交政策的方针。为执行这一方针，伊朗提出了"建设性互动"的理论。③ 内贾德当选总统后曾努力展开"与世界建设性互动"，但因其奉行核强硬政策，与西方的关系一直处于紧张状态，转而一味地"向东看"。鲁哈尼竞选时提出的"重振经济，与世界互动"口号得到伊朗国内外的广泛认同，当选之后以"与世界建设性互动"的全方位外交兑现竞选承诺。

---

① 参见陆瑾《鲁哈尼政府外交政策与地区稳定》，《西亚非洲》2013年第6期，第70~71页。
② 〔伊朗〕穆罕默德·雷扎·德黑里：《外交政策的温和指标》，《市民月刊—外交》第74期，2013年8月，第8页。
③ 〔伊朗〕赛义德·哈米德·穆拉那·曼奴彻赫理·默哈马德：《内贾德政府时伊朗伊斯兰共和国的外交政策》，司法出版社，德黑兰，2008，第107~108页。

鲁哈尼政府"互动外交"的第一步是与世界6大国进行核谈判以减轻制裁。鲁哈尼娴熟地利用国际平台表达伊朗的诉求、展示伊朗的新形象以赢得国际社会更多的支持。在比什凯克参加上合组织峰会期间，鲁哈尼分别会晤了习近平主席和普京总统，就伊核问题交换了看法，希望中俄在未来的谈判中继续发挥建设性作用。"个别国家武力威胁伊朗和采取单边制裁是不可接受的"成为上海合作组织成员国元首们的共识，并被写进会议《共同宣言》。鲁哈尼在联大发言时再次强调，伊朗不会追求包括核武器在内的任何大规模杀伤性武器，决不会对世界构成威胁。在纽约与奥巴马电话交谈时鲁哈尼表示，有关核问题，只要有政治意愿，就会得到迅速解决。伊朗不会发展大规模杀伤性武器，但拥有核权利是伊朗不可碰触的"红线"。鲁哈尼在参加达沃斯论坛时再次重申，在伊朗的安全战略中从来没有核武器的位置，伊朗将来也不会朝这个方面走。在初步协议谈判进入关键阶段时，鲁哈尼打电话给习近平主席和普京总统，请求中俄在谈判中"主持公道"和发挥建设性作用。他还与英国首相卡梅伦通电话，就两国关系和伊朗核问题交换了意见。这是伊英两国领导人10多年来的首次交谈。

鲁哈尼政府"互动外交"的第二步旨在寻求建立信任。在日内瓦伊核问题第一阶段协议签订后，伊朗将外交重点转向了提升与地区和周边国家的关系方面。首先，外长扎里夫旋风般出访了科威特、阿曼、卡塔尔、阿联酋等国，并向沙特发出希望缓和紧张关系的强烈信号以缓解海湾国家对伊核问题的担忧。之后，扎里夫又密集访问了土库曼斯坦、土耳其、伊拉克、俄罗斯、叙利亚、约旦、黎巴嫩等地区和周边国家。

鲁哈尼政府"互动外交"的第三步旨在寻求经济合作。① 在达沃斯论坛上，鲁哈尼努力说服并邀请国际商业和金融巨头重返伊朗投资。伊朗石油部部长承诺将修改油气领域旧有的"回购合同"条款，使其更有利于投资者和帮助西方能源巨头获得开发合同。扎里夫还前往印度、日本和印尼等国谋求增加石油出口和更多的经贸合作。

---

① 〔伊朗〕《向东看：温和政府的第三步》，http：//aftabnews.ir/fa/news/234828，访问日期：2014年3月9日。

鲁哈尼政府互动外交成果显著，执政百日即取得了在美伊关系和伊核问题上的重大突破。欧洲国家对伊朗的态度明显转变，英国和伊朗在断交两年后正式恢复外交往来，意大利外长和欧盟多国议会代表团访问伊朗。欧盟外交与安全政策高级代表阿什顿对伊朗的访问被伊朗媒体解读为"不顾白宫警告执意要与那个已变成地区强国的国家恢复关系"。[①] 越来越多的西方大公司重返伊朗寻找商机，法国派出了包含116名企业负责人在内的大型商务代表团访问德黑兰。亚洲国家也积极行动起来，土耳其总理带领经济和能源部部长访问伊朗，日本、韩国、泰国、马来西亚、印度尼西亚和菲律宾等国也都向伊朗派出商业代表团。东西方国家的部长、政府高官和企业家们纷纷涌向德黑兰，给伊朗摆脱外交孤立和打破国际制裁体系带来了希望。

三 美伊关系"破冰"和签订伊核问题日内瓦第一阶段协议

鲁哈尼总统从其前任手中接过的是一个内忧外患的"烂摊子"。他认为问题的根源在于伊核问题，其实质是美伊关系问题，制裁是重振伊朗经济最大的阻碍。因此，鲁哈尼把外交破局作为工作的优先考虑，以争取在短期内减少制裁。

1. "外交英雄"扎里夫不可或缺的作用

鲁哈尼推举扎里夫担任其新政府的外交部部长是深谋远虑的选择，此前观察家们普遍认为哈梅内伊的外交政策顾问、前外长韦拉亚提将被提名。扎里夫在议会资格审议辩论会上是极具争议的人物，极端保守派议员对其百般刁难，指责他"百分之百的西化"不适合担任外交部部长一职，甚至对他在美国的学习经历提出一些毫不相关的提问。鲁哈尼事先多次就部长人选与议长拉雷贾尼进行过沟通，而最终提名无疑要经过哈梅内伊的首肯。会场外的伊朗各界民众对议员们那些不着边际的"发难"表示愤怒，舆论完全倒向态度诚恳且极

[①]《从核谈判中美国的精神战到对阿什顿访问的不同看法》，http://www.khabaronline.ir/detail/344931/Politics/parties，访问日期：2014年3月17日。

为温和的鲁哈尼一边。扎里夫最终获得议会多数票,成为贯彻鲁哈尼外交新政的关键性人物。

鲁哈尼选择扎里夫出任外长实际上是为德黑兰与华盛顿之间建立关系寻找捷径。美国官员称,扎里夫是与美国进行直接对话最多的伊朗高级官员。[①] 扎里夫是真正的"美国通",曾经在美国学习和生活近30年,讲一口流利的英语,在美国政界、学术界和媒体界拥有丰富的人脉资源,擅长公共外交和与媒体打交道。53岁的扎里夫有丰富的外交经验和阅历,他曾参与处理过伊朗很多重大外交事件,如负责起草结束两伊战争的联合国第598号决议,参加伊朗与欧洲三国伊核问题谈判。尽管扎里夫长期生活在美国并接受过西方高等教育,但是他并不认同西方的价值观,他是伊朗伊斯兰共和国根本原则和利益的坚决捍卫者,在国际场合为捍卫伊斯兰共和国的目标和价值做了大量工作,并多次受到伊朗高层领导人包括领袖哈梅内伊的赞扬。鲁哈尼选择扎里夫任外长的另一个重要原因是,他们都熟知国际法准则和"游戏规则",对处理伊朗与西方关系有一致的看法和实践经验。他们曾长期密切合作,彼此了解和信任,并能够很好地领悟对方的语言以形成默契配合。

基于扎里夫的外交才能和敢于担当精神,在鲁哈尼新政府《百日计划》工作报告中外交成就是最大的亮点。外长扎里夫被伊朗人称为"外交英雄",他在美伊关系和伊核谈判突然朝着积极方向发展的过程中发挥了不可或缺的作用,并且很好地充当了鲁哈尼抵抗强硬保守派攻击的挡箭牌。可以看到,对于鲁哈尼核外交新政的攻击,无论是来自伊朗内部还是外部的,都直接对准这位外交部部长和首席核谈判代表。扎里夫总是遭到尖锐的点名批评,身心备受伤害。他在"推特"上祝贺犹太人新年,被批评讨好以色列,偏离了伊朗的外交政策。他与美国国务卿克里在联合国总部举行单独会晤的内容被伊朗保守派报纸《世界报》泄露,他对议员们的内部讲话也遭误读。他因此情绪激动突发肌肉痉挛,一度住进医院,甚至不得不坐在轮椅上参加与六国的核谈判。一些伊朗议员甚至酝酿弹劾扎里夫和致信鲁哈尼要求他撤换外长。

[①] 《伊朗外长扎里夫访美　有望推动美伊高层对话》,中新网,http://www.chinanews.com/gj/2013/09-20/5302379.shtml。

2. 美伊关系从长期敌对到开始缓和

鲁哈尼认为,结束美伊之间的敌对关系是伊朗摆脱外交孤立和解决伊核问题的关键。对此,大选时他提出了改变美伊关系"三步走方案",这也是他赢得选举的关键。鲁哈尼主张:一要把美伊 34 年的敌对关系转变为对抗关系;二要逐渐减少对抗;三是在此基础上考虑双边关系的其他阶段。在美国方面看来,鲁哈尼当选将给美伊关系带来积极影响,这是一个历史性的机遇。在鲁哈尼前往纽约参加联合国大会之前,奥巴马开始了与他的信件往来,鲁哈尼在《华盛顿邮报》上撰文称,"全球政治不再是零和博弈。双赢的结果不仅有利,而且是可以实现的"。① 在纽约,鲁哈尼表示不愿激化与美国的紧张关系,他还通过媒体直接向美国民众传递伊朗人民想改变与世界其他国家及地区关系的愿望。对于鲁哈尼伸出的"橄榄枝",奥巴马给予了积极回应。他在联大发表演讲时说,他看到美伊两国有机会迈出改善关系的"重要一步",承诺不再以更迭伊朗现政权为目的以及伊朗拥有和平利用核能的权利。美方还以归还一件有 2700 年历史、2003 年走私到美国的伊朗文物向伊朗示好。扎里夫与美国国务卿克里就伊朗核问题直接对话,鲁哈尼与奥巴马进行电话交谈给美伊关系带来了历史性变化。

鲁哈尼纽约之行后,关于美伊关系改善是否会效仿当年中美乒乓外交模式成为热议的话题。国际问题专家普遍认为,尽管伊斯兰革命后的美伊关系与 20 世纪 70 年代正常化之前的中美关系有很多相似之处,但更多深层次的不同决定了美伊关系的改善难以借鉴中美关系过去的经验。首先,鲁哈尼不是毛泽东,没有最终决定权。其次,美伊没有受到来自像"苏联"那样的共同敌人的威胁。最后,在当今的信息化时代,基辛格秘密访华那样的行动难以不为人知晓。近年来,美伊高层官员秘密接触的消息时有传出,伊朗或否认或不予回应。美国官员证实,2013 年 3~11 月,美国副国务卿伯恩斯、副总统拜登的外交政策顾问苏利文曾在阿曼和其他地点与伊朗人员会面至少 5 次。为了让日内瓦谈判顺利进行,美伊之间进行过若干次秘密接触和磋商。②

---

① 〔伊朗〕哈桑·鲁哈尼:《为何伊朗寻求建设性接触?》,http://www.cetin.net.cn/cetin2/servlet/cetin/action/HtmlDocumentAction。
② 《媒体:美国伊朗今年密会至少五次 奥巴马亲批准》,中新网,http://www.chinanews.com/gj/2013/11-25/5540840.shtml。

2014年1月，鲁哈尼在达沃斯论坛上再次表示，伊朗愿意与美国修复双边关系，要重建友好关系和变仇恨为友谊，引发了伊朗国际问题专家和学者关于美伊关系是否应该"化敌为友"的热烈讨论。舆论普遍认为，美伊关系虽然打破了"禁忌"，但并不意味着可以将建立正常的双边关系提上议事日程。鉴于美国过去对伊朗和伊核问题的态度，化解双方之间30多年的敌意和改善两国关系不是短期内能够实现的，欲速则不达。伊朗如果决定改善美伊关系，需要经过民众的公开辩论，并在达成广泛共识之后，使国内所有的政治和社会力量以国家利益为重，如同解决伊核问题那样团结起来，在外交部背后形成一个强大的支持群体。伊朗议会外交政策和国家安全委员会主席团成员穆罕默德·哈桑·奥斯法里提出，美国必须要把冻结的伊朗财产归还给伊朗，取消对伊朗的经济制裁，放弃对伊朗的敌对政策，美伊关系才有希望改善。支持者和反对者都认为，美伊关系与核问题密切相关，如果核谈判进展顺利，制裁减少，互信增强，两国关系自然会有所改善。

3. 伊核谈判打破10年僵局签订初步协议

鲁哈尼刚一上任就表示，伊朗准备与世界大国进行认真的谈判，不再浪费时间。实际上，领袖哈梅内伊早在本届伊朗总统大选之前就已批准与美国直接谈判，鲁哈尼将之付诸行动只是时机问题。鲁哈尼当选后，伊朗决策层达成共识，同意缩减该国核计划和按照"分步对等"原则争取西方国家逐步解除制裁。在鲁哈尼前往纽约出席联大之前，哈梅内伊公开表示支持他改善与西方关系的外交尝试，并授权鲁哈尼可以采取"勇敢的灵活性"。扎里夫与克里在纽约30分钟的直接交谈是美伊就伊核问题直接谈判的起点，对此后的伊核谈判进程起了至关重要的作用。

鲁哈尼执政后的首轮伊核谈判于2013年10月15日在日内瓦举行。伊朗外长、伊核问题谈判首席代表扎里夫首先做了题为《终结无谓危机 开启新视野》的陈述，提出了伊朗"公正、全面、持久"解决伊核问题的新方案和时间表，其中包括增加伊核问题透明度和消除西方国家对伊核问题担忧的措施，以及对解除制裁的要求。之后，伊朗与六国进行了"紧张密集"的多边和双边会谈。首轮谈判出现了一些新变化：美国从背后指挥走到前台直接参与谈判；谈判双方都显示出对政治解决伊核问题的强烈愿望和紧迫感，并表示愿意做出让步；伊朗同意放弃波斯语翻译，直接使用英语以使谈判效率提高；会谈结束后谈判双方首次发表"共同声明"。对于此轮谈判，伊朗外长扎里夫说各方进行了详尽和富有成果的磋商。① 白宫发言人表示，伊朗最新提议所显示出的"严肃性"和"实质性"达到了美方此前未曾见过的程度。

2013年11月7日，第二轮日内瓦谈判开始举行。因谈判中双方形成了一个初始协议草案和有望取得一致意见，美国国务卿克里中断了正在中东的访问飞往日内瓦，俄罗斯、法国、英国和德国的外长以及中国副外长也先后抵达会场准备签署协议草案。法国外长出人意料地跳出来搅局，提出该草案不能完全消除国际社会对伊核问题的担忧，要求伊朗做出更多让步，但遭到伊朗拒绝。尽管伊朗与西方在谈判再次无果的责任上相互推诿，但双方都认为此轮谈判取得了重大进展。

第三轮日内瓦谈判于2013年11月20日举行。谈判参与国的所有外长齐聚谈判现场，展现出各方达成协议的决心。24日，伊朗核谈判终于取得了历史性突破，双方签署了解决伊核问题第一阶段《共同行动计划》，主要内容包括：伊朗同意暂停生产浓度为5%以上的浓缩铀，同时稀释或转化库存的浓度为20%的浓缩铀；接下来6个月时间里，伊朗不再增加浓度为3.5%的浓缩铀库存，不再兴建额外的铀浓缩设施，不新增离心机；伊朗不再建设被怀疑可能生产武器级别钚的阿拉克重水反应堆；伊朗核设施接受以往从未有过的国际监督；暂停对伊朗黄金、贵金属、汽车等的部分进口限制；暂停对伊朗石油化工产品的部分出口限制。克里指出，对伊朗放松制裁的方式将是"有限和可逆转的"，对伊朗石油禁运和金融制裁等绝大部分制裁措施在6个月内仍将继续。

对于签订该协议的意义，中国外交部部长王毅说："标志着通过外交手段解决伊核问题迈出了重要的第一步。这份协议有利于维护国际核武不扩散体系，有利于维护中东地区的和平与稳定，有利于各方同伊朗开展正常交往，也有利于伊朗人民过上更好的生活。"②

---

① http://news.xinhuanet.com/world/2013-10/17/c_117749491.htm.
② http://news.163.com/13/1125/05/9EGLBUGC00014AED.html.

四 通向最终协议的道路上仍有很多障碍

关于该协议的内容及奥巴马和鲁哈尼做出的不同解读，支持、反对和质疑的声音皆有。奥巴马称"达成这份协议是近10年来首次阻止了伊朗核计划的发展，切断了伊朗研制核武器的途径"，但很多美国国会议员提出异议，认为奥巴马是在进行危险的"政治赌博"。按照协议，伊朗保持核工业产业链的完整性，可以轻易扭转西方对它的铀浓缩限制。鉴于伊朗过去多次言行不一，伊朗有可能利用协议拖延时间和发展核计划，并效仿朝鲜在核谈判中出尔反尔，在必要时重启浓度为20%的浓缩铀的生产。此外，制裁是使伊朗屈服的有力手段，不宜轻易放松，而是应该进一步加强。美国国会一直在以通过对伊朗的新制裁议案向奥巴马政府施压，奥巴马班子成员不遗余力地向国会议员阐述落实日内瓦伊核协议关于在6个月内不再出台对伊朗新制裁的重要性。美国国会议员对鲁哈尼是否真的谋求达成一项长期协议持怀疑态度，奥巴马也认为成功的可能性只有50%。美国方面不断向伊朗发出恐吓和威胁，称如果谈判破裂或者伊朗没有谈判诚意，将会对其实施更多制裁。美国的这种做法无益于消除彼此间长达数十年的不信任。

奥巴马面对的另一个压力来自其中东盟友以色列。以色列对达成该协议强烈不满，动员一切力量在美国国会兜售其"应该对伊朗加压而不是减压"的主张，并威胁对伊朗核设施实施单方面军事打击。以色列总理内塔尼亚胡与美国总统奥巴马在伊核问题上的分歧十分明了，奥巴马希望首先冻结伊朗核计划，最终允许伊朗保留一定的核能力。内塔尼亚胡则表示，以色列对伊朗的铀浓缩活动和其浓缩铀库存以及与核相关的设施持"零容忍"态度，希望彻底终止伊朗的核计划，并称"协议"是"一笔很糟糕的交易"，"可能是历史性的错误"，"世界上最危险的政权在获得世界上最危险的武器上迈出了非常重要的一步"。以色列外长利伯曼认为美国与伊朗的协议助推了地区核军备竞赛，既然伊朗能进行浓缩铀，埃及、土耳其和沙特阿拉伯也当然可以。一直反对单独对伊朗采取军事行动的以色列国防部部长亚阿隆公开批评美国在伊朗核问题上"宽纵"，并改变了自己以往的立场，倾向于支持对伊朗进行军事干预。① 被誉为"以色列战略思想之父"的德罗尔教授对特拉维夫的决策者发出呼吁，在实现所押赌注的外交途径的努力失败和华盛顿不对伊朗发动攻击的情况下，要准备好对伊朗的核设施实施军事打击。②

美国在中东地区的另一盟友沙特对美伊走近和签订伊核问题日内瓦协议也十分不爽。奥巴马政府在叙利亚和伊核问题上采取背离传统盟友的政策让沙特感到失望，暗中与长期的"敌人"以色列进行针对伊朗的合作。沙特不仅对伊朗核威胁感到担忧，而且担心美伊关系改善使中东政治格局发生变化。伊朗重回国际舞台和摆脱制裁后，伊朗经济将会快速增长，变成名副其实的地区强国，必然会对阿拉伯世界乃至沙特的内政产生重大影响。因此，在伊核问题上沙特反对达成任何协议，反对取消制裁。

伊朗国内对日内瓦谈判和达成伊核问题第一阶段协议的反对之声主要来自支持内贾德和贾利利的极端保守派和军方人士，他们称负责核谈判的官员是"妥协分子"，指责外长扎里夫对西方"太软"，这场"交易"是一杯"毒酒"，协议让伊朗放弃太多，所得甚少，"践踏了伊朗的铀浓缩权利"。领袖哈梅内伊一直对新政府的谈判团队予以支持，签订协议后他称赞和感谢谈判团成员使伊朗的铀浓缩权利获得世界大国承认。毕竟，初步协议对伊朗而言是一份理想的协议，伊朗守住了三个方面的"底线"，即不关闭福尔多地下铀浓缩设施、不停止5%以下铀浓缩和不运出浓度为20%的浓缩铀，同时还获得了制裁放松。但是对于最终协议的谈判，哈梅内伊明确表示"对伊核对话不乐观，对话不会有什么结果"，其给出的理由是不能信任美国——历史经验证明谁相信美国，谁就会吃亏。巴列维和卡扎菲的下场就是最好的范例。美国不会放弃强权政治，不会停止干预他国内政，美国谈判的目的是削弱伊朗的核能力。而伊朗同意谈判，只是为了打破与国际社会的敌对。

在积极促成该协议于2014年1月20日正式生效后，伊朗开始从两个方面着手推动达成最终协议。一方面，在更多领域推进与国际原子能机构的合作，

---

① 《以防长就批美"弱势"致歉　未放松可能对伊动武准备》，http：//gb.cri.cn/42071/2014/03/21/6071s4473572.htm。

② 《以色列各界对伊朗核计划临时协议表示担忧》，http：//news.china.com.cn/world/2014-01-28/content_31330337.htm。

增加自身核计划的透明度，同时认真落实初步协议的细则以换取尽快解除部分制裁。4月中旬，伊朗原子能机构官员表示，伊朗已经完成了伊核问题第一阶段协议所规定的20%浓度浓缩铀的稀释工作。未来3个月内，伊朗会将剩余的20%浓度浓缩铀转化为氧化铀，从而最终完成第一阶段协议有关浓缩铀处理的相关条款规定的工作。国际原子能机构发表报告称，伊朗正很好地履行其相关义务。另一方面，伊朗加快谈判进程旨在达成取消全部制裁的最终协议。2014年2～4月，伊朗与六国在维也纳举行了3轮谈判，每轮谈判后还召开专家会议加强技术上的沟通。为显示诚意，伊朗在长期争议的阿拉克重水反应堆问题上做出重大让步，同意改造该反应堆，大幅减少钚产量。

2014年5月举行的第4轮维也纳谈判进入全面协议草拟工作阶段，伊朗与六国在铀浓缩、阿拉克重水反应堆和"可能的军事层面问题"上存在巨大分歧。通向最终协议的道路不会平坦，最大障碍是伊朗与西方之间的互不信任，美欧与俄罗斯在乌克兰的博弈对伊核谈判进程的影响也不容忽视。

埃及政局：动荡中的调整

唐志超*

摘　要：
> 2013年以来，埃及政局波澜起伏，政治不稳定和安全形势恶化是两大主要特征。穆尔西领导的穆斯林兄弟会政府上台仅一周年就被军方推翻，穆斯林兄弟会遭取缔且被列为恐怖组织。埃及政治似重回穆巴拉克下台前的威权模式。当前埃及仍处于深度调整过程中，实现政治与社会稳定已成"革命"三年后的主要社会诉求。

关键词：
> 埃及　政局　动荡　走势

2013年，动荡中的过渡是埃及政局的主要特征。随着穆尔西政权被推翻，埃政治似乎重回原点。不过，尽管一切都存在不确定因素，但完全恢复革命前状态已不可能，当下回归与重建正在并行不悖地运行。

一　穆尔西政府被罢黜，"革命"回归原点

自2011年"1·25革命"爆发以来，埃及政局发生了一连串快速而剧烈的变化。自2011年2月11日已执政30年之久的前总统穆巴拉克在巨大压力下黯然辞职后，三年多来以军方为首的世俗力量与以穆斯林兄弟会为首的伊斯

---

* 唐志超，中国社会科学院西亚非洲研究所研究员、中东研究室主任，主要研究领域为中东政治、安全与外交。

兰势力之间围绕宪法制定、议会合法性、军队作用、总统权力等诸多问题展开了一轮轮激烈博弈，致使埃一直深陷政治和社会动荡旋涡之中难以自拔，呈现政局动荡、社会分裂、经济下滑局面。2011年底埃举行人民议会选举，由穆斯林兄弟会（简称"穆兄会"）转型而来的正义与发展党[1]赢得大选。2012年6月，正义与发展党主席穆尔西又赢得总统选举的胜利。同月，军方及最高宪法法院决定解散人民议会。11月，穆尔西发布扩大总统权力的宪法声明，引发各界对穆尔西走向"独裁"的忧虑。12月，由穆兄会主导起草的新宪法草案经全民公决以微弱多数（63.8%）获得通过，进一步激化了世俗与宗教力量之间的对立，大规模抗议活动不断。2013年6月2日，最高宪法法院裁定，协商会议（议会上院）选举时依据的法律违宪，将在新人民议会选举结束后解散。6月30日，穆尔西执政一周年，埃爆发百万人示威，反对派发动的"反抗运动"获得了占埃人口总数近1/4的签名支持，穆尔西被要求下台。7月1日，军方发出最后通牒，要求穆尔西回应人民呼声，并限定冲突双方在48小时内解决危机。7月3日，国防部部长兼武装部队最高委员会主席阿卜杜勒-法塔赫·塞西宣布穆尔西总统下台，并解散了正义与发展党政府。2013年8月14日，军方又对穆兄会及其支持者发起的持续抗议活动采取"清场"行动，造成严重人员伤亡。据埃及官方统计，仅8月14~17日的冲突就造成800多人死亡，5000多人受伤。军政府对穆兄会及其支持者采取全面镇压政策，包括穆尔西在内的多名穆兄会高级领导人被捕入狱。据统计，2013年7月3日至2013年12月31日期间，政府逮捕穆兄会及其支持者18977人，其中包括2590名穆兄会以及其他伊斯兰组织的领导人。[2] 2014年1月，埃再次举行全民公决，军方主持制定的新宪法以98.1%的高支持率获得通过。5月下旬，埃及举行新的总统选举，塞西成为后穆巴拉克时代的第二位埃民选总统。可以说，自2011年"1·25革命"至今，埃及局势发展之快、变化之大令人

---

[1] 穆斯林兄弟会于1928年成立。2011年4月，为适应新形势，该组织成立正义与发展党，积极参政。

[2] Michele Dunne, Scott Williamson, "Egypt's Unprecedented Instability by the Numbers", http://carnegieendowment.org/2014/03/24/egypt-s-unprecedented-instability-by-numbers/h5j3，访问日期：2014年4月10日。

目不暇接：先是穆巴拉克政权被推翻，紧接着军政府下台，然后又轮到了上台仅一年的穆尔西政府。革命三年后的埃及，一切似乎又回到了原点，重回威权统治时代。

穆尔西的下台显示世俗力量仍占据主导地位。穆尔西走到今天这一步是由多种因素促成的，如施政方向有失偏颇、政绩不佳、未能更大程度地实现全国和解等。未能开展有效的全国对话和化解日益加深的教俗矛盾，应对日益严峻的经济民生问题乏术是主因。穆尔西也亲口承认犯了不少错误。反对派的"反抗运动"能够获得几乎占埃人口 1/4 的签名支持，显示穆尔西政府委实失去了民心。埃军方一直有捍卫民族利益与国家稳定的传统和抱负，其出手干预，既是一种"危机管理"，在很大程度上顺应了民意，以阻止国家深陷危机不能自拔，也是一场"纠偏运动"，意在恢复世俗、民主的大方向。自穆巴拉克下台后，以穆兄会为首的政治伊斯兰势力与以军方和世俗政党为代表的世俗力量之间的激烈权争使埃政局持续动荡。尤其是穆尔西赢得总统选举后，由于其推行的政策明显伊斯兰化，执政风格明显"带有独裁色彩"以及政绩不显，穆尔西政府与世俗力量以及军方的矛盾与冲突不断升级。对立两派政治和解日益无望，埃社会为此日益撕裂，趋向对立。最终埃军方发动"政变"罢黜穆尔西，两派矛盾与冲突向对立化、极端化、暴力化方向发展。目前埃临时政府强调要"与极端主义和恐怖主义进行持久战"，逮捕了包括穆尔西在内的数百名穆兄会高级领导人，宣布穆兄会为"恐怖组织"。在政局动荡、经济发展停滞不前、社会撕裂、恐怖暴力盛行的大背景下，实现政治与社会的稳定、安宁已经取代革命、改革等口号，成为当前埃民众的最大心声，这也是塞西的高民意支持率的主要原因。

三年来埃激烈的政治权争在本质上属于国家发展方向之争。穆尔西下台凸显了埃世俗与宗教两大势力围绕国家发展方向的权力与制度斗争之激烈，政治转型之艰难。自诩为国家中坚的军方视其罢黜总统的行动为"纠偏行动"。自 1952 年纳赛尔领导"自由军官组织"发动政变推翻法鲁克王朝后，军方一直在埃政治和社会中占有重要地位，拥有一定的民意支持基础，从纳赛尔到萨达特，再到穆巴拉克，埃历任总统皆军人出身。军人自视为国家世俗民主制度和国家安全的守护神。穆巴拉克和穆尔西相继被迫下台，均与军方出面干预直接相关。早在 2013 年 3 月，国防部部长塞西就公开警告，"不同政治势力之间的冲突持续以及他们就如何治理国家产生的分歧可能导致政府崩溃，并威胁到我们的后代"。接替穆尔西的临时总统曼苏尔也指出，"埃及正处于历史的关键时刻，但有些人希望让这个国家驶向未知的未来"。罢黜穆尔西使军人在埃社会获得一定支持和赞誉，但临时政府也面临诸多挑战，前景难测：穆兄会一时难以被全面彻底驯服，对军方仍构成最严峻挑战；"清场行动"造成严重流血事件以及流血冲突不断扩大，引发军方支持阵营内部分裂，临时政府副总统巴拉迪宣布辞职。在新时代背景下，军方效仿冷战期间土耳其军方幕后操纵政府的"监国"模式恐难长期维持；从当前埃及内外环境看，无论是军人还是哪个政治力量都难以找到解决危机的良方。若埃持续动荡，流血冲突扩大，经济形势继续恶化，军方恐将成为下一个反对目标，在动荡背景下也不排除军方内部发生分裂的可能；军人干政以及武力清场、将穆兄会列为恐怖组织在国际上招致不少反对声音，埃为此面临国际孤立和外援减少的新局面。虽然目前军方可大致控制局势，但由于引发"1·25 革命"的埃各方面危机迄今为止非但没有一个得到解决反而有加深趋势，尤其是若塞西政权不能在国内政治对话和经济发展这两大关键问题上取得进展，那么军方恐难长期独撑危局。

二 安全局势不断恶化，恐怖主义重新抬头

自 2011 年以来，一向稳定的埃及开始变得不仅政局动荡不宁，政府频繁更迭，而且安全形势日益恶化，政治暴力泛滥，极端主义和恐怖主义重新抬头。不少人担心，埃可能面临重蹈 20 世纪 90 年代阿尔及利亚内战的风险或走向"叙利亚化"。[①]

[①] "Egypt's Coming Civil War", *Bloomberg View*, http://www.bloombergview.com/articles/2013-10-07/egypt-s-coming-civil-war; "Will Egypt Slide into Civil War? Algeria Offers Some Clues", http://www.businessweek.com/articles/2013-08-14/will-egypt-slide-into-civil-war-algeria-offers-some-clues; "War on the Nile? Will Egypt Be the Next Country to Tumble into a Civil War?", http://www.usnews.com/opinion/blogs/world-report/2013/08/30/will-egypt-follow-syria-into-civil-war.

穆斯林兄弟会在埃及有 86 年历史，是埃历史最悠久也是规模最大的伊斯兰组织，组织严密，拥有较强的民意支持基础，成员达数十万。穆巴拉克下台后，穆兄会公开活动并建立正义与发展党，接连赢得议会、总统选举和宪法公投三场重大胜利，在当政期间其势力得到进一步扩充。而且，该组织素有与政府开展地下斗争的传统及经验，因此，军方恐难彻底驯服穆兄会。此外，军方的强硬措施可能促使穆兄会及其支持者内部出现分化，主张与军方强烈对抗的激进派可能占上风，目前穆兄会内部已出现激进化、极端化和暴力化迹象，一些穆兄会武装人员与军警爆发了武装冲突。值得注意的是，埃部分民众开始自行组织并武装，以保护本社区或对抗穆斯林兄弟会。"基地"组织等伊斯兰极端势力也利用乱局在西奈半岛等地不断发动恐怖袭击，以制造混乱。这加剧了局势恶化。

受国内局势动荡、政权脆弱及各方矛盾增生，尤其是穆兄会受世俗力量严厉打压的影响，一段时间里沉寂的政治暴力、伊斯兰极端主义和恐怖主义在埃及开始重新抬头。尤其是 2013 年 7 月穆尔西被赶下台后，埃各地穆兄会支持者与警方的冲突激增，政治暴力与恐怖袭击等恶性事件频繁发生。据美国学者不完全统计，自穆尔西下台以来，因政治冲突和政治暴力导致 2500 多人被打死，17000 多人受伤，16000 多人被捕。其中，2013 年 7 月 3 日至 2014 年 1 月 31 日，抗议和冲突导致 2588 人死亡（平民 2528 人，警察 59 人，士兵 1 人）；恐怖袭击导致 281 人死亡，其中包括警察 150 人，士兵 74 人，平民 57 人；其他暴力活动导致 274 人死亡。2013 年 7 月 3 日至 2014 年 2 月 28 日，在 1100 多场抗议活动和冲突中，有 17000 多人受伤。2013 年 7 月 3 日至 2013 年 12 月 31 日间，有 18977 人被捕，其中包括 2590 名穆兄会以及其他伊斯兰组织领导人。[1] 这些伤亡数字是 1952 年以来最严重的，如此性质和规模的政治暴力在当代埃及政治历史上也是史无前例的。[2]

---

[1] Michele Dunne, Scott Williamson, "Egypt's Unprecedented Instability by the Numbers", http：//carnegieendowment. org/2014/03/24/egypt – s – unprecedented – instability – by – numbers/h5j3，访问日期：2014 年 4 月 10 日。

[2] Michele Dunne, Scott Williamson, "Egypt's Unprecedented Instability by the Numbers", http：//carnegieendowment. org/2014/03/24/egypt – s – unprecedented – instability – by – numbers/h5j3，访问日期：2014 年 4 月 10 日。

恐怖主义的发展尤其值得关注。20世纪90年代，埃曾出现恐怖主义袭击高潮，一些极端组织频繁发动恐怖袭击，导致近2000人死亡，其中1997年卢克索惨案造成60多名西方游客死亡。2000年之后恐怖袭击次数有所下降，不过仍偶有重大恐怖袭击事件发生，如2004年西奈爆炸案、2005年沙姆沙伊赫恐怖袭击事件。穆巴拉克下台后，恐怖主义开始重新抬头。2012年8月5日，西奈半岛发生针对军队的恐怖袭击事件，导致16名士兵死亡。该事件不仅促使军方在西奈半岛采取大规模反恐军事行动，还为穆尔西对付和驯服军方提供了很好的借口，其借机解除了塔坦维等军队高官的职务（具有戏剧化的是，正是在这次大规模军队改组中塞西被穆尔西提名为国防部部长）。穆尔西下台后，恐怖袭击数量激增，恐怖活动也从恐怖主义中心地带西奈半岛向大陆地区转移。据统计，从穆尔西下台到2014年2月底，埃共发生180起恐怖袭击事件，造成281人死亡。穆尔西下台前，"萨拉菲武装组织信任投票箱，但现在他们认为民主是一种耻辱，开始只信任子弹"。[1] 2011年以来，人迹罕至的西奈半岛日益成为中东新的恐怖主义策源地和恐怖分子活动基地，检查站、安全部队和天然气管道等频遭武装分子袭击。英国《经济学家》社论称"西奈半岛正变得更加危险"。[2] 据埃军方称，目前西奈半岛活跃着2000多名伊斯兰武装分子。[3] 自2011年8月，埃军方开始在西奈半岛发动代号为"猎鹰行动"的大规模军事行动。2012年"8·5"恐怖袭击事件发生后，埃军方又发动了三十年来最大规模的反恐军事行动（代号为"西奈行动"）。截至2013年8月，埃军方已打死184名武装分子，打伤203人，捕获803人，捣毁了连接西奈半岛和加沙地带的786条地道。[4] 2014年2月16日，一辆载有韩国游客的巴士在西奈半岛遭到恐怖组织"耶路撒冷支持者"的武装袭击，造成4名韩国人身亡，13名韩国人受伤。值得一提的是，2013年12月24日，埃北部代盖赫利耶省省会曼苏拉市的警察局总部遭到恐怖袭击，造成至少15人死亡，

---

[1] "Egypt's Sinai Desert: A Haven for Malcontent", *Economist*, July 13, 2013.
[2] "Egypt's Sinai Desert: A Haven for Malcontent", *Economist*, July 13, 2013.
[3] "Egyptian Army Declares Success in Crackdown on Sinai Terrorists", *The Times of Israel*, 8 August 2012.
[4] "At Least 14 Killed in Attack on Egyptian Police Station, Security Official Says", *Fox News*, Dec. 23, 2013.

100多人受伤。该起恐怖袭击事件发生在距离首都开罗只有120千米的尼罗河三角洲，远离西奈半岛，因此具有指标性意义。这是曼苏拉有史以来遭遇的最严重袭击事件。这起事件是否意味着极端组织开始改变战略，将活动和打击目标由边缘的西奈半岛转移到人口稠密的埃中心地区，值得观察。如果是战略上的改变，埃腹地面临的反恐压力将大增，整体安全形势可能趋于恶化。

从目前情况来看，虽然埃政府将穆斯林兄弟会定性为"恐怖组织"在短期内可能压制穆斯林兄弟会在政治上的反扑，但穆斯林兄弟会支持者将发起更大抗议，以挑战政府权威，其与政府的对抗将日益加剧，从长远看将对埃政治、社会及安全产生重大影响。尤其是2014年4月埃及一家法庭宣布判处包括穆兄会最高领导人巴迪亚在内的683名穆兄会成员死刑，更是震动埃及内外。首先，如果塞西政府对穆兄会打压过头，那么很可能迫使穆兄会彻底走上与政府对抗的暴力恐怖之路。自2013年7月穆尔西被强行赶下台以后，在埃国内外就一直存在对穆兄会是否会潜入地下，重新拾起暴力恐怖路线与政府武装对抗的担忧。从实际状况看，穆兄会内部也确实存在着温和与激进两派力量，而在政府严厉镇压下不排除发生极端派占上风的危险发展倾向。同时，穆兄会也可能走上与其他极端组织、恐怖组织同流合污的道路。目前这一发展趋势其实已日益明显。其次，虽然塞西政府已下令取缔穆兄会，并逮捕了包括穆尔西在内的大批穆兄会高级领导人，但数百万穆兄会基层成员以及其追随者依然存在，穆兄会在埃社会影响很大，根基很深，政府恐怕难以将之"斩草除根"。此外，穆兄会也是一个全球性的组织和网络，在整个伊斯兰世界有着广泛影响，其兄弟式分支众多，组织网络遍布全球，信徒及追随者达数百万。截至目前，将穆斯林兄弟会定性为"恐怖组织"的国家可谓少之又少（主要是埃及、沙特、阿联酋）。因此，塞西政府此举影响可能波及埃国界之外，并影响埃对外关系。突尼斯执政的伊斯兰政党已明确反对将穆兄会定性为恐怖组织。卡塔尔外交部公开批评塞西政府将穆兄会定为恐怖组织是一种"杀戮政策"。为此，埃外长还召见卡驻埃大使表示抗议。而之前，因罢免穆尔西总统职位，埃及与土耳其关系已恶化。土耳其的正义与发展党政府在意识形态上与穆兄会相近，并同情穆尔西政府。最后，将穆兄会定性为恐怖组织恐不利于埃既定政治进程以及促进社会和解的努力。依照新政权规划，2014年埃将举行新宪法草案公决、举行议会和总统选举等一系列重大政治活动。过渡政府的目标很明确，即必须全方位打压穆兄会，防止其东山再起，将之彻底排除在政治进程之外。不过，从穆兄会成立86年的历史来看，埃及历届政权企图完全取缔穆兄会或消除其政治和社会影响的目标几乎从未实现过，相反，穆兄会势力在经历持续打压的情况下却变得越来越壮大。

三　埃政局动荡对地区影响重大

作为该地区的重量级选手，埃事变将不可避免地对埃对外关系、地区政治变革及中东地区的安全与稳定产生重大影响。

首先，鉴于埃的重要地位，其政局若陷入长期动荡或爆发内部冲突甚至内战，对地区安全与稳定将具有破坏性影响，后果远超叙利亚内战。穆尔西下台后恐怖主义势力乘机制造混乱，西奈半岛"变得更危险"，频繁发生恐怖袭击事件，使得西亚与北非的恐怖组织形成网络，由昔日的两点一线（西亚与马格里布地区）变为三点一线（马格里布地区、西奈半岛及埃及、西亚），从阿富汗到北非、从北非到西非的全球恐怖主义网络正在真正形成。同时，埃事变也会对地区三大热点问题（巴以问题、叙利亚内战及伊朗核问题）的解决形成冲击。埃一直是中东和平进程的主要守护人之一，埃政局重大变化可能使刚启动的巴以谈判生变，外部和谈环境更加脆弱。埃及局势动荡也可能减轻叙利亚和伊朗两国政府面临的外部压力，转移外界对叙内战以及伊核问题的关注。

其次，埃及对外关系面临复杂局面。埃军方采取的一系列重大行动在国际和地区引起强烈反应。总体上，国际社会反应温和，但埃对外不可避免面临一定程度的孤立。埃与西方关系面临重大考验，美及西方对埃政策面临重大转折。传统上，埃一直被西方视为该地区的重要伙伴，是维护中东和平与稳定的战略支柱之一。埃军方发动政变使西方传统对埃政策面临严峻考验。美处境尴尬，左右为难。一方面，奥巴马政府面临要求对埃军方做出强硬反应的强大国内外舆论压力，要求取消对埃援助（每年约15亿美元）的声音不断增高。奥巴马总统被迫宣称"在平民遭屠杀之际，两国之间的传统合作无法继续下去"，先后宣布暂停对埃交付、出售埃F-16战斗机，宣布取消埃美两年一度的联合军演，并"要求国家安全团队评估埃临时政府所采取的行动造成的影响以及美方就美埃关系在必要情况下可能进一步采取的步骤"。① 另一方面，鉴于埃在中东和平与安全，尤其在维护美地区盟友以色列的安全以及中东和平进程中扮演的中心作用，美既不愿失去埃及，也不愿失去埃军方。长期以来，美与埃军方一直保持密切关系，在埃军方苦心经营三十多年，投入巨大。当前军方几乎是美对埃可施加重大影响的唯一渠道。事实上埃军方清除穆兄会在一定程度上也符合美国的利益。为此，奥巴马政府很难对埃军方的行动做出激烈反应。因此，美不愿将埃军方罢黜穆尔西之举定性为"军事政变"，认为那"不符合美国的最佳利益"。对清场行动，奥巴马表示美仍相信"接触能够支持埃及重返民选的文官政府"，仍不愿断绝援助。欧盟也面临同样的窘境，但政策稍显激进。欧盟表示将重新评估对埃政策，据悉可能暂停对埃总额达50亿欧元的各种援助，一些欧盟国家已先行暂停对埃援助。法国总统奥朗德要求"立即停止压迫"，德国总理默克尔表示欧盟将"彻底重新评估埃及的情况"，意大利要求停止对埃军售。埃事变也进一步推动地区国家分化和地区分裂，使地缘政治关系更趋复杂化。2011年中东剧变前，中东基本分为两大阵营：埃及与约旦、土耳其、突尼斯、沙特等海湾国家同属亲西方的温和阵营，伊朗、叙利亚、苏丹及哈马斯、真主党等基本属反西方的激进阵营。而2011年中东剧变后，围绕利比亚战争、叙利亚内战及埃及危机，阿拉伯国家日益分裂，地区国家间关系日益复杂，联盟关系频繁重组，以世俗与伊斯兰主义、逊尼派与什叶派的分野为标志的阵营日益呈现。穆尔西上台后，埃及开始与具伊斯兰主义倾向的卡塔尔、土耳其、突尼斯、伊朗及巴勒斯坦的哈马斯等接近。在叙利亚问题上，穆尔西政府与土耳其、沙特、卡塔尔等海湾国家一起支持叙反对派，而伊朗、伊拉克及黎巴嫩真主党支持叙政府。但埃军方政变改变了这一阵营，土耳其、突尼斯、卡塔尔和伊朗公开反对政变，谴责清场行动，土耳其敦促安理会和阿盟迅速采取行动阻止"屠杀"，而沙特、科威特和阿联酋三国公开支持埃军方并承诺为埃提供120亿美元的援助。2014年3月，埃军方将穆兄会列为恐怖组织，叙利亚政府也公开支持埃军方。海湾合作委员会六国也因

---

① http://news.xinhuanet.com/video/2013-08/16/c_125186668.htm.

穆兄会产生分歧，沙特公开宣布埃及穆兄会为恐怖组织，并与卡塔尔发生争执，2014年3月，沙特、阿联酋和巴林三国破天荒宣布召回驻卡塔尔大使。据沙特《生活报》报道，沙特外长费萨尔亲王表示，只有卡塔尔愿意修订相关政策才能化解争端。

再次，埃事变冲击当前阿拉伯和伊斯兰国家的政治发展进程，重塑改革模式，影响世俗与宗教力量对比。自"阿拉伯之春"爆发后，西亚北非地区正处于二战以来最重大历史性剧变之中，以阿拉伯国家为主体的地区国家面临如何由传统走向现代的历史性转型。当前"阿拉伯之春"已由起初的抗议阶段转向深化发展，建立新机制、新体制的新阶段，但其间仍充满动荡与暴力冲突，乃至血腥战争，伊斯兰政治势力抬头，世俗与宗教两大力量冲突加剧，民族与宗教矛盾凸显，地区发展呈现动荡性、暴力性和非均衡特点。埃及、突尼斯、利比亚、也门等国已完成"革命"最初阶段，转入国家建设（nation-building）新阶段。但"革命"前存在的诸多问题依然没有得到有效解决，局势依然脆弱，不时引发外界对这些国家可能爆发"二次革命"的担忧。鉴于埃及在阿拉伯和伊斯兰世界的特殊地位，埃军方罢黜穆尔西及宣布穆兄会为恐怖组织不仅影响了埃及的发展方向，也可能影响、塑造地区的发展方向。从历史上看，埃政局变化与发展模式往往具有一定的地区性示范作用。20世纪五六十年代，阿拉伯国家纷纷仿效纳赛尔发动"自由军官"革命，仿效埃及革命模式和制度，确定了大多数阿拉伯国家的政治制度和发展模式。"后穆巴拉克时代"埃及呈现的世俗主义与伊斯兰主义两大势力关系走向、军方干政和新威权模式是否会引起地区其他国家效仿引人关注。突尼斯已出现仿效埃推翻穆尔西政府的抗议运动迹象。而土耳其之所以强烈反对埃军方推翻穆兄会政府，也有担心本国军人仿效的考虑。① 而教俗矛盾是阿拉伯和伊斯兰国家普遍存在的现象，也是这些国家走向政治现代化的中心难题。2011年剧变以来，中东出现了地区性的政治伊斯兰复兴浪潮，伊斯兰政党在埃及、突尼斯分别上

---

① 土军人素有干政传统，历史上曾数次发动政变以捍卫父凯末尔确立的世俗、民主和共和体制，如1960年、1971年、1980年和1997年四次发动军事政变。有伊斯兰主义倾向的埃尔多安政府对此一直颇为忌惮，一直对军方采取打压政策。2010年，土政府逮捕数百名军队高级军官，指控其阴谋发动政变，推翻埃尔多安政府。

台执政,在利比亚、也门、约旦等国势力也大幅提升。埃及穆兄会可谓伊斯兰世界所有伊斯兰温和与激进组织的滥觞,其有着遍布伊斯兰世界的组织网络,影响力巨大。埃处理世俗与宗教关系的经验、教训和模式可为其他国家提供重要借鉴。埃穆兄会遭遇的经历是否会在其他国家重演,是否标志着地区性政治伊斯兰势力的回落以及世俗与宗教力量对比开始发生转折性变化,值得密切注意。

最后,连绵不绝的危机、无休无止的抗议、动荡不安的政治局势充分显示了"后穆巴拉克时代"埃及民主过渡的艰难,一定程度上折射了其他阿拉伯国家经历革命后的政治现状,也给我们观察今后埃及乃至地区国家政局发展走向带来多个启示。第一,包括埃及在内的阿拉伯国家正处于历史性阵痛期,重新寻找并确立新的国家特性与定位任务艰巨。埃社会围绕世俗主义和伊斯兰主义之争已发生严重分裂,这两大派别的斗争主导着埃政治发展并形成恶性循环,将成为长期影响埃政治社会稳定和国家发展大方向的关键因素。作为阿拉伯世界"领头羊"的埃及能否打破世俗主义和伊斯兰主义这一传统对立魔咒,两派争斗能否保持在合法和民主的轨道上进行,在阿拉伯世界也将具有示范意义,将在一定程度上决定阿拉伯世界转型的未来。第二,埃局势持续动荡表明,"正义"、"自由"弥足珍贵,但"发展"、"稳定"也不可或缺,这八个字一个也不能少。虽然"革命"推翻了穆巴拉克政权,实现了"自由"和"公正",但革命前存在的问题迄今一个也没有解决,依然存在。不解决发展问题,不实现稳定,"自由"和"正义"最终恐会失去。如果未来的新政权不能将主要精力放在发展与稳定上,最终也会像穆巴拉克和穆尔西一样被新力量取代。第三,阿拉伯世界长期被压抑的各种政治力量纷纷抬头,街头政治、抗议罢工、民众高度政治参与已成为当前阿拉伯世界政治发展的一个重要特征,并在一定程度上左右政治局势。如何引导大众的政治热情并防止其被一小撮人利用,防止大众政治转向暴力和无序,协调解决好各种群体和派别之间的矛盾与利益诉求,已成为对阿拉伯政治家新的重要考验。第四,埃及由稳定之舟陷入动荡旋涡对西方也是一个告诫。一国的民主发展程度与经济社会发展程度总体上是相适应的,民主不只是选举,民主不能由外部强加,"人为提速"只能起反作用。今日埃及面临的问题,本质上是发展问题,而非民主问题。埃发生的诸多危机很大程度上也是未能处理好改革、发展与稳定三者之间的关系引发的。埃及动荡也再次印证了当年邓小平提出的必须处理好"改革、发展与稳定"三者关系这一伟大论断的战略眼光。

四 结语

"后穆巴拉克时代"的埃及深陷激烈政治斗争和政局动荡旋涡难以自拔，失去前进方向。如何寻找到一条实现稳定和发展的变革之路已成为埃及人面临的最紧迫挑战。当前埃所面临的政治和社会危机不会因军方干预而结束，也不存在拯救埃及的灵丹妙药，无论是穆尔西还是军方，都难开出使埃短期内走出危局的良方。

未来埃发展仍然充满不确定性，政治与社会的动荡长期化恐是未来发展的一个重要特征。自2011年中东剧变以来，埃及等国家已逐步形成非自觉的内在政治演变机制。政治主体的多元化、主体意识形态的缺失和意识形态多元混乱、成熟民主体制和全国共识的缺失、社会控制机制的丧失，使埃及等国不约而同地走上了一条政局动荡、社会混乱的不归路。对埃及而言，当前面临的最紧迫挑战是实现稳定，重建秩序，避免冲突进一步扩大或陷入暴力冲突之中。尽管实现这一目标并不容易，但可在以下几个方面进行努力。首先，推动和解，恢复秩序，摒弃暴力。埃有关各方应以国家和民族利益为重，抛弃和搁置意识形态分歧，尽最大努力保持克制，推动全国和解。任何一方应尽量避免采取可能促使事态严重恶化、升级的单方面行动，尤其是暴力和极端行为。其次，在可能的情况下尽快实现民主过渡，举行全国选举，最大限度地吸纳社会各派力量（包括温和伊斯兰势力）参加政府，建立具有包容性、宽容性，提倡多元主义的政治体制和法律制度。再次，无论是军方还是其他政治势力，都应将发展经济、改善民生、实现社会公正作为工作的中心任务。没有经济发展和民生改善，就没有稳定，它们是稳定赖以实现的根本。最后，外部力量主要应在促和解、促稳定、推动局势缓和、改善民生等方面发挥积极作用，而不是以政治、教派分野或以己私利为标准干涉埃内政，支持或反对一方，动辄以制裁或减少援助等相威胁，因为这样不仅于事无补，还会加剧矛盾，使局势更加恶化。

Y.16
2013年中东地区经济发展

姜明新*

摘　要： 2013年的中东经济面临着不太有利的内外环境：全球能源需求疲软、全球经济低迷期延长、美联储宣布要逐步退出量宽、叙利亚内战和埃及动荡及其外溢效应、转型国家内部政治的不稳定都给整个地区经济造成了负面影响。在这种复杂的内外环境下，2013年中东北非石油出口国经济在连续几年的强劲增长之后，因国际能源需求减少和油价下跌而在全球金融危机之后首次整体出现石油产量、收入同时下跌的情况，经济增长率下降造成中东北非半数的石油出口国无法平衡预算，而石油进口国经济复苏仍旧乏力，许多国家内部存在的安全问题和政治动荡阻碍了投资和经济活动的复苏。结果，2013年中东北非地区经济增长率下降到2.4%，而中东经济的这种低增长根本不足以缓和该地区棘手的高失业问题，更无法满足人们提高生活水平的愿望。这种状况加深了人们对该地区陷入经济停滞和持久的社会政治冲突这一恶性循环的忧虑。

关键词： 中东经济　能源需求　扩张性财政　政治动荡

一　2013年中东经济总体疲软

2013年世界经济增长了3.1%，仅比2012年下降了0.1%,[①] 但隐藏在近

---

* 姜明新，中国社会科学院西亚非洲研究所副研究员。
① 参见国际货币基金组织2014年1月发布的《世界经济展望》。本文中未注明来源的数据皆来自该报告。

乎不变的数字之后的是世界经济的一个明显转变,即发达经济体增长逐步增强,新兴经济体增长明显放缓,尽管后者仍然是2013年世界经济增长的火车头,① 其对全球经济增长的贡献超过2/3。②

自年初美国成功解决财政悬崖问题、避免国家债务选择性违约之后,2013年有两大问题让世界各国倍加关注:一是美联储宣布要逐步退出量化宽松(简称"量宽"),二是市场预期中国经济中期增长减速。这反映出如下判断:其一是美国经济的基本面已经向好,其货币政策已经有条件向正常回归;其二是美国经济仍然占据世界经济的核心位置,"腐朽帝国"的国内经济政策对其他国家包括新兴经济体的外溢效应仍很明显;其三是中国经济潜在增长率下降。在美国宣布要结束量宽导致全球金融进一步紧缩的背景下,中国经济增长方式的变与不变、如何实现再平衡,对全球经济影响巨大。

回首2013年,全球经济增长并不乐观。首先,美国经济增长下降到1.8%,两党持续的政治僵局打压了公共需求,拖累了经济增长,但连续几个季度强劲的私人需求让各路"经济学家"看到了翌年的一线曙光;欧债危机似乎已经触底,但欧元区经济还是收缩了0.4%,高额的公、私债务和难以解决的金融分割令欧洲精英大费周章,低需求、低通胀难以推动欧洲经济成长;以量宽、政府投资为核心的安倍经济学似乎要强推日本走出积年的通货紧缩,但能否持久还有待观察;中国经济在强劲的国内需求、出口反弹,尤其是投资的拉动下,依然保住了7.7%的高增长,③ 对全球增长的贡献也超过了1/4,④ 但投资过度给经济增长和金融稳定带来的不确定性也如影随形。

与全球经济增长不太乐观相适应,2013年的中东经济也面临着不太有利的内外环境。

---

① 2013年中国、印度、巴西、俄罗斯这四个金砖国家对世界实际GDP增量的贡献达4580亿美元,远大于西方G4美国、日本、英国和德国贡献的3600亿美元。参见联合早报网《王元丰:2014年世界经济将走出危机吗?》,http://www.zaobao.com/print/special/report/politic/fincrisis/story20140117-300519。
② 参见国际货币基金组织《世界经济展望》,2014年4月,第2页。
③ 《统计局:2013年GDP增速7.7% 国民经济发展稳中向好》,http://news.xinhuanet.com/fortune/2014-01/20/c_126030013.htm。
④ 《全年经济增长7.5%无悬念》,《京华时报》2013年12月11日,第7版。

首先是全球能源需求疲软。一方面，美国开采页岩油拉低了美国的能源成本，在提升美国制造业竞争力的同时，进一步降低了美国对外部能源的依赖；另一方面，欧元区经济持续低迷造成需求下降，而新兴经济体增长减速也抑制了能源需求的增长，虽然利比亚、伊拉克国内石油供应中断和伊朗因制裁出口减少对油价提供了些许支撑，但2013年油价仍持续走低，全年简单平均价仅为104.11美元/桶。① 下行的油价给中东石油出口国经济造成的冲击有点超出想象。

其次是全球增长低迷期持续，尤其是欧元区复苏乏力造成的需求不足对马格里布国家、马什雷克国家和土耳其经济造成明显的不利影响。

再次是美国宣布要逐步退出量宽，造成全球金融形势持续收紧。随着对美国利率提升和资金回流的心理预期增长，中东北非国家尤其是石油进口国面临资金外流和投资不足的风险。

最后是叙利亚内战、埃及动荡及其外溢效应对石油进口国经济造成冲击，而包括埃及在内的转型国家内部政治的不稳定直接打压了本国的经济增长，并给邻国和地区经济发展带来负面影响。

在这种复杂的内外环境下，2013年中东北非地区经济增长下降到2.4%。② 而中东经济的这种低增长根本不足以缓和该地区棘手的高失业问题，更无法满足人们提高生活水平的愿望。这种状况加深了人们对该地区陷入经济停滞和持久的社会政治冲突的恶性循环的忧虑。

总体来看，2013年中东北非石油出口国经济走势与2012年相反，在连续几年的强劲增长之后，中东石油出口国因国际能源需求减少和油价下跌而在全球金融危机之后首次整体出现石油产量、收入同时下跌的情况，其经济增长率下降到2%，③ 造成中东北非地区半数的石油出口国无法平衡预算；④ 石油进口国经济复苏仍旧乏力，许多国家内部存在的安全问题和政治动荡阻碍了投资增长和经济复苏，2013年中东北非石油进口国经济仅增长了3%（见表1）。⑤

---

① 参见国际货币基金组织《世界经济展望》，2014年1月，第2页，注释4。
② 参见国际货币基金组织《世界经济展望》，2014年1月，第2页。
③ IMF, *Regional Economic Outlook Update*, *Middle East and Central Asian*, May 2014, p. 3.
④ IMF, *Regional Economic Outlook*, *Middle East and Central Asian*, Nov. 2013, p. 5.
⑤ IMF, *Regional Economic Outlook Update*, *Middle East and Central Asian*, May 2014, p. 7.

表1　2012～2013年中东国家经济增长情况

单位：%

石油出口国	实际GDP增长率 2012年	实际GDP增长率 2013年	石油出口国	实际GDP增长率 2012年	实际GDP增长率 2013年
阿尔及利亚	2.5	3.1	也门	0.1	3.9
巴林	3.4	4.1	埃及	2.2	2.3
伊朗	-5.6	-3.0	以色列	3.3	3.3
伊拉克	8.4	5.2	约旦	2.7	3.0
科威特	8.3	3.0	黎巴嫩	1.4	1.3
利比亚	92.1	-2.5	摩洛哥	2.7	4.4
阿曼	5.8	4.2	叙利亚	-18.8	-18.7
卡塔尔	6.2	5.3	突尼斯	3.6	2.7
沙特阿拉伯	5.8	2.9	土耳其	2.2	3.9
阿联酋	4.4	4.6			

资料来源：英国经济学家情报部2014年3月相关国家《国别报告》。

二　石油出口量价齐跌打压石油出口国经济

虽然2013年全球能源需求下降在预料之中，但其下降的幅度和结果还是有些令人意外：在利比亚、伊拉克国内石油供应中断、伊朗因国际制裁加强而导致石油出口进一步下降的情况下，沙特阿拉伯为了保价还被迫减产，从2012年日均987.5万桶下降到2013年日均967.3万桶。① 但即便如此，国际油价依然一路下跌，直逼100美元/桶的心理线，2013年全年原油简单平均价仅104.11美元/桶。全球石油需求和国际油价双双下跌，给中东石油出口国经济造成了不小的冲击，导致其全年石油GDP下降了约1%（见表2）。②

① EIU, *Country Report*：*Saudi Arabia*, April 2013, p.7；EIU, *Country Report*：*Saudi Arabia*, March 2014, p.8.
② IMF, *Regional Economic Outlook*, *Middle East and Central Asian*, Nov. 2013, p.19.

表 2 2012~2013 年中东国家主要经济发展指标

	实际 GDP 增长率 (%)		通货膨胀率 (%)		失业率 (%)		汇率 (本币:美元)		出口 (百万美元)		进口 (百万美元)		经常项目平衡 (百万美元)		外债总额 (百万美元)	
	2012 年	2013 年	2012 年	2013 年	2012 年	2013 年	2012 年	2013 年	2012 年	2013 年	2012 年	2013 年	2012 年	2013 年	2012 年	2013 年
石油出口国																
阿尔及利亚	2.5	3.1	8.9	3.3	11.0	9.8	77.54	79.37	71736	65986	-51569	-54752	12302	2405	5643	5485
巴林	3.4	4.1	2.6	4.0			0.376	0.376	20393	20799	-13239	-14453	2221	1964	16345	17558
伊朗	-5.6	-3.0	19.9	39.3	15.5	16.0	12176	18552	98033	61376	-67058	-61693	26271	-4568	11476	10594
伊拉克	8.4	5.2	6.1	1.9			1166	1166	94207	89763	-50155	-56675	29541	20559	60200	59494
科威特	8.3	3.0	4.4	2.6			0.281	0.285	120969	112400	-22785	-24424	80329	70463	35321	33956
利比亚	92.1	-2.5	-3.6	1.7			1.26	1.27	61026	34858	-25590	-25343	23836	-1601	4158	4833
阿曼	5.8	4.2	2.9	2.1			0.385	0.385	52138	56351	-25628	-30745	8312	6857	9990	10871
卡塔尔	6.2	5.3	2.6	2.7	0.5	0.3	3.64	3.64	132968	126919	-25628	-35619	61585	47492	139165	149381
沙特阿拉伯	5.8	2.9	2.9	3.5			3.750	3.750	388370	377077	-141799	-147012	164764	134525	136272	149426
阿联酋	4.4	4.6	0.7	1.1			3.67	3.67	350123	379674	-221889	-250735	66560	61682	162345	168079
也门	0.1	3.9	9.9	11.0			214.35	214.89	7570	6468	-11356	-9514	-969	-2896	7555	7715
石油进口国																
埃及	2.2	2.3	7.1	9.5	12.7	13.4	6.06	6.87	23998	24828	-59935	-60085	-9798	-7104	40000	49968
以色列	3.3	3.3	1.7	1.5	6.9	6.2	3.73	3.47	62321	63563	-71667	-71223	609	4335	96227	95293
约旦	2.7	3.0	7.2	2.7	12.2	12.6	0.709	0.709	7898	7882	-18457	-19601	-5370	-3558	18632	22854
黎巴嫩	1.4	1.3	10.1	1.1			1507.5	1507.5	5615	4941	-20327	-20280	-1663	-5096	29067	30528
摩洛哥	2.7	4.4	1.3	1.9	9.0	9.2	8.60	8.38	16992	17247	-38877	-38902	-9843	-9456	33816	38323
叙利亚	-18.8	-18.7	36.9	70.8	25.0	35.0	77.27	140.81	3876	1939	-10881	-7552	-6740	-5205	8461	9677
突尼斯	3.6	2.7	5.6	6.1	17.4	17.2	1.56	1.62	17071	17215	-23102	-23430	-3773	-3924	25475	27037
土耳其	2.2	3.9	6.2	7.5	9.2	9.8	1.782	2.136	163314	163529	-228553	-243254	-48507	-64990	337492	378589

资料来源：英国经济学家情报部 2014 年 3 月相关国家《国别报告》。

加上国内能源消费上升，结果，2013年石油出口国的贸易顺差也下降了，其经常项目总盈余预计会从2012年的4600亿美元降至2014年的3300亿美元，到2018年还将继续下降至1800亿美元。① 与此相应，2013年大多数石油出口国的财政盈余状况恶化，预计会下降到占GDP的4%左右，② 大约与2003年的水平持平。这一方面是上述石油出口国石油收入下降的原因，另一方面是"阿拉伯之春"后地区紧张的外溢效应导致中东北非国家国内维稳压力大增，迫使中东北非石油出口国政府纷纷提高公共部门工资、增加补贴等公共支出，而大多数石油出口国的石油收入占总收入的9成左右，这就逐步形成了财政预算对高油价的严重依赖。这种依赖在全球石油需求上升、油价高昂时期还不是大问题，但在油价下跌、收入下降时就会形成难以逆转的高财政支出与下降的财政收入之间的矛盾，其后果就是：①中东北非地区约半数的石油出口国无法实现预算平衡，而科威特之外的其他国家财政平衡也出现了明显恶化（见表3）；②大多数石油出口国财政缓冲减小，这削弱了国家采取经济刺激措施和应对危机冲击的能力；③大多数石油出口国无法按以前的比例转存用于后代的储备基金，不仅如此，还被迫提取以前的储蓄。

表3　2013年中东北非石油出口国财政平衡状况一览

	阿尔及利亚	巴林	伊朗	伊拉克	科威特	利比亚	阿曼	卡塔尔	沙特阿拉伯	阿联酋	也门
2012年	-4.8	-2.0	-0.7	12.0	24.8	32.0	-0.3	11.7	13.6	7.1	-4.9
2013年	-1.3	-3.4	-2.4	1.8	29.7	2.3	1.3	9.5	6.6	5.2	-8.6

注：表中数字为财政盈余（赤字）占GDP的百分比，其中负数表示财政赤字所占百分比。
资料来源：英国经济学家情报部2014年3月相关国家《国别报告》。

尽管如此，2013年石油出口国经济也有一个明显的亮点，那就是非石油经济部门的增长。在高公共支出和逐步恢复的私人信贷增长的支持下，大多数石油出口国非石油经济部门持续稳步增长，尤其是与政府相关的服务业增长最快。必须指出的是，这一增长是在大规模增加公共雇佣和工资水平增长的支持

---

① IMF, *Regional Economic Outlook*, *Middle East and Central Asian*, Nov. 2013, p. 24.
② IMF, *Regional Economic Outlook*, *Middle East and Central Asian*, Nov. 2013, p. 22.

下取得的,一方面,稳定的消费支出带动了零售和服务部门的增长;另一方面,扩大公共雇佣和高工资、高补贴政策在加重公共财政负担的同时也打压了政府投资,即使是在 GCC 国家,这一政策是否具有可持续性也是一个不言自明的问题。

1. 安全困局和政治动荡冲击部分石油出口国经济

利比亚:2012 年利比亚经济曾经以 92.1% 的高增长领涨中东,经济在战后恢复很快,迅速趋近战前水平,但国内各派政治力量间的紧张关系和迅速恶化的安全形势让利比亚的战后重建猛然逆转。从 2013 年 7 月起,由于石油工人反复罢工,加上东部少数民族、强大部落和民兵强制关闭石油生产,利比亚的产油量急剧下降,8~12 月的产量平均只有 35 万桶/天,且生产极不稳定。据官方统计,2013 年 7 月以来损失高达 100 多亿美元。目前这种状况还在继续,到 2014 年 2 月底石油产量更是跌到 23 万桶/天。[①] 其结果,损失的不仅是国家重建急需的石油美元,还有其主要石油进口国的新合同,因为它们认为利比亚没有履约能力。糟糕的安全形势和以补贴、公共部门涨薪为主的扩张性财政政策使利比亚经济在 2013 年收缩了 2.5%。[②]

伊拉克:受伊拉克恶化的教派关系和升级的暴力冲突的影响,2013 年伊拉克石油生产一度中断,一些外国油田服务公司被迫临时撤出,而安哥拉石油公司甚至被迫退出了伊拉克。尽管伊拉克政府极力推动增产创收,并且伊拉克仍是中东北非地区增长最快的国家之一,但恶化的安全局势还是将其经济增长拉低到了 5.2%。[③]

2013 年伊拉克的经济增长主要来自相对安全的南方和更稳定的库尔德自治区。虽然有安全问题困扰,但在油价问题上长期持鹰派立场的伊拉克政府顶住了沙特阿拉伯限产的压力,加大勘探开发力度,2013 年其产油量日均仍达 297.9 万桶,略高于 2012 年。但其石油出口因受安全问题和出口设施遭破坏的影响,2013 年略有下降,加上进口增加,造成经常项目盈余下滑了约 90 亿美元。[④]

---

① EIU, *Country Report*: *Libya*, March 2014, p. 5.
② EIU, *Country Report*: *Libya*, March 2014, p. 6.
③ EIU, *Country Report*: *Iraq*, March 2014, p. 6.
④ EIU, *Country Report*: *Iraq*, March 2014, p. 8.

如果安全形势改善，随着几个大型油田陆续投产和出口设施改善，伊拉克经济将加速增长。

也门：2013年也门安全形势不稳，战斗就在首都附近的地方和南方地区进行，虽然政府于2014年2月宣布了新的联邦结构，但依然难以消除南方的分离主义倾向。由于也门的油气管道反复遭到袭击和破坏，石油生产和出口严重受损，估计2013年产油量仅为14.4万桶/天，出口也下滑了约11.6%。[1]由于出口下降，其财政平衡受损，而政府为了保持政治稳定，不愿削减燃油补贴、工资和退休金，因而其财政赤字巨大，达到GDP的8.6%。但部分国际捐赠款的支付支持了2013年的也门经济，拉动其实际GDP增长了3.9%。[2] 预计也门政府今后会越来越依赖外国捐赠款。

巴林：鉴于巴林国内的持续骚乱和政治分裂继续深化，为了维稳，民粹主义政策成为巴林政府政策的基石，政府被迫将大量公共资金用于建设政府部门的住房、电力、供水和其他项目，仅燃油补贴一项2013年就高达8.78亿巴林第纳尔。[3] 无法逆转的公共高支出加上国际油价下跌进一步恶化了巴林的财政状况，2013年其财政赤字占到了GDP的3.4%。[4] 由于石油储量小、主权财富基金也小，巴林的财政缺少灵活性，政府的总债务负担越来越重，被迫通过向国内外借款来还债，2013年7月巴林就增发了价值15亿美元的欧元债券。[5]

在2013年的大多数时间里，巴林的阿布·沙发海上油田保持了满负荷生产，使其石油总产量达到了19.3万桶/天，比2012年每天增加1.6万桶。在油价下跌的情况下，巴林的石油出口收入达到了161.3亿美元，略低于2012年的173.94亿美元。2013年巴林的实际GDP增长了4.1%。[6]

阿尔及利亚：阿尔及利亚的伊斯兰武装对其安全是个威胁，2013年1月的恐怖袭击影响了外国对阿直接投资，但不大会威胁到其目前的政治稳定。现政府主要关注改善社会服务，进行旨在让私人部门占据更大份额的

---

[1] EIU, *Country Report*: *Yemen*, 1st Quarter 2014, p. 7.
[2] EIU, *Country Report*: *Yemen*, 1st Quarter 2014, p. 8.
[3] EIU, *Country Report*: *Bahrain*, March 2014, p. 5.
[4] EIU, *Country Report*: *Bahrain*, March 2014, p. 8.
[5] EIU, *Country Report*: *Bahrain*, March 2014, p. 5.
[6] EIU, *Country Report*: *Bahrain*, March 2014, p. 7; EIU, *Country Report*: *Bahrain*, April 2014, p. 7.

经济改革，以避免发生社会动乱。由于政府着力提高劳动者的技能，成功降低了失业率，2013年，阿尔及利亚失业率降至9.8%，为10年来的最低水平。

油气工业仍是阿尔及利亚的经济支柱，2013年油气出口占财政总收入的62%。但由于近几年一直是赤字财政，政府有意收紧支出增长，但因政治敏感性，又不大愿意削减对工资和补贴的支出。2013年其财政赤字占GDP的1.3%，属可控范围。其公共债务也相对较低，2013年估计占GDP的9%。[1] 由于政府手中握有庞大的石油稳定基金，阿尔及利亚能够从容地应对相对较低的赤字和债务问题，并有条件促进经济多元化，减少对油气工业的依赖。近几年，政府加大了在汽车、钢铁及道路、电力等方面的投资，并计划投资炼油、石化和化肥等下游领域。2013年其经济增长了3.1%。[2]

2. 遭受国际制裁国家经济日益恶化

伊朗：自2012年7月起欧美对伊朗实行的新一轮国际经济制裁进一步打击了伊朗的油气工业和金融部门，其主要目标是削弱伊朗的创汇能力、石油清算能力和伊朗央行支持本币里亚尔的能力。[3] 由于制裁的延后效应，2013年伊朗的石油生产和出口大幅下降，石油生产从2012年的日均288.2万桶下降到2013年的269.6万桶，石油出口收入也从2012年的454.57亿美元下降到2013年的369.27亿美元，导致2013年伊朗经常项目首次出现了约46亿美元的赤字，占GDP的1%强。[4] 与此同时，伊朗国内通货膨胀急剧上升，从2012年的19.9%骤升到2013年的39.3%，伊朗里亚尔与美元的比价在2013年6月突破了36000∶1。[5] 持续的高通胀打压了私人消费，拉低了伊朗的实际GDP增长，伊朗经济在2012年收缩了5.6%的基础上，2013年又收缩了3%。如果

---

[1] EIU, *Country Report*: *Algeria*, March 2014, p. 5.
[2] EIU, *Country Report*: *Algeria*, March 2014, p. 6.
[3] 美国总统奥巴马2012年12月31日签署的《美国国防授权法案》第1245条规定，自2012年6月28日起，如果哪个国家再通过与伊朗央行的交易大量从伊朗购买石油，美国就切断该国所有金融机构与美国银行体系的联系。《新一轮制裁让伊朗"很受伤"》，http: // news. xinhuanet. com/world/2012 - 07/05/c_ 123371680. htm。
[4] EIU, *Country Report*: *Iran*, April 2013, p. 7；EIU, *Country Report*: *Iran*, March 2014, p. 7.
[5] EIU, *Country Report*: *Iran*, March 2014, pp. 6 - 7.

不取消制裁，伊朗经济还将继续衰退下去。

因此，不难想象，2013年6月上台的鲁哈尼政府，其工作重点是最大限度地争取放宽对伊朗的国际制裁，防止或减轻国际制裁对伊朗经济的进一步损害。长年的国际制裁是制约伊朗经济发展的最主要因素。近年来持续的经济下滑和经济困难也是最高领袖哈梅内伊被迫选择灵活的对外政策的现实基础，也是他支持相对温和的鲁哈尼在伊核问题上做出某些实质性让步以换取部分解禁的重要原因。

根据2013年11月达成的临时核协议，在6个月时间内，美欧允许伊朗石油买家按现有水平购买伊朗石油，并免除对这些发货量的保险和运输的制裁。但这也只是允许伊朗石油出口稳定在一个低水平上，平均约120万桶/天。这样有限的放宽制裁可以暂时缓解伊朗的预算压力，有助于伊朗非石油产品的出口，但对伊朗GDP的主体不会产生太大影响，除非完全取消对其石油出口和金融业的制裁。

3. 油价下跌拉低主要石油出口国经济增长率

沙特阿拉伯：沙特阿拉伯经济对国际石油市场的走势非常敏感，其石油收入占其财政收入的80%~90%。2013年国际油价下跌削弱了沙特的经济成长，沙特经济全年仅增长了2.9%，增速下降明显，原因是沙特实行限产保价政策，但2013年7月起利比亚石油生产中断给沙特提供了一个增产的机会，尽管如此，2013年沙特日均产油量仍然下滑到了967.3万桶，石油出口收入降到2781亿美元，[①] 比2012年少收入约251亿美元。

在支出方面，自2011年以来，为了维稳，防患于未然，沙特实行扩张性财政政策，大量投资新项目，包括医院、学校、运输基础设施，甚至在预算外还投资670亿美元建设50万套经济适用房。同时，为了促进经济多元化，沙特鼓励开发下游部门，利用其丰富的能源资源推进高附加值能源密集产业如石化、炼铝工业的发展。为了解决青年人失业问题，沙特政府将提升生活水平为重点，向年轻一代尤其是妇女提供就业机会，并实行严厉的"沙特化"计划，立法缩短私人部门雇员每周工时，提议增加沙特工

---

① EIU, *Country Report*: *Saudi Arabia*, March 2014, p. 8.

人工资，以鼓励沙特人到私人部门就业。经过这些努力，2013年第4季度沙特总体失业率降至11.5%。①

但扩张性财政政策让沙特的财政状况恶化，财政盈余从2012年占GDP的13.6%骤降至2013年的6.6%，原因一是国际油价下跌和沙特的限产保价措施，二是维护国内政治稳定而难以约束社会支出的增长，目前沙特政府已经明显感受到2011年宣布的涨薪等民粹措施的影响，2014年5月政府宣布将对补贴制度进行改革，但并无下文。

2013年平均通货膨胀率上升到3.5%，原因是高粮价和高租金。而严厉的沙特化迫使一些公司将高工资成本转嫁给消费者，加上拟议中的补贴改革，通胀压力逐步上升。

随着沙特大力推进基础设施和大型资本项目建设，进口尤其是资本货物需求增长强劲，在油价下跌、石油收入下降的情况下，其经常项目盈余快速下滑，2013年其经常项目盈余降到占GDP的17.9%，达1345亿美元。② 预计这一趋势还会继续下去。

科威特：科威特经济和沙特类似，对石油工业的依赖很强，其石油出口收入占出口总收入的90%以上，也就是其经济对国际油价等外部环境因素的风险敞口很大。2013年尽管国际油价下跌，但其产油量比预期高，达280万桶/天，接近其历史最高水平，令其石油收入与2012年基本持平，拉动实际GDP增长了3%，③ 尽管其增长率已经因产能约束而大幅放缓。

影响科威特经济的除了石油，还有日益民粹化的议会以及议会与政府间的紧张关系对国家经济发展的损害。这些民粹行为包括2013年2月通过法案禁止银行和金融机构使用利息；4月通过法案要求政府购买公民在2002年1月至2008年3月间的贷款并免除利息；驳回引入一项个人所得税的建议；建议5年内驱逐140万外国人等。议会的民粹化增加了其财政可持续性的风险。

由于议会日益民粹化且内斗不休，科威特耗资1050亿美元的2010~2014

---

① EIU, *Country Report*: Saudi Arabia, March 2014, p.5.
② EIU, *Country Report*: Saudi Arabia, March 2014, p.9.
③ EIU, *Country Report*: Kuwait, March 2014, p.9.

年发展规划至今进展缓慢；政府想减少过高的经常支出项目尤其是占科威特补贴大头的燃油补贴在政治上也困难重重；增设新的税收项目几乎不可能在议会获得通过，科威特财政对石油的严重依赖在可见的将来难以改变。

但债务减免计划和工资增长支持了私人消费，加上庞大的公共支出，科威特非石油部门尤其是建筑业增长较快。此外，强劲的国内需求也带动了科威特进口大幅上升。

2013年科威特通货膨胀率有所下降，仅2.7%，这主要是全球粮价下降平抑了科威特国内食品价格以及广泛的补贴限制了总体通胀的结果。预计随着油价继续下跌，科威特庞大的财政盈余将会收窄，2013年其财政盈余占GDP的29.7%，达137亿科威特第纳尔（约合483亿美元）。[1]

阿曼：2013年阿曼政府继续推动经济多元化，促进非石油出口，继续投资石油下游和基础设施建设，开发旅游资源，建设机场、铁路和港口。2013年3月，新港口杜克姆港开通，成为今后10年要建设的大工业区的中心。由于石油继续主导阿曼经济，因此，在推进经济多元化的同时，阿曼通过使用强化采油技术继续努力扩大原油生产，2013年，产油量增长了2.5%，从2012年日均91.9万桶增加到2013年的94.2万桶。[2] 但由于国际市场油价下跌，石油收入反而从2012年的302.66亿美元下降到2013年的301.03亿美元。[3] 而且由于采油越来越难、越来越贵，阿曼的石油增产前景非常不乐观。与其他GCC国家不同，阿曼促进经济多元化更多是被迫的选择。2013年其实际GDP增长了4.2%，相比2012年的5.8%明显放缓。[4]

为了避免类似2011年民众抗议的情况，政府一方面在涨薪和其他民粹措施上加大投入，造成经常项目开支过大，虽然官方公布财政盈余占GDP的1.3%，但数据的可靠性令人怀疑，阿曼央行和IMF都敦促政府限制支出。另一方面，政府力推"阿曼化"政策，继续执行将占总人口44%的外国人削减到33%的计划，劳动大臣甚至发表了用阿曼人替代10万名在私人企业工作的

---

[1] EIU, *Country Report*: *Kuwait*, March 2014, p. 6.
[2] 按公布的产油量数字计算，是增长了2.5%。
[3] EIU, *Country Report*: *Oman*, March 2014, p. 7; EIU, *Country Report*: *Oman*, March 2014, p. 7.
[4] EIU, *Country Report*: *Oman*, March 2014, p. 8.

外国人的讲话。7月，政府提高了私人部门里阿曼人的最低工资，10月更强制禁止向在私人部门里工作的外国建筑工人和清洁工发放签证。①

由于有广泛的补贴并且政府控制了大批核心商品和服务的价格，加上2014年全球粮价下跌和发达国家低通胀，2013年阿曼通货膨胀下降到2.1%。但随着国内需求增长、工资上升和拟定实施的商业高电价高气价，其通货膨胀压力将会升高。

4. 经济多元化国家经济渐趋繁荣

阿联酋：2009年迪拜债务危机之后，阿联酋大力推进经济多元化战略，将自己重新定位为一个地区金融中心和贸易、运输、旅游集散地，同时也不放弃对传统的石油产业的投资。尽管其石油GDP在国家经济中的比重逐步下滑，阿联酋仍计划到2020年将其石油产能扩大到350万桶/天。

由于预期油价下滑，2013年阿联酋石油生产增长有所放缓，从2012年日均265.3万桶增长到276万桶，但出口量大增，因此，在油价下跌的情况下，石油收入仍然从2012年的1133亿美元猛增到了2013年的1507亿美元。②

与此同时，非石油部门增长加快。首先是建筑业，在国家经济从债务危机中恢复过来之后，阿联酋重新恢复了其大型项目和基础设施建设计划。此外，作为中东地区的购物天堂，阿联酋的贸易、运输、旅游部门也大幅增长、日趋繁荣：2013年，哈利发港和扎耶德港的集装箱运输量和滚装车辆强劲增长，同时阿联酋航空业务也大幅扩张，2013年其客流量创下新的历史纪录，迪拜国际机场、阿布扎比国际机场分别为6600万和1650万人次，同比分别增长了15.2%和12.4%。与此相应，迪拜购物中心也接待了7500万人次，同比增长15%，连续3年成为世界上顾客最多的零售目的地。③ 2013年，非石油部门的快速增长拉动阿联酋实际GDP增长了4.6%。④

在出口强劲增长的情况下，2013年阿联酋的经常项目盈余却有所下滑，

---

① EIU, *Country Report*: *Oman*, March 2014, p. 4.
② EIU, *Country Report*: *United Arab Emirates*, April 2013, p. 7; EIU, *Country Report*: *United Arab Emirates*, March 2014, p. 7.
③ EIU, *Country Report*: *United Arab Emirates*, March 2014, p. 2.
④ EIU, *Country Report*: *United Arab Emirates*, March 2014, p. 7.

主要原因一是油价下跌和进口成本升高，二是服务贸易赤字急剧扩大。但即便如此，其总盈余仍高达616.8亿美元，占GDP的约15%。在财政平衡方面，由于大型项目支出、社会福利和发展支出大幅增长，阿联酋的财政盈余略有下降，从2012年占GDP的7.1%下降到2013年占GDP的5.2%。同时在央行保持宽松货币政策的情况下，通货膨胀也只是略有回升——年均1.1%，[①] 而其主要因素是房价上升。

卡塔尔：与阿联酋不同，卡塔尔主要还是依赖油气收入，但其经济政策已经转向多元化，正努力将自身打造成一个地区金融和商业中心。自2011年卡塔尔将其液化天然气产能提升到7700万吨/年的目标完成之后，其实际GDP增长率就开始从两位数降至一位数。目前其油气部门的增长战略转向了扩大海外油气投资与国内油田再开发，并对天然气出口市场进行多元化。由于卡塔尔的天然气市场已经转向亚洲市场，其油气工业没有受到美国开发页岩气后停止从卡塔尔进口液化天然气的冲击。2013年其石油出口收入为218亿美元，而天然气出口收入则高达947亿美元。[②] 但由于油气价格下降，卡塔尔的实际GDP增长率还是降到了5.3%。[③]

虽然油气收入仍主导着卡塔尔经济，当前经济增长的动力却来自非石油部门。卡塔尔在获得2022年世界杯举办权之后，政府实行扩张性财政政策，上马了许多大型基础建设项目，包括体育场馆、酒店、多哈新港、多哈地铁等，资本支出随之强劲增长。据称，仅2013~2018年，卡塔尔就将在基础设施开发上花费2050亿美元。[④] 随着政府大把花钱，私人部门大力寻求参与政府的大规模基建计划，而近几年卡塔尔的私有化目标是水、电和运输部门。根据卡塔尔发展计划和统计部的最新数据，2013年第3季度卡塔尔的实际GDP同比增长了6.2%，其中油气部门仅增长了1.8%，而非石油部门的增长高达9.8%。[⑤] 这种状况预计将一直持续到2022年世界杯。

[①] EIU, *Country Report*: *United Arab Emirates*, March 2014, p. 8.
[②] EIU, *Country Report*: *Qatar*, March 2014, p. 4.
[③] EIU, *Country Report*: *Qatar*, March 2014, p. 7.
[④] EIU, *Country Report*: *Qatar*, March 2014, p. 4.
[⑤] EIU, *Country Report*: *Qatar*, March 2014, p. 6.

表4 2013年中东石油出口国主要经济指标

	实际GDP增长率（%）	石油产量（千桶/天）	石油收入(10亿美元)	经常项目平衡(10亿美元)	经常项目/GDP	年底外债(10亿美元)	通货膨胀率（%）	外汇储备(百万美元)
阿尔及利亚	3.1	1150＋790亿立方米天然气	63.8	2.4	1.1	5.5	3.3	195013
巴林	4.1	193	16.127	2.0	6.3	17.6	3.3	5725
伊朗	-3.0	2696	36.927	-4.6	-1.0	10.6	39.3	68060
伊拉克	5.2	2979		20.6	8.9	59.5	1.9	73440
科威特	3.0	2809	105.8	70.5	39.4	34.0	2.7	32299
利比亚	-2.5	901	34.4	-1.6	-3.0	4.8	2.6	110277
阿曼	4.2	942	30103	6.9	8.6	10.9	2.1	16351
卡塔尔	5.3	731	17.4	47.5	23.6	149.4	3.1	42171
沙特阿拉伯	2.9	9673	278.1	134.5	17.9	149.4	3.5	733662
阿联酋	4.6	2760	150.7	61.7	14.9	168.1	1.1	69035
也门	3.9	144	2.847	-2.9	-7.4	7.7	11.0	5350

资料来源：英国经济学家情报部2014年3月相关国家《国别报告》。

三 安全和政治动荡影响石油进口国经济成长

2013年对中东北非石油进口国来说是动荡不安的一年，"阿拉伯之春"后艰难的政治转型与社会紧张造成了普遍的不安定，几乎所有石油进口国都面临着国内政局不稳的问题，而僵持不下的叙利亚内战和埃及、突尼斯复杂的政治局势进一步增强了人们对冲突外溢效应的担忧，所有这些都不可避免地阻碍着经济复苏。尽管少数国家的旅游、出口和外国直接投资有了一些好转，但总体来看，中东北非石油进口国经济复苏乏力，预计2013/2014年度增长约3%，远低于减少失业、改善人民生活水平所需的水平。

由于国内政局不稳，多数国家为了维稳而无法推进必要的社会经济改革。大规模的补贴、庞大的公共部门工资挤占了国家的投资支出，令政府财政捉襟见肘，无法实行强有力的政策来保障宏观经济稳定、创造就业和改善人民生活，而这又进一步恶化了该地区本就存在的高失业和社会两极分化现象，造成社会矛盾激化和民众不满上升，从而增加了整个社会陷入经济停滞和长期社会经济冲突的恶性循环的风险。

1. 转型国家经济增长形势严峻

埃及：2013年7月3日，埃及军方推翻了首任民选总统穆尔西，引发了长期的公众骚乱和军警镇压以及持续至今几乎每天发生的针对警察和军营的袭击，埃及进入了一个混乱和复杂的政治过渡期。虽然埃及商界和股市对罢黜穆尔西反应积极，但埃及政治危机的暂时解决不仅没有促成经济持续好转，还给消费信心和投资带来了负面影响。

面对变化无常的政治环境和严峻的安全问题，埃及临时政府决定通过加快经济发展来赢得公众的支持，缓和社会矛盾和对立。因此，政府采取扩张性财政政策，大力加强基础设施、电力和给水项目建设，并启动了处于休眠状态的几个公私伙伴计划，还通过提高公共部门工资来寻求公众的支持。新政府得到了敌视埃及前穆兄会政府的科威特、沙特、阿联酋的鼎力支持，三国承诺给予埃及的139亿美元援助（包括50亿美元赠款）大部分已经到位，沙特和阿联酋还计划提供另一笔58亿美元的一揽子援助以支持新政府，因此，穆尔西统治后期接近枯竭的外汇储备得到了补充，从2013年6月不足150亿美元增加到2014年2月的173亿美元，[1] 埃镑的币值也稳定下来，其黑市价格甚至还有所走强。

但是，临时政府的财政状况十分虚弱。一方面，依照政府223亿埃镑（约合32亿美元）的公共投资和大量迎合民粹的支出承诺，其2013/2014财年的财政赤字仍会居高不下，预计赤字将从2012年占GDP的10.6%上升到2013年的13.8%。[2] 如果没有海湾国家的赠款和援助，其财政刺激措施根本无从谈起。大量的补贴令政府支出捉襟见肘，其中仅燃油和基本食品补贴就占了预算总支出的30%，而IMF建议的削减补贴措施又因为国内维稳压力根本无法实行，因此，迁延日久的IMF 48亿美元备用信贷谈判除了增加彼此的敌意之外，短期内无法取得进展。另一方面，由于政府考虑不周，公共部门涨薪计划产生了反作用，国有公司工人一轮轮的罢工迫使

---

[1] EIU, *Country Report*: *Egypt*, March 2014, p.7.

[2] EIU, *Country Report*: *Egypt*, March 2014, p.9.

贝卜拉维政府辞职。

此外，脆弱的国内消费和商业信心也制约着经济增长。由于天然气减产和旅游业萎靡，埃及2014年第1季度实际GDP仅增长了1%。① 由于穆尔西遭罢黜以来的安全问题，埃及旅游业所受打击尤其沉重，2013年其旅游收入下降了41%，仅为59亿美元，而2012年为100亿美元。预计2013年埃及实际GDP增长率仅为2.3%。②

因为燃油和蔬果价格上升和周期性骚乱导致供应中断，2013年通货膨胀率上升到9.5%。③ 由于工资上涨，加上预期对补贴的削减，今后埃及的通胀压力会继续上升。

突尼斯：革命后的政治动荡严重损害了突尼斯度假和投资天堂的声誉。2013年就制宪和选举产生的分歧恶化了党派关系，而政府打算替换以前按政党地盘任命的省级官员以及撤换激进伊玛姆的做法进一步激化了政治和社会紧张关系。在这种情况下，即使2014年选举成立新政府，突尼斯的政治和社会动荡也无法在短期内平息，相反，政治和社会的不稳定还会继续恶化本就令人失望的经济形势。

2013年糟糕的气候打击了突尼斯的粮食生产，其农业GDP同比下降了4.1%。④ 虽然游客数略有上升，增长到630万，但游客主要来自利比亚和阿尔及利亚，而不是以前有钱的欧洲游客，因此，作为经济支柱的突尼斯旅游业，在游客数上升的情况下其旅游收入反而下降到32亿突尼斯第纳尔。在出口方面，因为突尼斯的主要出口市场欧洲复苏乏力，其对突尼斯出口的需求低迷，加上国际商品价格总体下跌，2013年突尼斯的出口总额几无增长。相反，由于近几年国际油价保持高位，突尼斯能源贸易赤字从2011年的11亿第纳尔暴增至2013年的26亿第纳尔，导致过去两年经常项目赤字都超过了GDP的8%。⑤ 在投资方面，虽然突政府努力吸引新的投资，并将其作为启动增长的

---

① EIU, *Country Report*: *Egypt*, March 2014, p. 6.
② EIU, *Country Report*: *Egypt*, March 2014, pp. 7, 9.
③ EIU, *Country Report*: *Egypt*, March 2014, p. 7.
④ EIU, *Country Report*: *Tunisia*, March 2014, p. 5.
⑤ EIU, *Country Report*: *Tunisia*, March 2014, p. 26.

手段，但突尼斯国内政局不稳和社会动荡妨碍了外国直接投资。因此，2013年突尼斯实际 GDP 增长率只有 2.7%，同比下降了 0.9 个百分点。[①]

尽管经济低迷，2013 年突尼斯政府仍被迫继续实行扩张性财政政策，其财政赤字也飙升到占 GDP 的 7%，相比之下，2012 年才 2.7%。[②] 尽管 IMF 强烈要求突尼斯政府改革对粮食燃油的高额补贴，并将其作为发放 2013 年达成的 17 亿美元备用信贷安排的条件，但突尼斯政府迫于国内政治社会压力而无法采纳。

突尼斯持续的政治动荡、经济低迷推动着货币贬值，2013 年突尼斯第纳尔对欧元贬值了 10.7%，对美元贬值了 6.2%。[③] 尽管国际粮价下跌，2013 年其通货膨胀率仍上升了 6.1%。其登记失业率也一直居高不下，2013 年高达 17.2%，[④] 远高于革命之前。经济前景不明、生活水平下降增加了突尼斯公众对政府的怨恨和发生社会动荡的风险。

约旦：地区动荡、国内局势不稳和外部需求疲软都给约旦经济造成了不小的冲击，尤其是叙利亚内战导致大量叙利亚难民涌入约旦，使约旦政府承受了不小的经济压力，约旦政府被迫四处寻求国际援助。这从 2013 年约旦收到的国际赠款数目上可见一斑：2013 年约旦收到的国际赠款达 6.39 亿约旦第纳尔（约合 9.01 亿美元），[⑤] 接近 2012 年的两倍。海合会国家也承诺到 2016 年向约旦提供 50 亿美元的经济支持，其他组织和个人也承诺提供额外资金来帮助约旦政府处理叙利亚难民问题。

2013 年的国内政治僵局让穆兄会游离于官方的政治进程之外，而 IMF 的许多经济自由化建议也因为约旦政府担心激起公众进一步的不满而难以实行，尤其是在公共部门薪资和补贴方面。2013 年，作为约旦与 IMF 达成的 20 亿美元备用信贷安排的一部分，政府实行进一步的财政紧缩政策。在 2012 年 11 月取消燃油补贴招致街头抗议之后，政府又按 IMF 的要求着手提

[①] EIU, *Country Report*: *Tunisia*, March 2014, p. 8.
[②] EIU, *Country Report*: *Tunisia*, March 2014, p. 8.
[③] EIU, *Country Report*: *Tunisia*, March 2014, p. 25.
[④] EIU, *Country Report*: *Tunisia*, March 2014, p. 8.
[⑤] EIU, *Country Report*: *Jordan*, March 2014, p. 4.

高电价来减少国家电力公司的亏损。但即便如此，2013 年其财政赤字仍占 GDP 的 8%。[1]

2013 年约旦对外出口也不顺畅，唯一的例外是伊拉克对约旦商品的需求快速增长，2013 年 1~11 月，约旦对伊出口同比增长了 27%。虽然侨汇收入增长了 4.4%，达到 36.5 亿美元，而且国际赠款增长显著，但约旦 2013 年的经常项目赤字仍有 35.58 亿美元，占 GDP 的 10.6%。[2]

为了刺激经济增长，政府打算利用海合会国家提供的 50 亿美元赠款推动国内经济复苏。与此相应，2013 年约旦央行也两次将其再贴现率调低 25 个基点，降到 4.5%，[3] 并维持扩张性的货币政策，但 2013 年其实际 GDP 仅增长了 3%。

虽然 2013 年全球粮价、油价下跌，但作为 2012 年底取消燃油补贴的结果，2013 年约旦全年通胀率仍高达 5.5%。[4] 失业率也依旧居高不下，达 12.6%，与 2012 年相比还略有上升。[5]

摩洛哥：摩洛哥国王广受爱戴，但伊斯兰倾向的正义发展党（简称"正发党"）联合政府虚弱不稳，民众对政府的治理能力和长期高失业率普遍感到不满，因此，促进经济增长和就业是政府工作的重中之重。虽然财政捉襟见肘，但政府仍要在住房建设、农村基础设施和教育卫生事业上增加支出，尽管这肯定要挤占政府本就不多的投资支出。而为了满足民众改善生活水平的要求，政府大力促进就业，尤其是高劳动密集型行业的就业，但效果不彰，2013 年其登记失业率仍高达 9.2%，同比还略有上升。[6]

摩洛哥长期是赤字财政，2013 年其预算赤字占 GDP 的 6%，其中，针对基本商品的补贴一直是公共支出的沉重负担，2013 年仅这一项就高达 420 亿迪拉姆，占了 GDP 的 5.1%。[7] 在 IMF 的建议下，正发党主导的政府

---

[1] EIU, *Country Report*：*Jordan*, March 2014, p. 2.
[2] EIU, *Country Report*：*Jordan*, March 2014, pp. 2，6，7，8.
[3] EIU, *Country Report*：*Jordan*, March 2014, p. 5.
[4] EIU, *Country Report*：*Jordan*, March 2014, p. 6.
[5] EIU, *Country Report*：*Jordan*, March 2014, p. 8.
[6] EIU, *Country Report*：*Morocco*, March 2014, p. 8.
[7] EIU, *Country Report*：*Morocco*, March 2014, pp. 2，5.

决定取消对一些重要商品如汽油的补贴，由此造成了摩洛哥长达数月的政治动荡，而此决定的潜在风险是可能将正发党的支持者推向更激进的沙拉非派。

由于近四成的摩洛哥人务农，靠天吃饭，2013年缺少降水，农业收成不好，影响了摩洛哥的经济增长。近年，政府推行经济多元化战略，着力推动高附加值制造业、矿业和离岸产业的发展，继法国雷诺汽车在摩洛哥建厂之后，加拿大庞巴迪公司到卡萨布兰卡新工业区投资建厂，预计摩洛哥的宇航工业也会获得巨大发展。2013年摩洛哥的实际GDP增长了4.4%。[1]

为了拉动持续低迷的非农经济的发展，2013年摩洛哥央行继续维持扩张性的货币政策，3%的政策利率不变，并定期干预货币市场，目标是抵消银行系统的流动性短缺。但2013年银行部门向私人部门放贷情况不佳，仅增长了1%。[2]

欧洲是摩洛哥主要的出口市场和侨汇、旅游收入来源地，尽管欧元区经济复苏缓慢，2013年摩洛哥工人的侨汇增长了1.8%，旅游收入增长了2%，其贸易赤字也同比收窄了3.2%，但传统商品出口商经营艰难。2013年其经常项目赤字占GDP的9%，达95亿美元。[3]

2. 战乱和受战乱直接冲击的国家经济极为困难

叙利亚：叙利亚内战现在进入了战略相持阶段，政府军控制着首都大马士革到西北部阿拉维聚居区的走廊地带，其他地方则被各反对派武装割据占领，而反对派虽然共同反对阿萨德，但内部已经四分五裂。目前，尽管叙利亚政府已经交出化武，但两轮日内瓦和谈都无果而终，各派武装都在积蓄力量，伺机再战。而当前的稳定战线只是叙利亚在政治、军事、经济方面分裂分治的一个反映。因此，当前叙利亚的经济状况更多的只是政府控制区的大致情况，而不是准确的更不是全面的对叙利亚经济状况的描述。

现政府努力应对战争的影响。随着战线的稳定，政府控制区的商业活动开始恢复，预计税收将会有所增长。但美欧和部分阿拉伯国家的制裁，以及许多

---

[1] EIU, *Country Report*: *Marocco*, March 2014, p. 8.
[2] EIU, *Country Report*: *Marocco*, March 2014, p. 5.
[3] EIU, *Country Report*: *Marocco*, March 2014, pp. 2, 7, 8.

油田或落入反对派之手，或遭到破坏，或停产，造成政府收入持续下降。仅石油出口收入一项，战前就占叙利亚总收入的25%，而现在叙利亚已经不再出口石油，反而还要每月花费5亿美元进口燃油。同样，2013年主要港口拉塔基亚的贸易额下降了近一半，关税收入持续低迷。目前，据说政府的主要收入来源是叙利亚两家手机公司中的国家股份。

战争对叙利亚经济的打击是灾难性的。农业收成不好造成农村收入下降打击了私人消费，制裁和油田损坏打压了石油生产，逾200万难民持续逃亡打压了国内需求，反对派破坏输气管打击了天然气生产……据估计，2013年叙利亚的实际GDP收缩了19%。在物资短缺和取消广泛的补贴之后，2013年，叙通货膨胀飙升到70.8%。①

2013年叙利亚进口暴跌，从2012年的108.8亿美元下降到75.5亿美元，全年经常项目赤字仍有52亿美元，占GDP的13.9%。但经常转移项目增长较快，从2012年的10.35亿美元增加到13.64亿美元，② 反映了外国援助和侨汇的增长。2013年12月，联合国呼吁向受叙利亚冲突影响的人群提供65亿美元的援助，并通过叙利亚政府予以发放，为叙利亚政府解了一时之急，但只要战争继续，叙利亚经济就难以走出困境。

黎巴嫩：叙利亚内战直接影响到黎巴嫩的国内稳定，战火甚至不时蔓延到黎巴嫩境内，而在2013年叙政府军战况危急的时候，黎巴嫩真主党甚至直接投入叙内战，帮助叙政府军扭转战局。与此同时，在2013年的大部分时间里，黎巴嫩政坛对立的两大派系亲叙利亚的"3月8日集团"和民族主义的"3月14日集团"争吵不休，根本无法组成新政府。即使是2014年2月15日勉强成立的新政府，因为在看待亲叙利亚的真主党的安全作用问题上分歧严重，几乎立即陷入了解散的危机。

由于政局不稳和叙利亚战局的变化冲击着黎巴嫩的投资和私人消费，2013年黎巴嫩的实际GDP增长率仅为1.3%。③ 为了支持经济，黎巴嫩央行继续实行宽松的货币政策，2013年1月启动了13亿美元的经济刺激计划，向银行提

---

① EIU, *Country Report*: *Syria*, March 2014, p. 6.
② EIU, *Country Report*: *Syria*, March 2014, pp. 7, 8.
③ EIU, *Country Report*: *Lebanon*, March 2014, p. 7.

供优惠贷款。同时维持持有高外汇储备的政策以支持黎巴嫩镑与美元挂钩，2013年其外汇储备达370亿美元（不含黄金）。①

黎巴嫩政府积极在国内外发行债券，2013年其公债总额升高到创纪录的630亿美元，是其当年GDP的141%，② 其公债利息占到政府支出的1/3。由于高债息，政府继续执行赤字财政政策，高额的债务利息不可避免地冲击了政府投资，2013年其财政赤字占GDP的10.9%。③

黎巴嫩极具潜力的油气资源吸引了不少国际公司，但因为2013年的国内政治僵局，临时政府无权起草油气法等相关法律及产量分成协议，油气勘探招标一再推迟。政治动荡直接影响了黎巴嫩油气的勘探开采。

由于黎巴嫩长期依赖燃料、原材料和资本货物进口，其贸易平衡一直是赤字，但服务贸易一直是顺差，主要是金融业的高利息吸引了不少外国投资，但其旅游业因叙利亚内战恶化而遭受重创。2013年其贸易逆差是153.39亿美元，而经常项目逆差达50.96亿美元，2012年其经常项目逆差仅有16.63亿美元。④

3. 非阿拉伯国家经济喜忧参半

以色列：2013年1月大选之后，以色列中左势力支持率上升，议会中左右翼势力势均力敌，内塔尼亚胡领导的执政联盟结构复杂，前景不明。造成以色列政坛这种态势的主要原因还是近几年的经济问题激起了公众的不满，如收入两极分化、住房短缺、教育卫生成本上升等。

总理内塔尼亚胡一直倾向于经济自由化和低税政策，但近年来因为低通胀、低增长导致税收下滑而不得不搁置减税计划。2013年公共财政出现了好转迹象，财政赤字下降到占GDP的3.2%，⑤ 这得益于政府限制支出以及4月投产的塔马尔天然气田的收益。针对能源部门的新税收办法将能源部门里的政府份额从33%增加到52%~62%，这也增加了政府的财政收

---

① EIU, *Country Report*: Lebanon, March 2014, p. 4.
② EIU, *Country Report*: Lebanon, March 2014, p. 5.
③ EIU, *Country Report*: Lebanon, March 2014, p. 7.
④ EIU, *Country Report*: Lebanon, March 2014, p. 8.
⑤ EIU, *Country Report*: Israel, March 2014, p. 7.

入。而政府财政的改善让内塔尼亚胡有可能推进其减税计划和私有化。

长期以来，外部需求一直是以色列经济总体增长的一个决定性因素，其出口尤其是高技术出口占其 GDP 的 40%。由于欧洲国家进口占了以色列商品出口的近 1/3，欧洲需求持续低迷拉低了以色列的出口业绩。但是以色列国内天然气供应增长不仅使以色列的能源进口总额减少，而且使以色列开始对外出口天然气——以色列与约旦阿拉伯钾盐公司签订了一份为期 15 年的供气合同。

以色列天然气生产和出口前景看好推动了新谢克尔的升值，为了应对这一情况，以色列央行不断直接入市干预，大量收购美元。2013 年 4 月，在全球经济危机之后，以首次购买 21 亿美元，而随着谢克尔升值压力继续，央行被迫采取临时干预措施，仅 2014 年 1 月就购买了 17 亿美元。同时，央行积极遏制国际热钱流入，抑制按揭贷款，阻击快速上涨的房价，甚至准备改变 2011 年以来为应对恶化的全球经济形势而实行多年的宽松政策，以回应经济加速增长和通货膨胀压力的逐步上扬。

尽管持续面对货币升值的压力，塔马尔天然气田的量产让以色列对外项目处于有利地位。2013 年由于出口增长加速，而进口又因为国内天然气供应持续增长而下降，其贸易赤字迅速下降。同时，由于服务出口和旅游恢复，2013 年以接待游客数创下了历史新纪录，接近 300 万人，同比增长了 2.6%，带动以色列经常项目出现了 43.35 亿美元盈余。随着商品和服务出口的强劲增长与能源进口下降，以色列的对外平衡得到进一步增强。2013 年以色列实际 GDP 增长了 3.3%。[1]

土耳其：2013 年，土耳其遭遇"多事之秋"，6 月的群众示威和 12 月的腐败危机加大了国家陷入政治和社会对立的风险，恶化了全球经济危机给土耳其带来的经济困难。

埃尔多安自 2011 年再次当选之后，着力采取了一系列改革措施，刺激就业和储蓄、鼓励中间产品和替代能源生产以减少土耳其长期存在的巨额经常项目逆差。其经济政策仍集中在压低公共债务、加强金融监管、保证银行部门资金充裕方面。但是，土耳其经济对国际金融市场敞口巨大，对外融资需求很高，且已经形成对资本流入的依赖。而在美联储宣布逐步退出量宽之后，一些

---

[1] EIU, *Country Report: Israel*, March 2014, pp. 7, 8.

资金开始流出土耳其。加上土耳其国内日益紧张的政治环境，尤其是2013年12月爆发的腐败危机，在增加土耳其里拉下行压力的同时，也打压了投资者的信心，导致资金流入量不断下滑，这种状况不可避免地影响到土耳其经济的稳定。2013年土耳其共吸引了711亿美元的净资本流入，主要是投资组合和外国银行贷款，但其中大部分资金是在2013年1~4月流入的，达434亿美元，①而在2013年的其他大部分时间里都受到美联储宣布逐步退出量宽和土耳其国内政治紧张的负面影响。

这从2013年土耳其里拉汇率和通货膨胀的走势也可见一斑。2013年5~9月和2013年12月至2014年1月，土耳其里拉经历了两次明显的贬值过程，结果是里拉对美元的汇率从2013年4月的1.798下跌到2014年1月的2.221。与此相应，2013年6月和2014年1月土耳其的通货膨胀率也出现了两次明显异动，在分别连续几个月平稳下行之后，从2013年5月的6.5%陡升至6月的8.3%，以及从12月的7.4%上升到2014年1月的7.8%。②

为了应对恶化的经济货币形势以及外国投资者抛售股票证券的情况，土耳其央行分别在5~7月和12月出售外汇以支持里拉。到最后，央行被迫在2014年1月28日上调主要政策利率，将一周回购利率从4.5%调整到10%，隔夜拆借利率从3.5%上调到8%。③ 目前，鉴于2013年5月以来里拉兑美元贬值了20%和CPI连续几个月加速上涨，不排除土央行继续上调利率的可能性。

由于土耳其政府的基本政策是维持公共债务的低水平，并避免造成国内需求再次暴涨和出现大规模的经常项目赤字，2013年土耳其财政赤字下降到占GDP的1.2%，在当年实际GDP增长3.9%的情况下，政府债务占GDP的比重仍维持在37.6%，④ 反映出其实际债务同比略有增长。尽管高通胀打压了私人消费，但土耳其的经常项目赤字仍大幅增长到650亿美元，占GDP的7.9%，而2012年仅为485亿美元，占GDP的6.2%。其主要原因是非货币黄

---

① EIU, *Country Report: Turkey*, March 2014, p.24.
② EIU, *Country Report: Turkey*, March 2014, p.11.
③ EIU, *Country Report: Turkey*, March 2014, p.5.
④ EIU, *Country Report: Turkey*, March 2014, p.9.

金净进口飙升——2013 年土耳其这部分贸易逆差达 118 亿美元，而 2012 年是顺差 55 亿美元，其他商品贸易逆差则减少了 30 亿美元。[①] 这也从一个侧面反映出高通胀条件下人们心理上的保值需求。随着里拉继续贬值，预计土耳其的经常项目逆差会逐步缩小。

2013 年土耳其低迷的经济形势和商业信心恶化了其劳动力市场，其登记失业率为 9.8%，[②] 鉴于土耳其的劳动参与率仅 50% 多一点，[③] 其就业形势并不乐观。

表5 2013 年中东石油进口国主要经济指标

	实际GDP增长率（%）	通货膨胀率（%）	登记失业率（%）	财政赤字占GDP的百分比	经常项目平衡(10亿美元)	经常项目平衡占GDP的百分比	年底外债总额(10亿美元)	外债占GDP的百分比
埃及	2.3	9.5	13.4	-13.8	-7.1	-2.7	50.0	91.7
以色列	3.3	1.5	6.2	-3.2	4.3	1.5	95.3	66.0
约旦	3.0	5.5	12.6	-8.0	-3.6	-10.6	22.9	69.3
黎巴嫩	1.3	4.5	—	-10.9	-5.1	-11.4	30.5	126.4
摩洛哥	4.4	1.9	9.2	-8.3	-9.5	-9.0	38.3	73.7
叙利亚	-18.7	70.8	35.0	-12.2	-5.2	-13.9	9.7	48.6
突尼斯	2.7	6.1	17.2	-7.0	-3.9	-8.0	27.0	48.1
土耳其	3.9	7.5	9.8	-1.2	-65.0	-7.9	378.6	37.6

资料来源：英国经济学家情报部 2014 年 3 月相关国家《国别报告》。

[①] EIU, *Country Report*: *Turkey*, March 2014, p. 24.
[②] EIU, *Country Report*: *Turkey*, March 2014, p. 9.
[③] EIU, *Country Report*: *Turkey*, March 2014, p. 25.

市 场 走 向

Market Trends

Y.17
2013年西亚国家的对外直接投资

徐 强*

摘　要： 沙特、土耳其、阿联酋等是西亚地区 FDI 流入存量大国。至 2013 年，西亚是全球唯一连续 5 年 FDI 流入额下降区域，2013 年西亚 FDI 流入额同比下降 20%，2012 年末中国对西亚地区投资总额为 66 亿美元，在中国对外投资存量中占 1.24%，在西亚地区 FDI 流入存量中占 0.83%。2007 年后，中国对西亚投资存量增长速度加快，但中国投资存量占西亚各国 FDI 存量比率仍相对较低。2012 年，中国对伊朗、沙特、伊拉克、土耳其、阿联酋投资额超过 1 亿美元。预计未来西亚地区外国投资规模增长仍会弱于全球 FDI 规模增长，但中国对西亚投资规模增长会强于西亚整体 FDI 流入规模增长。

关键词： 流入存量　流入流量　增长态势　投资环境　前景展望

---

* 徐强，商务部国际贸易经济合作研究院副研究员，主要研究领域为中日以及中东的贸易投资关系。

一 西亚地区 FDI 流入趋势与动态

1. 2012 年西亚各国 FDI 流入存量

表 1 显示，根据联合国贸易与发展会议（UNCTAD）的数据，2012 年西亚地区 FDI 流入存量总额为 7944.4 亿美元，占全球 FDI 流入总额的 3.48%。排在西亚地区 FDI 流入存量金额前列的分别是沙特、土耳其、阿联酋、以色列、黎巴嫩，2012 年其 FDI 流入总额分别为 1990.3 亿、1810.7 亿、950.1 亿、759.4 亿、528.8 亿美元，其中沙特存量占全球存量总额的 0.872%；排在流入存量总额后五位的分别是科威特、伊拉克、叙利亚、也门、巴勒斯坦，其流入存量额分别为 127.7 亿、126.2 亿、99.4 亿、46.9 亿、25.7 亿美元。

表 1　2012 年西亚各国 FDI 流入存量及其全球占比

单位：亿美元，%

范围	流入存量	全球占比	范围	流入存量	全球占比	范围	流入存量	全球占比
西亚	7944.4	3.482	伊朗	373.1	0.164	科威特	127.7	0.056
沙特	1990.3	0.872	卡塔尔	308.0	0.135	伊拉克	126.2	0.055
土耳其	1810.7	0.794	约旦	247.8	0.109	叙利亚	99.4	0.044
阿联酋	950.1	0.416	塞浦路斯	209.6	0.092	也门	46.9	0.021
以色列	759.4	0.333	阿曼	172.4	0.076	巴勒斯坦	25.7	0.011
黎巴嫩	528.8	0.232	巴林	168.3	0.074			

资料来源：UNCTAD, *World Investment Report*（2013）。

2. 西亚 FDI 流入存量增长态势

图 1 显示，根据 UNCTAD 数据，在 2003~2007 年和 2007~2012 年两个时期，西亚年末 FDI 流入存量年均增长率分别为 35.5%、11.0%。2003~2007 年，存量年均增长率以阿联酋、土耳其、卡塔尔、沙特、约旦为最高，分别达 69.5%、47.0%、45.2%、41.1%、39.6%；2007~2012 年，存量年均增长率以科威特、伊拉克、巴勒斯坦、沙特、叙利亚为最高，分别达 68.4%、32.1%、25.2%、22.1%、17.5%。

3. 2012 年西亚 FDI 流入情况

2012 年，西亚地区 FDI 流入额再次延续 2009 年以来的下跌态势，主要原

2003~2007年FDI流入存量年均增长率

国家	增长率(%)
阿联酋	69.5
土耳其	47.0
卡塔尔	45.2
沙特	41.1
约旦	39.6
阿曼	35.9
西亚	35.5
伊拉克	34.3
也门	31.1
叙利亚	28.4
塞浦路斯	28.1
科威特	25.2
以色列	21.9
伊朗	18.3
巴林	17.8
黎巴嫩	12.8
巴勒斯坦	4.8

2007~2012年FDI流入存量年均增长率

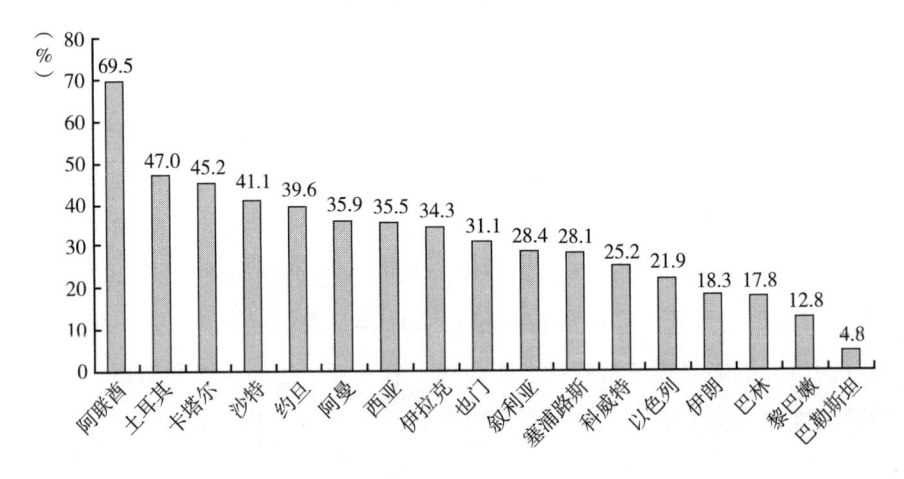

国家	增长率(%)
科威特	68.4
伊拉克	32.1
巴勒斯坦	25.2
沙特	22.1
叙利亚	17.5
卡塔尔	14.9
伊朗	13.6
阿曼	13.1
阿联酋	11.8
西亚	11.0
黎巴嫩	10.4
也门	9.4
以色列	8.7
约旦	5.4
巴林	5.4
土耳其	3.1
塞浦路斯	2.9

图1 2003～2007年和2007～2012年两个时期西亚及西亚各国FDI流入存量年均增长率

因是西亚地区大部分国家政治安全环境不稳定以及全球经济增长前景不明。2012年，西亚地区FDI流入额下降3.7%，降至633亿美元。UNCTAD分析认为，对外国投资者而言，特别是对发达国家投资者对大型项目的投资而言，投资者仍抱迟疑和观望态度。这在2012年该地区绿地投资下降态势上表现得非常明显：绿地投资项目总量年同比降幅为11%，但投资额降幅高达36%。

2012年，该地区来自发达国家的FDI项目数占比从2003~2011年的67%降至56%，但投资额占比从56%降至35%；2012年该占比已经大幅低于来自发展中经济体的投资额占比（57%）。在来自发展中经济体的投资额中，约一半是西亚地区内部流动，其他主要来自东亚和南亚国家，东亚国家投资以韩国和中国为主，南亚投资以印度为主。

2012年西亚各国FDI流入量及其年增长率如表2所示。以下择流入额规模和增速表现相对典型者说明具体国家的流入态势特征及其原因。

表2 2012年西亚各国FDI流入量及其年增长率

单位：亿美元，%

范围	年流入额	年增长率	范围	年流入额	年增长率	范围	年流入额	年增长率
西 亚	632.50	-3.7	黎巴嫩	37.87	8.7	塞浦路斯	8.49	-38.2
土耳其	124.19	-22.6	伊拉克	25.49	22.4	也 门	3.49	-167.3
沙 特	121.82	-25.3	科威特	18.51	116.5	卡塔尔	3.27	476.6
以色列	104.14	-6.0	阿 曼	15.14	104.9	巴勒斯坦	2.44	14.3
阿联酋	96.02	25.0	约 旦	14.03	-4.8	叙利亚	—	—
伊 朗	48.70	17.3	巴 林	8.91	14.1			

资料来源：UNCTAD, *World Investment Report*（2013）。

——沙特阿拉伯。2012年前，沙特一直位居西亚地区FDI流入量首位，2012年退居第二，年流入额为121.8亿美元，同比下降25.3%。尽管沙特阿拉伯经济增长6.8%，政府开支、基础设施投资也有所增加，但社会和政治气氛仍相对紧张，同时投资者从开发银行获得债务资本的能力下降，导致外国投资者的投资意愿和能力受到限制。

——土耳其。2012年土耳其FDI流入额为124.2亿美元，比2007年度峰值220亿美元要低得多。土耳其FDI流入额下降主要是因为跨国并购额下降70%。欧盟是土耳其外向型部门的最大市场，欧洲财政紧缩和全球增长低迷使土耳其出口增长低迷，并影响到诸如汽车等出口导向部门的FDI增长。

——阿联酋。2012年阿联酋的FDI增长25%，至96亿美元，比2010年还要高，但仍低于2007年的140亿美元。阿联酋政府的高公共支出和迪拜的非碳氢化合物部门的增长强劲重建了外国投资者对该国的信心。

——黎巴嫩。2012年黎巴嫩的FDI比2011年增长8.7%，至37.9亿美元，主要是由保险和房地产部门的外国并购引起的。另外，在黎巴嫩和塞浦路斯以及叙利亚交界的海上发现油气资源，吸引了相关投资者关注。

——伊拉克。2012年，伊拉克FDI流入额连续第二年增长，2012年增长22.4%，至25.5亿美元。该国年经济增长率达8.4%，相对强劲，同时碳氢资源巨大、人口众多、基础设施建设需求强劲都是伊拉克吸引投资者的重要原因，这些因素一定程度上克服了政治不稳定和安全挑战带来的负面影响。

——科威特。2012年流入科威特的FDI超过2011年的2倍，达到18.5亿美元，主要由卡塔尔电信对科威特第二大运营商Wataniya的收购导致，这次收购使得前者股权占比达92%。

——也门。也门政权更迭，政治环境动荡，导致FDI流入额大幅负增长。

——卡塔尔。2011年的负投资至2012年转为正投资。

4. 2013年西亚地区FDI态势

据UNCTAD初步测算，2013年全球FDI流入额达1.46万亿美元，比2012年增长11%，并达到大致和2005~2007年平均流入额相当的水平。从和全球其他地区FDI流量态势的比较来看，2008~2013年，只有西亚地区连续5年FDI流入额下降。2013年，西亚FDI流入额同比下降20%，流入额为380亿美元。该地区接受FDI流入的两个最大经济体——沙特和土耳其都出现FDI流入额显著下降情况，其中沙特下降19%，至99亿美元；土耳其下降15%，至110亿美元。影响西亚地区FDI流入的主要负面因素仍然是该地区大部分国家政治不稳定，投资者安全感相对较低。

二 中国对西亚地区直接投资动态

1. 2012年末中国对西亚各国对外直接投资存量

表3显示，2012年末中国对西亚地区投资总额为66亿美元，在中国对外投资存量中占1.24%，在西亚地区FDI流入存量中占0.83%。如表3所示，伊朗、阿联酋、沙特、伊拉克、土耳其是西亚地区吸收中国投资相对较多的国

家，2012年末中国对上述5国的投资存量分别为20.7亿、13.4亿、12.1亿、7.5亿、5亿美元，中国对上述5国的投资在其吸收FDI存量中分别占到5.5%、1.4%、0.61%、6.0%、0.28%。

表3 2012年中国对西亚各国FDI存量及其占各国FDI存量总额的比率

单位：万美元，‰

范 围	投资额	占比	范 围	投资额	占比	范 围	投资额	占比
西 亚	660832	831.8	也 门	22130	4720.6	约 旦	2254	91.0
伊 朗	207046	5548.9	卡塔尔	22066	716.3	叙利亚	1446	145.5
阿联酋	133678	1407.0	塞浦路斯	9495	453.0	巴 林	680	40.4
沙 特	120586	605.9	科威特	8284	648.9	黎巴嫩	301	5.7
伊拉克	75432	5979.2	以色列	3846	50.6	巴勒斯坦	2	0.8
土耳其	50251	277.5	阿 曼	3335	193.4			

资料来源：中国商务部：《2012年中国对外直接投资统计公报》；UNCTAD, *World Investment Report* (2013)。

2. 中国对西亚直接投资存量增长态势

如图2所示，2004~2007年，中国对西亚投资存量年均增长20.6%，2007~2012年均增长45.6%。以2007年为界，其存量总额增长态势是前低后高，2007年后的年均增长率大幅高于之前的增长率，由此可以见，中国存量在西亚FDI流入存量总额中占比已大幅提升。

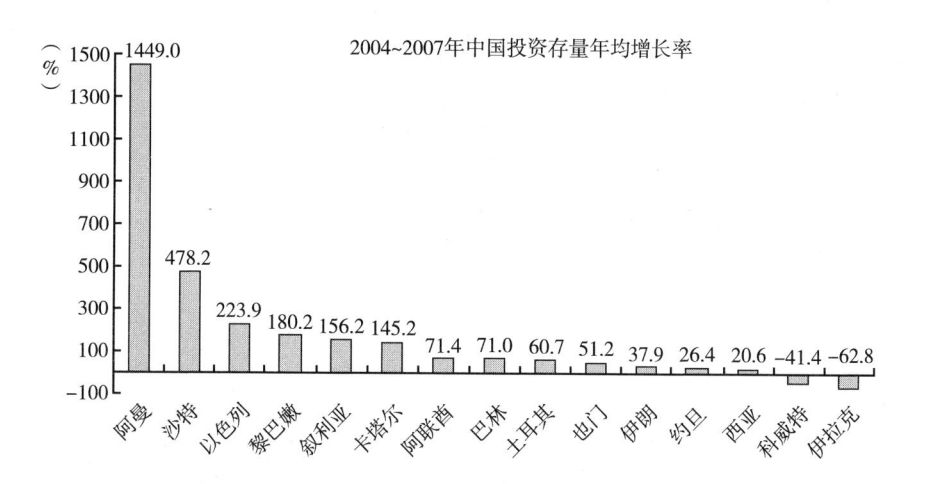

2004~2007年中国投资存量年均增长率

国家	增长率(%)
阿曼	1449.0
沙特	478.2
以色列	223.9
黎巴嫩	180.2
叙利亚	156.2
卡塔尔	145.2
阿联酋	71.4
巴林	71.0
土耳其	60.7
也门	51.2
伊朗	37.9
约旦	26.4
西亚	20.6
科威特	-41.4
伊拉克	-62.8

```
        2007~2012年中国投资存量年均增长率
 200 ┐
(%)   176.8
 150 ┤      133.8
             111.1
 100 ┤            102.0
                       76.1
  50 ┤                      55.4 46.9 45.6 41.7 40.9
                                                    28.8 24.4 21.1
                                                                  15.6 13.5
   0 ┤                                                                      -2.1
 -50 ┘
     科 塞 土 伊 伊 巴 黎 西 阿 卡 以 沙 叙 也 约 阿
     威 浦 耳 拉 朗 林 巴 亚 联 塔 色 特 利 门 旦 曼
     特 路 其 克       嫩    酋 尔 列       亚
        斯
```

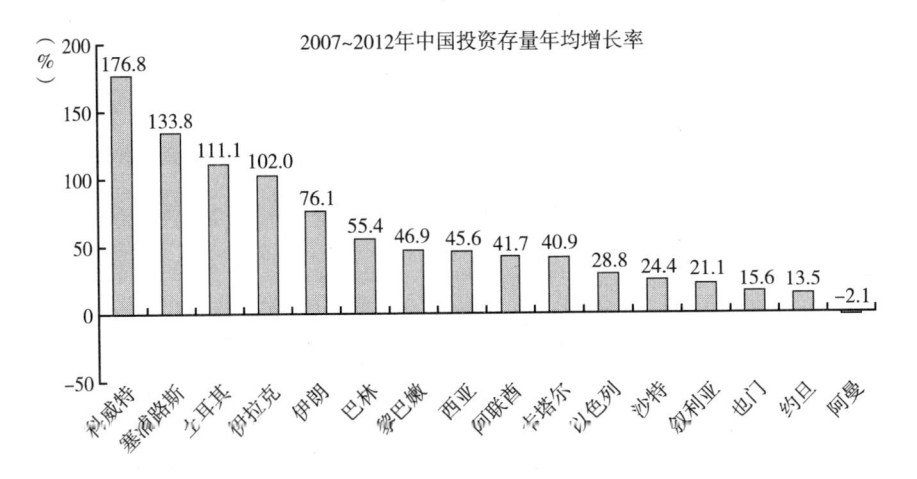

图 2　2004～2007 年和 2007～2012 年两个时期中国对西亚及西亚各国投资存量年均增长率

如图 2 所示，2004～2007 年，中国在阿曼、沙特、以色列、黎巴嫩、叙利亚 5 国投资存量高速增长，存量额年均增速分别高达 1449.0%、478.2%、223.9%、180.2%、156.2%。2007～2012 年，中国在科威特、塞浦路斯、土耳其、伊拉克、伊朗投资存量增速相对较快，分别达到 176.8%、133.8%、111.1%、102.0%、76.1%。

3. 2012 年中国对西亚各国投资流量及其变动态势

如表 4 所示，2012 年中国对西亚投资额为 13.27 亿美元，同比下降 2.4%。2012 年，中国对伊朗、沙特、伊拉克、土耳其、阿联酋投资额位居西亚各国前列，分别达 7.02 亿、1.54 亿、1.48 亿、1.09 亿、1.05 亿美元，中国对约旦、土耳其、以色列、卡塔尔投资增速相对较高，分别达 5361.1%、707.0%、476.1%、118.9%，中国对也门投资额由 2011 年的负投资转为 1407 万美元。

4. 中国对西亚国家投资企业和项目特征

以下按表 3 的存量规模排序，做简要介绍。

——伊朗。主要投资项目包括：海尔集团公司在伊朗伊斯法罕工业园合资成立伊朗海尔公司；苏州阀门厂在伊朗投资建立合资阀门生产厂；秦皇岛市冠宇鸵鸟发展有限公司和伊方合资建立鸵鸟养殖场；北方工业公司、长春客车厂与德黑兰城乡铁路公司合资成立地铁客车组装公司；大众陶瓷厂在马什哈德投

表4　2012年和2011年中国对西亚各国FDI流量及其同比增速

单位：万美元，%

范围	投资额 2012年	投资额 2011年	增速 2012年	范围	投资额 2012年	投资额 2011年	增速 2012年
西亚	132715	135929	-2.4	约旦	983	18	5361.1
伊朗	70214	61556	14.1	塞浦路斯	348	8954	-96.1
沙特	15367	12256	25.4	阿曼	337	951	-64.6
伊拉克	14840	12244	21.2	巴林	2	1	100.0
土耳其	10895	1350	707.0	巴勒斯坦	2	1	100.0
阿联酋	10511	31458	-66.6	叙利亚	-607	-208	191.8
卡塔尔	8446	3859	118.9	科威特	-1188	4200	-128.3
也门	1407	-912	254.3	黎巴嫩	—	—	—
以色列	1158	201	476.1				

资料来源：中国商务部：《2012年中国对外直接投资统计公报》。

资生产瓷砖等。

——阿联酋。中国对阿主要投资领域为钢铁、建材、建筑机械、五金、化工等，其中主要投资项目包括：天津钢管厂投资近2亿美元在迪拜杰拜勒·阿里自由区设立分公司；中化公司累计投资约1亿美元开发阿联酋油气田项目。

——沙特。中国在沙特系列油气开发项目上投资。2004年，中石化集团与沙特阿美公司组建了中沙天然气公司，中标沙特B区块天然气勘探开发项目，双方对该项目的累计投资已经超过5亿美元。2009年，中国石化集团和沙特基础工业公司合资兴建的天津炼油化工一体化项目建成投产。2011年8月，中石化集团正式决定参股沙特阿美石油公司在沙特延布的红海炼厂项目，项目位于沙特西部延布市工业区，毗邻沙特阿美现有炼厂及天然气厂，占地面积487万平方米。项目设计原油加工能力为40万桶/日（约2000万吨/年），以沙特重油作为原料，预计2014年11月底投产。

——伊拉克。进驻伊拉克的中资企业有中石油、中海油、绿洲公司、上海电气、苏州中材、中建材、葛洲坝、中电工、中地国际、中曼石油、中国机械设备工程股份有限公司、新疆贝肯、华为技术有限公司、中兴通讯股份有限公司、杭州三泰公司，大部分集中在伊拉克北部库尔德斯坦地区，也有若干企业位于瓦希特省、米桑省、巴士拉省等伊南部地区。

——土耳其。在土耳其开展投资或者工程建设的中国公司包括华为技术有限公司、中兴通讯有限公司、中国通用技术集团、中国钢铁工业集团、中国机械设备进出口总公司、中国航空技术国际有限公司、中国铁道建筑总公司、中国天辰工程有限公司、大同煤矿等知名企业，有些民营企业如吉利汽车也在土耳其设立了代表处。中国企业在土的经济技术合作与投资活动主要集中在基础设施建设、矿产开发和轻纺制造方面。

——也门。中国企业在也门的投资领域主要是资源开发、餐饮、建筑工程和旅游服务等，2011年底前，中石化下属公司曾开展多处油气资源开发。2011年2月以来，由于也门的安全局势越来越差，经济持续恶化，投资环境较差，大多数中资机构陆续撤离。2012年2月，也门局势有所好转，至2013年4月，共有16家中资公司返回也门开展经营活动。

——卡塔尔。中国在卡塔尔的主要企业包括中国水电建设集团、中国港湾建设公司、华为技术有限公司、中国建筑工程总公司、中国海洋石油总公司等。

——塞浦路斯。在塞中资企业主要包括中材建设塞浦路斯公司、华为塞浦路斯公司等。

——科威特。中国在科企业包括中建股份有限公司、华为技术有限公司、中石化国际工程公司、中国港湾建设公司、中冶科工集团、中水电建设集团公司、中国北方公司、中铁十八局、中国电线电缆公司、葛洲坝股份公司、沈阳远大铝业工程公司、武汉凌云建筑装饰工程公司、北京江河玻璃幕墙公司、中兴通讯有限公司、江苏省建设集团。

——以色列。中国企业对以投资从2008年开始取得实质性进展。2008年初，中新苏州工业园区创业投资有限公司及英菲尼迪—中新创业投资企业分别向以色列Mate-MediaAccess科技有限公司投资参股300万美元和100万美元，分别占股3.6%和1.86%。2008年1月，国家开发银行向华亿创业投资基金投资3000万美元。2010年以来，对以色列开展过参股或收购行动的企业包括浙江三花股份有限公司、深圳易方数码科技股份有限公司、中国化工集团、上海复星医药（集团）股份有限公司等。

——阿曼。已对阿曼开展投资的中资企业包括中国化工集团、中国石油气天然气股份有限公司、中国石油化工集团公司、北京恒聚化工公司等。

——约旦。中国在约旦的主要投资项目有约旦业晖制衣有限公司、上海双钱销售公司等。此外，在约旦亚喀巴经济特区还有54家中国个体经营公司，注册投资额近8000万美元，主要从事小额贸易。

——巴林。在巴中资企业有华为技术有限公司、中兴通讯有限公司、中国银行、中国建筑工程总公司、中国港湾建设公司等。

——黎巴嫩。在黎巴嫩中资企业有华为技术有限公司、中兴通讯有限公司和安福贸易等。

三 西亚投资前景展望和中国企业策略

西亚地区各国投资环境差异很大。首先需要指出，政治安全环境仍是影响西亚各国投资环境的首要因素。在本文分析的西亚16国中，有3个国家未能进入世界经济论坛（WES）发布的《2013～2014年全球竞争力报告》全球最具竞争力国家和地区排名前148位，分别是伊拉克、叙利亚、巴勒斯坦，它们都在政局或国家安全环境方面面临巨大挑战，另外，政局相对不稳定的黎巴嫩排名也下滑至第103位。

如表5所示，在竞争力进入前148位的13个西亚国家中，仅有阿联酋和科威特两个国家排名提升，其余2013～2014年度排名均较2012～2013年度有所下降，特别是伊朗、黎巴嫩、巴林、也门，排名大幅下降。可以想见，在未来几年，西亚地区投资环境不会出现明显改善，其投资规模的增长态势也会相对弱于全球平均水平。表5还显示，就企业开展商务活动而言，金融资源可获得性不足、基础设施状况不足、劳工教育素质不足、政府效率不足、劳工管理制度不足、劳工敬业不足、政府政策不稳定等是西亚各国最常见的不利商务因素。

然而，尽管西亚国家在政局动荡、安全威胁、政府效率、基础设施、劳工素质等方面存在问题，使得至少未来若干年其投资吸引力仍将有一定程度的跌落，但这并不意味着中国企业可以忽视西亚投资市场，也不意味着中国朝西亚地区投资会相对萎靡。以下因素决定中国对西亚地区投资规模的增长态势会持续强于对全球投资的增长态势。首先，中国已成为工业化国家，特别是对能源类资源的需求仍然强劲，而要满足这种需求，就需要企业加大对外直接投资。

表5　西亚各国的全球竞争力评分排名及前5位不利于商务活动的因素

国　家	分值	位次	升降	前5位不利于商务活动的因素				
				1	2	3	4	5
卡塔尔	5.24	13	-2	金融资源	基础设施	劳工教育	政府效率	劳工制度
阿联酋	5.11	19	5	劳工制度	金融资源	劳工教育	通货膨胀	政府效率
沙　特	5.10	20	-2	劳工制度	劳工教育	政府效率	金融资源	劳工敬业
以色列	4.94	27	-1	政府效率	金融资源	税收制度	劳工制度	政策不稳
阿　曼	4.64	33	-1	劳工制度	劳工教育	劳工敬业	政府效率	创新能力
科威特	4.56	36	1	政府效率	劳工制度	金融资源	腐　败	政策不稳
巴　林	4.45	43	-8	政府效率	创新能力	劳工敬业	政策不稳	劳工教育
土耳其	4.45	44	-1	税　率	劳工教育	政府效率	金融资源	税收制度
塞浦路斯	4.30	58	0	金融资源	政府效率	创新能力	劳工管控	腐　败
约　旦	4.20	68	-4	劳工制度	税　率	金融资源	政府效率	政策不稳
伊　朗	4.07	82	-16	政策不稳	外汇控制	金融资源	通货膨胀	政府效率
黎巴嫩	3.77	103	-12	基础设施	腐　败	政府效率	政局不稳	政策不稳
也　门	2.98	145	-5	政策不稳	基础设施	腐　败	劳工教育	金融资源

资料来源：*World Economic Forum*：*The Global Competitiveness Report 2013 - 2014*。

其次，中国已是制造业大国，而西亚大部分国家凭其资源产品，人均收入处于全球中上水平，西亚各国市场对制造业产品需求潜力巨大，中国企业可借助对外投资，将西亚各国潜在市场转化为中国制造业的实际市场。最后，西亚地区基础设施建设需求较大，这意味着中国的工程服务业开拓西亚市场将大有可为，工程企业在境外开拓业务也会产生对外投资需求。

从总体上看，中国企业开展对西亚地区投资的潜力仍然较大。只是，由于西亚地区的政治和安全环境不佳以及存在其他诸多不利因素，中国企业对西亚国家进行投资时要特别关注以下问题。首先要规避可能存在的投资风险。投资前要全面评估风险。在对外投资落实后，应依照国际惯例，购买海外投资政策性保险产品，以防范由于投资所在国（地区）发生的国有化征收、汇兑限制、战争及政治暴乱、违约等政治风险可能造成的经济损失。对某些风险较高的经贸业务，在非企业也可以酌情购买相关商业保险。其次，要充分考量和审慎应对跨国经营可能存在的困难。西亚地区虽然收入水平较高，但大部分国家在政府管理水平、劳工素质、基础设施质量方面存在各种问题。特别是在跨国经营初期，企业可能在企业管理和用工、市场开拓等方面都会面临以前未曾预料到的问题。在遇到困难的时候，应冷静考虑和妥善应对。最后，要加强和中国相关政府部门的联络。西亚地区特定的政治、安全、宗教环境决定了突发事件随时有可能发生，企业进入东道国后，应及时和中国驻东道国外交机构和商会分会建立联络和沟通机制，遇到问题要及时向政府部门汇报，遇到突发事件也要及时向中国驻外机构和东道国政府求助。

Y.18
2013年西亚国家的工程承包

金 锐*

摘　要：

2013年西亚石油出口国和石油进口国建筑市场呈现两极化发展态势，基础设施建设已成为西亚国际工程承包市场的重要组成部分。我国对外承包工程企业顺势而变，取得了显著成效，在西亚地区的业绩稳步增长。展望未来，西亚建筑市场经济状况和市场调整的影响依然较大，安全和政治因素及对外籍劳工限制的影响力进一步提升，基础设施建设仍将是西亚建筑市场的重要发展方向。

关键词：

西亚　国际工程承包　发展

作为反映国际工程承包市场状况的晴雨表，美国《工程新闻记录》（ENR）历年发布的全球最大225家国际工程承包商排行榜在业界影响甚广。2011年以来，国际建筑市场逐步摆脱了金融危机爆发后徘徊滞涨的阴霾，国际工程承包市场快速升温，国际市场营业额连续两年保持两位数增长。为顺应市场发展和行业主体壮大的大潮，ENR于2013年8月将入榜企业数量增加至250家，充分见证了业界在金融危机后对市场的信心重建。

在周期性和结构性因素的共同作用下，世界经济结构进入调整阶段。反映到对外承包工程市场层面，表现为不同区域和国别市场发展不一，欧洲和北非地区进入了调整阶段，亚洲（包括西亚地区）依然活力旺盛。

---

* 金锐，商务部国际贸易经济合作研究院副研究员，主要研究领域为中国对外工程承包、劳务合作、海外投资、服务贸易及自贸区、政府采购协议等。

顺应国际建筑市场调整的大势，2013年中国对外承包工程企业顺势而变，取得了显著成效。2013年，对外承包工程新签合同额为1716.3亿美元，同比增长9.6%；完成营业额1371.4亿美元，同比增长17.6%。其中，对西亚地区新签合同额为201.1亿美元，同比增长17.7%；完成营业额160.6亿美元，同比增长21.8%。

一 西亚国际工程承包市场发展特点

2013年，西亚局部地区政局持续动荡并继续蔓延，经济发展受到影响，该地区石油出口国和石油进口国呈现两极化发展态势，经济发展面临前所未有的挑战和机遇。政治形势不稳定导致该地区国际工程承包市场出现冷暖不一的两重天现象，叙利亚、伊朗、伊拉克市场均受到了冲击。

1. 2012年全球最大250家国际工程承包公司在西亚地区的业绩情况

据美国《工程新闻记录》统计，2012年，250家全球最大国际工程承包公司在西亚地区的市场营业额继2011年恢复增长（增幅为14.7%）以来，2012年继续保持增长，增幅为9.9%，当年完成营业额913.2亿美元。

目前ENR尚未公布2013年统计数据，但基于以下几点，笔者判断2013年西亚承包工程市场仍延续了2011年以来总体保持增长的态势。首先，根据中国商务部统计数据，中国企业2013年度在西亚地区的新签合同额和完成营业额增幅均高于全国水平。而从ENR数据来看，中国在西亚市场的份额仅排在韩国、美国之后，那么中国企业在西亚地区的市场表现在一定程度上应能代表各国承包商在西亚市场的活跃度。其次，在笔者所做的几次调研中，企业对西亚大部分国家工程承包市场仍持乐观态度。

经过多年努力，韩国海外工程企业成功地由劳动密集型转变为技术密集型，在西亚市场表现突出，成功承揽核电站、海水淡化厂等多个项目。2012年，韩国工程承包企业在西亚地区的市场份额达到29.2%，表现抢眼，连续两年保持最大承包商地位。在韩国的强大攻势下，欧洲国家以及美国、日本等发达国家承包商的市场份额连年下降，中国企业的市场占有率也有所下滑，由2011年的13.6%减少至10.2%（见表1）。

表1 全球最大225家国际工程承包公司在西亚完成的市场营业额

单位：百万美元，%

承包商国籍	2009年 完成营业额	2009年 占西亚市场比例	2010年 完成营业额	2010年 占西亚市场比例	2011年 完成营业额	2011年 占西亚市场比例	2012年 完成营业额	2012年 占西亚市场比例
美国	14407.7	18.6	11747.7	16.2	12786.2	15.4	11932.4	13.1
加拿大	304.5	0.4	138.6	0.2	226.9	0.3	181.4	0.2
欧洲	26801.2	34.6	23112.2	31.9	25208.3	30.3	26305.6	28.8
英国	3938.1	5.1	3037.6	4.2	3321.0	4.0	1743.6	1.9
德国	1327.2	1.7	1722.7	2.4	1422.1	1.7	1871.4	2.0
法国	3018.1	3.9	2344.6	3.2	2731.9	3.3	2064.1	2.3
意大利	6025.1	7.8	5374.7	7.4	6491.3	7.8	8689.3	9.5
荷兰	740.2	1.0	959.2	1.3	426.6	0.5	362.6	0.4
西班牙	2649.7	3.4	2649.3	3.7	3251.5	3.9	4429.7	4.9
其他	9102.8	11.7	7024.2	9.7	7563.6	9.1	7145.0	7.8
澳大利亚	1502.7	1.9	1246.0	1.7	1569.6	1.9	1190.8	1.3
日本	5413.6	7.0	4218.5	5.8	3902.6	4.7	2339.8	2.6
中国	8386.9	10.8	10009.2	13.8	11270.8	13.6	9311.1	10.2
韩国	9530.9	12.3	11146.9	15.4	17232.5	20.7	26700.9	29.2
土耳其	4257.7	5.5	4580.7	6.3	5012.3	6.0	5210.1	5.7
所有其他	6951.7	9.0	6234.3	8.6	5865.7	7.1	8146.0	8.9
全部公司	77557.0	100.0	72434.0	100.0	83074.2	100.0	91318.1	100.0

资料来源：美国《工程新闻记录》，2010~2013年。

2. 2013年以来西亚地区的国际工程市场规模变化情况

根据《中东经济文摘》（MEED）近期公布的数据，受益于阿联酋、沙特阿拉伯及卡塔尔等国不断增长的经济和人口，民用建筑市场已成为海合会国家建设工程市场中的最大部分。各国投入达数百亿美元的资金用于基础设施建设和升级换代。而且，从中期来看，高油价和人口增长的强劲趋势不会改变，这些因素也促进了市场的繁荣。

据MEED测算，当前海合会国家民用建筑市场项目价值约为1.3万亿美元，其中，正在执行的项目为9350亿美元，正在招标的项目为810亿美元，处于设计阶段的项目为2110亿美元，处于研究阶段的项目为1360亿美元。

沙特在海湾地区工程项目额中居首位，为近6000亿美元；阿联酋紧随其后，为 3500 多亿美元；科威特名列第三，为 1500 多亿美元；卡塔尔、阿曼和巴林市场呈现出很强的增长潜力，合计约为 2500 多亿美元。

得益于石油价格上涨，沙特建筑业近年来持续增长，特别是能源、基础设施建设和工业领域的项目明显增加，预计这一增长趋势还将持续。

阿联酋房地产市场开始复苏，带动了建筑业的整体发展。据阿联酋迪拜统计中心发布的数据，2013 年迪拜建筑竣工额达 59.2 亿美元，比 2012 年增长了 36.47%。

而叙利亚、伊拉克、伊朗等国家持续紧张的局势导致政治不确定性增加，经济发展受阻。叙利亚战乱和库工党撤军行动对两国的建筑市场产生了深远影响。随着叙利亚难民人数的上涨，黎巴嫩和约旦的公共服务承受了巨大压力，水、电、垃圾处理等基础设施远远无法满足需求。据世界银行分析，叙利亚危机将给黎巴嫩带来约 75 亿美元的损失。黎巴嫩建筑市场投入严重不足。

3. 西亚地区的国际工程市场的行业分布

近年来，海湾国家积极寻求收入来源多元化，并通过在优势工业领域的投资来减少对石油产业的依赖。2013 年，西亚各国政府继续大力发展非石油产业，扩大基础设施建设投资，为经济发展注入了更多活力。

（1）大规模投入交通运输设施建设

据阿拉伯新闻报统计，海合会国家目前在建的道路桥梁项目总值达 1090 亿美元。阿联酋在道路桥梁建设方面投资了 580 亿美元；卡塔尔投了 200 亿美元用于道路建设。阿曼在未来几年将投入 148 亿美元用于道路、铁路和桥梁建设，而科威特和巴林在这方面的预算分别为 130 亿美元和 25 亿美元。

而据沙特媒体报道，沙特在建的公路、桥梁和铁路项目总额达 770 亿美元。沙特交通部通过了 223 项道路工程的立项，其中，2013 年修建公路的总长度约为 3700 千米。

（2）水务项目投资加大

沙特海水淡化和污水处理项目不断上马。沙特水电部宣布，将在未来 10 年内向水电项目投资 1330 亿美元，其中在 2013 年拨款 70 亿美元用于投资水务项目。政府希望在海水淡化工程中引入核能源及新能源技术，该领域获得巨额投资的可能性大大增加。2013年7月，沙特工业城管理局（MODON）签署了达曼第三工业城、Sudair工业城和Al-Kharj工业城等3个工业园区饮用水供应项目，合同额达3370万美元，主要包括打井作业、新建产量为6000立方米/天的海水淡化厂、新建容积为5000立方米的蓄水池及储水设备，并负责以上设施为期两年的保养维护。此举系工业城为入驻企业提供更完备的基础设施服务的一部分。

（3）大力推进能源多元化

阿联酋2020年可再生能源计划稳步推进，而2013年沙姆斯一号太阳能电厂的落成向顺利实施2020计划迈出了坚实的一步。此前，阿已建成太阳能发电能力12兆瓦，沙姆斯一号电厂发电能力为100兆瓦。根据规划，到2020年，阿联酋可再生能源发电将达到1500兆瓦，占全国发电总量的7%。

黎巴嫩开始实施改进输变电网络提升700兆瓦发电能力的规划。作为规划的一部分，黎巴嫩能源和水利部将在贝鲁特、的黎波里等城市投资建设3座220千伏的气体绝缘变电站，项目总金额为1.08亿美元。

尽管石油和能源行业仍极具发展前景，但沙特非常重视采取措施提高该行业的附加值，并鼓励加大对下游炼化、制造、工程、建筑等领域相关产业和配套服务业投资。2013年沙特在投资新能源领域方面位列全球第12名。沙特4个新能源项目即将上马，其中最大的项目是位于麦加的太阳能项目。

（4）房地产市场商机涌现

迪拜房地产复苏吸引了投资，特别是2020年世博会刺激了酒店需求。2013年，外来投资占阿联酋迪拜房地产市场成交额的一半。印度建筑商计划投资15亿美元开发迪拜房地产，开发位于迪拜城区和商业湾的两个项目，将建酒店、住宅、公寓等。迪拜主要开发商大多在新建或计划投资酒店，如Nakheel计划新建酒店，Damac地产的旗舰酒店项目Damac Maison正准备试营业。

为解决住房问题，沙特国王阿卜杜拉2011年下令建设50万套住房，预算为667亿美元，但目前住房部所拥有的土地只占该计划所需土地的1/3。据估算，沙特每年需要143000套住宅。2013年8月，沙特住房部签署了总额达11亿美元的住房建设合同，拟在全国各地建设8个住宅区共计4万套住宅，预计总建筑面积将达 2600 万平方米，可容纳 25 万人。

由于黎巴嫩住宅销售出现下滑，房地产开发商将开发重点转向了商业地产。首都贝鲁特在建写字楼数量增长，2013 年在建的写字楼有 32 栋，总建筑面积约为 14.8 万平方米。

二 中国在西亚的国际工程承包发展特点

中国对外承包工程企业在西亚市场表现活跃，业绩稳定增长。2013 年，中国企业在西亚地区的业绩占中国对外承包工程新签合同总额的比重由 2012 年的 10.9% 增加至 11.7%，完成营业额占全国的比重由 2012 年的 11.3% 增加至 11.7%。

1. 中国在西亚地区承包工程业务规模

2013 年，中国在西亚地区新签合同额为 201.1 亿美元，完成营业额 160.6 亿美元（见表 2）。新签合同额超过 10 亿美元的国家和地区包括沙特（63.8 亿美元）、伊拉克（52.5 亿美元）、伊朗（43.1 亿美元）、阿联酋（14.9 亿美元）、卡塔尔（10.3 亿美元）。完成营业额在 10 亿美元以上的国家和地区包括沙特（58.8 亿美元）、伊拉克（33.8 亿美元）、伊朗（21.8 亿美元）、卡塔尔（16.6 亿美元）、阿联酋（13.4 亿美元）、科威特（10.5 亿美元）。

表 2　2012～2013 年中国在西亚地区承包工程业务统计

单位：万美元

	新签合同额			完成营业额		
	2013 年	2012 年	增幅（%）	2013 年	2012 年	增幅（%）
巴　林	56	367	-84.7	533	179	197.8
伊　朗	431024	465826	-7.5	218133	149418	46.0
伊拉克	524620	364101	44.1	338070	170054	98.8
以色列	401	28	1332.1	4934	3254	51.6
约　旦	7897	2014	292.1	4216	1774	137.7
科威特	86463	176937	-51.1	104947	72217	45.3
黎巴嫩	7124	9364	-23.9	10206	3457	195.2
阿　曼	25596	29013	-11.8	24229	29681	-18.4
卡塔尔	103151	44090	134.0	166010	151785	9.4

续表

	新签合同额			完成营业额		
	2013年	2012年	增幅(%)	2013年	2012年	增幅(%)
沙特	637517	398830	59.8	588411	462231	27.3
叙利亚	5575	12402	-55.0	1418	4813	-70.5
阿联酋	149114	112673	32.3	133959	154369	-13.2
也门	32443	6224	421.3	10544	6623	59.2
西亚合计	2010981	1708224	17.7	1605610	1317814	21.8
全国合计	17162946	15652922	9.6	13714273	11659697	17.6
西亚/全部(%)	11.7	10.9	—	11.7	11.3	—

资料来源：中国商务部网站。

受政治局势不明朗、恐怖袭击事件频发、经济增长大幅波动等因素影响，中国企业在阿曼和叙利亚新签合同额、完成营业额指标双双下降。

2. 中国对西亚地区承包工程的行业分布

2013年，中国企业在西亚承包工程的项目主要包括石油化工项目（占总额的29.8%）、交通运输建设项目（17.6%）、电力工业项目（13.0%）、房屋建筑业项目（11.6%）、工业建设项目（7.1%）、电子通信项目（3.8%）、制造及加工业项目（3.7%）。

3. 中国对西亚地区承包工程的主要项目和企业

2013年，中国在西亚对外承包工程业务新签合同额在1亿美元以上的项目共有59个。其中，5亿美元以上的项目共有7个，承建企业和项目主要包括：

伊朗5亿美元以上项目有2个，包括伊朗德黑兰地铁四号线项目（8.1亿美元，北方国际合作股份有限公司承建）、伊朗鲁德巴Ⅱ抽水蓄能电站项目（7.3亿美元，中国葛洲坝集团股份有限公司承建）；

伊拉克5亿美元以上项目有2个，包括巴燃气电站项目（10.5亿美元，山东电力建设第三工程公司承建）、哈法亚CPF2/电站/泵站项目（5.5亿美元，中国石油工程建设公司承建）；

卡塔尔5亿美元以上项目有1个，即卡塔尔东西走廊项目（6.1亿美元，中国港湾工程有限责任公司承建）；

沙特5亿美元以上项目有2个，包括阿美5+2年钻机11部项目（11.0亿美元，中国石化集团国际石油工程有限公司承建）、沙特吉达防洪项目（5.1亿美元，中国港湾工程有限责任公司承建）。

4. 中国在西亚地区承包工程的新动向

中东地区是中国对外承包工程企业的传统市场。包括沙特在内的西亚国家非常重视促进双方在服务贸易领域的合作。它们认为，中国服务贸易涵盖咨询、工业解决方案、系统设计、软件和信息技术等领域，可以满足西亚国家发展经济的需要，特别是在工程、能源和水资源项目领域合作机会的增加。

西亚各国工程承包商数量众多，竞争激烈，低价竞标现象普遍，利润空间不断缩小。在此背景下，中国在西亚地区拓展市场的工程承包企业尝试向开发商转型。2013年6月，中建宣布投资10亿美元，与迪拜房地产企业控股合作开发迪拜"棕榈岛"酒店项目，该项目包括1家酒店、221套住宅和250间酒店式公寓，预计将于2016年完工，公寓投资者年回报率预计将达12%。这是中建首次在中东投资地产，是其在该地区发展的里程碑。

三 西亚建筑市场发展趋势展望

展望未来，影响西亚地区对外承包工程市场发展的因素是多方面的，既有经济和市场因素，也有政治安全因素，还有经营主体因素等。

1. 经济和市场调整的影响依然较大

据裕利安宜于2014年5月发布的经济展望报告，2014年、2015年两年中东地区及海湾国家经济将保持上行趋势，中东地区2014年经济增速预计将达3.6%，2015年经济增速预计将达4.2%，高于2013年2.6%的经济增速。相比之下，全球经济近年来回温缓慢，经济增速连续3年保持3%。

根据该报告，大多数海湾国家2014年、2015年两年的经济增速将高于中东地区平均水平。其中，沙特2014年经济增速预计为4.5%，2015年经济增速预计为5%；阿联酋2014年、2015年两年的经济增速均为4%，高于2013年3.5%的经济增速。受经济发展向好影响，预计西亚地区大部分国家对外承包工程市场将继续回暖。

根据海合会国家工商会联合会2014年6月发布的报告，至2015年海合会国家建筑及工程承包行业将最多增长35%。报告还预测，未来5年，由于人口的增长及基础设施投入的不断加大，海合会国家基础设施建设及相关服务项目总价值将达8000亿美元。

沙特全国承包商协会主席法赫德·哈马迪预计，2015年沙特建筑和承包市场规模将达3000亿美元。

2. 安全和政治因素的影响力进一步提升

近年来，影响中国对外承包工程的政治安全因素来自多个方面。叙利亚、伊拉克等一些国家或政局动荡，或社会治安恶化，恐怖袭击和暴力事件增加，严重影响中资企业的生产经营和人员人身安全。2014年6月，伊拉克尼尼微省、萨拉赫丁省多地发生严重暴力袭击事件。中国驻伊拉克使馆经商处再次发布安全提示称，尼尼微全省已被反政府武装占领，萨拉赫丁省安全局势恐将继续恶化，巴格达、安巴尔、基尔库克、迪亚拉、巴比伦等省安全形势严峻，提请在伊中资企业密切跟踪形势，做好针对性安全防范工作，严格避免进入上述高危区域，并提醒拟于近期赴伊的企业人员调整行程，适当推迟赴伊时间。

3. 基础设施建设依然是重中之重

西亚各国政府致力于继续完善基础设施建设，相关投资规模巨大。2014年，沙特政府财政预算为2280亿美元，其中基础设施和交通建设为178亿美元。

（1）交通运输建设规划贯穿西亚

海合会拟建设贯穿海湾六国的铁路，2018年前，拟建里程长达2200千米、耗资约154亿美元的铁路。届时，该铁路将连接海合会六个成员国，客运设计时速约220千米，货运设计时速80~120千米。

为了将沙特各个地区更好地连接起来，沙特政府启动了一系列主干线铁路延长工程，已执行项目总额约133亿美元。未来10年，沙特将投资450亿美元建设全国铁路网，建成包括沙特大陆桥连线、南北线等在内的6条铁路干线，全长约7000千米，预计2014年铁路客运量可达337万人次。沙特铁路总体规划显示，截至2040年，沙特铁路基础设施投资预计将达973亿美元。

在人口密集的城市，为缓解交通压力，沙特政府计划进行轨道交通建设。

利雅得轻轨项目目前仍在招标中，耗资约93亿里亚尔，预计2018年完工。

阿联酋联邦铁路项目预计2017年完工，总长1200千米，总投资约110亿美元。联邦铁路将横穿阿联酋，连接阿联酋境内的主要城市、港口和工业区，铁路两端与沙特和阿曼相接。目前，266千米长的一期工程已完工，货运服务即将启动。二期工程预计于2016年完成，三期工程预计于2017年完成。

（2）沙特等国推进水资源战略储备计划

沙特投资150亿里亚尔，以推动水资源战略储备计划，并将于2015年第2季度在吉达东部启动第一个水务工程，容量将达150万立方米，此外，在麦加、塔伊夫和利雅得等地也将新建多项水务工程，保障在停水或紧急状态下正常供水至少能达7~10天。沙特还将投资近70亿里亚尔用于新建污水处理厂，其中在吉达新建的厂房容量达50万立方米，为目前中东地区最大的污水处理项目。

为满足人口增长带来的供水需求，沙特政府计划在未来10年投资660亿美元于供水建设。该计划包括在拉比格建设世界上最大的淡化厂，预计日产淡化水60万立方米。该项目将于2014年开工，预计2018年完工。

（3）新能源投资力度继续加大

为帮助西亚各国节省新建发电站的成本，减少供电原因导致的断电事故，海湾国家启动了电网并网工程，未来20年还将新建一座发电量超过5000兆瓦的发电站。

海湾国家计划投资1550亿美元于太阳能项目，其中包括迪拜计划投资32亿美元兴建马克图姆太阳能公园，发电能力1吉瓦，将于2030年完工；阿布扎比到2020年可再生能源发电将占其总发电量的7%，新能源龙头马斯达尔公司宣布与英国绿色投资银行合作投资60亿迪拉姆（约合16.3亿美元）于替代能源项目；沙特计划到2032年使可再生能源发电能力达到54吉瓦，其中41吉瓦为太阳能；卡塔尔和科威特也已着眼于发展可再生能源。

沙特政府正积极试图通过发展核能降低发电领域对石化能源的依赖。沙特拟在2030年以前新建16座核电站，耗资约1000亿美元，总发电量可达22吉瓦，届时核电将占沙特全国发电总量的50%。沙特首座核电站项目预计2022年建成并投入商业运营。

(4)未来 10 年阿联酋能源需求将翻番

除可再生能源外，阿联酋还在大力发展低碳项目，包括核电、酸气田等。阿将建设 4 座核电厂，总造价约 200 亿美元，其中首座将于 2017 年开始发电，澳大利亚将提供铀原料，2020 年全部建成后，发电量将达 5600 兆瓦，占全国发电量的 25%，每年将减少 1200 万吨碳排放。此外，未来 10 年，阿布扎比国家石油公司（Adnoc）和西方国家将投资 400 亿美元开采 Shah 地区的酸气田，该项目的第一个 EPC 合同于两年前授标，是 Adnoc 第一个酸气田项目，到 2015 年，投资将达 100 亿美元，日产酸气 2830 万立方米。

此外，伊拉克、约旦、埃及三国还签署了两项石油和天然气领域的合作协议，承诺加强能源领域的合作。造价为 180 亿美元的巴士拉—亚喀巴原油管道将是伊拉克政府的一个优先超级项目，该项目建成后将为约旦供应原油和天然气。

4. 沙特等国加强对外籍劳工的限制

2013 年 4 月，沙特劳工部发布公告，宣布将外国劳工比例从 26.6% 降低至 20%。科威特劳工与社会事务部也已经做出决定，将与政府其他部门密切配合，很快将执行 10 年减少 100 万外籍劳动力的计划。

2014 年以来，沙特开展非法外劳清查行动，清除劳工市场的违法现象。据沙特媒体报道，劳动力危机已影响到沙特 36% 的工程项目。在沙特清理外籍劳工市场的第一个宽限期结束前，全国登记工程项目合同达 25 万个，其中 9 万个小型承包商的合同被取消。

Y.19
2013年西亚国家的对外贸易*

周密**

摘　要： 2013年，西亚国家对外贸易整体保持增长，但传统的美国、欧盟等主要贸易伙伴从西亚进口下降，中国与西亚国家双边贸易发展稳定。西亚国家区内贸易小幅增长，石油贸易所占比重有所下降。中国对西亚国家的贸易条件有所改善，双边贸易的商品、国别集中度均较高。在西亚地区局势动荡，以及乌克兰冲突带来的外部风险下，西亚国家应加大与中国商签自贸区的力度，尽早为双边贸易提供更为全面、有效的保障。

关键词： 西亚　国际贸易

2013年，西亚国家经济整体面临更大挑战。尽管西方主要发达国家从经济危机中逐步复苏，美国大量开采页岩油对全球能源市场供给和需求两端均形成了较大冲击，以石油为主要出口商品的西亚国家面临更为严峻的转变挑战。中国与西亚国家双边贸易保持增长，但受多种因素影响，未来传统的石油贸易增长空间相对有限，需要加强商签自贸区等协议安排，为双边贸易发展提供更为稳定的发展环境，并努力促进发展基于传统贸易的各种创新经贸活动。

---

* 本文所指西亚国家，包括伊拉克、沙特阿拉伯、阿拉伯联合酋长国、伊朗、也门共和国、阿曼、叙利亚阿拉伯共和国、约旦、卡塔尔、科威特、以色列、黎巴嫩和巴林，共计13个国家。
** 周密，管理学博士，复旦大学博士后，美国斯坦福大学访问学者，商务部国际贸易经济合作研究院世界经济研究所副主任，研究员，主要研究领域为对外投资合作、服务贸易、国际经贸协定等。

一 西亚国家的国际贸易

2013年，尽管西亚国家对外贸易的数据尚未公布，但保持增长的势头仍基本可以确定。以发达经济体为代表的全球经济逐步企稳，世界消费市场的购买力逐步稳定。展望未来，美国大量开采页岩油将对西亚国家的贸易出口形成进一步打压，在不利于西亚出口的同时也将进一步削弱其进口能力。

1. 经济水平决定对外贸易发展阶段

西亚国家自身的资源禀赋差异较大，决定了其对外贸易的需求与能力也差异较大。根据世界经济论坛和欧洲复兴开发银行在2013年5月发布的《2013阿拉伯国家竞争力报告》，西亚国家的经济受不同的要素驱动，即要素驱动型、效率驱动型和创新驱动型，可以分为三个发展阶段。其中，也门属于要素驱动型国家，人均GDP较低，与孟加拉国、肯尼亚和巴基斯坦等的发展程度相当；约旦属于效率驱动型国家，与中国、南非和乌克兰的发展水平相当；阿联酋属于创新驱动型国家，欧美发达国家也处于这一阶段。除此以外，卡塔尔、科威特和沙特处于由要素驱动向效率驱动过渡的阶段；巴林、阿曼和黎巴嫩处于由效率驱动向创新驱动过渡的阶段。各国所处发展阶段的不同也决定了其对外经贸合作模式和关切存在差异。部分西亚国家近年来人口增长率高，年轻人比重较大，但劳动密集型产业发展不够，失业率较高；局势的动荡则进一步制约了西亚地区的经济发展，约旦等国的主权信用等级和主要银行的信用等级都在地区动荡的情况下被调降，增加了这些国家国际融资的难度。

2. 贫富差距较大且缺乏缩小的机制

西亚国家大体上可以分为两大类，一类是作为石油输出国的海湾国家，包括阿联酋和卡塔尔等；另一类则是地中海东岸的石油进口国家，包括约旦和黎巴嫩。海湾国家经济发展基础较好，从石油的大量出口中获益，在制度建设、宏观经济环境和商品市场效率等方面具有竞争优势，三项指标值甚至高于欧盟成员国的平均水平。而石油进口国家经济发展的支撑力相对有限，需要依靠发展工业获得贸易出口的动力，因而经济实力相对较弱，进口以工业制成品为主。2008年以来的经济危机爆发前，全球能源价格持续走高，拉大了海湾国家与石油进口国家之间的贫富差距。危机爆发后,能源价格大幅跳水,尽管2010年后逐渐上涨企稳,但受到消费端支撑乏力、美国大规模开采页岩油的影响,难以恢复危机前的高位。尽管海湾国家早就认识到改变出口产品单一结构十分重要,但实际上难以实现改变的目标。许多国家存在外籍劳工法规趋严、融资难及高素质劳动力缺乏等突出问题,也影响了其对外资的吸引力。

3. 美国页岩油开采减少进口需求

尽管亚洲地区是西亚国家最大的贸易目的地,美国对西亚能源的需求依旧不可忽视。经济危机前,美国持续扩张的消费需求在相当程度上支撑着全球市场的能源价格。奥巴马宣布开采页岩油后,美国的页岩油生产能力快速上升。页岩油产量占美国原油总产量的比重迅速超过30%,进口需求持续下滑。2013年,尽管仍是美国进口商品价值最多的一类,但矿物能源和油类的进口在美国全部进口中的比重从2012年的18.6%进一步下降至16.8%,进口的绝对值也同比下降了10.4%。从国别来看,西亚国家中只有沙特进入美国前20位进口来源地名单,2013年排在第8位。但是,与2012年相比,2013年美国从沙特进口总值为518.00亿美元,减少了7.0%,其中,占进口总值97.8%的矿物燃料和油类的进口同比减少了37.4亿美元(6.9%)。2013年,欧盟从沙特进口了334.44亿美元的矿物燃料和油类,同比下降13.0%。美国页岩油开采量的增加,不仅会使美国自身的原油进口替代继续,还会对全球能源价格形成打压,使海湾国家的石油出口收入进一步减少。

二 西亚国家的区内贸易

西亚国家的区内贸易整体保持小幅增长,但是,受全球能源价格下降和区内国家消费市场乏力等诸多因素影响,海湾国家的石油出口收入下降,区内石油进口国的能源进口也出现下降,出口商品则呈现多样化发展,生活用品在出口中所占的比重提高。

1. 贸易总量小幅增长

西亚国家经济受危机冲击较早,2013年已经逐步企稳。迪拜在危机挤压出房地产泡沫后逐步企稳,基础设施建设市场已复苏。海湾国家对美输出石油的减少并未对区内贸易造成过大影响。约旦等西亚国家依然通过进口石油为工业生产和居民消费提供能源保障。2013年，约旦进口额为215.4亿美元，同比增长4.2%。沙特是约旦最大的进口来源国，2013年进口40.17亿美元，占其进口总额的18.7%，矿物燃料和油类进口就占到从沙特进口总额的68.9%；阿联酋是约旦第8大进口来源国，2013年进口7.32亿美元，同比增长24.31%，矿物燃料和油类的进口占总进口的15.4%。

2. 石油贸易有所下降

与工业化国家不同，西亚的非石油输出国的工业产业优势不明显，出口涉及的领域相对有限，种类不多，经济对大量输入能源的需求相对有限。受全球能源价格下降和国内需求减弱的共同影响，占据西亚国家间的贸易重要部分的能源贸易有所下降。以约旦为例，2013年，约旦从沙特进口的矿物燃料和油类同比减少25.1%，从阿联酋进口同类商品的价值减少了34.8%。伊朗和沙特分别是约旦的第1和第3货物贸易出口目的地，前10位中还包括阿联酋（第6）、黎巴嫩（第8）和叙利亚（第9）。2013年，约旦向伊朗出口最多的商品为塑料，占总出口的11.4%，电子机械、皂蜡及水果坚果分列第2~4位，占比分别为10.9%、8.3%和8.2%。2013年，约旦向沙特出口活体动物同比增长72.6%，超过药品成为规模最大的出口商品；蔬菜出口也增长很快，达到了260.8%的同比增长，成为第3大出口商品。

三 中国与西亚国家的双边贸易

中国与西亚国家的双边贸易基础较为扎实，受经济危机的负面影响相对有限，贸易额在经历了短期下滑后迅速复苏，双边贸易额在2013年达到历史新高。尽管2013年部分西亚国家局势持续动荡，但双方秉承"平等互利、注重实效、形式多样、共同发展"的理念和原则，充分发挥各自优势，积极推进双边经贸合作。总的来看，中国对西亚国家呈现贸易逆差；按照贸易方向划分，中国进口的商品集中于矿物燃料和油类，出口商品则以机械和电子机械为主。中国与海合会正在进行的自贸区谈判有望受双边高层推动迎来新的进展，将为中国与西亚的双边贸易提供更为有效的保障。

1. 进出口规模均创历史纪录

中国与西亚国家的双边贸易互补性强，受经济危机的直接冲击有限，且复苏迅速。2013 年，中国与西亚国家的双边贸易继续保持增长，贸易进口额和出口额均创历史新高。其中，中国向西亚国家出口商品价值首次突破1500 亿美元，达到1553.5 亿美元，同比增长 7.0%；从西亚国家进口商品价值首次突破 900 亿美元，达到 974 亿美元，同比增长 13.7%。如图 1 所示，2008 年全球经济危机爆发后的几年，双边贸易仍保持上升发展态势。中国进口在 2009 年比 2008 年下降30%之后，在 2010 年和 2011 年连续两年达到50%以上的增幅，分别为54.5%和55.0%；2012 年和 2013 年受中国经济放缓影响，中国进口增长减速，同比分别实现了8.3%和 7.0%的增长。相比而言，中国对西亚国家的出口受到的冲击较小：2009 年比 2008 年出口额下降了12.6%，随后实现较快复苏，2010 年和 2011 年分别增长了22.9%和27.3%；2012 年同比增长7.4%，2013 年增速提高到13.7%。

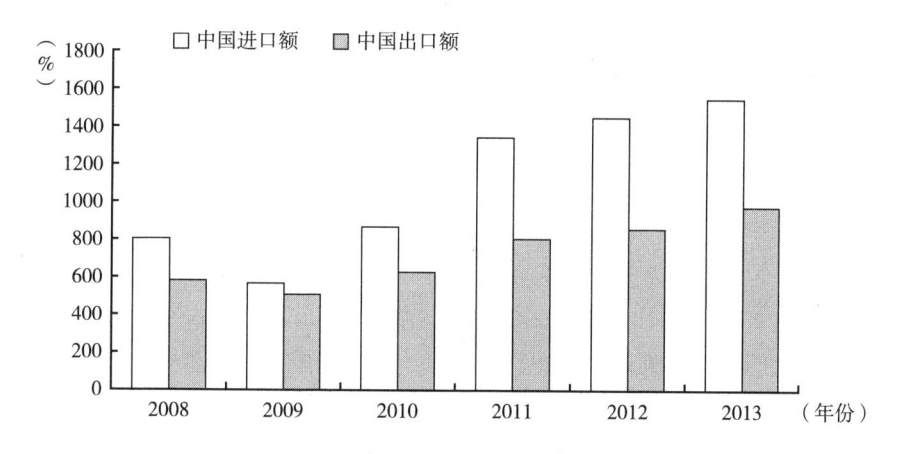

图 1 2008～2013 年中国与西亚国家的贸易额

资料来源：中国海关统计。

西亚国家作为中国商品的出口目的地，市场份额相对较为稳定。作为中国的进口来源地，其在全亚洲范围内的位置变化较大。如图 2 所示，2008～2013 年，对西亚国家的出口占中国对亚洲所有国家和地区出口的比重相当稳定，基本为8%～9%；从西亚国家的进口占从亚洲所有国家和地区进口的比重则为9%～15%。

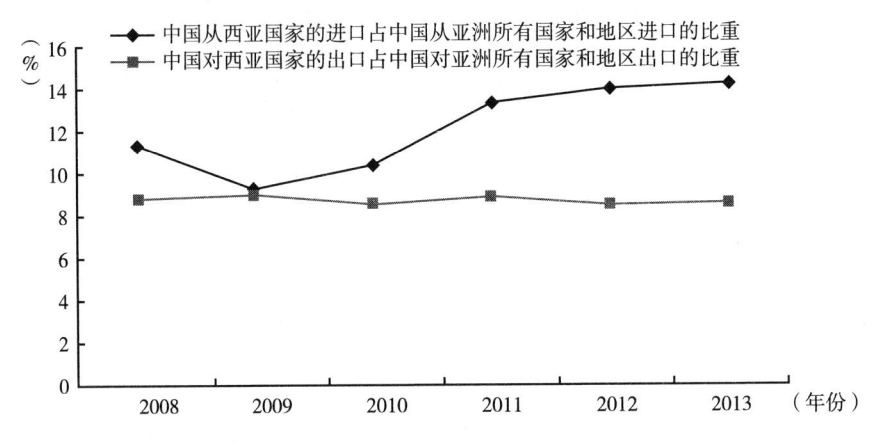

图2　2008～2013年中国与西亚国家的贸易在中国与
亚洲所有国家和地区的贸易中的占比

资料来源：中国海关统计。

2. 中国对西亚国家逆差略有下降

中国对西亚国家长期保持逆差。受中国经济持续复苏和国际市场大宗商品需求疲软的影响，2013年，中国对西亚国家的总体贸易逆差与2012年相比有所下降。2013年，中国对西亚国家的总体逆差为579.5亿美元，比2012年减少了15.7亿美元。2000～2012年，中国对亚洲国家和地区的总体贸易连续13年保持逆差。2013年，中国对亚洲国家和地区的贸易发生转变，进口的缓慢增长和出口的快速增长使得中国对亚洲国家和地区出现了465.9亿美元的顺差。2008年经济危机爆发以来，中国对西亚国家的贸易不平衡发生较大波动。2008、2010和2012的逆差同比增速均超过100%，分别达到467.9%、381.45%和128.0%。而西亚国家则在中国对亚洲国家的贸易中占据重要地位。2012年，中国对西亚国家整体的逆差超过了对亚洲所有其他国家和地区贸易逆差的2倍；2013年，中国对西亚国家整体的逆差甚至超过了中国对亚洲所有国家和地区贸易顺差的规模。按照显性竞争力指数①计算，中国对西亚国家的整体贸易竞争力较为稳定，竞争力保持较弱的状态。2008年经济危机后，双边贸易不平衡有

---

① 显性竞争力指数反映了两个经济体间的贸易竞争力情况。指数为两国间贸易顺差/逆差占双边贸易额的比重，正数表示本国的竞争力强，数值越大竞争力越强；负数表示本国的竞争力弱，绝对值越大表示竞争力越弱。

所减弱，2009年仅为-0.05，之后不平衡程度有所加重，2011~2013年基本保持稳定，数值在-0.25上下波动。具体到国别来看，如表1所示，2008~2013年，中国与西亚各国的贸易平衡保持不变。其中，中国对巴林、以色列、约旦和黎巴嫩保持贸易顺差，对伊朗、伊拉克、科威特、阿曼、卡塔尔、沙特阿拉伯和也门则保持贸易逆差。按照贸易显性竞争力指数测算，中国对叙利亚、黎巴嫩和约旦的竞争力最强，对阿曼、卡塔尔和科威特的竞争力最弱。

表1　2008~2013年中国与西亚国家的贸易显性竞争力指数

	2008年	2009年	2010年	2011年	2012年	2013年
西亚所有国家	-0.16	-0.05	-0.16	-0.25	-0.26	-0.23
巴林	0.67	0.38	0.53	0.46	0.55	0.61
伊朗	-0.42	-0.25	-0.24	-0.34	-0.36	-0.28
伊拉克	-0.07	-0.28	-0.27	-0.46	-0.44	-0.45
以色列	0.40	0.41	0.32	0.38	0.41	0.41
约旦	0.87	0.89	0.84	0.82	0.82	0.91
科威特	-0.49	-0.38	-0.57	-0.62	-0.67	-0.56
黎巴嫩	0.98	0.98	0.96	0.97	0.96	0.96
阿曼	-0.87	-0.75	-0.82	-0.87	-0.81	-0.83
卡塔尔	-0.10	-0.22	-0.48	-0.59	-0.72	-0.66
沙特阿拉伯	-0.48	-0.45	-0.52	-0.54	-0.50	-0.48
叙利亚	0.99	0.99	0.97	0.98	0.98	0.99
阿联酋	0.67	0.76	0.66	0.53	0.46	0.45
也门	-0.47	-0.03	-0.39	-0.48	-0.30	-0.18

资料来源：中国海关统计。

3. 中国与西亚国家贸易的集中度较高

西亚国家的经济发展水平、资源禀赋和市场需求差异较大，形成了中国与西亚国家间贸易的当前分布状况。如图3所示，2013年，中国与阿联酋、沙特阿拉伯、科威特、以色列、伊拉克和伊朗的贸易额在中国与西亚国家双边贸易中占比较大。沙特阿拉伯在中国2013年进口榜单上排名第11，接下来是伊朗（第18）、阿曼（第22）和伊拉克（第26）。2013年，中国从沙特进口商品534.99亿美元，占从西亚地区进口商品总额的34.4%；从伊拉克进口商品253.97亿美元，占从西亚地区进口商品总额的16.3%；从阿曼和伊拉克分别进口商品209.94亿美元和179.68亿美元，分别占从西亚地区进口商品总额的13.5%和11.6%。2013年，中国从上述四国进口的商品额占当年从所有西亚国家进口商品总额的75.9%。与进口来源地分布不同，中国出口商品在西亚地区的最大目的国是阿联酋，全球排名第17位，接下来是沙特（第25位）和伊朗（第29位）。2013年，中国向阿联酋出口商品333.97亿美元，占对西亚国家出口商品总额的34.3%；向沙特和伊朗分别出口商品187.34亿美元和143.89亿美元，分别占对西亚出口商品总额的19.2%和14.8%。

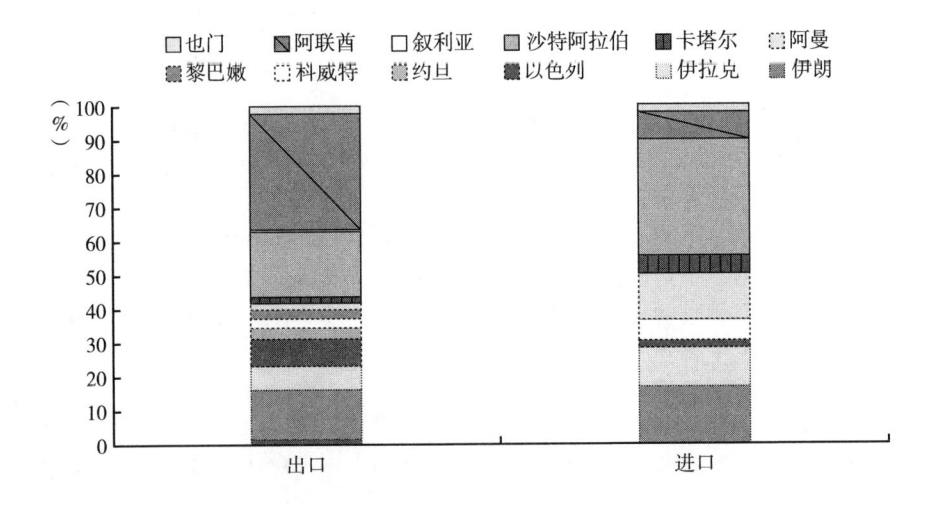

图3　2013年中国从西亚国家的贸易进出口额

资料来源：中国海关统计。

4. 进出口商品均呈现较为集中分布

双方的资源禀赋、经济发展阶段等要素相对保持稳定，使得双边贸易保持了相对稳定。从国别上看，沙特、伊朗和阿曼是中国进口最多的3个国家。矿物燃料和油类商品占2013年中国从沙特进口商品总额的80.8%，进口额为432.43亿美元；进口有机化学品58.85亿美元，占进口总额的11.0%。2013年中国从伊朗分别进口电子机械、珠宝玉石和化肥9.58亿美元、7.04亿美元和3.28亿美元，分别占当年中国从伊朗进口商品总额的30.1%、22.1%和10.3%。2013年中国从阿曼进口的矿物燃料和油类商品价值199.17亿美元，尽管不足从沙特进口的一半，但在中国从阿曼进口商品总值的占比高达

94.9%，集中度很高。在中国对西亚的出口方面，商品呈现总体较为分散但优势商品分布明显的特点。2013 年，阿联酋、沙特阿拉伯和伊朗分列中国向西亚出口商品国家前 3 位。其中，中国向西亚第一大出口目的地阿联酋的出口中，机械和电子机械分别为 56.70 亿美元和 54.52 亿美元，分别占对阿联酋出口商品总额的 17.0% 和 16.3%，排名前五类的商品合计只占出口总额的 53.9%。在中国对沙特阿拉伯出口商品中，机械和电子机械分别为 25.32 亿美元和 22.80 亿美元，分别占对沙特出口商品总额的 13.5% 和 12.2%，排名前五类的商品合计占出口总额的 46.1%。同样的，2013 年中国对伊朗的出口排名前两位的依然是机械和电子机械，出口额分别为 22.23 亿美元和 16.68 亿美元，分别占中国对伊朗出口商品总额的 15.5% 和 11.6%。

5. 自贸区建设有助于保障贸易

在双方政府的积极推动下，中国与西亚国家的经贸合作获得了较好的发展环境。2013 年，巴勒斯坦、约旦、巴林、也门等国元首陆续访华，双方部级经贸代表团互访频繁。2013 年，成功举办了三届的中阿经贸论坛升格为中国—阿拉伯国家博览会。约旦国王阿卜杜拉二世、巴林国王哈马德参加了开幕式，主宾国科威特则派出由工商大臣率领的包括 800 余人的庞大代表团参会参展。在各项机制的保障下，双边经贸合作持续发展，阿拉伯国家已经成为中国第七大贸易伙伴，2013 年双边贸易额达 2389 亿美元，而海合会国家对华投资表现也十分突出。双方已经从简单的石油贸易向上下游拓展，在油田勘探开发、石油工程服务、石油化工等领域逐步建立起互利互惠的合作关系，在风能、太阳能等可再生能源领域的合作热情也在上升。中国企业积极参与海合会国家基础设施建设，累计签订承包工程合同 713 亿美元，涵盖了房建、路桥、港口、电站和电信等多个领域。尽管目前中国与海合会在双边自贸协定谈判方面获得了实质性进展，但双方均积极响应并愿意共同推进自贸区谈判。2013 年 9 月，李克强总理在会见巴林国王哈马德时表示，中国与海合会建立自贸区意义重大，可以使双方人民受益。中方愿与海合会重启自贸区谈判，推动尽早取得积极成果，提升双方整体合作水平，希望巴林作为海合会轮值主席国为此发挥积极作用。美国开采页岩油并可能成为全球最大石油生产国，给以西亚国家为主的石油输出国组织（OPEC）从垄断石油供给市场中获益的发展模式带来了更大压力，有利于中国与海合会自贸区谈判的推进。

四 中国与西亚国家双边贸易趋势展望

中国与西亚国家间的双边贸易尽管存在上升空间，但受外部影响较大，美国大规模开采页岩油、乌克兰冲突等外部因素，以及西亚国家长久以来存在的民族、宗教和国家间冲突，都给中国与西亚国家的双边贸易带来了不确定性，需要认真分析，审慎应对。

（一）双边贸易将逐步触及增长天花板

中国与西亚国家间的贸易额尽管自经济危机后获得了较快的恢复性增长，各方也对双边贸易充满信心，但双边贸易额增长的空间逐渐缩小，导致贸易额增加和减少的因素同时存在，可能使得双边贸易额在未来逐渐触顶。西亚国家的出口以资源型产品为主，不论是沙特、阿曼、伊拉克或科威特的石油，还是伊朗的珠宝玉石，资源的可开采量势必逐渐减少，开采成本日益增加，使得出口潜力逐渐减小。中国经济正在面临转型，经济发展方式的转变直接限制了高能耗的重工业发展的空间，根据中国节能减排的承诺，中国对能源资源的消耗势必逐渐减少。中国劳动力成本的上升也使得不少发达国家来华以追求低劳动成本的投资越来越少，从而影响相关产业的国际分工。而这也必然引起国际贸易流动发生变化，导致依照原产地规则确定的中国企业国际贸易竞争力下降。按照这种发展趋势，中国与西亚国家的双边贸易额可能逐渐出现增速下降，进而总额下降的局面。

（二）贸易相关产业合作增长空间较大

尽管贸易总额触及当前形势下上限的可能性逐渐增大，中国与西亚国家间的贸易仍然有很多发展的可能，基于传统互利贸易的新的合作有可能获得更大发展。例如，如前所述，中国与西亚国家可以在与简单石油贸易相关的领域开展更多合作。双方可以加强在油田勘探开发（包括二次、三次乃至更多次的开发等)、石油工程服务(含石油管道输送等)和石油化工等领域的资金、技术和市场协同。中国石油产业自身积累的丰富的在复杂地质条件下找油并开采的能力不断提升,仍可在一定情形下加强与西亚国家的协同,从而创造更多的产业链协同配合的机会。除了传统的石油勘探开发、相关设备生产制造等领域外,与之相关的合作也会迎来更多的发展空间和机会,技术研发和人力资源合作空间广阔。创新资源产业的盈利模式和降低经济发展过于依赖资源出口的风险,要求西亚国家实现内部资本整合的同时向国外投资者开放更多的合作领域,而这为双边经贸合作的深化发展创造了条件。

(三)自贸区谈判推进可创造更好环境

中国—海合会自贸区谈判已然经历了相当长的时期。其间,谈判进程因受少数瓶颈问题的影响而难以有效推进。在中国与海合会重要成员的高层领导表达了加大谈判支持力度之后,双方的自贸区谈判很可能得以继续推进。重启谈判无疑需要重新审视原有的框架和议题,在符合当前及今后全球经贸规则发展趋势、符合双方未来利益的条件下进行新的探索和创新。自贸区的建成将不仅降低贸易成本,而且将为双边贸易提供更为规范的制度保障。中国正处于全面深化改革的关键时期,与美国、欧洲谈判的双边投资保护协定(BIT)要求对投资实施负面清单加准入前国民待遇的管理模式。该谈判将促使中国外资管理体制发生重大变化,进而影响到所有中国正在谈判的国际协定中的相关模式。自贸区谈判一旦完成,中国企业在开展与海合会成员的贸易时就能够面临更为公平可信的外部环境,出现争端时也可以寻找更为便捷有效的监管和保障机制,避免更大的贸易损失。

(四)乌克兰局势给西亚带来一定风险

西亚地区本就存在难以调和的诸多冲突,宗教矛盾、民族矛盾和国家间矛盾重重,冲突频发。2013年底开始,乌克兰局势的瞬息万变引起各方关注,其对西亚的影响不容忽视。冷战结束后,俄罗斯与西方的冲突从未如此激烈。克里米亚牵一发而动全身,东西乌克兰面临分裂局面,西方对俄罗斯施加的经济制裁更为严厉,可能导致乌克兰周边局势进一步恶化。与乌克兰相邻的西亚地区难免受到乌克兰局势变化的冲击，政治经济不稳定的概率上升。西方在乌克兰问题上对俄罗斯的施压可能导致俄罗斯的中东立场更加强硬，而这则会使西亚地区的政治经济局势更加复杂，例如在叙利亚问题上，俄对叙政府的支持态度可能更加鲜明。作为俄罗斯向欧盟输送天然气的重要通道，一旦战争或其他原因导致供应中断，欧洲必然转向国际市场。西亚国家的天然气储量并不具备优势，但可以满足欧洲基本的能源需求，而这可以部分抵消美国页岩油开采造成的市场需求疲软。

（五）继续拓展服务贸易领域的机会不少

除传统的货物贸易之外，中国与西亚国家还可以在服务贸易领域有更大的发展空间。服务贸易涵盖广泛领域，西亚国家尽管不少以资源输出为经济支柱，但许多国家也注重发展本国的服务业，在金融、旅游、建筑等服务行业上投入巨大，以期降低对资源的过度依赖。传统上，西亚国家是全球最主要的劳务市场，包括建筑、护理、旅游、零售等领域的许多行业都由外来人员提供服务。中国应加强与西亚国家在服务领域的互利合作，通过政府间协议、资质互认和标准统一，为企业创造更为宽松、便利的环境，促进中国优势企业和人员参与西亚国家市场，实现互利共赢。应通过政府间协议或行业协会间的互利安排，为人员入境西亚国家提供更为快捷的通道，提供更为全面的利益保障。在金融领域加强合作，推动人民币与西亚国家主要货币建立互换机制，完善资金双向流动渠道，推动在贸易结算领域更多使用本币，以降低美国 QE（量化宽松）政策退出带来的美元波动等负面影响和冲击。

资料文献
Documentation

Y.20
2013 中东学科发展综述

王金岩 王琼*

摘　要：

2013年，中东地区的稳定与发展问题依然是国内外中东学人关注的焦点，在此方面有大量新作涌现。其中，国外继续对中东变局做纵深研究，以及对伊朗核问题、叙利亚问题等中东热点问题和动荡国家进行研究；国内研究的新重点为地区国家与新兴大国关系，以及中东变局后地区国家的转型与重构。中国社会科学院西亚非洲研究所科研人员队伍不断壮大，研究成果丰硕，且颇具创新性和前瞻性。此外，近年来中东研究机构和学者越来越重视相互间的交流，这一点在2013年表现得尤为突出。

关键词：

中东问题　研究成果　新发展

---

* 王金岩，中国社会科学院西亚非洲研究所助理研究员，文学博士，主要研究领域为中东政治；王琼，中国社会科学院西亚非洲研究所助理研究员，法学博士，主要研究领域为中东政治、法律。

2013年，中东地区持续动荡，热点问题层出不穷。国内外中东学者针对该地区一系列重大问题做了大量理论研究和现状分析，并取得不少重要成果。

一 国外研究新进展

2013年，国际上关于中东国家的研究依然以"阿拉伯之春"的持续发酵为焦点，对转型国家及动荡因素的研究进一步深入和扩展。在深度上，对当前动荡原因的分析注重历史溯源；多部历史著作再版，并加入了新的历史事件。在广度上，对阿拉伯动荡因素的分析继续扩展，更加全面。研究主要集中在以下几个方面。

（一）对"阿拉伯之春"相关因素的纵深研究

《阿拉伯之春：中东的变革与反抗》[1] 讲述的是发生在中东地区的政治变革，探讨了中东变局及后续事件。《穆斯林兄弟会》[2] 讲述的是穆斯林兄弟会组织从政治反对派到成为合法的政治参与者乃至统治者的过程。《关于伊斯兰政治思想的普林斯顿百科全书》[3] 综合介绍了自古至今的伊斯兰政治思想。乔治·华盛顿大学中东研究所所长马克·林奇所著的《阿拉伯起义：没有完结的新中东革命》[4] 依据当前中东局势，前瞻其发展趋势。卡内基基金会的中东问题专家弗雷德里克所著的《海湾教派政治：从伊拉克战争到阿拉伯起义》[5] 探讨了"阿拉伯之春"中的教派因素。英国广播公司中东问题专家保罗·达纳哈尔所著的《新中东：阿拉伯之春后的世界》[6] 展望了中东地区发展走向。

---

[1] Mark L. Haas and David W. Lesch, eds., *The Arab Spring: Change and Resistance in the Middle East*, Westview Press, 2013.
[2] Allyson Pargeter, *The Muslim Brotherhood: From Opposition to Power*, Saqi, 2013.
[3] Gerhard Bowering Princeton, eds., *The Princeton Encyclopedia of Islamic Political Thought*, Princeton University Press, 2013.
[4] Marc Lynch, *The Arab Uprising: The Unfinished Revolutions of the New Middle East Paperback*, Public Affairs; First Trade Paper Edition edition, 2013.
[5] Frederic M. Wehrey, *Sectarian Politics in the Gulf: From the Iraq War to the Arab Uprisings*, Columbia University Press, 2013.
[6] Paul Danahar, *The New Middle East: The World After the arab Spring*, Bloomsbury Press, 2013.

此外，还有专家专门探讨了阿拉伯妇女在"阿拉伯之春"中的作用（如《阿拉伯之春与阿拉伯妇女》[①]），分析了阿拉伯人如何看待世界与新中东的构建（以《阿拉伯人眼中的世界：阿拉伯公众舆论与中东重塑》[②] 为代表）。

（二）对中东热点问题的关注

（1）关于伊朗核问题。德国法兰克福和平研究所与黑森州和平与冲突研究基金会联合出版的《中东的军力控制与导弹扩散》[③] 一书对中东地区的裁军和减少大规模杀伤性武器的出路做了分析，探索了更有前景的合作安全观。美国著名中东专家肯尼斯·波拉克出版的专著《不可思议：伊朗、原子弹和美国》[④] 专门探讨了伊朗核问题以及美国的应对。美国华盛顿特区美伊国家政策委员会创始人兼主席、伯克利大学中东研究中心研究员肯尼斯在题为《以伊冲突的根源：意识形态上的敌人还是战略竞争对手？》[⑤] 的报告中指出，美国长期对以色列和伊朗冲突的根源感到困惑，该报告人指出，以伊冲突的根源是以伊互为战略竞争对手而非意识形态上的敌人。美国兰德公司于2013年针对伊朗核问题发布了报告《拥有核武器后的伊朗将如何表现》[⑥]，认为伊朗政府拥有核武器是为了推翻美国主导中东的现状，而不是侵略他国领土。同时，伊朗不会出于意识形态的原因而使用核武器，但是，伊朗会出于成本和收益的考量支持恐怖主义，以保持或者扩大伊朗在中东地区的影响力。伊朗核扩散的危险是存在的，但是没有太多的证据可以证明伊朗核武器可以很容易地流入恐怖分子手中。美国弗吉尼亚大学教授拉玛扎尼出版了《缺乏自由的独立：伊朗

[①] Muhamad S. Olimat, *Arab Spring and Arab Women: Challenges and Opportunities*, Routledge International Handbooks, 2013.

[②] Shibley Telhami, *The World Through Arab Eyes: Arab Public Opinion and the Reshaping of the Middle East*, Basic Books, 2013.

[③] Bernd W. Kubbig & Sven-Eric Fikenscher, *Arms Control and Missile Proliferation in the Middle East*, Routledge, 2012.

[④] Kenneth Pollack, *Unthinkable: Iran, the Bomb, and American Strategy*, Simon & Schuster, 2013.

[⑤] Trita Parsi, *The Roots of the Israel-Iran Conflict: Ideological Enemies or Strategic Rivals?*, http://cmes.berkeley.edu/news/lectures, last visted October 15, 2013.

[⑥] Alireza Nader, "Iran after the Bomb: How Would a Nuclear-Armed Tehran Behave?", RAND Corporation, 2013.

外交政策》①。

(2) 关于叙利亚问题。在叙利亚危机问题上，主要研究成果有戴维·莱切的《叙利亚：阿萨德王朝的垮台》和霍克梅的《叙利亚起义和黎凡特的解构》②，这两本书深入研究了当前叙利亚局势的发展、各方介入情况与意图。③丹佛大学中东专家所著的《叙利亚的尴尬》④探讨了美国对叙利亚的尴尬政策；新美国基金会研究员巴拉克于2012年9月发表了一份报告《叙利亚：设立一个禁飞区能否帮助叛军推翻阿萨德政权？》⑤，该报告对叙利亚叛军设立禁飞区的请求做了分析，认为设立禁飞区反而可能暴露叛军的弱点，故时机尚不成熟。

(3) 对转型国家发展的追踪研究。主要著作有三部。《埃及的阿拉伯之春：革命与超越》⑥讲述了当前整个中东局势以及埃及的腐败、镇压与反抗，穆巴拉克倒台的政治、经济原因，宗教事件、新兴世俗运动和民众的力量。《阿拉伯动荡以来的突尼斯》⑦全面呈现了突尼斯的历史，从7世纪阿拉伯的征服到2010年"茉莉花革命"和本·阿里政权的倒台。《叙利亚和伊朗国内社会：权威背景下的运动》⑧从对国内社会的新定义入手，阐释了叙利亚和伊朗国内社会与权威组织间的关系。

(三) 对海合会国家及其外交关系的研究在2013年依然是中东研究的重点

阿联酋海湾研究中心（GRC）在2013年推出了一系列重要成果，如《沙

---

① Ruhi Ramazani, *Independence without Freedom: Iran's Foreign Policy*, University of Virginia Press, 2013.
② Emile Hokayem, *Syria's Uprising and the Fracturing of the Levant*, Routledge, 2013.
③ David W. Lesch, "*Syria: The Fall of the House of Assad*, Yale University Press, 2013.
④ Nader Hashemi and Danny, *The Syria Dilemma*, The MIT Press, 2013.
⑤ Barak Barfi, *Syria: Would a No-Fly Zone Help the Rebels Oust Assad?*, available at http://www.mepc.org/articles - commentary/articles - hub? page = 2, accessed on 15 th October 2013.
⑥ Bahgat Korany and Rabab El-Mahdi, eds., *Arab Spring in Egypt: Revolution and Beyond*, American University in Cairo Press, 2013.
⑦ Jacob Abadi, *Tunisia Since the Arab Conquest*, Ithaca Press, 2013.
⑧ Paul Aarts and Francesco Cavatorta Boulder, eds., *Civil Society in Syria and Iran: Activism in Authoritarian Contexts*, Lynne Rienner Publishers, Inc., 2013.

特中产阶级组成的初步研究》①一书对沙特阿拉伯的中产阶级做了详细探究，该书认为沙特旧有的中产阶级已经出现分化，进而提出了沙特"新中产阶级"这一理论框架，然后分析了该"新中产阶级"在沙特国民经济中的地位和作用。《海湾与拉丁美洲：一份期待和挑战的评估》②一书不同于传统研究着眼于中东国家与发达国家、中国、俄罗斯的利益关系，另辟蹊径地比较研究了中东和拉丁美洲之间的投资、贸易交往和政治合作等，指出拉丁美洲已成为中东逐步增强其在世界格局中的地位的重要一步。此外，该书还从不同视角进行了分析，对这一对新兴的区域间外交关系给双方带来的近期利益做了评估。阿联酋海湾研究中心出版的《印度和海湾：下一步是什么?》③一书指出，海湾合作委员会（GCC）国家在21世纪初采取了"向东看"的政策，在与印度的交往中进一步巩固了其与该地区古老的伙伴关系。针对这一新的"东—东友爱"大背景，该书探讨了如何促进GCC国家与印度的经济关系，在假设GCC国家已经与印度建成战略伙伴关系的基础上，分析了印度在该地区战略作用的演变。

（四）对于中东地区诸方面的总体研究依然持续，且更加深入

（1）在中东经济发展研究方面，经合组织（OECD）于2013年下半年出版了《在中东和北非的监管改革：通过监管方式促进包容增长》④一书，评估了处于转型期的中东地区调控政策的实施进展情况，并指出中东正在进行涉及一些可持续发展和包容性增长的监管改革，尤其对巴林、埃及、约旦、黎巴嫩等国的成功经验做了介绍。此外，艾伦·理查兹等所著的《中东政治经济学》⑤在2013年发行了第三版，新版书专注于中东经济发展过程中国家制度和社会活动家之间的互动，对中东地区的人口、教育、劳动力、水和农业等资

---

① Mishary Alnuaim, *The Composition of the Saudi Middle Class: A Preliminary Study*, Gulf Research Center, 2013.
② Alejandra Galindo, *The Gulf and Latin America: An Assessment of Expectations and Challenges*, Gulf Research Centre Cambridge, 2013.
③ Abu Backer Bagader & Ranjit Gupta, *India and the Gulf: What Next?*, Gulf Research Centre Cambridge, 2013.
④ Organisation for Economic Co-operation and Development, *Regulatory Reform in the Middle East and North Africa: Implementing Regulatory Policy Principles to Foster Inclusive Growth*, OECD, 2013.
⑤ Alan Richards, *A Political Economy of the Middle East*, Westview, 2013.

源禀赋进行了宏观研究。两位英国学者还专门深入研究了伊朗经济与国际制裁问题，出版了《伊朗与全球经济：石油民粹主义、伊斯兰与制裁》[①]。

（2）中东与大国关系的重点研究领域依然是美国与中东热点国家关系的发展和演变。代表作如《中东与美国》[②]，该书汇聚了北美、欧洲和中东的学者和外交官关于美国对中东外交政策的客观的跨文化的观点；以及《CIA与美国与伊朗关系的根基》[③] 等。

（3）关于中东历史。主要是原有历史专著的更新和扩容。《当代中东历史》[④] 将中东国家在过去四年的新发展作为新一章加入书中，主要包括阿拉伯世界的动荡和伊斯兰党派的政治参与。《中东简史》[⑤] 新版本在原来内容的基础上加入了"阿拉伯之春"这一新内容。

二　国内研究新进展

2013年，国内中东研究机构积极开展丰富多样的学术活动，继续从事有关中东政治、经济、社会文化等方面的全面和专项研究，出版了一系列具有较高学术价值和社会影响力的专著，发表了一大批高质量的学术论文，向有关部门提供了许多内部调研报告和对策信息，并举办了一系列学术交流活动，取得了较好的社会收益。在研究内容方面，2013年，中国国内中东研究最显著的特点是重视热点问题研究以及研究的现实意义。此外，如同以往，大国与中东关系的研究依然是重点。2014年学科发展的新特点是，对西亚北非国家的舆情研究已起步。针对一年来的西亚北非局势，2013年度的研究成果主要集中在以下方面。

---

① Parvin Alizadeh and Hassan Hakimian, *Iran and the Global Economy：Petro Populism*, Islam and Economic Sanctions, Routledge, 2013.
② Mark L. Haas and David W. Lesch, eds., *The Middle East and The United States*, Westview Press, 2013.
③ Ervand Abrahamian, *CIA and the Roots of Modern U. S. -Iranian Relations*, The New Press, 2013.
④ William L. Cleveland and Martin Bunton, *A History of the Modern Middle East*, Westview Press, 2013.
⑤ Arthur Goldschmidt, Jr. and Lawrence Davidson Boulder, *A Concise History of the Middle East*（Tenth Edition）, Westview Press, 2013.

2013 中东学科发展综述

始于2011年的"阿拉伯之春"致使西亚北非多国出现政权更迭,且多伴有相关国家国内局势的持续动荡。2013年度中东研究的一大重点为探讨民族国家重构问题以及国家动荡因素研究。主要专著是刘中民、朱威烈主编的《中东地区发展报告:中东变局的多维透视》[1],该书从宏观上分析了中东变局的性质、特点、原因和影响,并分析了中东地区局势的发展态势与走向。另有大量论文主要涉及地区动荡国家的政党研究、派别冲突、全国对话、政治改革等。

西亚北非国家与大国的关系依然是研究的重点,其中美国与中东国家的关系是重中之重。如汪波著的《上海外国语大学中东研究基地丛书:中东与大国关系》[2]论述了中东和平进程、伊拉克战争与重建、伊朗核问题、中东能源问题、中东民主化进程和中东伊斯兰极端主义等六大中东热点问题。傅立民著《美国在中东的厄运》[3]一书通过分析美国与一些中东国家的关系,对美国总体的中东政策进行了深刻反思,进而提出其认为值得美国吸取的教训。岳晓勇著《动荡中的盟友:美国与海湾国家关系的建立与演进》[4]以美国全球和地区的利益、目标和策略为观察点,探讨了美国与海湾地区各国关系的演进以及维系其地区安全体系的行为特点。2013年,关于中东与大国关系的另一个研究侧重点为中国、印度等新兴经济体国家与海合会等中东主要经济体之间的经济合作和经济关系,在此方面的代表作有杨光主编的《中东发展报告 No.15(2012~2013)——中国与中东国家政治经济关系发展》[5],该书从政治关系、经贸往来、能源合作等多方面透视了中国与中东国家关系的发展历程和现状。2012年度中阿经贸论坛的会议用书《中国—阿拉伯国家经贸论坛:中阿经贸关系发展进程2012年度报告(中文版)》[6],其英文版和阿拉伯文版也已面向

---

[1] 刘中民、朱威烈主编《中东地区发展报告:中东变局的多维透视》,时事出版社,2013。
[2] 汪波:《上海外国语大学中东研究基地丛书:中东与大国关系》,时事出版社,2013。
[3] 〔美〕傅立民:《美国在中东的厄运》,社会科学文献出版社,2013。
[4] 岳晓勇:《动荡中的盟友:美国与海湾国家关系的建立与演进》,世界知识出版社,2013。
[5] 杨光主编《中东发展报告 No.15(2012~2013)——中国与中东国家政治经济关系发展》,社会科学文献出版社,2013。
[6] 林桂军主编《中国—阿拉伯国家经贸论坛:中阿经贸关系发展进程2012年度报告(中文版)》,宁夏人民出版社,2013。

全球发行。该书从阿拉伯国家经济发展趋势、中阿经贸关系、中阿服务贸易、不确定环境下世界石油市场的供给与价格、发展中的金融市场、中国企业将有更多投资机会等方面对2012年度中阿经贸关系发展做了详细阐述。

西亚北非国家发展相关因素逐渐成为重点研究领域，主要包括地区恐怖势力研究、族群研究、教派研究等。相关专著有：钱学文的《中东恐怖主义研究》[1]，在对中东恐怖主义进行基础研究和客观分析的同时，结合中国的安全利益剖析了中东恐怖势力对中国西部地区的安全威胁和影响；唐志超著《中东库尔德民族问题透视》[2]，系统梳理了库尔德问题的历史发展过程，全面评析了土耳其、伊拉克、伊朗和叙利亚四国的库尔德问题，并对主要国际行为体（美国、俄罗斯、欧盟、中国、以色列及阿盟）的库尔德政策进行了逐一分析；王铁铮著《全球化与当代中东社会思潮》[3]，主要探讨了战后中东国家历史演进中出现的各种社会思潮，并在此基础上对未来中东社会、政治、经济和宗教变革的走向做出了客观判断；刘云等著《美国与西亚北非关系中的伊斯兰因素研究》[4]，主要分析了伊斯兰因素对美国与中东关系的冲击和影响，揭示了自卡特政府以来美国历届政府对政治伊斯兰的立场和政策的变化与延续。

2013年还出版了数本关于西亚北非国家历史和伊斯兰文化方面的译著。其中，历史方面的有《岁月留痕：朱威烈译作选（史地卷）》[5]，分为阿拉伯马格里布史（第一卷）、苏丹地区自然地理、埃及西奈的土地和居民三部分。阿卜杜勒·巴里·阿特旺著《基地秘史》[6]深入探讨了"基地"组织的成因及未来走向，考察了自杀式袭击的历史和现状，思考了"基地"组织的经济战略，提出西方若想消除恐怖主义的威胁，就必须先了解它，并建立有效的对话渠道。菲利普·C. 内勒著《北非史》[7]首次系统介绍了北非地区的起源与

---

[1] 钱学文：《中东恐怖主义研究》，时事出版社，2013。
[2] 唐志超：《中东库尔德民族问题透视》，社会科学文献出版社，2013。
[3] 王铁铮：《全球化与当代中东社会思潮》，人民出版社，2013。
[4] 刘云等：《美国与西亚北非关系中的伊斯兰因素研究》，浙江人民出版社，2013。
[5] 朱威烈：《岁月留痕：朱威烈译作选（史地卷）》，宁夏人民出版社，2013。
[6] 〔英〕阿卜杜勒·巴里·阿特旺：《基地秘史》，林达丰译，北京大学出版社，2013。
[7] 〔美〕菲利普·C. 内勒：《北非史》，韩志斌、郭子林、李铁译，中国大百科全书出版社，2013。

发展历程。伊斯兰文化方面的代表作有卡罗尔著的《跨文明对话——葛兰的伊斯兰理念与人文主义话语》①。

2013年，对中东国家各方面发展的研究依然在继续。政治方面有陈天社著的《阿拉伯世界与巴勒斯坦问题》②，该书从历史角度系统阐述了巴勒斯坦问题的产生与演变过程及其与整个阿拉伯世界的各种关联，还论述了阿拉伯国家与巴勒斯坦主要派别的关系等内容。经济方面有中国石油化工集团公司经济技术研究院课题组推出的《中东海湾国家油气资源及投资环境分析》③，该书主要对沙特、卡塔尔、伊朗、伊拉克、科威特、阿联酋、阿曼和巴林等八个中东海湾国家的油气资源与开发利用状况、油气管理体制、油气投资相关政策、油气生产消费与进出口、石油炼制、LNG项目、投资环境及它们与中国的合作、各国主要油气公司的运营情况等进行了较为全面的阐述，并对该地区油气产业的发展前景及其投资环境进行了较深入分析，从而为中国油企在海湾地区开展油气投资业务提供了参考。对社会发展方面的研究有车效梅的《全球化与中东城市发展研究》④，该书系统阐释了中东城市的发展，从中东城市在全球视野下不同时期的地位、作用以及全球化给中东城市发展带来的机遇、挑战这两个大方面，把中东城市问题作为一个整体进行了多角度、跨学科的比较分析。仝菲的《阿拉伯联合酋长国现代化进程研究》⑤一书对阿联酋的经济现代化进行了系统深入研究。

此外，2013年中东研究中出现了一些新的研究领域，比如，在阿拉伯国家的高等教育发展方面，联合国教科文组织对此有系统深入的研究。华东师范大学专门组织学者翻译了该组织编著的《阿拉伯国家高等教育融资中的教育机会与教育公平》⑥一书，该书围绕"阿拉伯国家高等教育融资中的教育机会

---

① 〔美〕卡罗尔：《跨文明对话——葛兰的伊斯兰理念与人文主义话语》，宗教文化出版社，2013。
② 陈天社：《阿拉伯世界与巴勒斯坦问题》，世界知识出版社，2013。
③ 中国石油化工集团公司经济技术研究院课题组编著《中东海湾国家油气资源及投资环境分析》，中国石化出版社，2013。
④ 车效梅编《全球化与中东城市发展研究》，人民出版社，2013。
⑤ 仝菲：《阿拉伯联合酋长国现代化进程研究》，社会科学文献出版社，2013。
⑥ 联合国教科文组织国际教育局编《阿拉伯国家高等教育融资中的教育机会与教育公平》，华东师范大学出版社，2013。

与教育公平"展开,具体包括"六个阿拉伯国家的高等教育融资的比较"、"高等教育成本分摊的政治经济学:约旦案例"、"高等教育融资的充足性、有效性和公平性:埃及案例"、"高等教育的融资与政治经济学:黎巴嫩案例"、"高等教育财政融资对入学机会与公平的意义:叙利亚案例"等。对于此前国内学者鲜有涉及的中东法制研究,王琼所著《西亚非洲法制》[①] 一书勾勒了包括中东各国在内的西亚非洲法制5000年来的发展历程,揭示了西亚非洲法制发展历程的基本线索,划分了西亚非洲法制的发展阶段,解析了西亚非洲法制的若干法制体系和类型,分析、研究了西亚非洲法制发展的社会背景和特点。另有一些新领域的研究在2013年度得到了强化,主要包括阿拉伯舆情研究、中国对阿拉伯国家软实力研究、语言与话语权的关系研究及全球治理视野下的中东国家相关问题研究。在这些方面都有大量论文涌现。

2013年,国内中东问题研究机构在重视基础研究、推出大批著作成果的同时,也加大了对现实问题对策研究的投入,并十分重视学术交流。中国中东学会为此举办了多次重大学术活动,极大地推动了中东学科的发展。2013年4月,中国社会科学院西亚非洲研究所(下文简称"本所")与中国中东学会联合举办了学术报告会,特邀商务部西亚非洲司曹甲昌副司长做了题为《西亚北非国家经济形势及其与中国的关系》的学术报告;2013年5月,上海国际问题研究院与中国中东学会共同举办了"新形势下中国的中东外交及与中东国家的关系"研讨会;2013年7月,中国—阿拉伯国家博览会组委会和中国中东学会共同主办了"2013年中国—阿拉伯国家博览会理论研讨会";2013年8月,中国中东学会2013年年会暨"中国、美国、中东国家关系发展趋势"研讨会在内蒙古民族大学举行。

三 本所研究新进展

2013年,本所中东学科的科研工作者继续脚踏实地、奋力前行,在学科建设、学术研究、智库建设、对外学术交流等方面取得了丰硕成果,并在国内

[①] 王琼:《西亚非洲法制》,法律出版社,2013。

中东学界作为"国家队"继续保持领军地位。在2013年美国宾夕法尼亚大学发布的大学全球智库排名中，本所在全球最佳政府所属智库前40名中位列第32名。

在科研项目方面，本所相继启动了"中国对中东战略和大国关系"、"中东热点问题研究"、"中国与中东国家经贸与能源"三个创新项目，就相关课题开展了深入研究，并为国家对中东外交献计献策。一年来，三大课题组紧密围绕课题中心任务开展了多次调研、研讨，取得了丰硕成果，推出了一大批调研报告、学术论文和对策信息，举办了一系列高质量的学术研讨会。

在研究成果方面，2013年，本所中东学人共出版学术专著4部：杨光主编的《中东发展报告No.15（2012~2013）——中国与中东国家政治经济关系发展》、唐志超著《中东库尔德民族问题透视》、仝菲著《阿拉伯联合酋长国现代化进程研究》和王琼著《西亚非洲法制》。另外，还发表学术论文数十篇，其中大部分刊载于本所期刊《西亚非洲》，另有一些发表在《阿拉伯世界研究》、《现代国际关系》、《南亚研究》、《国际石油经济》、《亚非纵横》等国内知名的国际问题研究期刊上。这些学术论文既有对热点问题的深入分析和对发展趋势的科学研判，也有对现象的深刻解读和理论分析，涉及中东地区各方面的重大问题。本所研究人员还提交了大量调研报告、对策信息等，并就中东局势接受媒体采访，参与节目录制，使本所的社会影响力得到进一步提升。

在学术交流方面，2013年本所中东学科与国际、国内同行开展了频繁交流，出国交流达数十人次，接待来访外国学者、外交官数十人，参与国际学术会议十余场，同时还与中国中东学会、中国社会科学院国际合作局、中国社会科学院调查与数据信息中心、上海国际问题研究院、内蒙古民族大学、宁夏大学、宁夏社会科学院等国内研究机构，以及荷兰、英国、土耳其、伊朗、日本、英国等国的相关机构联合举办了多场高层次的学术研讨会，其中包括2013年3月的中国外交新思维——"西进战略"学术研讨会；2013年5月的新形势下的中国中东外交及中东关系研讨会；2013年9月的叙利亚危机的前景与影响研讨会；2013年10月的中国与伊朗关系的历史与现实国际研讨会；2013年11月的中东变局与地区安全研讨会、2013年中东地区形势回顾与展望研讨会及中东经济发展的挑战与前景国际研讨会等。

综上所述，2013年，本所中东学科保持了繁荣发展的态势，这与当前国家对国际问题研究投入增加、中国与中东关系蓬勃发展密切相关。但是，放眼学科发展前景，尚存在很大的提升空间，主要体现在：①中东学科的研究依然严重依赖西方文献，国内的研究成果在质和量方面都有待提升；②对中东的基本问题应进一步深入研究，夯实理论基础；③对重大现实问题的研究应更加及时和客观；④改善对中东研究的不同领域发展不平衡的状况，进一步拓宽研究领域；⑤在研究方法和结论方面更加重视创新性。

Y.21
2013年中东地区大事记

成 红*

1月

1月4日 巴勒斯坦民族权力机构主席阿巴斯签署"总统令",正式将巴勒斯坦民族权力机构改名为"巴勒斯坦国",从此,所有巴勒斯坦官方印章、签名和公文抬头都将使用"巴勒斯坦国"的新称谓。同日,巴勒斯坦民族解放运动(法塔赫)在巴勒斯坦伊斯兰抵抗运动(哈马斯)控制的加沙地带举行成立48周年大规模庆祝活动。这也是自哈马斯2007年控制加沙以来,法塔赫第一次在加沙举行正式活动。

1月4~5日 苏丹总统巴希尔和南苏丹总统基尔在亚的斯亚贝巴举行会谈。会谈后双方同意就逐步落实双方2012年9月27日签署的八项"全面合作协议"中的各项协议制定一个具体的"路线图"和"时间表"。

1月6日 叙利亚总统巴沙尔向全国发表讲话,提出民族对话方案。巴沙尔的对话方案包括三大阶段。第一阶段,相关国家停止对武装分子的资助,武装分子和叙利亚政府军先后实现停火,同时探索约束各方的机制,然后政府与相关政党、组织接触、联系,举行开放性对话,国内外所有希望参与者均可参加。第二阶段,在叙利亚政府主持下,进行全面民族对话,在维护国家主权和领土完整、摈弃外部干涉和所有形式恐怖暴力活动的基础上达成"民族宪章",并据此决定叙利亚未来的政治、经济等制度;宪章获得全国公投通过后,成立包括各派别的扩大政府,以落实文件内容;最后,公投通过新宪法、新选举法,并重新举行议会选举。第三阶段,根据宪法组建新政府,举行民族利益大会并实施大赦,补偿和重建受破坏地区。

---

* 成红,毕业于北京师范大学图书馆学系,中国社会科学院西亚非洲研究所图书资料室主任、研究馆员。

埃及政府进行改组，更换了包括内政部、财政部、交通部等在内的10名部长，新部长当天在总统穆尔西面前宣誓就职。埃及政府改组后，来自穆斯林兄弟会的部长达到了8名，比此前增加了3名。

1月8日 阿富汗总统卡尔扎伊抵达华盛顿，开始对美国进行为期3天的访问。访问期间，卡尔扎伊与美国总统奥巴马举行会谈，会谈涉及北约撤军、阿富汗政治过渡以及反恐合作等议题。

埃及总统穆尔西和总理甘迪勒在开罗与卡塔尔首相兼外交大臣谢赫哈马德举行会谈，内容涵盖加强双边合作、增加投资与经贸交流等多个领域。

1月13日 正在埃及访问的欧洲理事会主席范龙佩宣布，将向埃及提供50亿欧元的贷款和援助，以帮助埃及实现经济复苏。

1月15日 欧盟与突尼斯政府签署加强双边企业和经贸领域合作的多项协议。

1月22日 为期两天的第三届阿拉伯经济峰会在利雅得闭幕，来自20多个阿拉伯国家的国家元首和政府首脑就促进阿拉伯国家之间的贸易投资和改善民生等议题进行了讨论。

峰会通过了《利雅得宣言》，内容涉及加强阿拉伯国家联合行动机制能力建设、促进阿拉伯国家内部投资、发展可再生能源、实现千年发展目标、提高医疗服务和疾病控制水平、加快阿拉伯国家关税同盟建设等。

以色列第十九届议会选举投票拉开帷幕，共有32个政党角逐议会120个席位。1月23日选举结果公布，在统计99.8%的选票后，确认现任总理内塔尼亚胡领导的右翼党派联盟得票最多。

1月23日 约旦举行第十七届议会选举。根据新的选举办法，约旦新政府总理将不再由国王直接任命，而是由议会选举产生。

1月30日 中国外交部副部长翟隽在马斯喀特与阿曼外交部秘书长巴德尔举行两国外交部第七轮战略磋商。

1月30~31日 英国首相卡梅伦对阿尔及利亚进行了为期两天的工作访问。

2月

2月4~7日 叙利亚常务副外长费萨尔·米格达德应邀对中国进行访问。

2月5日 伊朗总统内贾德抵达开罗，开始对埃及进行访问，并将出席定于2月6日举行的伊斯兰合作组织峰会。内贾德成为30余年来首位访问埃及的伊朗总统。

2月18日 欧盟27国外长在布鲁塞尔欧盟总部举行会议，就是否取消对叙利亚武器禁运问题进行讨论。在会议的最后声明中，欧盟表示将维持对叙利亚的武器禁运以及其他制裁措施，将原定于3月1日到期的禁运延长至5月30日，届时欧盟将重新讨论是否取消禁运。

2月19日 在联合执政的"伊斯兰复兴运动"与"保卫共和大会"两党领导层的强烈反对下，突尼斯临时政府总理杰巴利对外宣布，其组建"小型精英政府"的努力失败。

新一届沙特阿拉伯协商会议（国家议会）在利雅得举行就职仪式。总计150名新一届议会议员宣誓就职，其中包括30名女性议员。这是沙特协商会议自1993年成立以来首次出现女性议员。

美国国务院宣布，新任国务卿克里将于2月24日至3月6日依次访问英国、德国、法国、意大利、土耳其等9个欧洲和中东国家。在中东，克里将鼓励埃及穆尔西政府扩大政治共识，推进经济改革，同时还将会晤阿拉伯国家联盟秘书长阿拉比，并与之就诸多中东问题交换意见。克里还将会晤沙特、阿联酋及卡塔尔三国首脑，并参加海湾阿拉伯国家合作委员会部长级会议，讨论叙利亚、阿富汗、中东局势等一系列双边和地区问题。

2月24日 塞浦路斯总统大选结束，民主大会党候选人尼科斯·阿纳斯塔夏季斯当选总统。

2月26日 伊朗核问题六国（美国、英国、法国、俄罗斯、中国和德国）及欧盟与伊朗对话会在哈萨克斯坦的阿拉木图举行。

2月27日 巴基斯坦总统扎尔达里抵达德黑兰，开始对伊朗进行为期两天的访问。扎尔达里总统此行的重点是与伊朗领导人商讨巴基斯坦与伊朗之间的天然气管道建设事宜。

为期两天的伊朗核问题六国与伊朗对话会在哈萨克斯坦阿拉木图结束。会议决定于4月5~6日在阿拉木图举行新一轮对话。

伊拉克与科威特恢复通航。

2月28日 新一轮"叙利亚之友"国际会议在罗马举行。美国国务卿克里当天在会上表示,美国将向同叙利亚政府军作战的叙反对派武装提供包括食品和医疗用品在内的"非致命性援助",价值6000万美元。

3月

3月4日 土耳其总理埃尔多安和希腊总理萨马拉斯在伊斯坦布尔会晤,就双边经济关系、塞浦路斯问题和反恐等问题进行了交流。双方出席了在伊斯坦布尔举行的第二次土希高级战略伙伴委员会峰会,签署了25项合作协议,涉及能源、运输、旅游、农业、教育、卫生和体育等多个领域。

3月18日 埃及总统穆尔西率代表团抵达伊斯兰堡,开始对巴基斯坦进行访问。访问期间,穆尔西与巴基斯坦总统扎尔达里就双边关系、地区和国际事务及中东局势进行了广泛讨论。

3月19日 叙利亚反对派"全国联盟"在土耳其选举希托为"临时政府"总理,同时确认该"临时政府"受"全国联盟"领导。

联合国安理会就阿富汗问题召开辩论会,通过了联合国援助阿富汗部队再延期一年的决议。

3月20~24日 美国总统奥巴马对以色列、巴勒斯坦和约旦进行访问。

3月21日 美国总统奥巴马抵达约旦河西岸城市拉姆安拉,与巴勒斯坦民族权力机构主席阿巴斯举行会谈。此前,奥巴马在耶路撒冷会晤了以色列总统佩雷斯,并与以色列总理内塔尼亚胡举行了会谈。

3月24~29日 阿联酋联邦国民议会议长米尔应邀对中国进行正式友好访问。

3月25日 塞浦路斯与欧盟各方就塞浦路斯援助新协议达成一致,并获欧元区财长会议通过。

3月26日 第二十四届阿拉伯国家联盟峰会在多哈闭幕。叙利亚危机、巴以和谈、阿盟内部建设是此次峰会的重点议题。峰会通过了《多哈宣言》,宣言指出,决定授予"叙利亚反对派和革命力量全国联盟"(简称"全国联盟")阿盟成员资格,强调"全国联盟"是叙利亚人民的"唯一合法代表"及阿盟的"主要对话伙伴",将在阿盟的各个机构和席位中代表叙利亚人民,直至叙利亚通过选举产生新的政府。

3月27日 中国国家主席习近平在德班会见埃及总统穆尔西。

叙利亚反对派"全国联盟"在卡塔尔首都多哈为其全球首个驻外使馆举行开馆仪式。

3月28日至4月6日 中国中东问题特使吴思科先后访问沙特、巴林和卡塔尔，就双边关系、当前地区局势与有关国家交换了意见。

4月

4月1日 塞浦路斯政府公布了12条复兴国家经济的措施，其中包括解除赌博禁令，允许建立赌场，以帮助国家摆脱经济危机。

4月5日 伊朗核问题第二轮阿拉木图对话会在哈萨克斯坦的阿拉木图举行。伊核问题六国和伊朗均派出高级别官员出席。中国外交部部长助理马朝旭率团参加。本轮会谈为期两天，以闭门形式进行，主要讨论伊朗回应六国提出的解决伊核问题新建议等问题。

4月6日 在卡塔尔的积极斡旋下，苏丹政府与达尔富尔地区主要反政府武装组织"公正与平等运动"（军事派）在卡塔尔首都多哈签署了一项和平协议。

4月10~11日 八国集团外长会在伦敦举行，为将于6月在英国北爱尔兰举行的八国集团峰会做准备。本次外长会的重点议题包括叙利亚局势、伊核问题、朝鲜半岛局势、缅甸局势等。

4月12日 欧元集团财长会议批准了230亿欧元的塞浦路斯救助方案，其中欧元区将提供90亿欧元，国际货币基金组织提供10亿欧元，另外的130亿欧元主要通过塞浦路斯对银行存款减记自筹。

苏丹总统巴希尔对南苏丹进行正式访问，就如何落实双边协议与发展两国关系同南苏丹总统基尔交换意见。两国总统在会谈结束后联合举行的记者招待会上强调，两国将切实履行双方已经签署的安全协议，并停止向对方国家反政府武装提供任何形式的支持和庇护。他们重申，实现安全是两国开展合作的基础，两国将共同致力于落实安全协议的各项条款，并强调非洲联盟监督小组督促双方落实安全协议的必要性。两国总统还宣布，启动有关允许两国公民在对方国家定居、迁徙、工作和拥有不动产的"四大自由协议"。

4月13日 巴勒斯坦民族权力机构主席阿巴斯接受了总理法耶兹正式提交的辞呈，但要求他继续履行"看守总理"的职责，直至产生新的联合政府。

4月16日 叙利亚总统巴沙尔发布大赦令，决定视情赦免或减轻对2013年4月16日之前违法者的处罚，包括将死刑犯转为无期徒刑或强制劳役，加入反对派的叙利亚人的刑期也将缩短。

4月17日 突尼斯政府宣布，为支持该国金融业发展，国际货币基金组织（IMF）与该国签署了17亿美元（约合27亿第纳尔）的风险贷款协议，执行期5年，利率为1.08%，并附带3年的宽限期。

4月19日 中国外长王毅在北京与来访的摩洛哥国王特使费赫里一行举行会谈。双方就中非关系、西撒哈拉、叙利亚等议题交换了意见。

4月25~30日 中国中东问题特使吴思科先后访问巴勒斯坦和以色列，就中东和平进程最新情况与巴以双方交换意见，开展劝和促谈工作。

4月26日 阿富汗问题伊斯坦布尔进程第三次部长级会议在哈萨克斯坦的阿拉木图举行。来自14个成员国、17个支持国以及联合国、上合组织等国际组织的50余位代表与会，中方代表、中国驻哈萨克斯坦大使周力出席。

4月29日 塞浦路斯总统阿纳斯塔夏季斯宣布了一系列政治改革措施，包括缩小总统豁免权范围、取消议员豁免权、总统最多可获一次连任、高级政府官员及政党领导人必须对个人和家庭财产进行申报等。

4月30日 塞浦路斯议会以29票赞成、27票反对的投票结果通过了塞政府与欧元集团达成的100亿欧元救助协议。

5月

5月1日 埃及苏伊士运河管理局宣布，从即日起全面上调所有通过苏伊士运河船只的通行费。

5月4日 日本首相安倍晋三结束对俄罗斯、沙特阿拉伯、阿联酋和土耳其的访问。

5月5~7日 巴勒斯坦国总统马哈茂德·阿巴斯对中国进行国事访问。访问期间，习近平主席在北京同阿巴斯总统举行了会谈，习近平主席就推动解决巴勒斯坦问题提出四点主张。第一，应该坚持巴勒斯坦独立建国、巴以两国和平共处这一正确方向。建立以1967年边界为基础、以东耶路撒冷为首都、拥有完全主权的独立国家是巴勒斯坦人民不可剥夺的权利，也是解决巴勒斯坦问题的关键。同时，以色列的生存权和合理安全关切也应该得到充分尊重。第二，应该将谈判作为实现巴以和平的唯一途径。巴以双方应该顺应时代潮流，坚持走和谈之路，互谅互让，相向而行。当务之急是在停建定居点、停止针对无辜平民的暴力活动、解除对加沙地带封锁、妥善解决在押巴勒斯坦人问题等方面采取切实措施，为重启和谈创造必要条件。巴勒斯坦内部实现全面和解有助于重启并推进巴以和谈。第三，应该坚持"土地换和平"等原则不动摇。有关各方应该在"土地换和平"原则、联合国有关决议、"阿拉伯和平倡议"等既有成果基础上，全面推进中东和平进程。第四，国际社会应该为推进和平进程提供重要保障。国际社会有关各方应该增强责任感和紧迫感，秉持客观公正立场，积极劝和促谈，并加大对巴勒斯坦人力资源培训、经济建设等方面的援助。

5月6～10日 以色列国总理本雅明·内塔尼亚胡应邀对中国进行正式访问。访问期间，中国国家主席习近平在北京会见了内塔尼亚胡。李克强总理与内塔尼亚胡举行了会谈。会谈后，两国签署了农业、科技、教育等领域的合作文件。

5月8日 首批库尔德工人党武装人员开始从土耳其撤往伊拉克北部的库尔德人聚居区，所有库尔德工人党武装将在3～4个月内撤离完毕。土耳其副总理布伦特·阿伦琴表示，这意味着政府军与库尔德工人党武装冲突的结束。

5月9日 阿富汗总统卡尔扎伊表示，北约2014年撤军之后，美国可以在阿富汗保留9个军事基地。

美国国务院以向伊朗核项目提供物资、技术、服务为名，宣布对伊朗铝酸盐生产和工业公司等4家伊朗公司和一名叫帕维兹·哈基的人进行制裁。同日，美国财政部宣布对"企图通过蒙混"让伊朗石油得以出口的一家海运公司和伊朗与委内瑞拉合资银行进行制裁。

5月14日 巴勒斯坦民族解放运动与巴勒斯坦伊斯兰抵抗运动在开罗举行内部和解对话会，重点就成立联合政府、确定大选日期等进行了商讨。

5月17日 沙特阿拉伯王国外交大臣沙特·费萨尔·本·阿卜杜勒阿齐兹·阿勒沙特亲王对中国进行访问。

5月22日 "叙利亚之友"的外长级会议在约旦的安曼举行。美国国务卿克里以及来自英国、法国、埃及、土耳其和沙特阿拉伯等11个国家的高级外交官出席。本次会议的主要任务是为预定6月初在瑞士日内瓦举行的叙利亚国际会议做准备。

5月25～27日 "2013中东北非世界经济论坛"在约旦举行，论坛以"推动经济增长和恢复"为主题，探讨在中东北非地区政治变革的大环境下阿拉伯国家的经济形势与发展趋势。来自50个国家的900余名政界、商界和学术界知名人士出席会议。

5月26～28日 中国藏学家代表团对以色列进行访问。代表团与以色列政府官员和学者进行了深入交流，介绍了西藏在和平解放特别是改革开放以来所取得的成就。

5月27日 欧盟各成员国外长通过决议，不延长对叙利亚的武器禁运，只延长一年对叙利亚的经济制裁。

5月28日至6月6日 中国中东问题特使吴思科对约旦、埃及和阿盟总部进行访问，就中东和平进程等问题与有关各方交换意见。

5月31日 土耳其政府拆毁伊斯坦布尔塔克西姆广场附近的加济公园，开始对广场进行改造，由此引发了持续近3周的大规模反政府示威活动。截至6月17日，骚乱已造成至少4人死亡，5000多人受伤，数千人被捕。

6月

6月2日 由于不满政府多项举措而爆发的土耳其全国大游行活动仍在持续。这次冲突的导火索是土耳其政府拆毁伊斯坦布尔塔克西姆广场附近的加济公园，开始对广场进行改造。5月31日，当政府开始砍伐树木时，数万民众聚集在塔克西姆广场及附近主要街道进行抗议，并与警察发生冲突。

由改造塔克西姆广场引发的大规模反政府示威活动已持续近两周，期间土耳其全国发生300多起骚乱，造成数人死亡，近5000人受伤，约2000人被捕，经济损失达5000万美元。

6月3日　中国中东问题特使吴思科在开罗阿盟总部会见阿盟秘书长阿拉比，双方就中阿关系及地区局势等深入交换了意见。

6月9日　苏丹新闻部部长艾哈迈德·巴拉勒宣布，苏丹总统巴希尔下令正式关闭南苏丹通过其领土输出石油的管道，理由是南苏丹政府仍在支持苏丹境内的反政府武装。

6月14日　伊朗开始4年一度的总统选举。6月15日，伊朗内政部部长纳贾尔宣布，伊朗前首席核谈判代表哈桑·鲁哈尼在总统选举中获得半数以上选票，当选伊朗第十一届总统。

6月15日　埃及总统穆尔西在开罗宣布，埃及将断绝与叙利亚巴沙尔政权的所有外交关系，并支持西方国家在叙利亚设立禁飞区。

6月17~19日　全国政协副主席、中国人民争取和平与裁军协会会长韩启德率团对以色列进行访问。

6月18日　阿富汗塔利班宣布，在卡塔尔首都多哈设立和谈办公室，以方便与美国进行和谈，但谈判因为阿富汗政府的反对以及种种分歧未能如期举行。7月9日，塔利班指挥人员表示，阿富汗塔利班将暂时关闭位于卡塔尔的和谈办公室，以抗议阿富汗政府要求其撤走放置在办公室的塔利班政权标志。

6月20日　巴勒斯坦国总理拉米·哈姆达拉宣布辞职。

6月22日　由美国、法国、英国、德国、意大利、埃及、土耳其、约旦、沙特、卡塔尔、阿联酋11国外长（外交大臣）参加的"叙利亚之友"国际会议在多哈举行。会议主要商讨了为叙利亚反对派提供军事援助一事。

6月23日　巴勒斯坦总统府发言人阿布·鲁代纳向新华社记者证实，巴总统阿巴斯正式接受了上任仅3周的总理拉米·哈姆达拉的辞呈。

6月25日　62岁的卡塔尔埃米尔哈马德·本·哈利法·阿勒萨尼发表全国电视讲话，正式宣布退位，把权力移交给他的儿子、年轻王储谢赫·塔米姆。

6月28日　中共中央政治局委员、国家副主席李源潮在北京与苏丹全国大会党副主席、总统助理纳菲亚共同出席第二届中国—苏丹执政党高层对话。

7月

7月3日　埃及国防部部长塞西在晚间发表全国电视讲话，宣布提前举行总统选举，由最高宪法法院院长暂行总统职权。7月4日，埃及最高宪法法院院长曼苏尔宣誓就职成为埃及临时总统，主持过渡时期事务。

7月13日 埃及检察部门发表声明，宣布对前总统穆尔西进行刑事调查。

7月14日 国际原子能机构前总干事、埃及"全国拯救阵线"领导人之一巴拉迪在总统府宣誓就任埃及临时政府副总统。同日，埃及检方发布命令，暂时冻结14处属于穆斯林兄弟会以及一些萨拉菲派组织领导人的财产。

7月16日 埃及过渡政府33名部长向临时总统曼苏尔宣誓就职，标志着埃及过渡政府正式组成。伊斯兰党派没有人参加新内阁。

7月17日 欧盟外交和安全政策高级代表阿什顿对埃及进行访问，与埃及临时总统曼苏尔、临时政府总理贝卜拉维和国防部部长塞西等高级官员举行会晤。

7月19日 欧盟公布新规，禁止成员国与设立在巴勒斯坦被占领土上的以色列公司和部门合作。新规将于2014年1月1日起生效。

7月20日 埃及临时总统曼苏尔颁布总统令，宣布成立一个由10名法律专家组成的法律委员会，对目前的宪法进行修订。此后，宪法修订案将被提交至由50人组成的专门小组进行审议。12月1日，负责埃及宪法修订的"五十人委员会"投票通过了埃及新宪法草案所有条款。新宪法草案共有247项条款，相对于2012年的宪法有较大改动。

7月22日 欧盟28个成员国外长在布鲁塞尔欧盟总部举行会议，决定把黎巴嫩真主党武装列入恐怖主义组织名单，但欧盟与黎巴嫩的政治和经济关系将继续保持。

法国与阿联酋签署了一份总额约8亿欧元的军售合同。

7月23日 南苏丹总统萨尔瓦·基尔通过国家电视台发布总统令，宣布解除副总统里克·马沙尔的职务，同时解散内阁。

7月24日 埃及临时总统曼苏尔在开罗共和国宫主持召开埃及全国和解对话第一次会议。同日，埃及总统府宣布埃及"已经对恐怖主义开战"。

7月25日 中国政府非洲事务特别代表钟建华大使在喀土穆分别会见苏丹总统巴希尔和外长库尔提，就中国与苏丹关系、南北苏丹局势等交换看法。

7月26日 苏丹外交部和埃塞俄比亚外交部同时发表声明，宣布苏丹政府推迟两周关闭南苏丹通过苏丹领土出口石油的管道，以便为解决两国之间的争端提供更多的机会。

7月30日 美国国务卿克里、以色列司法部部长齐皮·利夫尼以及巴勒斯坦首席谈判代表埃雷卡特在美国国务院举行新闻发布会，宣布巴以和谈重启，并将争取在未来9个月内达成最终地位协议。

8月

8月4日 哈桑·鲁哈尼在议会宣誓就职，正式就任伊朗第十一届总统。中国国家主席习近平特使蔡武应邀出席鲁哈尼总统宣誓就职仪式。

科威特埃米尔（国家元首）萨巴赫·艾哈迈德·贾比尔·萨巴赫发布埃米尔令，批准了以谢赫贾比尔·穆巴拉克·哈马德·萨巴赫为首相的科威特新一届内阁成员名单。

8月14日 联合国秘书长潘基文宣布联合国调查叙利亚化学武器问题小组已与叙利亚政府就合作方式达成共识，即将赴叙利亚境内展开调查。该小组将在叙利亚开展为期14天的调查工作，并在叙进行实地考察，扩展双方的合作。

9月

9月14日 美国国务卿克里和俄罗斯外长拉夫罗夫在日内瓦就销毁叙利亚化学武器问题达成一项框架协议。根据该协议，叙利亚应在一周时间内公布其境内化学武器的详细情况，包括化学武器制剂的名称、类型和数量以及储藏、制造和研发设施所在地等细节，联合国武器核查人员必须能在11月前进入叙境内开展工作，最终目标是在2014年中前全部销毁或转移叙利亚化学武器。

9月14～16日 巴林王国国王哈马德·本·伊萨·阿勒哈利法对中国进行国事访问。访问期间，习近平主席同哈马德国王举行了双边会谈，国务院总理李克强会见了哈马德国王一行。哈马德国王还赴宁夏回族自治区出席了2013年中国—阿拉伯国家博览会开幕式。

9月15日 2013中国—阿拉伯国家博览会在宁夏回族自治区银川市开幕。习近平主席向博览会发了贺信。本次博览会由商务部、中国贸促会和宁夏回族自治区人民政府共同主办。来自巴林、约旦、科威特、马来西亚、阿曼、阿联酋、瓦努阿图、泰国等67个国家以及中国各省、自治区、直辖市和香港地区的7300多名官员、代表和客商参加了2013年中国—阿拉伯国家博览会。博览会为期5天，19日闭幕。

9月15~18日 约旦国王阿卜杜拉二世·本·侯赛因对中国进行国事访问，并出席2013年中国—阿拉伯国家博览会。

9月15~19日 2013年中国—阿拉伯国家博览会在宁夏银川举办。本届博览会以"传承友谊、深化合作、共同发展"为宗旨，以"中阿携手、面向全球"为主题。中国国家主席习近平给博览会致贺信。全国政协主席俞正声出席博览会开幕式。

9月19日 巴勒斯坦新一届政府在约旦河西岸城市拉姆安拉宣誓就职。

9月21日 禁止化学武器组织向媒体确认，该组织已经收到叙利亚政府"按要求提交的"化学武器清单，该组织技术秘书处正在研究数据。

9月25~28日 阿富汗伊斯兰共和国总统卡尔扎伊对中国进行国事访问并出席第五届欧亚经济论坛开幕式。访问期间，中国国家主席习近平同卡尔扎伊总统举行了会谈。访问结束后两国发表了《中华人民共和国与阿富汗伊斯兰共和国关于深化战略合作伙伴关系的联合声明》。

9月26日 中国、美国、俄罗斯、英国、法国和德国6国外长在联合国总部就伊朗核问题举行会议，伊朗外长扎里夫出席了会议。这是多年来伊外长首次与6国外长就解决伊核问题面对面交换意见。随后，扎里夫又与美国国务卿克里进行了单独会晤。

9月27日 联合国安理会一致通过关于叙利亚化武问题的第2118号决议。决议表示，安理会认可禁止化学武器组织的决定，该决定中有迅速消除叙利亚化学武器计划并就此进行严格核查的特别程序，要求以最快最安全的方式全面执行这一决定。决议强调，叙利亚的任何一方都不得使用、开发、生产、获取、储存、保留或转让化学武器。决议要求叙利亚遵守禁止化学武器组织决定，并要求叙利亚所有各方为此与禁止化学武器组织和联合国充分合作。

美国总统奥巴马与伊朗总统鲁哈尼就伊朗核问题及核谈近来进展通电话。这是美伊断绝外交关系30多年来两国总统首次直接对话。

10 月

10 月 7~8 日 埃及临时总统曼苏尔对沙特阿拉伯和约旦进行访问。这是 7 月 3 日政权更迭后,埃及国家元首第一次走出国门。

10 月 8 日 伊朗与英国建立代办级外交关系。

10 月 9 日 埃及社会团结部发布声明:"决定按照《非政府组织法》第四十二条,正式解散穆斯林兄弟会(穆兄会)注册的非政府组织。"

10 月 10 日 利比亚临时政府总理阿里·扎伊丹在首都的黎波里遭绑架。当天即被释放。

10 月 14 日 叙利亚正式加入《禁止化学武器公约》,成为禁止化学武器组织在全球的第 190 个成员国。

10 月 15~16 日 伊朗与美、英、法、俄、中、德六国就伊朗核问题在日内瓦举行新一轮会谈。这是自伊朗总统鲁哈尼 2013 年 8 月就任以来举行的首次谈判。会后发表了联合声明,声明证实伊朗外长扎里夫此次提出了一份新建议。

10 月 21~23 日 中共中央政治局委员、中宣部部长刘奇葆率中共代表团访问以色列。

10 月 22 日 苏丹总统巴希尔对南苏丹首都朱巴进行为期一天的访问,与南苏丹总统基尔就双方共同关心的问题举行了富有成果的会谈。双方就加快执行和落实 2012 年 9 月签署的《共同合作协议》、明确划定边界线、建立两国边界"非军事安全区"、尽快设立阿卜耶伊地区行政管理机构、开放两国边境口岸和加强经贸合作等问题达成了共识。

10 月 29 日 第九届世界伊斯兰经济论坛在伦敦开幕,这是该论坛首次在非伊斯兰国家举行。英国首相卡梅伦宣布,英国决定最早在 2014 年发行总价值为 2 亿英镑的伊斯兰债券。与此同时,伦敦证券交易所将设立一个伊斯兰指数,以鼓励和支持来自伊斯兰国家的投资和商业活动。

10 月 29 日至 11 月 1 日 伊朗伊斯兰议会议长阿里·拉里贾尼应邀对中国进行正式友好访问。访问期间,中国国家主席习近平会见了来访的伊朗伊斯兰议会议长拉里贾尼。

11月

11月2日 突尼斯总统马尔祖基签署第300号总统令,"宣布将紧急状态延长至2014年6月30日,该总统令适用于突尼斯全国"。突尼斯全国紧急状态始于2011年1月。

11月4日 埃及前总统穆尔西首次出庭,接受其涉嫌煽动暴力和谋杀示威者一案的审判。

中国—海湾合作委员会第三轮战略对话在北京举行。

美国国务卿克里在利雅得同沙特阿拉伯国王阿卜杜拉和费萨尔亲王举行会谈,并召开新闻发布会。这是不久前沙美关系"触礁"以来,克里对沙特的首次访问。

11月5日 土耳其加入欧盟谈判在中断3年之后在布鲁塞尔重新启动。

11月8日 巴勒斯坦前领导人阿拉法特死因调查委员会主席陶菲克·提拉维在拉姆安拉市召开新闻发布会,宣布阿拉法特为"非正常死亡"。12月4日,受法国司法机关委托调查巴勒斯坦前领导人阿拉法特死因的法国专家组在一份报告中认为阿拉法特是"自然死亡",排除了死于中毒的说法。

11月11日 伊朗与国际原子能机构就合作路线图达成一致,双方签署了一份解决伊核问题的联合声明。根据该声明,国际原子能机构的人员将可以检查阿拉克重水反应堆与加钦铀矿。正在伊朗访问的国际原子能机构总干事天野之弥当天也表示,实质性措施将在未来3个月里实行,从11日开始计时。

11月12日 叙利亚境外主要反对派力量"叙利亚反对派和革命力量全国联盟"在土耳其东的加济安泰普市宣布建立"临时政府"。

沙特阿拉伯常驻联合国代表阿卜杜拉·穆阿利米致信联合国秘书长潘基文,正式声明沙特拒绝担任安理会非常任理事国。10月17日,第六十八届联合国大会选举沙特、乍得、立陶宛、尼日利亚和智利五国为2014年和2015年安理会非常任理事国。这是沙特历史上首次当选安理会非常任理事国。10月18日,沙特外交部发表声明称,因联合国安理会在处理国际冲突中不作为,沙特拒绝接受安理会非常任理事国席位。

以色列总理内塔尼亚胡下令,停止在约旦河西岸和东耶路撒冷地区新建

2.4万个犹太人定居点。

11月12~15日 也门共和国总统阿卜杜拉布·曼苏尔·哈迪对中国进行国事访问。访问期间，中国国家主席习近平同哈迪总统举行会谈，双方就中也关系和共同关心的问题深入交换意见，达成了广泛共识。国务院总理李克强在北京会见了哈迪总统。

11月17日 法国总统奥朗德抵达以色列，开始其对以色列的首次访问。访问期间，奥朗德同以总理内塔尼亚胡就伊朗核问题等议题举行会谈。

11月18日 联合国代表大会举行南斯拉夫国际战犯法庭法官的选举投票，巴勒斯坦驻联合国代表曼苏尔首次参与了投票。

11月19日 中国国家主席习近平应约同伊朗总统鲁哈尼通电话，双方就中伊关系和伊朗核问题交换意见。

11月19~20日 第三届阿拉伯—非洲峰会在科威特城召开。峰会通过了《科威特宣言》并签署了多项加强各领域合作的协议。民政部部长李立国作为习近平主席特使应邀出席峰会。此间，习近平主席向峰会致贺词。

11月20日 新一轮伊朗与伊核问题六国对话会在日内瓦举行。11月24日，对话会达成一份阶段性协议。在未来6个月内，伊朗将暂停部分铀浓缩活动以换取减轻部分制裁。

11月23日 埃及外交部发言人巴德尔·阿卜杜拉蒂举行新闻发布会，宣布埃及政府决定将埃及同土耳其的外交关系由大使级降为代办级，并要求土驻埃大使离开埃及，原因是他在埃及已不受欢迎。同时，巴德尔还表示，埃及决定召回驻土大使。土耳其外交部随即发表声明，宣布埃及驻土大使为"不受欢迎的人"，并将土埃外交关系降格为代办级。

阿富汗大支尔格会议（大国民会议）通过阿美《双边安全协议》草案，并呼吁总统卡尔扎伊尽快签署。

11月25日 联合国秘书长潘基文在纽约联合国总部向媒体发表讲话宣布，关于叙利亚问题第二次日内瓦会议将于2014年1月22日举行。

联合国举行"声援巴勒斯坦人民国际日"纪念大会，习近平主席向大会致贺电。

巴勒斯坦国总统阿巴斯会见来访的中共友好代表团。

11月27日 国际展览局第154次全体大会投票选举2020年世博会主办城市，阿联酋的迪拜从候选的四个城市中胜出，将成为首个举办世博会的中东城市。

11月28日 阿联酋外长阿卜杜拉·本·扎耶德·阿勒纳哈扬对伊朗进行访问，期间同伊朗外长扎里夫举行了会谈。

12月

12月1日 负责埃及宪法修订的"五十人委员会"在连续召开两天会议后，投票通过了新宪法草案所有条款。埃及新宪法草案共有247项条款，分为序言、国家和社会的基本原则、自由、权利和公共义务、政府体制等章节。这部宪法草案相对2012年的宪法有较大改动。

12月1～3日 约旦哈希姆王国外交与侨务大臣纳赛尔·朱达一行应邀对中国进行访问。

12月3～9日 中国中东问题特使吴思科访问埃及并赴巴林出席第九届"麦纳麦对话会"，就中埃关系、中东和平进程、海湾安全等问题与有关方面交换意见。

12月4日 伊朗外长扎里夫结束对阿联酋的访问。此前，扎里夫已经访问了海湾六国中的科威特、卡塔尔和阿曼。扎里夫向海湾国家领导人转交了伊朗总统鲁哈尼的信件，并与这些国家领导人就伊朗与伊核问题六国11月达成的第一阶段协议以及区域安全和双边关系等问题进行磋商。

12月5～9日 中国国务委员杨洁篪赴南非开普敦出席金砖国家安全事务高级代表第四次会议并访问伊朗。12月8日，伊朗总统鲁哈尼在德黑兰会见了杨洁篪。

12月9日 新一轮伊朗与六方核问题会谈在奥地利首都维也纳举行。

12月10～11日 俄罗斯外长拉夫罗夫对伊朗进行访问。访问期间，拉夫罗夫与伊朗外长扎里夫举行会谈，双方重点关注两国关系和地区问题，并就如何在11月达成的阶段性协议框架下规范伊朗核项目展开协商。

12月11日 为期两天的第三十四届海湾阿拉伯国家合作委员会六国首脑会议在科威特闭幕。会议主要讨论了伊朗、叙利亚和海湾一体化等议题。会议通过的《科威特宣言》强调，为促进成员国的安全与稳定，海合会将建立联合军事司令部，以统一协调成员国之间的军事力量。

12月12日 美国公布了一份扩大的制裁名单，制裁针对伊朗石油、核及导弹项目。

12月14日 埃及临时总统曼苏尔宣布，埃及将于2014年1月14～15日就新宪法草案举行全民公投。12月22日，包括埃及穆斯林兄弟会在内的埃及11个伊斯兰党派组成的"支持合法性全国联盟"宣布抵制2014年1月举行的新宪法草案全民公投。

12月14～16日 埃及外长纳比勒·法赫米应邀对中国进行正式访问。

12月15日 澳大利亚最后一支作战部队撤离阿富汗乌鲁兹甘省，至此，澳大利亚史上最长时间的海外军事部署任务结束。

12月25日 埃及过渡政府做出决定，将拥有85年历史的穆斯林兄弟会列为恐怖组织。

Abstract

Annual Report on Development in the Middle East No. 16 (2013 – 2014) focus on Middle-East security issues. This report discusses the development and prospects of the Middle East on both traditional and non-traditional security issues in detail. This is a book that studies the Middle East security issues, concentrelately, comprehensively and systematically. This report helps reader deeply understand the hot issues in the Middle East, and also helps promoting the development of Middle East study. So there are dramatic practical and theoretical significance of this report.

This report puts the Middle East security issues as the main topic comprehensively and systematically, and discusses the ethnic and tribal issue, religious and sectarian issue, border dispute issue, nuclear proliferation issue, water resources security issue, terrorism issue, energy security issue, financial security issue, refugee issue and the impact of those issues on security and stability in Middle-East region. The report points out that the security issues in Middle East is "complex" and "diversified". The security situation of this region appears the characteristic of long term turbulence normalized with the rapid deterioration of the security problems. A regional security crisis is setting. According to the report, outside interference, historical grievances, the disputes of interests, religious conflict, ethnic strife and interaction of other internal and external factors are the basic reasons of the deteriorating security situation in Middle East. The report emphasizes that security problems in Middle East are not only related to the stability and development of the Middle East countries, but also pose a significant challenge to regional and international security. So the fundamental way to solve the Middle East security dilemma is to foster a new security concept, strengthen the management and construction of global and regional security mechanismat present.

In addition, the report also analyzes the Middle East politic and economic situation, market environment in 2013, and reviews the latest domestic development and memorabilia of Middle East Studies. This report provides solid and comprehensive

Abstract

information for tracking the regional situation and research frontier. The regional situation part of this report reviews the Syria crisis, the Iran Nuclear issue, the situation in Egypt and the new development of economy in Middle East. The market trends analyzes in detail, the future development of trade, investment, and project contracting in this region.

Keywords: Security in Middle East; Reason; Impact; Future

Contents

Ⅰ General Report

Y.1 Analysis of the Security Situation in Middle East

Wang Lincong / 001

Abstract: The problems of the security in the Middle East is complicated, with the characteristics of compounding and diversity. Foreign interference, historical grievances, conflicting interests, sectarian conflict, ethnic strife as well as other internal and external factors have led to the worsening security situation in the Middle East, triggering regional security crisis. The security situation in the Middle East presents a long-term and normalized instability, and the security is rapidly deteriorating. Security questions constitute serious threats for the stability and development of the countries in the Middle East, challenge both regional and international security. To establish a new concept of security, to strengthen global governance, and to build security regimes in the Middle East would be the fundamental ways to deal with the current security dilemma in the Middle East.

Keywords: Security Situation in the Middle East; The Characteristics of Compounding; Security Dilemma; New Concept of Security

Ⅱ Special Report

Y.2 Ethnic Issues and Security in Middle East *Tang Zhichao* / 020

Abstract: Because of their race and cultural differences, ideological differences, conflicting interests, foreign interference and other factors, inter-ethnic contradictions and conflicts in Middle East is very prominent, and constitute an important source of influence threaten regional security and stability. Ethnic issues in the region show the characteristic of universality, diversity, sectarian nature, the times and internationalization and so forth. Among them, the most typical one is Palestinian issue that has become one of the key factors affecting the war and peace of the Middle East after the Second World War.

Keywords: The Middle East; Ethnic Issues; Regional Security; Influences

Y.3 Conflicts among Islamic Sects and Regional Security

Wang Feng / 038

Abstract: Since the Iranian Islamic Revolution, the Islamic sectarian relations have evolved from the intensification to the lower degree of confliction, and to the hiyhly degree of confliction between each other. The divisions and disputes between the Sunnis and the Shiites on the Islamic doctrine and other aspects do not inevitably lead to the sectarian conflict which has mainly been induced by outside dynamics. The political struggle for power intensified by the democratic process, especially by the fundamental change in Middle East since 2011, has played a leading role in the rise of sectarian tensions. Besides, the sectarian disputes have been intentionally utilized and politicized by the extremism or terrorism, and hence been inflamed in the confrontational way. In addition, some conservative thoughts of the Wahhabism have also been related to this issue. The sectarian conflict, intertwined with other kind of violent actions, has have and will have negative impacts on the Middle East security in the long term.

Keywords: Sectarian Conflict; Power Struggle; Extremism; Middle East Security

Y.4 Tribal Issues and the Security in Middle East   *Wang Jinyan / 050*

Abstract: The Middle East upheaval bring about the discord of the general security situation in the area, especially the countries in the period of rebuilding and transformation. The security governance is regarded as an urgent issue in the area, it is hard for the smooth progress of rebuilding and development without stable security situation. Tribal structure, as one of the striking features in the Middle East, makes significant effect on the security of the area, so it can be said that the effective solution of tribal problems is the breakthrough point, key point and difficult point of security governance. To solve the tribal conflicts, it requires to understand the tribal features in order to defuse tribal contradiction from the root, and at the same time, the related countries should pay more attention and supports on relatively backward tribal communities to raise the level of their material life and their spiritual and cultural quality, so as to strengthen their national identity consciousness and the degree of civilization.

Keywords: Tribe; Middle East; Security

Y.5　Nuclear Proliferation and Security in Middle East　*Yu Guoqing* / 065

Abstract: In the global nuclear security and non-proliferation system, the issue of nuclear proliferation in the Middle East is particularly attracted the attention in the world. Israel is a de facto state with nuclear weapons, but is free from the international nuclear regulatory system. All countries except Israel in the Middle East have joined the "Treaty on the Non-Proliferation of Nuclear Weapons" (NPT), but the nuclear race in the Middle East is just unfolding. The suspense of Iran's nuclear issue has become a major factor affecting the regional stability and security in the Middle East within a period of time. The concept and suggestion of "Nuclear Free Zone in the Middle East" had been put forward by relevant countries, but really facing various barriers to reach the goal. The international community had done a lot of work in order to stop proliferation of WMD in the Middle East, but the shadow of nuclear proliferation is still there. The third Nuclear Summit is held in 2014, but the proliferation situation in the Middle East is still hard to be optimistic, and the issue of nuclear proliferation situation in the Middle East has became a factor that can not be ignored corresponding to the world's long-term stability and security.

Keywords: Nuclear Proliferation in the Middle East; Regional Security; International Influence

Y. 6 Terrorism in Middle East and Regional Security

Wang Qiong / 080

Abstract: The main causes of terrorism in the Middle East has three ways, Arab-Israeli conflict, contradictions among Arab countries, the American hegemony in the process of anti-terrorism policy in the Middle East. In the 21st century, terrorism in the Middle East show some new characteristics: forces of terrorist is increasing, form of terrorist attack is diversification, space of terrorist activities expand to the world of network, the threat of lone-wolf terrorism is becoming more and more serious. Now, the development of terrorism in the Middle East has some important influence to regional security: personal security, national political security and foreign security in the Middle East. The Middle East has conducted a long-term struggle against terrorism, however, the US-led western countries in the Middle East for counter-terrorism strategy did not succeed, the future of anti-terrorism in the Middle East shall pay more attention to the main causes of terrorism, reasonable solve people's realistic demands in Middle East.

Keywords: Middle East; Terrorism; Security in Middle East

Y. 7 Border Issues and Regional Security in Middle East

Ma Wenzheng / 098

Abstract: The arising of border issues in the Middle East is the result of many intricate factors, which not only stimulates arms race, exacerbates regional tensions and undermines the regional stability, but also reduces the political mutual trust among countries, intensifies the political tensions and obstructs the economic development of the region. For one word, the border issues in the Middle East causes a negative impact on the security of Middle East. The border issues in the Middle East will present the trends of status quo. Peaceful settlement of the border issues will be a proper solution as a mainstream.

Keywords: Border of Middle East; Border Issues; Regional Security

Y. 8   The Refugee Issue and Regional Security
        in the Middle East   *Wei Liang* / 117

Abstract: The Middle East is one of the birthplace of the modern refugees. Since the beginning of 21st century, a series of wars and revolts have created millions of new refugees. The emplacement and governance of the refugees has become a heavy burden and a tough challenge to the countries in the Middle East, and endanger their security and the region as a whole. Considering the strategic adjustment of the United States, the rebalance of regional powers, the uncertainty of revolts and national reconstructions, the prospect of refugee issue does not seem to be optimistic. Ending the revolts, searching for stabilization and progress will be the only solution.

Keywords: Refugee Issue; Middle East; Regional Security

Y. 9   Energy Security in Middle East   *Chen Mo* / 136

Abstract: From the perspective of the energy exporting countries in the Middle East, the energy security issues mainly include security of production, security of transportation, security of market and security of pricing. These elements of energy security are determined by factors such as geopolitics and domestic politics, strategies of diversification of energy import sources by the major energy importing countries, American shale gas revolution, the health of the world economy, etc., and face risks to various degrees. Their energy security can be realized only if they intensify cooperation with the energy importing countries, especially the ones in East Asian and South Asia, including China.

Keywords: Middle East; Energy; Security

Y. 10   Financial Security in Middle East   *Jiang Yingmei* / 149

Abstract: Financial security is a product of financial globalization and an important part of the national security strategy. The Middle East financial reform is a gradual process which has made some achievements. Middle East financial system has become part of the world's financial system. The International Financial Risk in 2008 had a negative impact on Middle East financial system, so financial security has become a great concern of the policy makers. In the future, Middle East financial system should concerned about their own characteristics, resist financial risks in order to ensure financial security in the global financial system.

Keywords: Financial Globalization; Financial Security; Financial Risk; Middle East Financial System

Y.11　Water Resource Security in Middle East　　　*Tong Fei* / 165

Abstract: The Middle East Region is extreme scarcity of water resource; it is the most arid region in the world. And the requirement of water is doubled with the growth of population, development of economy and improvement of living standard in the region. The fighting among the Middle Eastern countries for the limited water resource presents to be increased. Nowadays, water resource is becoming more important than the petroleum in the Middle East Region, and has big influence on the regional security situation. The regional countries should take a number of measures to relieve the water resources crisis which is growing increasingly tense, cooperate to achieve the win-win target finally.

Keywords: Middle East; Water Resource; Security

Y.12　Food Imports security in Middle East　　　*Liu Dong* / 180

Abstract: Middle East is one of the most important food import markets in the world and most of the countries in this region heavily dependent on imported cereal grains and other basic foods. However, even most of the countries heavily dependent on imported food in this region, food security problems only existing in countries with low capability of affording imported food, especially existing in low affordability countries neither without abundant oil or gas export revenues. Due to the reason that export revenues cannot meet the capital demand for importing basic foods, the above mentioned countries couldn't prevent the high food prices in international market transfer into their domestic market and the rises of food prices in domestic market are often easy to cause serious political instabilities. The food import security problem of Middle Eastern countries is firstly associated with their poor agriculture production conditions, due to the lack of land and water resources necessary for agriculture, most of the Middle Eastern countries don't have the capability to achieve food self-sufficiency. Comparing with the poor natural conditions, the food import security problems of Middle Eastern countries are more closely related to the developing lagging of their manufacturing industry which make them accumulated huge deficit in their external balance. Due to the causes of Middle Eastern countries' food import security problems are exogenous, the changes of international food prices will deliver important influences on the food import security situation of Middle Eastern countries in the future. And because the prices of cereal grains and other basic foods in the international market will fall in the future, the food import security conditions of Middle Eastern countries will be improved, and the food prices will unlikely provoke political instabilities in this region in the near future.

Keywords: Middle East; Food Security; Status Quo; Outlook

Ⅲ　Regional Situation

Y.13　Syria Crisis after "CW for Peace" *Liu Yueqin* / 197

Abstract: The 2013 - Syria crisis is coexisting phase of conflict, power game and compromise, "chemical weapons in exchange for peace" (or "CW for peace") is an important turning point of resolving the Syrian crisis and a landmark event, it is the important historical significance of the international community strain every nerve to avoid an impending war in Syria, Syrian crisis entered the track of political settlement. After that, the international community launched Syria chemical weapons destruction process, the government of Syria cooperates actively, then, America, Russia and the United Nations promote the two rounds of Geneva and Syria, and the crisis was put into a diplomatic solution process. In 2014, Syria chemical weapons destruction issue has been resolved and Bashar will continue to run the country. Due to the impact of the Ukraine crisis, Russia and American can't promote the third round of the Syria Geneva peace talks, the Syria crisis will continue to drag on.

Keywords: Syria; Chemical Weapons in Exchange for Peace; Future Development

Y. 14 Iran Nuclear Issue: Willing, Timing and Action
       for Diplomatic Solution   *Lu Jin* / 212

Abstract: During his second presidential tenure, President Obama once again adopted diplomatic solution to the Iranian nuclear dispute as a priority option, which also given rise to the attitude changes of Iran government, facing dire economic difficulties. Iran and the "P5 +1" countries (the United States, China, Britain, France, Russia and Germany) restarted a new round of Iranian nuclear talks, and Almaty Dialogue was fruitless, but entered a substantive stage in bargaining. Iran and the international community for advocating "moderate walking route" Rowhani was elected Iran's new president reacted positively. Iranian foreign achieved rapid transformation into "constructive interaction with the world," the new era. The new Foreign Minister Zarif has played an important role in "ice-breaking" development in the US-Iran relations, signing the First Phase Agreements of the Iranian Nuclear Issue in Geneva and other major diplomatic achievements that Rowhani's government made during the first-hundred-day's regime. Iranian nuclear issue is rapidly forward along the right track for a diplomatic solution, but there are still many obstacles ahead.

Keywords: Iran Nuclear Talks; US-Iran Relations; Iran Nuclear Deal

Y. 15 Egypt : Sharp Adjustment during Turmoil

Tang Zhichao / 227

Abstract: Since 2013, the political situation in Egypt went ups and downs.

Political instability and deteriorating security situation are the two main features. The government of the Muslim Brotherhood led by Mursi came to power only for one year, and then was overthrown by the military. Muslim Brotherhood is liable to be banned as a terrorist organization. Egyptian Politics seems to go back to authoritarian model under Mubarak's stage. Now Egypt is still in the transition period of current deep adjustment process. To achieve political and social stability has become a major social aspiration after three years "revolution".

Keywords: Egypt; Political Situation; Turmoil; Future

Y.16 Regional Economy Development in 2013

Jiang Mingxin / 239

Abstract: The Middle East economy in 2013 has suffered from the negative factors both in and out of the region, such as the weak demand of global energy, the prolonged period of sluggish global growth, the prospect of reduced monetary accommodation in the United States, the civil war in Syria and unstability in Egypt and their spillover effects in the whole region, the domestic political problems of the transitional countries. On the one hand, after several years of strong performance, the falls of oil production and oil income occur simultaneously for the first time since the global crisis in MENA oil exporters, this makes half of them unable to balance their budgets; on the other hand, the high security concerns, rising political unstability within many MENA oil importers continue to impede a recovery in investment and economic activity. As the consequence, the sluggish performance in the Middle East with growth of 2.4% in 2013 will be significantly below the growth rates necessary to reduce the region's persistent high unemployment and improve living standards, thus reinforces delays in the economic recovery, and potentially leads to a risk of vicious cycle of economic stagnation and persistent sociopolitical strife in the region.

Keywords: Middle East Economy; Oil Demand; Expansional Fiscal Policy; Political Unstability

Ⅳ Market Trends

Y.17 FDI Trends in West Asia　　　　　　　　　　　　　　Xu Qiang / 264

Abstract: Saudi Arab, Turkey, United Arab Emirates etc. , are the top ones on the ranks of inwards FDI stock among West Asia countries. West Asia is the only region whose inwards FDI flow decreasing continuously during 2008 −2013. The FDI-inflow of West Asia decreased 20% in 2013. At the end of 2012, China has a 6.6 billion USMYM direct investment stock in West Asia. It accounts 1.24% of the whole outwards FDI stock of China and accounts 0.83% of the whole inwards FDI stock of West Asia. The increasing of the outwards FDI stock of China in West Asia has been accelerated after 2007 whereas the ratio of FDI stock from China in all West Asia FDI stock is relatively low. The inflow of direct investment of Iran, Saudi Arab, Iraq, Turkey, United Arab Emirates from China is above 100 million USMYM. It is projected that the growth rates of inwards FDI scales of West Asia will lower than those of all global ones, nevertheless the rates of those from China will higher than the ones of all inwards FDI scales of West Asia.

Keywords: Inwards Investment Stock; Inwards Investment Flow; Growth Status; Investment Environment; Future Prospecting

Y.18 Project Contracting Development in West Asia　　　　Jin Rui / 276

Abstract: In 2013 the west oil exporter and importer of oil construction market has polarized development situation, infrastructure construction has become an important part of the international project contracting market in West Asia. China's international project contracting enterprise obtained remarkable result, the performance of steady growth in the ESCWA region. Looking to the future, frastructure construction is still the priority among priorities.

Keywords: West Asia; Project Contracting; Development

Y. 19　Foreign Trade Development in West Asia　　*Zhou Mi* / 287

Abstract: The foreign trade volume of the West-Asian countries keeps increase in 2013. The traditional trade partners of US and EU import less from the west Asia while China keeps stable trade relationships with them. The inter-regional trade increase slightly in the west Asia with the proportion of mineral fuels and oils trade drop. Trade conditions of China to the west Asia improve when there are still quite some concentrations on the commodity and partners. Affected by the internal unstable and external risks from Ukraine conflicts, the west-Asian countries should cooperate with China to put more emphasis on the negotiations of China GCC FTA to provide better circumstances to the bilateral trade.

Keywords: West Asia; Foreign Trade

Y V　Documentation

Y. 20　Development of Middle East Discipline in 2013
　　　　　　　　　　　　　　　Wang Jinyan, Wang Qiong / 299

Abstract: During the year of 2013, the stability and development in the Middle East are still the main research topics for scholars on Middle East studies at home and abroad, and emerge a large number of new works. The foreign scholars are focus on further research on Middle East upheaval, hot issues and unstable countries, such as the Iranian nuclear issue and Syria issue. The new topics of home studies are the relationship between Middle East countries and emerging countries as well as the transformation and rebuilding of some countries after the Middle East upheaval. Our institute studies team has been growing, and achieved lots of innovative and prospective works. In addition, organizations and scholars on Middle East studies pay more attention to the communication with each other, which is particularly prominent during 2013.

Keywords: Middle East Issues; Research Achievement; New Developments

Y. 21　Chronology of the Middle East in 2013　　*Cheng Hong* / 311

皮书数据库

权威报告　热点资讯　海量资源

当代中国与世界发展的高端智库平台

皮书数据库　　www.pishu.com.cn

皮书数据库是专业的人文社会科学综合学术资源总库，以大型连续性图书——皮书系列为基础，整合国内外相关资讯构建而成。该数据库包含七大子库，涵盖两百多个主题，囊括了近十几年间中国与世界经济社会发展报告，覆盖经济、社会、政治、文化、教育、国际问题等多个领域。

皮书数据库以篇章为基本单位，方便用户对皮书内容的阅读需求。用户可进行全文检索，也可对文献题目、内容提要、作者名称、作者单位、关键字等基本信息进行检索，还可对检索到的篇章再作二次筛选，进行在线阅读或下载阅读。智能多维度导航，可使用户根据自己熟知的分类标准进行分类导航筛选，使查找和检索更高效、便捷。

权威的研究报告、独特的调研数据、前沿的热点资讯，皮书数据库已发展成为国内最具影响力的关于中国与世界现实问题研究的成果库和资讯库。

皮书俱乐部会员服务指南

1. 谁能成为皮书俱乐部成员？
- 皮书作者自动成为俱乐部会员
- 购买了皮书产品（纸质皮书、电子书）的个人用户

2. 会员可以享受的增值服务
- 加入皮书俱乐部，免费获赠该纸质图书的电子书
- 免费获赠皮书数据库100元充值卡
- 免费定期获赠皮书电子期刊
- 优先参与各类皮书学术活动
- 优先享受皮书产品的最新优惠

卡号：7518635966736885
密码：

3. 如何享受增值服务？

（1）加入皮书俱乐部，获赠该书的电子书

第1步　登录我社官网（www.ssap.com.cn），注册账号；

第2步　登录并进入"会员中心"—"皮书俱乐部"，提交加入皮书俱乐部申请；

第3步　审核通过后，自动进入俱乐部服务环节，填写相关购书信息即可自动兑换相应电子书。

（2）**免费获赠皮书数据库100元充值卡**

100元充值卡只能在皮书数据库中充值和使用
第1步　刮开附赠充值的涂层（左下）；

第2步　登录皮书数据库网站（www.pishu.com.cn），注册账号；

第3步　登录并进入"会员中心"—"在线充值"—"充值卡充值"，充值成功后即可使用。

4. 声明

解释权归社会科学文献出版社所有

皮书俱乐部会员可享受社会科学文献出版社其他相关免费增值服务，有任何疑问，均可与我们联系

联系电话：010-59367227　企业QQ：800045692　邮箱：pishuclub@ssap.cn

欢迎登录社会科学文献出版社官网（www.ssap.com.cn）和中国皮书网（www.pishu.cn）了解更多信息

法律声明

"皮书系列"(含蓝皮书、绿皮书、黄皮书)由社会科学文献出版社最早使用并对外推广,现已成为中国图书市场上流行的品牌,是社会科学文献出版社的品牌图书。社会科学文献出版社拥有该系列图书的专有出版权和网络传播权,其LOGO( )与"经济蓝皮书"、"社会蓝皮书"等皮书名称已在中华人民共和国工商行政管理总局商标局登记注册,社会科学文献出版社合法拥有其商标专用权。

未经社会科学文献出版社的授权和许可,任何复制、模仿或以其他方式侵害"皮书系列"和LOGO( )、"经济蓝皮书"、"社会蓝皮书"等皮书名称商标专用权的行为均属于侵权行为,社会科学文献出版社将采取法律手段追究其法律责任,维护合法权益。

欢迎社会各界人士对侵犯社会科学文献出版社上述权利的违法行为进行举报。电话:010-59367121,电子邮箱:fawubu@ssap.cn。

社会科学文献出版社